重庆市出版专项资金资助项目

黄希庭心理学文集⑩

点燃心灵真善美

黄希庭 著

西南大学出版社
国家一级出版社 全国百佳图书出版单位

图书在版编目(CIP)数据

黄希庭心理学文集：全十卷 / 黄希庭著. -- 重庆：西南大学出版社, 2021.10
ISBN 978-7-5697-0994-0

Ⅰ. ①黄… Ⅱ. ①黄… Ⅲ. ①心理学—文集 Ⅳ. ①B84-53

中国版本图书馆CIP数据核字(2021)第146884号

黄希庭心理学文集(全十卷)第十卷

点燃心灵真善美

DIANRAN XINLING ZHENSHANMEI

黄希庭 著

出 版 人：张发钧
总 策 划：周 松 郑持军
责任编辑：周 杰 杨 萍
责任校对：万珊珊
装帧设计：观止堂_未 氓
排　　版：吕书田
出版发行：西南大学出版社(原西南师范大学出版社)
地址：重庆市北碚区天生路2号
邮编：400715 市场营销部电话：023-68868624
http://www.xdcbs.com
印　　刷：重庆新金雅迪艺术印刷有限公司
幅面尺寸：185mm×260mm
印　　张：25.25
插　　页：4
字　　数：528千字
版　　次：2021年10月 第1版
印　　次：2021年10月 第1次印刷
书　　号：ISBN 978-7-5697-0994-0

定　　价(全十卷)：2680.00元

黄希庭（摄于 2021 年）

西南大学资深教授，1937 年生于浙江台州温岭。曾任中国心理学会第七、八届副理事长兼心理学教学工作委员会主任，国务院学位委员会第五届心理学学科评议组召集人，全国博士后管理委员会第六届专家组成员及教育学组召集人，教育部高等学校心理学教学指导委员会副主任，教育部长江学者评审专家组成员及教育学科组召集人。在中国开创了时间心理学、健全人格养成教育、中国特色社区心理学研究，出版了一系列高等学校心理学的优秀教材和教学参考书。曾荣获“国家级有突出贡献的中青年专家”（1992）、“首届国家级教学名师奖”（2003）、“全国先进工作者”（2005）、“重庆直辖 10 年建设功臣”（2007）、“新中国成立 60 周年重庆杰出贡献英模”（2009）、“全国优秀科技工作者”（2010）、“中国心理学会终身成就奖”（2011）、“全国教书育人楷模”（2012）、“当代教育名家”（2017）等荣誉及荣誉称号。

·2020年，黄希庭教授在学府小区散步。

·2020年，黄希庭教授在北碚家中书房。

· 2019 年 11 月，黄希庭教授与女儿在北碚家中。

· 2019 年，黄希庭教授与儿子一家在北碚家中。

·2019 年 1 月，黄希庭教授与海南博鳌《社区心理学导论》教材初稿研讨会成员合影。

·2019 年 1 月 24 日，张厚粲教授在《社区心理学导论》初稿研讨会上发言。

·2021 年，黄希庭教授与郑涌教授讨论《心理学导论》第四版修订事宜。

·2021 年，黄希庭专家组成员陈有国、刘培朵、岳童讨论学科教学有关事宜。

·2021 年，黄希庭教授与毕重增教授讨论怎样进一步办好《社区心理学研究》集刊的问题。

·2021 年，黄希庭教授对博士生课题报告点评。

·2021 年 5 月，《大学生心理健康与咨询》编写组讨论大学生心理咨询新发展的工作后合影。

·2021 年 5 月，黄希庭教授与西南大学心理学部领导讨论学科发展后的合影。

总　序

我生于浙江台州温岭。我的启蒙小学是村里的鲸山小学，小学毕业后因家境困难失学一年在家干农活。初一我在离家较近的大溪中学读书。从初二开始我一直就读于温岭中学；考大学填升学志愿时，我的班主任李子英老师鼓励我向巴甫洛夫学习，报考北大心理专业。1956年9月开学那天上午，北京大学哲学系心理专业主任孙国华教授在迎新会上以“不卑不亢”为主题，教导我们做人做事都应遵循这一原则，他的教导深深地印刻在我的心里。1964年我被北京大学录取为研究生，师从沈迺璋教授；我的最大收获是学会了无师自通，并养成了终身学习和终身锻炼身体的习惯。在1961年至1964年的三年里，我在西南师范学院担任张增杰先生的助教，耳濡目染其教学的态度和技能，这为我当教师打好了基础。1977年，十年浩劫的“文化大革命”已经结束，但心理学教学并未解禁。我被校方聘为自然辩证法授课教师。

自1978年我开始讲授普通心理学，此后讲授过公共课心理学、现代心理学流派、青年心理学、心理学教学法等本科课程，还讲授过人格心理学、认知心理学、教育心理学、心理学研究方法等专题课，主持完成了40多项国家级和省部级研究课题。下面扼要地谈谈我在心理学四个领域里的教学和研究的点滴心得。

一、我与普通心理学的结缘

1978年，我开始一边撰写讲义，一边为教育系一年级学生讲授普通心理学，后经两次修改的这本讲义以《普通心理学》之名由甘肃人民出版社于1982年出版，当时读者对该书的反映较好。1984年，人民教育出版社资深编辑戚长福先生主动向我约稿。于是我重新撰写了一本《心理学导论》。这本《心理学导论》1991年5月由人民教育出版社出版。它是根据国家教委1985年武汉文科教材会议推荐的高校心理学专业、教育系有关专业的要求而撰写的普通心理学教材；后经修订，于2007年人民教育出版社出版了它的第二版。

我在普通心理学教学中特别注重以下四个环节：一是培养学生的辩证唯物主义的心理观，即用事实来论证心理是脑的机能，是客观现实的主观反映。既反对以化约的方式来解释复杂心理现象的还原论，也反对把心理现象视为与大脑活动毫不相干的副现象论；既反对把复杂的心理和行为视为对客观现实的机械反映的理论，也反对把心理和行为看作与客观现实毫不相干的唯心论；力求从当代心理学的多种取向整合的角度以事实来论证辩证唯物主义的心理观。二是在教学中既注重基础知识的传授，也重视系统分析观的传授；既重视学生记忆能力的培养，也注意他们思维能力的培养；同时注重帮助学生养成勤奋、严谨、创新、求实的品质。三是在教学中尽量引导学生学以致用，把学到的知识应用到自己的生活实际中去，使学生感受到学习心理学确实会促进自己健康成长。四是编译教学参考书以扩大学生的学习视野。我组织翻译出版了戴维·迈尔斯著《心理学(第七版)》(人民邮电出版社2006年版)，《心理学与我们》(人民邮电出版社2008年版)，主编了《简明心理学辞典》(安徽人民出版社2004年版)，等等。

值得提及的是我在讲授普通心理学时十分注重联系实际。例如，在讲解“注意”时我提出以下一些问题，引导学生学以致用。

·课前预习时，勾出教材中的重点难点，为什么记笔记和听课的效率会明显提高?(注意指向重点难点，对教材的理解深刻了)

·为什么有些人能做到认认真真学习，痛痛快快玩耍?(全神贯注，目标管理，学习效率提高了)

·为什么专心学习时觉得时间过得快，无所事事或注意力涣散时觉得时间过得慢?(注意指向的对象不同所导致)

·为什么注重体育锻炼、睡眠充足的人比不进行体育锻炼、经常失眠的人学习效率要高?(学习需要注意资源的付出，前者有足够的注意资源，后者可能缺少足够的注意资源)

·在寝室里读书与在教室和图书馆里读书，效果为什么大不相同?(环境氛围不同，注意力受干扰的程度也不同)

·为什么读书时眼到、嘴到、手到、耳到、心到，效率会显著提高?(多种感官协同活动更有助于注意力集中)

我认为，普通心理学的其他章节也可以提出类似的问题，这样做既能引导学生学以致用又能活跃课堂学习氛围。在普通心理学的教学中，我除了对学生为人为学进行引导之外，还要求学生树立终身学习的理念。在教学之余，我常叮嘱他们要努力学好马克思主义哲学、中国哲学概论、高等数学和英语。

二、我与时间心理学的结缘

算起来，我与时间心理学的结缘迄今已经有65个年头了。记得1957年，程乃颐先生给我们班讲授普通心理学，他讲到人们对时间往往容易产生错觉。当时我觉得很新奇，很想设计一个实验进行研究。到了工作岗位上，我还一直在思考有关时间心理的研究：

·什么是时间？我们能从心理学的角度进行研究吗？

·为什么有的时间过得很快？有的时间过得很慢？

·所有心理活动都有时间参与，时间无始无终，我们该怎样加以研究呢？

·我们没有专门的时间感受器，但我们为什么能觉知到时间呢？

·为什么人们对待时间的态度是如此的不同？……

通过阅读文献，设计研究，我和我的学生们曾做过许多时间心理学的研究，例如：时间的无意识加工(unconscious processing of time)或时间的内隐加工(implicit processing of time)。我们的研究表明，内隐时间表征具有方向性、顺序性、连续性和认知不可渗透性；时间修饰词和汉字字组顺序蕴含着内隐时间信息，在对时间修饰词的概念加工时会自动激活其内隐时间属性表征，内隐时间顺序表征受知觉表征系统的支配也具有自动加工和提取的特点。我们还探讨过时序知觉中意识和无意识的贡献，以及不同动态条件下的内隐时间特征及时间信息自动加工与控制加工的电生理学指标。

时间知觉(time perception)是指个体对时间的“直接”反映。但时间瞬息即逝，时间知觉依赖于同质刺激的自发组织，即在大约3秒的限度内把一些相继事件知觉为相对同时的一个单元，即知觉到的现在(perceived present)，包括对时间持续性和顺序性的知觉。我们研究过刺激的感觉通道性质(包括拓扑性质的变化)、复杂度、强度、呈现时间的长短以及人格因素、刺激的空间特征等对时间知觉的影响，得到了不少有趣的结果；探讨过时序知觉的重复启动效应，时序知觉的中枢计时与分布计时，以及多感觉整合的时间再校准；还用事件相关电位初步探讨了时间知觉的神经加工及其相关脑区的激活状况。

时间估计(time estimation)也称时间判断(time judgment)，是指个体依据主观经验对客观时间的持续性和顺序性的认知，可以用多种方法(例如比较法、产生法、估计法、再现法、等级评定法、ERP方法等)进行时间估计(包括时距或时序估计)实验。所有这些时间估计方法都会产生误差，即使是短时距估计也是如此。我们研究过时距估计中的锚定效应、重复刺激效应、标量效应、注意效应、视听通道效应以及回溯式时距估计的一些特点；发现了不同年龄段儿童时间估计准确性与利用时间标尺有关，儿童越幼小，越倾向利用空间关系来估计时间，Kappa效应越明显。

对长于5秒的刺激序列的时间认知称为时间记忆(time memory)。时间记忆包括对时距、时点和时序这三种时间信息的记忆。时间记忆可以以钟点、日期等确切的线索为参照，但大多数时间记忆实验是以某个事件的时间线索而实现的，没有任何明确的言语编码形式，仅依靠有关事件对时间信息进行编码、保持和提取。个体对时间的记忆与计时工具测量出来的时间通常是不一致的。我们曾探究过回溯式时间记忆、预期式时间记忆以及时间性前瞻记忆的某些特点：用新闻片段和公众性新闻事件为实验材料，考查了回溯式时间记忆表征的特点，发现老年人回溯式时间记忆能力下降可能是与大脑中的海马功能衰退导致信息加工速度减慢和情节记忆加工能力衰减相关。还对预期式的时点、时距和时序信息在长时记忆中的表征特点做过研究，结果发现时间记忆既有层次网络的特征也有线性结构的特征；还探讨过时间性前瞻记忆与事件性前瞻记忆具有不同的认知机制问题。此外，我们还对时间记忆的层次网络模型和变化分割模型做过实验。

我们在整合国内外一系列研究成果的基础上，于1999年的一篇论文中提出了一个理论构想——时间认知的分段综合模型(range-synthetic model of temporal cognition)。时间无始无终而又瞬息即逝，时间与人类的生活形影不离且时间就是生命，我们是怎样来把握时间的呢？一个合理的答案是人类采用分段式来把握时间。最有力的证据是人发明了各种时间标尺(如毫秒、秒、分、小时、日、周、月、年、期、纪等)并用它们来标记时间。个体心理世界的各种成分是普遍联系、相互作用的，虽然时间与人生形影不离但人却没有专门的时间感受器，人类总是凭借经验综合各种因素来认知时间。人类对不同时距具有不同的表征，我们的许多研究都表明，无论对于哪一种时距的认知均受多种因素(例如事件的数量与结构，通道性质和特点，时距、时序和时点的性质，注意资源，编码方式，提取策略，实验指标，以及个体的时间信念、情绪、人格特征、疾病等)的影响；不仅如此，还受心理的其他成分如动机、兴趣、爱好、价值观等影响。人类时间认知的分段综合模型能很好地解释爱因斯坦的时间相对性问题，他说："把你的手放在很热的炉子上一分钟，感觉起来好像一小时；而坐在一位漂亮姑娘身边整整一个小时，感觉起来却像一分钟。"用心理学家的话来说，这就是给感受打上了不同的时间标尺之故。我和我的团队做了许多实验来论证时间认知的分段综合模型，结果表明人类的时间认知确实具有分段性和综合性的特点。这是我们研究时间认知的一个主要收获。

我们既关注人们时间认知上的共同性，也关注人们时间人格上的差异性。时间给每个人以相同的机会，但每个人对于时间的感受、把握、管理、使用和爱惜却是不同的，人们在时间上的这些稳定的个体差异，我们称之为时间人格上的差异。时间人格(time personality)就是个人对待时间的方式。人们对待时间的方式有许多差异。时间最公平，它给勤奋的人留下智慧和力量，而给懒惰的人留下空虚和懊恼；时间瞬息即逝，有的人总是在检查自己对时间抓得紧不紧，而有的人总是白白消耗时光还埋怨时间过得太慢；平庸者坐失良机，智慧者能抓住良机并且能创造良机。凡此种种实例，到处可见。

从1997年开始我们对时间人格的研究主要集中在下列三个方面：(1)时间管理倾向研究。在深入实际调查的基础上我们编制了由时间价值感、时间监控观及时间效能感三个指标构成的“青少年时间管理倾向量表”，该量表的信效度均符合心理测量学的要求，还探讨过青少年的时间管理倾向与学业成绩、个人能力、自我观念、工作成就的关系。(2)时间洞察力研究。时间洞察力是指个体对于时间的认知、体验和行动的一种人格特质，它既具有能力的性质(由认知加工、时间管理和决策等构成)，也具有动力的性质(由价值观、责任感、义务感、荣誉感、事业心等构成)。人生从过去、经现在、向着未来，时间洞察力还包含过去时间洞察力、现在时间洞察力与未来时间洞察力，其中所含的认知、情感和行动倾向成分也不相同；其中有些属于状态时间洞察力(state time perspective)，有些则属于特质时间洞察力(trait time perspective)，后者才是时间维度上的人格特质。我们从我国的实际出发探讨过时间洞察力的结构成分，编制过两个(过去、未来)时间洞察力量表。(3)不同自我同一性状态下的时间洞察力研究。我们考查了不同自我同一性状态下的被试在其过去、现在和未来的时间体验上的差异；还探讨过时间自我评价的理论意义和实践意义。

我们在时间人格领域还有许多问题需要进一步深入探讨：

(1)时间管理倾向、时间洞察力、时间自我同一性的实质是什么？其核心指标是什么？怎样区分状态时间洞察力与特质时间洞察力？

(2)时间洞察力是先天的还是后天的？

(3)时间自我同一性的稳定性与变异性有怎样的关系？

(4)时间管理就是自我管理，那么我们怎样来塑造自己的时间人格呢？

三、我与人格心理学的结缘

我曾给大学生做过几次人格心理学的专题讲座。张春兴先生邀我参加他主持的“世纪心理学丛书”撰写，我很乐意接受《人格心理学》的撰写工作。接受此任务后用什么框架来建构全书使我很是纠结。当时教科书的结构大多是理论范型取向，由于交书稿时间的限制，我便采用了人格理论范型取向加人格研究专题的方式来撰写《人格心理学》(1998年由台北东华书局出版，2002年由杭州浙江教育出版社出版)。

我的《人格心理学》虽然已经完成，但内心并不满意。怎样撰写一本中国特色的人格心理学著作呢？这成了我久久难以释怀的难题。在学习《论语》的过程中我终于找到了答案：孔子推崇的君子人生便是我要寻找的人格样板。君子人生格调也就是君子人格。孔子所推崇的君子人格都是从知、情、意、行的整体角度提出来的。例如，“子谓子产：‘有君子之道四焉：其行己也恭，其事上也敬，其养民也惠，其使民也义。’”(《公冶长》)子曰：“君子成人之美，不成人之恶；小人反是。”(《颜渊》)子曰：“君子矜而不争，群而不党。”(《卫灵公》)司马牛问君子，子曰：“君子不忧不惧。”曰：“不忧不惧，斯谓之君子已乎？”曰：“内省不疚，夫何忧何惧？”(《颜渊》)《论语》中孔子推崇的君子人格就包含了人生追求、人生态度、人生智慧和人生修养。我做了初步的归纳，今后如果要撰写中国特色的人格心理学著作，我将按这四个部分加以构建。

(一)君子的人生追求

人生追求(life purpose)也称人生目标、人生抱负，是个人内心的动力坐标，指个人以积极的行动来争取某个目标的达成，因而具有方向性和持久性。君子的人生追求是仁、义、忠、恕。

1.仁、义

子曰：“君子道者三……仁者不忧，知者不惑，勇者不惧。”(《宪问》)又说：“君子去仁，恶乎成名？君子无终食之间违仁，造次必于是，颠沛必于是。”(《里仁》)“樊迟问仁。子曰：‘爱人。’”(《颜渊》)爱人有各种表现：爱护、同情、怜悯、体谅、厚道、忍让、慈爱、友善、善良、报恩等。仁是爱人的态度。

子曰：“君子喻于义，小人喻于利。”(《里仁》)子曰：“君子义以为上，君子有勇而无义为乱，小人有勇而无义为盗。”(《阳货》)子曰：“君子之于天下也，无适也，无莫也，义之与比。”(《里仁》)子曰：“君子义以为质，礼以行之，孙以出之，信以成之。君子哉!”(《卫灵公》) 孔子认为义的本质是实行仁，是对原则的态度。

2.忠、恕

《论语·颜渊》篇记载：“仲弓问仁。子曰：‘……己所不欲，勿施于人。’”又说：“己欲立而立人，己欲达而达人。”(《雍也》)推己及人的肯定方面是“尽己为人”，孔子称之为“忠”；而推己及人的否定方面是“己所不欲，勿施于人”，孔子称之为“恕”。“子曰：‘参乎！吾道一以贯之。’曾子曰：‘唯。’子出。门人问曰：‘何谓也？’曾子曰：‘夫子之道，忠恕而已矣。’”(《里仁》)忠恕之道就是行仁道。

“忠”的对象有多种，除了忠于君，如“君使臣以礼，臣事君以忠”(《八佾》)，还有忠于人，如“居处恭，执事敬，与人忠”（《子路》）；忠于长上，如“孝慈则忠”（《为政》）；忠于朋友，如“子贡问友，子曰：‘忠告而善道之……’”（《颜渊》）；忠于职守，如“子张问曰：‘令尹子文三仕为令尹，无喜色；三已之，无愠色，旧令尹之政，必以告新令尹。何如？’子曰：‘忠矣！’”（《公冶长》）。

（二）君子的人生态度

人生态度（life attitude）是指对人生所持的举止心情，它是一种具有持久性和一致性的倾向，这种倾向是与对人生目的的理解相联系的。通常人生态度包含认知、情感和行为倾向三种成分。君子的人生态度如下：

1.知命而行

子曰：“不知命，无以为君子也。”（《尧曰》）孔子说的“命”就是内心的使命感。子曰：“君子有三畏，畏天命，畏大人，畏圣人之言。小人不知天命而不畏也，狎大人，侮圣人之言。”（《季氏》）孔子的人生态度坚定不移，具有“知其不可而为之”的献身精神。

2.践行仁道

子曰：“唯仁者能好人，能恶人。”（《里仁》）又曰：“我未见好仁者，恶不仁者，好仁者无以尚之，恶不仁者，其为仁矣。”（《里仁》）

子贡问：“乡人皆好之，何如？”子曰：“未可也。”“乡人皆恶之，何如？”子曰：“未可也，不如乡人之善者好之，其不善者恶之。”（《子路》）

君子好善恶恶而践行仁道。

3.言行一致

子曰：“君子耻其言而过其行。”（《宪问》）又曰：“……故君子名之必可言也，言之必可行也。君子于其言，无所苟而已矣！”（《子路》）

4.心怀宽广

子曰：“君子坦荡荡，小人长戚戚。”（《述而》）子曰：“富与贵，是人之所欲也；不以其道得之，不处也。贫与贱，是人之所恶也；不以其道得之，不去也。君子去仁，恶乎成名？君子无终食之间违仁，造次必于是，颠沛必于是。”（《里仁》）讲求安贫乐道，心安神泰。

（三）君子的人生智慧

人生智慧（life wisdom）是对人生的独特的理性思考，也是对人生的持久的创造性的智力活动。君子的人生智慧有哪些特点呢？

1.行中庸

子曰：“中庸之为德也，其至矣乎！民鲜久矣。”（《雍也》）在《中庸》中，仲尼曰：“君子中庸，小人反中庸。君子之中庸也，君子而时中；小人之中庸也，小人而无忌惮也。”

2.尊理性

“樊迟问知(智)。子曰:‘务民之义,敬鬼神而远之,可谓知(智)矣。’”(《雍也》)。《论语》中谈仁很多,谈智较少。但“知”与“智”的含义有相似之处。子曰:“知者不惑”(《宪问》),“择不处仁,焉得知”(《里仁》)。这里的知都有明智、智慧、理性的意思。《中庸》列出的三达德,智甚至排在首位,居仁之首,说明孔学是十分重视智慧、理性的,但孔学的智慧既不是技术思维,也不是聪明计算,更谈不上是探求科学的手段,而是一种修德从善的理性思考。

(四)君子的人生修养

人生修养(moral upbringing of life)指养成正确对待自己人生的行为方式,人生修养即修身。在《论语》中孔子关于君子修身的论述很多,下面择其要者而述之。

1.好学

子曰:“君子食无求饱,居无求安,敏于事而慎于言,就有道而正焉,可谓好学也已。”(《学而》)子曰:“有颜回者好学,不迁怒,不贰过。不幸短命死矣,今也则亡,未闻好学者也。”(《雍也》)

子曰:“由也!女闻六言六蔽矣乎?”对曰:“未也。”“居!吾语女。好仁不好学,其弊也愚;好知不好学,其蔽也荡;好信不好学,其蔽也贼;好直不好学,其蔽也绞;好勇不好学,其蔽也乱;好刚不好学,其蔽也狂。”(《阳货》)好学是君子必须具备的人格特征,在仁、知、信、直、勇、刚的形成中起着重要作用。同时,孔子还指出好学才能增长才干。子曰:“小子何莫学夫诗?诗,可以兴,可以观,可以群,可以怨。迩之事父,远之事君;多识于鸟兽草木之名。”(《阳货》)孔子还强调:“君子病无能焉,不病人之不己知也。”(《卫灵公》)

2.自省

子曰:“见贤思齐焉,见不贤而内自省也。”(《里仁》)

子曰:“君子有九思:视思明,听思聪,色思温,貌思恭,言思忠,事思敬,疑思问,忿思难,见得思义。”(《季氏》)又说:“君子有三戒:少之时,血气未定,戒之在色;及其壮也,血气方刚,戒之在斗;及其老也,血气既衰,戒之在得。”(《季氏》)曾子曰:“吾日三省吾身——为人谋而不忠乎?与朋友交而不信乎?传不习乎?”(《学而》)因此,“躬自厚而薄责于人”(《卫灵公》)便成了修身之方。

3.谨言敏行

子曰:“巧言令色,鲜矣仁。”(《学而》)“巧言、令色、足恭,左丘明耻之,丘亦耻之。”(《公冶长》)子曰:“君子耻其言而过其行。”(《宪问》)子曰:“先行其言,而后从之。”(《为政》)又曰:“古者言之不出,耻躬之不逮也。”(《里仁》)君子“敏于事而慎于言”(《学而》),“君子欲讷于言而敏于行”(《里仁》)。“子曰:‘能行五者于天下为仁矣。’……‘恭、宽、信、敏、惠。恭则不侮,宽则得众,信则人任焉,敏则有功,惠则足以使人。’”(《阳货》)

孔子虽然没有在《论语》中提出“修身”的概念,但却提过与之相类似的,如“克己”“修己”“正身”“求诸己”“自省”“自讼”等概念,十分重视人生修养。

2000年底,我在大学生中做过一个开放式问卷调查:“你认为什么样的行为是心理健康者的特征性行为? 依据你的看法,请写出5至10条。”收回问卷49份,提出的特征性行为共计393条,经内容分析可以看出当代大学生对心理健康的追求大多已超出了心理是否有疾病的标准。他们所追求的心理健康标准更高,可以将大学生的心理健康期盼概括为:

对世界抱开放态度,乐于学习和工作,不断吸取新经验;

以正面的眼光看待他人,有良好的人际关系和团队精神;

以正面的态度看待自己,能自知、自尊、自我悦纳;

以正面的态度看待现在和未来,追求现实且高尚的生活目标;

以正面的态度对待挫折,能调控情绪,心境良好。

综合孔子推崇的君子人格以及西方心理学家关于健康人格的理论和当代大学生对最佳的心理健康者的期盼,我提出了健全人格理论(perfect personality theory)。我认为,当代大多数大学生所追求的理想人格或优秀人格就是源自孔子推崇的君子人格。心理健康是一个连续体,连续体的一端是最差的心理健康状态,即心理疾病或心理障碍,而它的另一端是最佳的心理和行为状态,即健全人格。健全人格是个人最佳的心理和行为的有机结合,是当代大学生所期盼的人格,也是当代的君子人格。

健全人格是一个动态系统,它是由许多心理成分组成的复杂组织,其中最主要的是三个具有独立功能的成分。这三个成分可以用三个同心圆来表示,其中最核心的是正确的价值观。价值观是每个人区分好坏、美丑、对错的信念系统,它通常是充满情感的,不仅引导人们追求自己的理想,而且还决定着人生中的种种选择。健全人格的第二层次是积极的自我观,即个人积极主动地面对自己的人生,包含自爱、自立、自信、自省和自强等。健全人格的第三层次是追求未来梦想的优良品格,属于相对表层的要素,如好学、有责任心、肯实干、宽恕、同理心、互助合作、心境平和以及勇气、节俭等品格。上述这三类心理成分也就是健全人格的三个子系统,它们又是相互关联、相互影响的。我们还对健全人格系统的稳定性和可变性做过一些研究。

四、我与应用心理学的结缘

虽然我主要从事基础心理学的教学和研究,但对心理学的应用也一直十分重视。

因为我认为一门学科是否有生命力，它的影响力大小，在很大程度上取决于该学科对社会的贡献。中国心理学研究，不仅应当对学科的理论建设有更大的贡献，还应该更多地参与解决社会中的各种实际问题。无论是基础理论抑或是社会实用问题，我们都应努力进行探究。

2005年，由我担任首席专家的教育部哲学社会科学重大研究课题攻关项目“中国心理健康服务体系现状及对策研究”获得批准(批准号:05JZD00031)。我们用了五年时间完成该项目，在全国取样五万余份，其最终成果《中国心理健康服务体系建构》约50万字，内容包括第一编心理健康服务的理论基础(含三章)，第二编需求方分析(含四章)，第三编服务方分析(含三章)，第四编心理健康服务的影响因素(含三章)，第五编心理健康服务的效果与对策(含四章)，总计五编十七章构成。

20世纪初期，西方心理健康服务的理论和方法传入中国，但在我国古代典籍中早已有心理健康服务的理论和方法。例如在理论方面，孔子(前551—前479年)的仁学，倡导忠以克己，恕以待人，“知其不可而为之”的处世态度;《老子》是战国时期道家的一部经典著作，除了有其论述的修身养性之道外，还包含有丰富的辩证法思想，如以柔克刚、以弱胜强、祸福相倚、物极必反、要从反面入手才能取得正面结果等等。浩如烟海的我国儒释道经典著作无疑可以成为中国特色心理健康服务的理论根基。

关于维护心理健康的方法，我最近学习了早在春秋战国时期成书的《黄帝内经》，感慨很多。《黄帝内经》不仅是中医学的理论基础，而且在心理治疗方面也有许多独到的见解，很值得我们研究。

例如，《黄帝内经·素问》中阴阳应象大论篇和五运行大论篇都指出:“怒伤肝，悲胜怒”，“喜伤心，怒胜喜”，“思伤脾，怒胜思”，“忧伤肺，喜胜忧”，“恐伤肾，思胜恐”，这说明“情志相胜”的基本原理，即有意识地采用一种情志活动，去控制、调节因另外一种情志而引起的疾病，从而达到治疗心身疾病的目的。脏象五行学说把人的情志分为怒、喜、思、悲、恐五类，并用五行学说来表示它们的联系，但我们也不能机械地照搬五行相克之说，因为某种疾病可能是由某种情志之偏而导致的，也可能是多种原因造成的。例如情绪表达要适度，不可过度，“悲哀动中者，竭绝而失生。喜乐者，神惮散而不藏。愁忧者，气闭塞而不行。盛怒者，迷惑而不治。恐惧者，神荡惮而不收”(《灵枢·本神》)。对于过度的情绪，医家则设法加以制止。例如，一般而言，喜对身体有益，但喜乐过度，就会导致喜极气散不能收藏。《素问·举痛论》提出“恐则精却”“恐则气下”，以治疗喜乐过度而导致的精神疾患。

又例如，《素问·移情变气论篇》说:“闭户塞牖，系之病者，数问其情，以从其意。得神者昌，失神者亡。”即是说，关好门窗，向病人详细询问病情，使他愿意如实地说出病情。经过问诊并参考色脉之后，便可作出判断：如果病人面色光华，脉息和平，这叫“得神”，预后良好；如果病人面色无华，脉不应时，这叫“失神”，预后不佳。也就是说，在进行言语开导时，医生必须取得患者的信任，在安静无干扰的环境下以严肃、亲切的态度对待患者。这既有利于让患者诉说病痛，具有心理疏导之功效，同时也能使患者提升战胜疾病的信心。《灵枢·师传》中还说：“岐伯曰：人之情，莫不恶死而乐生。告之以其败，语之以其善，导之以其所便，开之以其所苦。虽有无道之人，恶有不听者乎？”岐伯说，人之常情，没有不怕死的，人们都喜爱活着。告诉他哪些对人有害处，哪些对人有好处，用适宜的方法指导他，解开他心中的苦痛。即使是不懂道理的人，难道会不听劝告吗？这正是心理疏导的精髓。医生通过阐述、解释、鼓励、安慰、保证、暗示等方法晓之以理、动之以情、喻之以例，这种开导式心理治疗对患者是很有帮助的。

从2013年起，我和陈红教授开始筹划和推进社区心理学专业委员会的建立。2014年10月10日，中国心理学会常务理事会批准筹建社区心理学专业委员会。2015年9月，中国心理学会社区心理学专业委员会（筹）首届学术会议在苏州大学召开。同年10月，在中国心理学会十一届八次常务理事会上，与会的常委们以全票通过社区心理学专业委员会（筹）的转正申请。社区心理学专业委员会挂靠西南大学心理学部，第一届主任是陈红，副主任包括马建青、王振宏、赵俊峰、刘电芝、夏凌翔（兼任秘书长，2016年底改由吕厚超担任），标志着我国制度化的社区心理学正式建立。至今，中国心理学会社区心理学专业委员会已成功举办六届学术年会。社区心理学正在我国蓬勃兴起，重庆、江苏、北京、上海、天津、湖南等地先后建立了研究机构，并开展了大量关于社区心理学的研究和实践工作。2017年11月2日，中国社区心理学服务与研究中心（China Community Psychology Service and Research Center）在西南大学举行揭牌仪式，首个中国社区心理学服务与研究中心正式成立。

为了扩大学术影响力，促进社区心理学的研究和交流，2014年12月社区心理学专业委员会（筹）决定主办《社区心理学研究》集刊，并成立了以我为主编，陈红、韩世辉（后由苏彦捷担任）、马建青、毕重增（常务）为副主编的首届编委会，至今已出版了10卷；2021年4月被南京大学中国社会科学评价中心认定该刊为CSSCI（2021—2022）收录集刊。在中国心理学会社区心理学专委会成立初期，以我为顾问，陈红教授为主任，联合二十余位心理学家翻译出版了《社区心理学译丛》（共10本）。由我任主编，毕重增、苏彦捷、陈红任副主编的《社区心理学导论》教材即将在人民教育出版社付梓出版，全书涵盖了中国特色社区心理学的观点和方法、社区氛围与社区价值观、社区亚群体心理、社区应用心理以及社区心理学的未来方向等部分。我们决心把心理学的成果写在社区千家万户的心坎里，努力构建中国特色社区心理学的话语体系。

实事求是是中国特色社区心理学生存和发展的命脉。我们要到社区中去研究，把仁爱、正义、文明、和谐、诚信作为中国特色社区心理学的理论基础。这五项价值原则不仅符合新时代的社区建设的要求，而且它源自中华传统文化的核心价值观（仁、义、礼、智、信），已经根植在中国人的内心，潜移默化地影响着我们的思维模式、情感倾向和行事风格，有助于中华优秀文化传统在我国社区的传承和弘扬。社区五价值理论（five-values theory of community psychology）弘扬了人性的真善美，鞭挞了假恶丑，为居民健全人格的养成及和谐幸福社区的建设提供理论支撑。心怀着服务国家富强、民族复兴、人民幸福安康的愿望，我相信中国特色社区心理学必定有大的发展，在理论建设和践行服务等方面取得辉煌的成绩。

心理学是一门探寻心迹、理解人生、点燃心灵真善美的学问。我热爱心理学，心理学成了我生命的一部分；它给了我欢乐和满足，也使我迷茫和焦虑。我从事心理学教学和研究61年的心得体会对于后来者少走些弯路可能是有益的。

是为序。

黄希庭 谨识

2021年5月于西南大学心理学部

代序言

为了人类的真善美

（2010年9月6日在西南大学心理学院迎新大会上的讲话）

各位同学，各位老师，各位领导：

大家下午好！今年我们有90位本科生、123位硕士生和23位博士生进入心理学院这个大家庭。我对大家的到来表示热烈欢迎！

光欢迎还不够，我还给大家准备了一个大礼包，这个大礼包有三个字，叫“真善美”！大家进入心理学院学习，就应该向真善美方面去努力！

为什么在开学时给大家讲这三个字呢？大家知道，心理学是研究人心理的科学，研究动物行为其最终目的也是为了理解人的心理。

那么我们研究人的心理的目的是什么呢？是提升全人类真善美。我们研究病态心理，是为了治好心理疾病；我们研究不良行为如犯罪、说谎，是为了侦破案件、减少犯罪，识别谎言、不为谎言所迷惑。心理学是一门研究人性的学问，其目标就是提升人类的真善美。

什么叫真善美？

真即真实、真诚、真理、真知灼见（与假/伪相对），均讲的是与客观事实相符合，属于求知、提高智慧品质方面。真即是我们心理学所要研究的认知活动的问题，我们研究假/

伪是为了提高人类真的水平,提高认知的质量。

善是指善良、慈善(与恶相对),讲的是人与人之间关系要亲善、要融洽、要有善心。它属于品德心理学的范畴。虽然我们也研究攻击、诬蔑等干坏事的行为,其目的则是杜绝坏的方面,提高我们的道德水平。

美就是美丽、美观、美好(与丑相对)。人类有欣赏美、追求美、创造美的天性,这无疑是心理学研究的重要方面。对审美心理的研究在我们学校有很好的传统,著名心理学家刘兆吉先生开创了我国的美育心理学,他的弟子赵伶俐教授继承并发扬光大了她导师开创的事业。审美心理学能提升社会的文明水平,具有重要意义。

可以毫不夸大地说,心理学的研究成果都可以直接或间接地服务于人类真善美、点燃心灵真善美。作为心理学队伍中的新成员,你们应该怎样修炼,使自己早日成为心理学家,把所学知识服务于人类的真善美呢?为此我想提三点建议:

第一,要打好基础。心理学的基础有几个层次,广义的基础如外语、哲学、数学、逻辑学、语文等。本专业的基础如心理学导论、实验心理学、心理学方法、认知心理学、心理学史等。任何一门学问都有基本概念、基本原理(基本技能)、基本理论。你们要通过自主学习努力掌握“三基”。打好坚实的基础,万丈高楼才会牢固地建立起来。

第二,要学以致用。作为心理学专业的学生,学了心理学,首先应当把所学知识应用到自己身上,要学以致用,使自己更智慧,拥有更高的道德水平、更高的文明程度。你们还应当将所学知识用到家庭、学院和学校。学以致用不但可以提升自己的真善美水平,还能提升社会的真善美水平。

第三,要独立思考。独立思考就是不人云亦云,不亦步亦趋。你们要学会从不同观点、不同视角看问题、分析问题、解决问题。从新的角度看问题、解决问题,就是创新。我们的研究生特别是博士研究生更应在科学研究中有理论或方法上的创新。

对于这三条建议,我希望本科生要在第一条建议上多下功夫,研究生应当在第三条建议上多下功夫,无论本科生或是研究生都应做到学以致用。我相信,只要坚持学以致用,你们在这里通过三年或四年的学习,肯定在真善美的修养上会提高到一个新水平!为我们心理学院、为我们学校的真善美做出自己的贡献!我更希望通过你们的努力,心理学能够为中国人乃至全人类的真善美做出更多贡献!我相信你们能做到的!

目 录

专题一 教学情怀

我热爱教学，这个专题反映了我培养本科生和研究生的教书育人经验。内容来自与学生的交谈、他们的笔记整理、我的讲话稿以及研究生在组会上谈学习研究之后我的点评，还有我从事高教教材建设的概况。

一、与学生的交谈、讲稿和点评

我是怎样教书育人的

教学与科研的三个问题

谈民族心理学本科的教学改革

教学相长，责任重大

我的教学理念——以普通心理学教学为例

心理学的性质与我们的学习

谈科研、学习与修养——与研究生的随谈录

研究生应具备的品格

心理学家应是幸福进取者

怎样做人格研究中国化的选题

文献综述是选题的基础

博士生该怎样选题

怎样做人生目标的心理学研究

自省是健全人格的一个重要特征

回溯式时距估计的研究设计问题

创业自信是很值得研究的问题

题目结果的推论要严谨

怎样探测个人核心价值观

心理学研究的两个基本观点

人品与学品

暑期见闻及怎样研究“人生追求”

我们的研究要走自己的路

把心理学的成果写在社区千家万户的心坎里

要想跑得快，先要站得稳

选题其实是审题

实事求是是质性研究的根基

我是怎样教书育人的

（2014年5月19日下午在重庆市教委主办的重庆市第二期
高校处级干部任职培训班上的报告）

各位同志：

下午好！

培训班的书记讲了那么长的开场白，把我的荣誉都罗列出来了，这些都是过去的事情，我最看重的还是我是一位教师这样一个身份。在来培训班的路上，你们办班的老师讲，你们这次来的任务是学习知识。我今天下午讲的恐怕主要不是知识，主要是经验：我是怎样教书育人的。经验也是知识的一部分，大家如果要学习心理学知识，对心理学感兴趣，我写过不少书，我可以给你们开一个书单介绍，你们可以自己去读。今天下午我主要是想和大家一起讨论我是怎么样教书育人的。我在教师这个岗位上，已有53个年头，就在这个学校（西南大学）教了53年的书。那么，我是怎样教书育人的呢？我想今天下午和大家讨论两个主要问题：第一个问题是我的教师生涯；第二个问题是我对研究生的要求和期盼，即我是怎么样培养研究生的。

一、我的教师生涯

关于我的教师生涯我准备讲五个问题，都是很简单地提一提。第一，我讲讲我的求学时代。我现在已经从教53年了，我的祖上也有读书人。我父亲是农民，但是他读过三年的私塾，我爷爷他读过六年的私塾。我的祖上有蛮多读书人。记得在我小时候，我们黄家的祠堂大堂两侧墙壁贴满了报帖，有进士，有举人，也有不少秀才。我是浙江温岭人，祖上比较注重读书，都望子成龙。我是1937年出生的，我们要牢牢记住1937这一年，那是国难深重的一年，1937年7月7日卢沟桥事变，8月13日日本军队攻占上海，12月13日日本侵占了我国南京，屠杀了我们30多万同胞，这就是1937年，我就是出生在1937年10月25日，出生在这样一个国难当头的时代背景下。我出生以后，虽然家里有几亩地，但生活很困难。当时，国民党在抓壮丁，不像现在当兵是光荣的，那个时候大家是不愿意去当兵的，因为要当炮灰嘛。为了逃避抓壮丁，我父亲就逃到外面去了，所以家里是相当苦的，吃、穿都有相当大的困难。我从小就患有各种疾病，经常肚子疼，始终好不了，就是肚子里有蛔虫，蛔虫打不出来，没办法，父母请了个土医生，用很长的针就往肚子里扎，害得我差一点儿痛死过去。我6岁上小学，1949年小学毕业。小学毕业后，开始读大溪中学，从初二开始转学读温岭中学。在温岭中学读书的时候，我的学习成绩平平，不是很优秀，但是，我的老师很看重我。在毕业前填报大学志愿时，我至今还记得，我的班主任李子英，他把我找去。因为我开始报考的第一志愿是北京医科大学，就是当时的北京医学院，第二志愿是北大生物系，第三志愿是北大哲学系。我的班主任老师和我讲，你的志愿应该重新填。我问他应该怎么填，他说你应该把北大哲学系心理学专业报为第一志愿，然后第二、三志愿是医学院和生物系。他当时对我说："你应该向巴甫洛夫学习，巴甫洛夫是一位伟大的心理学家，诺贝尔奖获得者。"他对我说的这些话，我永远都记得，就是要向巴甫洛夫学习，做个心理学家，对世界有影响的心理学家。这就是我1956年报考北京大学哲学系心理学专业的动机。

1961年我北大毕业，1961年是我们国家三年困难时期中最为困难的一年。1959年、1960年、1961年是三年困难时期。当时的毕业生，总共才二十几个人。有很多好单位向我们招手，有上海的、南京的、北京的、广州的、武汉的，我填的志愿是"到祖国最需要、最艰苦的地方去"。

我从1961年至1964年在西南师院当助教，我认为我当助教也是很敬业的。给老教师提包包、擦黑板、课后辅导、带学生去实习、带见习，这些我都干过。我印象最深的一次，就是张先生让我去给本科生讲课，讲两节课，是"感觉"一章的概述部分。我一看，教材很简单，我备课备好了之后去讲课，只花了半个钟头，把两节课的内容都讲完了。我们在北大是没有教学实习课的，讲完之后，站在讲台上，也没有办法了，我只好让同学们自己去看书。张先生没有说我哪里讲得不好，他下一次讲课就讲我讲过的那一部分，重新讲了一遍。我听了张先生讲的这一遍之后，明白了讲课应该是这样讲。讲课必须是每一个概念、每一个原理、每一个理论的要点，都要用例子来加以说明，不仅用一个例子，而且还要用多个例子加以说明。所以，我的教师基本技能是从1961年到1964年当助教那一段时间学会的。我们的张先生还有刘先生他们讲课都是要备课的，而且是反复备课，我的教学风格是从张先生、刘先生那里学到的。到现在为止，我都是非常认真地备课，包括今天下午，我都是重新写了讲稿。总之，教书，不是一件容易的事情。过去我的理想是当医生，因为我自己当时有病，爸爸妈妈都有病，所以想考北京医学院。如果考上了北京医学院，我的职业生涯就完全不同了。所以，我由衷感谢我的高三班主任李子英先生对我的指引、引领，使我进入了心理学的殿堂。一个好教师，他会引领着一个人的人生。他觉得我应该学习心理学，应该去拿诺贝尔奖。虽然，我不可能拿到诺贝尔奖，但他却一直在激励着我。

1964年我考取了北大的研究生班。那个研究生班叫作“副博士”研究生班,完全是向苏联学习的。我在那个研究生班读了一年半以后,“文化大革命”就开始了。“文化大革命”之后,基本上就没有好好地学习了。我是1965年结婚,我的孩子是在1968年出生。“文化大革命”期间主要是带孩子去了,那个时候有时间,没有钱请保姆,就自己当保姆。我们那个时候研究生一个月工资42元。1968年我从北大回来,到西南师院,回到了这里。为什么回来呢?因为爱人在这里,这里有我的一个家,这是很大的吸引力。当时的知识分子是最臭的,是臭老九。臭老九到哪里去呢?到农村去,接受再教育。所以,我就回到了这里,因为我的户口还在这里。这里也欢迎我,我就回来了,这是我从教的初期。

我给本科生讲课是从1977年开始的,我讲的第一门课程是“自然辩证法”,给地理系的工农兵学员讲课。后来我给教育系的本科生讲过各种各样的课程,如公共课心理学、普通心理学、青年心理学、当代心理学流派、实验心理学、心理学教学法、认知心理学、人格心理学,等等。我教书有一个特点,从来不用别人的教材,我都用自己编写的讲义,我把别人的教材作为教学参考书。我力争讲一门课,出一本讲义,然后再修改出一本书。这样我出版的教材有八本,只有《自然辩证法》和《当代心理学流派》没有出书,其他的基本上都出版了。我在教学中特别强调要学生掌握“三基”:基本概念、基本原理、基本理论。为了使学生掌握“三基”,我编写和翻译了十多本教学参考书。我的体会是当一个好教师很不容易,因为你要给学生提供教学参考书。不光给学生别人有的教学参考书,还要给学生提供别人没有看到过的教学参考书。为了让学生掌握一些基本的概念,我还专门组织学者一起编写了《简明心理学辞典》,这本辞典除了在大陆出版以外,还在台湾出版。我觉得,教师不一心扑在教学上,很难做好教师这份工作。我有4本教材被教育部评为普通高等学校优秀教材一、二等奖(一等奖2本,二等奖2本)。我主讲的一门课程还被评为国家精品课程。我的教材有不少是人民教育出版社、高等教育出版社出版的。

从1985年开始,我招收硕士研究生。我们学校心理学的第一个硕士点,是1986年由我领衔申请获得批准。1993年由我领衔申请的普通心理学是我们学校第二个获得批准的博士点,我从1994年开始招收博士研究生。到现在为止,我指导的硕士研究生有123人获得硕士学位,有58人获得博士学位,有16名博士后进站合作科研,指导过16名高访学者。其中有1位博士生的论文被评为全国优秀博士学位论文,有2位博士生的论文获得全国优博论文提名奖,还有2位获得重庆市的优博论文奖。

教书育人工作需要一定的科研平台,我非常重视科研平台的建设。1986年我领衔申报普通心理学硕士点,获得成功,这是我们学校第一个心理学硕士点;1993年我领衔申报普通心理学博士点，获得成功，这是我们学校第二个博士点；1995年我领衔申报的四川省重点学科普通心理学专业，获得成功；1999年我领衔申报的心理学博士后科研流动站也获得成功；2002年我申报国家重点学科基础心理学，获得成功，这是西南师大第一个国家重点学科；2003年我申报重庆市人文社科重点基地心理学与社会管理研究中心获得成功；2003年我申报心理学一级学科博士点，获得成功；2004年协助张诗亚申报西南民族教育与心理研究中心获得通过；2005年协助李红申报人格与认知教育部重点实验室获得通过，我是学术委员会主任；2008年我领衔申报国家级教学团队建设获得批准。总的来说，这53年，我既教书育人，又进行学科平台建设。我认为，教书育人和学科平台建设是相互促进的，没有一个学科平台，想搞好教学，想培养优秀的学生，是很困难的。所以，在此期间，我申请了国家自然科学基金、国家社科基金、教育部的重大课题、社科的重大课题，都取得了较好的成果。

二、我对研究生的期盼

在学科建设和教书育人的过程中，我有哪些经验呢？下面，就想和同志们一起讨论我是怎么样培养研究生的。培养研究生的做法，就反映在我对研究生的期盼上。这些期盼，都是我一直很重视的这九个问题。第一，要胸怀大志，但是目标要切实可行；第二，要学会做人，学会做事；第三，要主动与老师交流，争取在研讨会上发言；第四，要不断激发学生对学术的憧憬和热情；第五，要认真阅读文献，使思考成为自己的习惯；第六，要有学术自信，敢于怀疑，敢于挑战权威；第七，要潜心做学问，不要急功近利；第八，要有互助合作的团队精神；第九，要学以致用，成为幸福的进取者。

下面谈谈我对研究生的期盼。

第一，要胸怀大志，但是目标要切实可行。韩愈（768—824）讲过“师者，传道、授业、解惑也”，我认为我们对于学生的培养首要一条就是要立志，立大志。什么叫作“立大志”呢？每个人都有不同的理解，但是我比较倾向于儒家的那种说法——修身、齐家、治国、平天下。对我们的研究生来说，就是要自己的学生有修养，有高尚的情操。

我们的研究生就应该追求卓越，不甘于平庸，要在心理学研究领域中留下自己的足迹和贡献；要有所发现，有所创造，有所前进。我们来到这个世界上不容易，要对得起自己，要在这个世界上留下一点点痕迹。如果你是做心理学研究的，你一点儿痕迹都没有，你算什么博士研究生呢？在这个领域中你要有所贡献，就是这样一个要求，促使我们不断追赶国际前沿水平。现在我们学部每年都能产出60多篇国外发表的文章，所以对西南大学的学术贡献率，我们是名列前茅的。我教育我的学生要不甘平庸，要对得起自己，对得起父母，对得起老师，对得起国家和人民；要在自己的领域中留下自己的足迹和贡献，这样才能有所发现，有所创造。那么为什么要立这样的大志呢？因为只有树立起远大的志向，才会不断攀登，不断进取，不断努力，在前进的道路上克服重重的艰难险阻，到达新的高峰。这里我引用高尔基(1868—1936)讲的一句话："我常常重复这样一句话：一个人追求的目标越高，他的才力就发展得越快，对社会就越有益；我确信这也是一个真理。这个真理由我的全部生活经验，即是我观察、阅读、比较和深思熟虑过的一切确定下来的。"(《论文学》，人民文学出版社1978年版，第340页)微生物学家巴斯德(1822—1895)讲过，立志是一件很重要的事情。工作随着志向走，成功随着工作来，这是一定的规律。立志，工作，成功，是人类活动的三大要素。立志是事业的大门，工作是登堂入室的旅程，这旅程的尽头就有个成功在等待着，来庆祝你的努力结果……(《科学家成功的奥秘》，河北人民出版社1979年版，第112-113页)立志是如此重要，就是因为对我们来说，志向引领着我们前进，是我们人生、工作的努力方向，是我们做一个什么样的人的意愿和决心。我们准备做什么人，我对研究生的教育，一开始就在讲这个话，本科生我也那样教育。有些人听得进去，有些人听不进去。我跟同志们讨论一下，并不是老师讲的话学生都会听的，有的听得进去，有的是听不进去的，你就是苦口婆心地说，听不进去就是听不进去。有时老师的一句话就影响你一辈子的奋斗，像我的班主任老师跟我讲应该向巴甫洛夫学习，我确实是向他学习的，我确实是很努力地奋斗，但我的奋斗达不到巴甫洛夫那个水平。如果你对你的学生的要求本来就不高，你对你的子女的要求本来就不高，那可能就没办法了。所以我觉得志向就是我们每个人要做一个什么样的人的意愿和决心。

但是目标是很具体的，要切实可行。我们每天在做的事，每星期要做的事，那是清清楚楚的。所以我要求我的学生，事情一件一件都要落实，都要做好。比如说研究生，首先要选题。题目通常要学生自己去选，我有两个大研究方向，一个是时间心理学，即探讨人们是怎样认识时间，利用时间的；还有一个方向就是人格心理学，即探讨人格的特点。在培养学生的过程中，每天要做的事情，这个星期要做的事情，这个月要做的事情，今年要做的事情都是很具体的，都必须要完成。我们在对待每一件小事上也要认认真真地去完成，只有做好了每一件小事，那样大的事情才能顺利完成，才会实现大的志向；否则是不可能实现的，最后变成一个空谈家、空想家。所以，作为一个老师既要教育学生树立远大的志向，又要教育学生脚踏实地地完成每一项工作。对研究生来说，从选题，写文献综述，做实验，写论文，最后论文答辩，这一系列的工作，都要抓紧完成，让学生自觉地去做。这是我讲的第一点，所以志向要远大，目标也要切实可行。目标是看得见的，一个一个看得见的，要去做到的。

第二，要学会做人，学会做事。什么叫学会做人？我的理解是学会做人主要在两件事上花工夫。首先，最重要的是树立正确的价值观。为什么价值观那么重要呢？因为价值观是人区分好坏、美丑、益损、正确与错误、符合或违背自己意愿的信念系统，它通常是充满情感的，并为自认为正当的行为提供充分的理由。价值观是一杆秤，我们心中有明确的一杆秤。如果价值观是错误的、扭曲的，能力越大，志向越大，越要出问题，对社会就越有坏处。如果价值观是正确的，能力越大，志向越大，对社会就有越大的贡献。所以我觉得，学会做人首先要有正确的价值观。我在对研究生教育的过程中反复提倡的价值观有十个：一是要爱国，要热爱我们的祖国，爱国对每个中国人都很重要，是理所当然的。要热爱祖国、效忠祖国、为祖国服务，努力为祖国争光。作为一个公民，作为我的研究生，爱国是理所当然的。我自己就做出了选择，到祖国最需要、最艰苦的地方去。我当时就是这样想的，我到现在也不后悔。三年困难时期，重庆各方面都很差，夏天热死人。1961年我来重庆那时候连电风扇也没有，就是一把蒲扇。当时我住在文化村6舍3楼，朝西晒的地方，很热。就是一把蒲扇，我照样在用功读书。我很有名的一种行为，很多人都知道的，就是把毛巾放在水里弄湿，搭在肩膀上，然后两个脚放在水桶里。在那个时候，1961年我也写了好多文章，翻译了好多东西，都有发表，都是历史的见证。现在我要出全集了，大概有十卷。人生总要对祖国有所贡献，到祖国最需要的地方去，在我看来是理所当然的事情。热爱祖国，是理所当然的事情。祖国的需要就是我的需要，这是理所当然的事情。二是要自立，自立就是摆脱依赖，一个研究生要对自己的行动和行为负责。我们自己在行为上、心理上、社会上都应该自立。我们的教育有一个很大问题：孩子往往依赖得很，好像依赖就是乖孩子。三是要自信，就是对自己所知、所能都要有信心，一个研究生学术自信很重要。四是要自尊，就是维护自己的尊严，不自卑，不自傲。五是要自强，自强就是生生不息，奋斗不止，敢为天下先。六是要正直，正直是坚守原则，善恶分明，公正坦率。七是要诚信，诚信就是言行一致，真诚不虚假（守约、守时、守法、守信用）。八是要有爱心，爱心就是对自己、他人和群体以及各种非人的事物的爱，对大自然的爱。九是要乐观，乐观就是以积极的态度来面对人生的各种挫折。十是要坚毅，坚毅就是为达到目标，持之以恒的追求，坚持不懈的努力。我在课堂上，在完成我主持的课题时，从这十个方面要求学生努力做到，这个跟社会主义核心价值观是相一致的。社会主义核心价值观讲的是富强、民主、文明、和谐、自由、平等、公正、法治、爱国、敬业、诚信、友善。我觉得友善还不如用爱心好，爱心包含的方面更宽，包括对大自然的爱，友善就仅是人与人关系的问题了。这是学会做人的第一个含义，即要树立一个正确的价值观。其次，学会做人的第二个含义是低调做人，高调做事。除了价值观念以外，我认为这个也很重要，什么叫低调做人，就是不说大话，不说空话，不说假话，就是把自己的本职工作做好。你们现在是副处级干部，以后还会提处级干部，还会是校级干部。低调做人、高调做事对于以后你们的提升也很重要。低调做人的第一个含义，就是不说大话，不说空话，不说假话。低调做人还有一个含义就是在名利面前要低调，不要去争名夺利。在我们这个社会要不要赚钱，那肯定要赚钱，要不要讲究报酬，那也要讲究报酬。但要取之有道，按制度按法治，不能贪污腐败，我主张要讲真话，讲分寸，讲场合，讲表达方式，不要为利益而争。

下面讲学会做事。我教学生学会做事主要在三个方面，即在科研方面、教学方面和服务社会方面。我们做科研都是和服务社会紧密联系在一起的，让学生在科研中、在学术研讨会中锻炼才干，锻炼成才。学会做事，首先是要学会搞科研，懂得搞科研，能够做出科研成果。我要求学生把科研与社会实践相结合，把科研的精神运用到教学和社会服务中。在科研中，我还培养学生的教学能力，例如他们的开题报告必须讲好。因为，我们的学生出去以后并不是单纯从事科研工作，所以他们还必须学会讲课。如何讲课我也要教他们，锻炼他们上讲台，在讲台上讲课。为社会服务，怎样为社会服务？心理学的知识，它的服务面是很广的，为社会的方方面面都能服务。比如我们现在讲建设和谐社区，建设和谐社区就有一系列的社会心理学问题需要我们服务。我要让学生在建设和谐社会、和谐社区之中寻找课题，去进行研究。我们在建设幸福家园，我就想让学生知道什么是幸福，如何去研究幸福，如何提高学生、提高我们整个民族的主观幸福感。这些都是我们要研究的内容，就是为社会服务。学会做事，就是学会科研，学会教学，学会为社会服务的这些本领。

第三，要求学生主动与老师交流，争取在研讨会上多发言。为什么要求学生主动与老师交流呢？因为学生主动与老师交流自己的学习经验、学习心得，老师可以及时了解你的学习情况，知道你是如何学习的，有哪些特长，有哪些知识需要加强，我们的研究生，特别是博士研究生，他们大多是主动学习的；主动学习，与跟老师多交流并不矛盾。跟老师交流，老师可以发现你的哪些想法很好，及时给予肯定；哪些想法有问题，及时给予纠正，及时给你指出新的研究方向。还有一点是你跟老师多交流，老师知道你的学习潜力在哪里，你有什么专长，老师可以及时把自己的科研任务交给你，我们当导师的就是要给研究生交代科研任务。我有一个经验，在北大读研究生的时候，我的老师是沈迺璋先生，是国内著名的心理学家。他是留法学生，会四门外语，英、法、俄，还有德语。第一次老师给我布置作业，让我读哪些书，哪些论文；读了以后，他给我规定一个月以后，我把问题提出来，我们一起讨论。一个月以后，我去了，他问我哪点儿没有读懂，哪里有问题，我讲了希望老师给我指点的地方，但他不会回答我的具体问题，只会告诉我哪本书上、哪个杂志上可以找到问题的解答，然后辅导就结束了。一个月以后第二次去，他又给我指出了一大堆的论文和书，让我去看。看了以后，我问他的问题，他就给我指点哪些书和杂志，他不会给我问题的答案，但是他可以告诉我应该在哪些地方去找。这种指点让我悟出了道理，先生是用这个引导法，引导我去发现问题、解决问题，去探究知识。这非常重要，以后我把这种方法用来教育我的学生，也用来培养我自己的孩子。我孩子在很小的时候，问我一些汉语词汇，问那个字念什么，那个字什么意思，我就告诉她，你去哪本字典里查，我教你怎么用字典。不给答案，教她去查字典。我夫人是教数学的，她也不给孩子答案，教她自己去查数学手册，学会如何做题。这确实很有效，能培养孩子的自主学习能力。

培养本科生和研究生的自主学习能力很重要，希望同志们试试用这样的方法来培养学生的自主学习能力。另外，我们星期二下午都有个学术研讨会，也称组会，我的学生会积极发言，提自己的意见。同时我还利用各种机会，如学生陪我散步的时候，我会及时指导他们学习。我很珍惜自己的时间，更不会随便浪费时间，把时间白白浪费，实在太可惜了。

第四，要不断激发学生对学术的憧憬和热情。什么叫作学术？学术就是系统性的知识。我们知道，知识就是力量，知识引导人生走向光明，知识能够创造幸福的家庭，知识能够让我们的国家富强，繁荣昌盛。

到现在为止，还有人亵渎知识，不把知识分子当回事，他们之所以追求博士、硕士学位，是为了他们的升官发财服务的，而不是为追求学问。做学问是追求真理，他到这里当博士生导师是给自己涂脂抹粉，是追求一个名分。一个不尊重知识的学校，能够把知识搞上去吗？能够把学科建设搞上去吗？我表示怀疑。我这个人是非常尊重知识的，我的尊重知识表现在讲课上、写文章上，最怕的就是出错误，出错就会误了学生。所以我讲课不用别人的教材，我用自己的教材，都是经过自己思考过的，把别人的东西转化为自己思考的一部分，再讲给学生听。我教会学生如何掌握知识，掌握知识主要表现在掌握“三基”上，即基本概念，基本原理，基本理论，任何一门学科，都有这“三基”。还要教会学生如何学习，如何听课，如何记笔记。我的本科生教学一定是要讲这些内容的，我第一次课就讲如何听课，怎样复习，怎样记笔记，怎样养成良好的学习习惯，所以我培养出来的学生，品位就是不一样。不信，你们可以去看看，他们学会了学习，养成了良好的学习习惯，这些都很重要。我还要教会学生怎样拓展知识，不能局限在书本上的那一点儿知识，还要拓展其他方面的知识，跟它相关的那些知识。比如说感觉，我们还要看看其他有关感觉方面的书，比如专著，所以当老师真的不容易，你要教会学生拓展知识，而你自己的知识就很有限，你怎么教他们去拓展呢？这一点，我应当感谢北京大学对我的教育，我在北京大学学习的科目是非常杂的。我是在哲学系读心理学专业，因此哲学的许多科目我都在学，我们还要学自然辩证法，学数理化生地。我在北大听了很多名家的课程，冯友兰的、郑昕的、赵以炳的、王平的，这些课我都听过。所以我在北京大学，有个有名的绰号就是Книгу(俄文单词“书”的第四格)，就是喜欢钻书本。我鼓励我的学生要去听报告，在我们学校举行的报告会，都要去听，即使没有多大相关的报告，也可以去听，对你有好处的。在拓展知识上我给学生推荐参考文献，以及教他们怎样阅读文献，哪些文献很重要，哪些文献是一般的，激发学生对学术的憧憬和热情。我还鼓励学生运用知识，如何运用知识，我讲过多次，学心理学的人，应用心理学知识到自己身上是最有好处的，如果你懂得了记忆的规律，把记忆规律用在自己身上；如果你懂得了注意的规律，把注意规律应用到自己或学生身上，如讲课的时候怎样调动学生的积极性；如果你懂得了思维规律，你也可以提高学生或自己的思维能力；如果你懂得了人格是如何培养的，优良的人格是如何养成的，你可以把它用在自己身上，也可以培养你们孩子的优秀品格，多好啊！我自己有深刻的体会。我写过一本书，叫作《家庭教育艺术——论家庭教育思想和方法的改革》，这本书是我在20世纪90年代初写的，很有教育意义！曾经想把那本书重新修订出版，但现在看来心有余而力不足了。写了这本书以后，我才真正知道家庭教育的重要性。社会上许多家庭教育是何等的错误！教育孩子是一门艺术，也是一门科学，我深有体会，所以我屡次对宣传部的人说，结婚之前，生孩子之前，应当让未婚青年学习家庭教育的知识。只有懂得教育孩子的知识，孩子生下之后，你才有好的家庭教育。把心理学的知识运用到自己身上，会使自己受益匪浅。另外，激发学生创造知识，让学生从自己的实际出发，选择国家或社会亟须的课题进行研究，使我们的学生把自己的兴趣爱好和国家、社会的亟须结合起来，因为兴趣爱好是可以培养的。

第五，要认真阅读文献，使思考成为自己的习惯。什么叫作认真阅读文献，我很认同朱熹的那句话：“读书有三到，谓心到、眼到、口到。心不在此，则眼不看仔细，心眼既不专一，却只漫浪诵读，决不能记，记不能久也。三到之中，心到最急。心既到矣，眼口岂不到乎？”(朱熹《训学斋规》)所以读书有三到，心到、眼到、口到。读书还要勤快，要科学利用时间，抓紧时间，坚持不懈地努力。读书还要循序渐进，要精益求精，我们不能把所有的书都读完，我要求我的博士生，有些经典性的论文必须要认真精读，一般的论文一般了解就可以，把摘要看一看就可以。但是经典性的一定要精读，最好把它翻译出来，逐字逐句地翻译出来，搞懂。只有这样，在它的基础上，你才会有所发展。另外，读书还应兼容并收，融会贯通。所谓认真阅读文献，我的理解是学与思结合，要把思考变成自己的习惯。孔子说：“学而不思则罔，思而不学则殆。”(《论语·为政》)把学与思结合起来，使思考成为自己的习惯非常重要。陶行知也说：“发明千千万，起点是一问。禽兽不如人，过在不会问。智者问得巧，愚者问得笨。人力胜天工，只在每事问。”（《陶行知教育文集》，四川教育出版社2005年版，第722页）学会问问题，在学习的过程中，不断地提出问题，提出怀疑，提出思考，不要单纯相信书本上的东西。我鼓励学生对我的书本上写的东西提出质疑。我是尽量准确地表达，反映科学知识，但是知识是在发展的，所以我允许学生怀疑，支持学生提问，提出他自己的问题。不要单纯相信书本和文献。读书的时候，每一步都要扎扎实实，不可人云亦云，要多问几个为什么，从不同的角度思考问题。我们做工作也是一样的，也是从不同的角度思考问题，才能做得好，才能超过人家。发家致富也是一样，要从不同的角度思考。人家卖小面，你也卖小面，人家做什么，你也做什么，人家卖什么，你也卖什么，那你还能发家致富吗？人家卖小面，你去卖馄饨，去卖小笼包，这样的生意才会做活，有所不同。教育学生从不同的角度思考问题，从联系生活实际的角度思考问题。比如说，我们培养学生的智力，我们可以从发展的角度，可以从教育的角度，也可以从生理学的角度思考问题。它的生理基础是什么，它的行为基础是什么，怎样来培养，等等。总之，我要求我的学生要从不同角度思考问题，养成习惯。

第六，一定要有学术自信。有了学术自信才敢于怀疑，敢于挑战权威。创新起源于怀疑、思考，但不是凭空思考、胡思乱想，而是建立在正确判断和评价的基础上。科学研究的发展历程就是不断地挑战旧观念、挑战权威，我们的整个心理学发展史也是这样的。旧的观念和权威都是大多数人所信奉的，因此你要挑战旧观念、挑战权威，你就必须有自信和勇气。没有自信，没有勇气，没有为真理奋斗的精神，就不可能挑战旧观念、挑战权威。现在我们最难的可能还不是挑战权威的问题，而是挑战掌权的领导。但是，如果真正追求真理的话，得罪就得罪了。你把我怎样？我不求你升迁，在这个共产党领导的天下，追求真理总是会被支持的，只要你不反党反社会主义。反党反社会主义是政治上的问题，这个是千万不能做的，对我的学生我是非常强调这一点的。共产党是好党，从中国整个历史上来说，共产党有胆量有底气自我革命，把腐败分子揭发出来。哪一个朝代没有贪官污吏？我们这个时代还是比较清明的。我个人是这样认为的，不晓得你们怎么看。在我看来，中国共产党是个好政党，是真心想把中国发展起来的。我是非党群众，我是无党派人士，敢于挑战权威。哪一个人一句顶一万句，句句是真理呀？每一句都是重要的，这不符合实际，有重要的，有不重要的。我估计我们的领导也不会是这样子的，都是人，也是有鼻子、有眼睛、有耳朵的，他们也主张自由、平等、发展。我的意思是一定要挑战，只有挑战旧观念、挑战权威，学术才能进步，社会才会发展。我今天不讲政治。在做学问这个问题上，一定要敢于挑战旧观念、挑战权威，要有自己的勇气。实际上，我们的党也是不断地挑战权威、挑战旧观念的。我们党提倡马克思主义中国化，就是在挑战权威、挑战旧观念。我们现在搞改革开放，也是在挑战旧观念，挑战无产阶级专政继续革命的理论。有人分析过，一百年以来，诺贝尔奖获得者的共同品质有以下六条：①不被经验所束缚；②怀疑一切，不迷信权威；③不为信息浪潮左右，自行取舍；④对自己的科学观点坚信不疑，有时甚至不惜一战；⑤对新生事物的高度敏感性；⑥超出常人的意志力。所以，很希望我们的国家有更多的诺贝尔奖获得者。从培养人这个角度来说，这些品质确实是很重要的。

第七，要潜心做学问，不要急功近利。我教育学生要老老实实做学问，弄虚作假，总有一天要身败名裂，我坚信不疑。有哪些学术不端的行为呢？教育部社会科学委员会学风建设委员会在《高校人文社会科学学术规范指南》中提出八种学术不端的行为。学术不端的行为有哪些呢？抄袭、剽窃、侵吞他人学术成果。你不要以为别人就不晓得，总有一天要暴露出来。因为你的论文是贮存在学术档案里的，你弄虚作假的东西终有一天要暴露出来，所以还是要踏踏实实。篡改他人学术成果。最近好像有一个人就是篡改他人的成果，作为他自己搞的，把头尾去掉，然后变成他的了。伪造或者篡改数据、文献，捏造事实，伪造注释。我今天讲的，也可以用于你们以后对老师的要求。要他们不要那样子做人，那样子做人终有一天会被抓住狐狸尾巴的。还有，没有参加创作，在他人学术成果上署名。未经他人许可，不要使用他人署名。他人没有参与，为了吹牛拍马，把别人的名字写到你的论文里头。所以，我跟我学生讲了，我没有同意的，你不要把我的名字写上去，我不认可的，必须要我签名你才可以把我的名字写上去。还有一条，违反正当程序或放弃学术标准，进行不当的学术评价。现在这些都有的，你跟我好，我就给你写成好的，你跟我不好，我就给你写成差的。我举个例子给你们听，两所高校，我参加优秀博士论文评选。一所是北方的高校，一所是南方的高校。凡是北方高校的论文，南方的高校就给他打低分；凡是南方高校的论文，北方的高校就给他打低分。优秀博士论文，他评多少分呢？25分。北方高校推出的优秀博士论文，南方高校给他打25分，于是南方高校推出来的呢，北方也给他打得很低。这个就叫作不当的学术评价，这是违反学术规范的，这样做是要不得的。我最近评了一篇博士论文，我认为是不能通过的，给他否决了。我写了大概两千字讲出我的理由，为什么他是不可以的。他的选题有问题，他的方法有问题，他的数据处理有问题，他的写作也不规范，大概从四五个方面，我一条一条给他写出来，我认为没有达到博士学位的那个水平，不同意参加答辩。现在恐怕很少有这样的教师了，只有像我这种教师到现在还坚持学术标准。没有办法，你落到我的手里头，想让我通过，我不可能给你通过。通过以后，人家检查说，“这样差劲的论文，黄希庭居然给他同意论文答辩，授予学位”，这我绝对不干。这个盲审，我不晓得这是什么人，反正我是按学术标准来衡量的。我也是以这样一个标准要求我的学生，我的学生的论文我要能通过,基本上评审就能通过了。我觉得不行,你绝对要重做。我有一个学生,他是一个正教授来读我的博士,他要求两年毕业,我不同意,必须读三年。结果,三年做下来,他那篇论文就是全国优秀博士论文。否则,他那个优秀博士论文怎么拿得到?所以,我严格要求学生,对学生是有好处的。

第八,要有互助合作的团队精神。毕业后,我们的博士研究生都会去申请项目,申请国家级省部级的项目。现在的项目都不是一个人能够申请得到的,都要组建学术团队。博士研究生毕业后到了新地方,把学术团队建设起来,这样才能够争取到国家前沿课题。如果搞得更好,也可以组织几个学科之间的联合攻关。我领导的学术团队有一个共同特点:学术民主,互相帮助,互相尊重,取长补短。最近,我在商务印书馆出版了两本书,这是我和我的学术团队多年奋斗的结果。这两本书应当是一个标志性的成果。一本叫作《探究心理时间》,一本叫作《探究人格奥秘》。在我的微信上有这两本书的介绍,大家如果感兴趣,可以去看看。

第九点,学以致用,成为幸福的进取者。我个人认为,学了就要应用。我对学生的要求和对自己的要求一样,学了心理学,就要用到自己身上去,用到别人的身上去也可以,我们都是学心理学的最大受益者。比如,我们的博士生都感到时间不够用,都希望过健康幸福的生活。那怎样用好时间?怎么做时间的主人?我有一个观点,管理时间就是自我管理。搞时间管理,就是管理好自己,教学生如何管理自己。又比如说压力。到底是哪一种压力?有些人说工作压力很重。压力来自何方?怎样来疏解压力?怎样使自己的心态平衡?这些都是我们心理学要讲的一些内容。所以,我要求我的学生要用自己学到的知识,去疏解压力,管理好自己的时间,更快地成材。成什么样的材呢?我的主张就是养成健全人格,成为一个"幸福的进取者"。什么是幸福的进取者?就是对世界抱开放态度,乐于学习和工作,不断吸取新经验;以正面的眼光看待他人,有良好的人际关系和团队精神;以正面的态度看待自己,能自知、自尊、自我悦纳;以正面的态度看待现在和未来,追求现实而高尚的生活目标;以正面的态度看待顺境和逆境,能调控情绪,心境良好。总之,健全人格的人能以辩证的态度对待世界、他人、自己,过去、现在和未来,顺境和逆境,是一个自立、自信、自尊、自强、幸福的进取者。我把落脚点放到培养人上,培养一个自立、自信、自尊、自强,幸福的进取者上。我希望我今天的报告也对你们有帮助,希望你们也成为自立、自信、自尊、自强、幸福的进取者!谢谢各位!

教学与科研的三个问题

我想对各位讲三个问题:一是讲我的教学工作是怎么做的,二是讲我的科研工作,三是讲我对教学和科研关系的理解。关于我是怎样当教师的,我想讲三个问题,第一个问题是我是怎样走上教师这个岗位的。我并不是一开始就想当教师的,考大学之前,我在温岭中学读书的时候,家里很穷,经常生病,爸爸妈妈也经常生病,每天都是病恹恹的,可以说什么病都得过,大病如胸膜炎、肝炎,在这样的情况下我的学习还可以。当时我报考的第一志愿是医学,想治病救人,有这样的一个想法。我的班主任李子英老师知道了,他找我谈话,这是我永远忘不了的。他说黄希庭你不要去考医了,你应该去学心理学,我说我不懂心理学是什么,他说你应该向巴甫洛夫学习,他是心理学家,是诺贝尔奖的获得者。老师的这一席话一直鼓励着我,后来我把志愿改了,我原先的第一志愿是北京医学院,也就是现在的北京医科大学,第二志愿是北大生物系,第三志愿是北大心理专业;现在改了是这样的,第一志愿是北大心理专业,第二志愿是北医,第三志愿是北大生物系。我是第一志愿被北大心理专业录取的。这是我走向教师职业的开始,因为只有学习心理学以后才有当心理学教师的可能性,老师的指点非常重要。我开始是不会讲课的,因为北大学生没有经历教育实践。我的讲课技能是到了西南师范大学,也就是原来的西南师范学院学会的,当时我压根没想到西南师范学院工作。1961年我大学毕业,全国高校心理学教师很缺,分配到北京、上海、南京、武汉、广州的都有,我填的一个志愿是到祖国最需要、最艰苦的地方去,之后我被分配到了四川。当时的四川最艰苦,你们可能都不知道,四川确实很艰苦,三年困难时期四川饿死了很多人,你去问问你们的父母,当时很艰苦的,确实死了很多人。1961年我刚到西南师范学院不久,到附近的重纺附小去见习,亲眼看到一个小学生倒下去就死了,这件事我到现在都记忆犹新。一开始到四川省高教局报到,被告知说我是在重庆,当时我以为是分配到四川大学。之后我就到了重庆,又被告知你的工作单位不在重庆而是在北碚,到了北碚又被告知要再翻过一座山,山的那边是西南师范学院。我真是孤陋寡闻,从来都不知道国内有西南师范学院这个学校,我从北碚汽车站去西南师范学院是步行走过来的。我讲课是从1977年开始的,“文化大革命”以后我讲授的第一门课不是心理学而是自然辩证法。然而我讲授心理学课更早,1961年我当助教辅导普通心理学,我第一次登台讲课是讲“感觉”一章的概述,“感觉”的那章开始部分我到现在都记得,两节课的时间我不到30分钟就讲完了,我觉得都讲清楚了,学生们都懂了,剩下的课时我就让学生们自学,有问题提出来我来回答。我当助教时的指导教师是张增杰先生。张先生没有批评我，他第二周上课我去听他的课，因为那个时候当助教是给老教师拿包包、拿挂图的，我认真当助教，张先生没有批评我，没有说我哪里讲得不好，他讲授同样的内容，从头到尾足足讲了两节课，他讲授每一个概念、每一个原理要点都要用例子加以说明，而且每次都把讲课变成了提出问题、解决问题的过程，整个一堂课变得生动活泼，使我受益匪浅，懂了教学是怎么一回事，教学就是给学生设疑、答疑的过程，基本概念、基本原理、基本理论都必须以日常生活中的事例来讲解，要让学生能够听懂，学生没有听懂你就是没教好。现在我的许多学生上课跟我是一样的，我非常感谢张增杰先生的言传身教，他是我教学生涯的启蒙老师。还有一位启蒙老师是我们北大心理专业主任沈迺璋先生，他们都去世了，沈先生是留学法国的，精通四国外语，是我国著名的心理学家，我考取了他的研究生，当时的研究生不叫硕士博士，学苏联叫副博士研究生。1964年我考取北大的研究生，指导教师是沈先生，去见他的时候，先生给我制订了一个读书计划，说你这一年读什么书，这一学期读什么书，最近读什么书、哪些杂志，他说平时你不要来找我，一个月以后你可以来找我。我一个月以后去找他，讲了我阅读文献的情况，有很多不懂的问题，我就一个一个地提出来，我希望得到沈先生的解答。他说你第一个问题、第二个问题以及你的其他问题在哪些书哪些杂志有解答；现在我还要给你布置一些读书内容，你一个月以后再来找我，这就是他的辅导。第二次读完书后我去找他，他仍用同样的方法：你这个问题在哪些书上有，在哪个杂志上，你自己去看该怎样解决，这就逼得我“无师自通”。这既是无言之教，也是无师自通之教，不要依靠老师，答案是老师不能给你的，给你指出一个方向要自己去寻找答案。我非常感谢我的老师沈先生，开始时我很不理解，甚至有些埋怨，经半年的“遭遇”后，我简直是豁然开朗了，沈先生是想用这样的方法培养我。从北大返校后我对待我的学生、我的子女也是采用这种方法。所以这三个老师是我毕生难忘的，是我的恩师，使我学到了很多很多，他们的行为对我的成长很有帮助，但是他们都已经过世了。

下面我想讲讲我的教学和科研。从1977年我开始为本科生讲课，到1989年我讲授过自然辩证法、公共学、普通心理学、青年心理学，等等，一共讲授过十门课程，出版了八本教材，十多本教学参考书，其中两本教材获得教育部普通高等学校优秀教材一等奖，两本教材获二等奖，是不容易的事情。我的《普通心理学》，全国心理学界都知道，有很多学校都在用，现在在这本教材之后完成的《心理学导论》已经成为国家精品课程的教材。另外我从1985年开始招硕士研究生，已有160人获硕士学位，1994年开始招博士研究生，到现在已有60多人获博士学位，博士论文有一篇获全国优秀博士论文奖，其中两篇获得优秀博士论文提名奖，还有两篇被评为重庆市优秀博士论文，教学的任务是相当繁重的。即使如此，我讲课一般不喜欢用别人的教材，都是努力用自己编写的讲义，我有一个观念就是自己讲的课用自己写的讲义，多讲几遍，修改成教材争取出书，包括今天我给你们一遍一遍讲的内容，但我还在修改，我在发表的时候就以新的面貌出现。我这个人就喜欢新的教材，喜欢自己编写的教材，我不主张只用一本教材，你在大学读书只读一本教材，别的教材都不知道，哪还像大学生吗？

第三是讲我的教学经验，韩愈在《师说》中说的传道授业解惑是一个教师的职责，教师应该做到的我都争取做到。知者人之模范也，老师是学生的模范，我们起码应该做到成为学生的模范。教师的首要社会角色是传道者，用韩愈的话来说就是准确地传授儒家的传统，使它世世代代地流传下去。儒家学术中，很重要的几点，一是修身齐家治国平天下，教师就应该是这样的人，要传承仁义礼智信，忠孝廉耻勇，我认为这些文化传统是有合理因素的，我们应该把它传承下去。我鼓励我的博士生，把传承中华优秀文化传统的心理学课题作为博士论文的选题，例如有的博士生选题忠孝廉耻勇的“廉”，还有做“勇”的。我认为，我们不能忘掉中华民族的优秀传统美德，我们要让我们的学生传承下去，现在我们讲的社会主义核心价值观其中就包含了这方面的内容。习总书记提倡要树立正确的价值观，树立正确的价值观和人生观，是我们老师要教给学生的首要任务。我的理解，我的首要任务就是培养一个好人，一个国家需要的人才，如果我们把教育学生成为什么样的人视为教师的首要任务，那么教师的首要任务就是让学生学会能够正确地看待人生，能够正确地为人处世。我们每一个教师都应教给学生这样一个道理，这是很重要的。我们是教育学生的，我们做的事情要对得起国家、社会、你的父母、你自己，就是要对社会、他人、自己有益，不能做那种损人利己、损害国家、损害社会的事情，要树立正确的价值观，做一个自立、自信、自尊、自强、幸福的进取者。我要求我的学生这样做人：养成正确的价值观、正确的人生观。我们不能只教书不育人，要让学生认识到，学了本领后，如果你没有正确的价值观、正确的人生观，而有一个邪恶的价值观，那你对社会的危害性就更大了。传道，我的理解就是树立正确的价值观、人生观。我们心理学里有很多教学内容可以穿插着进行价值观、人生观的养成教育，比如说，我们普通心理学教材里有许多地方可以讲我国优秀传统文化的资料，我们应该热爱我们的祖国，要为祖国争光；我们要让我们的学生了解我们自己的研究成果，要写进教科书，我们要一代接着一代地搞下去；我相信总有一天我们会像大飞机一样上天。现在我们的教育学、心理学，包括社会学，都是洋人的理论，没有中国人的理论。他们的人生理想、人生追求不同于中国人。我们从心理学的角度讲解我们中华文化传统，不同于西方，我们讲的仁义礼智信，他们也讲，但侧重点是不同的。我觉得这些要教给我们的学生，这是第一点，我非常重视这点，想尽一切办法传道，想尽一切办法在课堂教学上结合知识的传授来传道，这是我的第一个体会。

第二个体会，要当好教师必须联系实际开展科学研究。我们开展了培养学生人格与价值观方面的研究。大家知道我最早出版的《当代中国青年价值观与教育》，这本书1998年荣获教育部普通高等学校第二届人文社会科学研究成果一等奖，这是社科的国家奖，就是奖励我们联系教育迫切需要的研究成果。因此，我建议你们应当联系自己的教育实际，特别是民族教育实际开展科学研究，产出科研成果；建议你们向我们学习，这是容易做到的。我撰写的《人格心理学》最初是在台湾出版的，然后回大陆出版。我主编的《简明心理学辞典》最初在大陆出版，后来在台湾出版。我们有一个理论叫“健全人格理论”，它阐述了如何培养学生养成健全的人格，虽然是一个设想，但它是可以与教育教学相结合加以证实的。我们坚持在教学中搞科研，在科研中丰富教学内容，为了培养学生正确的人生观、价值观，我们做了不少研究。教师的第二个社会角色是授业者，什么叫作“授业者”？授业者就是知识技能的传授者，向学生传授文化知识技能，让学生在修身养性的同时长知识、长才干，我认为大学不是职业训练班，我们当然要考虑学生的就业问题，但大学培养的是人才而不是职业人。最后我提出的健全人格理论，就是培养学生成为德智体美劳全面发展的人才。

怎么使我们的教师成为大学里优秀的授业者呢？我认为要从下列四个方面去努力。

我强调长知识、长才干，大学不是职业训练班。第一我们要引导学生学会学习，提高学习能力。每一门学科都有基本概念、基本原理、基本理论和方法，要引导学生掌握每一门课的“三基”，一定要掌握“三基”，要教会学生如何去学习，养成良好的学习习惯。许多学生没有养成良好的学习习惯，比如怎样听课，怎样记笔记，有的学生听老师讲一句记一句，这样的结果既记不好笔记，也听不懂教师对“三基”的讲解。还有的学生不知道在哪个地方学习，去哪里看书，读了四年大学不知道怎样学习，不知道在哪里借书，这都是教师应当教的。讲“三基”，我们在讲课的同时要讲如何养成良好的学习习惯，现在有不少学生在寝室看书，而不是教室或图书馆。寝室是一个生活场所，应该找一个安静的地方看书。有的人边看书边打电话，这些都是不良的学习习惯。还有些人不懂在精力最充沛的时候学习最难懂的课程，没有养成记笔记只记要点，听课的时候要带纸笔等良好的学习习惯。还有教师进行上课抽问，不断强化记忆的重要性。现在很多学生不懂记笔记以及锻炼身体的重要性，并不是花费时间去学习就是好的，身体好才能学习好，头脑清楚才能学习好。连续学习一门科目的学习效率并不高，换不同的科目进行学习，才能提高效率。养成良好的学习习惯，使学习成为快乐的事情。学习是很辛苦的事情，如果我们了解怎样学习，有好的学习方法，养成了良好的学习习惯，就会提高学习效率。学习就是一件很快乐的事情，不看书不学习会使人感到苦恼。

第二要引导学生学会思考,要引导学生养成勤于思考的好习惯。有些学生把作业当成任务,只知道完成作业任务,而不会知识搬家,我们不能提倡这种学习方法。我鼓励学生独立思考,对于课本上的知识,老师讲授的内容,提出质疑,让学生把自己的想法尽量清楚地表达出来。我们心里始终想到学生,启发学生理解同样一个问题可能会有多种答案,同一个问题可以从不同维度进行分析。我十分重视学生提出问题的思维价值,心理学要讲记忆、知觉、意志、人格、爱情,都可以提出许多问题,进行深入的探索。心理学研究的问题要多问几个为什么,各种问题都可以提出疑问,不要把知识停留在教材上。记忆是知识保存和提取的过程,还有其他的解释,现在很多研究都是这样,我们要教会学生思考、举一反三的能力,不能停留在书本上。如果学生提出的问题不能自行解决,要鼓励他查资料、上网、看参考书。当一个好老师是很难的,既要教学生如何发现问题,也要教学生自己去分析,自己去寻找答案。有些学生看文献时能看懂记住,却从来不思考前人的文献会有什么问题。我要求他们阅读文献时先要读懂,然后要有自己的思考,要提出新问题做科学研究,如果我们已经参考了文献,但资料还不满意,那就进行科学研究、逻辑分析,总之我们要锻炼思维的灵活性和独立性。读书人最大的毛病就是跟着别人走,没有自己的思考精神、反潮流精神,那样科学就停止发展了。要对前人的研究提出挑战、质疑才会发展,心理学也是这样。

第三,要引导学生自主学习,无师自通。养成良好的学习习惯,养成善于思考的习惯,目的是培养学生自主学习,无师自通。师父领进门,修行看个人。教师是引路人,学生必须养成自主学习探索的精神。在阅读文献中提出问题,质疑或向老师提出意见,学会提出问题,同时学会充分利用学校资源,吸收知识,听取各种学术报告或上网查资料,了解获取信息的渠道。自主学习不要满足于老师和学校的要求,把眼光放宽放远,这就要求我们具有远大的志向。要引导我们的学生自主学习,无师自通,对于教师会提出更高的要求。为此,我们要学习我国优秀文化传统的典籍,学习党中央有关文献,目的是教师要走前人没有走过的路,做到无师自通,要把教学后的反思作为上课的后续,从而倒逼学生无师自通,这是第三个层次。

第四,要引导学生学以致用,融会贯通。只有把知识运用到实践中去,才能获得授业的最终知识。只有通过实践,才能融会贯通,使自己对这个领域有更多的了解。例如知觉恒常性,为什么一个物体离我们远近距离不同,我们看到的都是一样的,因为是参照了周围环境,过去经验起作用的结果。如果做一个实验,把一个物体(杯子)放在不同的位置,排除了环境的参照,透过小洞去观察,知觉的恒常性就会消失得很快。知觉恒常性依赖于物体周围环境。心理学知识的应用一定要考虑到社会文化上的差异。心理学的知识要学以致用,就是要把心理学的知识应用于生活实际之中。我们学心理学的人，首先要用到自己身上去，例如，学了记忆的艾宾浩斯曲线，我们知道记忆的东西开始遗忘得很快，到后来遗忘就慢慢减少了。那我们怎么来控制遗忘呢？就要在学习后马上抓紧复习；如果学习后很长时间不复习，就会忘得相当干净。又例如，学了人际知觉后，我们知道第一印象很重要，我们怎样给他人留下好的第一印象呢？我建议你们到一个新的工作单位时就应该给工作单位的人们留下好的第一印象。我建议你们一定要把心理学的知识应用到自己的身上，它可以提高我们的学习效率，还可以提升我们的人生境界。如果在应用心理学知识的过程中发现书本上的知识有问题，不符合实际情况，我们还可以进行科学研究，探究问题的原因，这样也可以培养我们学生的学习能力，特别是创新能力、实践能力。培养学习能力的最终目的是培养学生的创新能力和实践能力，而不是学习本身。学会学习就是为了培养创新能力，归根到底是为国家培养优秀的创新人才。一定要树立起这样一个观点，我们一定要培养学生的创新能力和实践能力。教师第三个社会角色是解惑者。学生的疑惑主要来自两个方面：对于教师传授的某些知识的疑惑；对于自己生活中遇到问题的疑惑。对于前者以学以致用提升实践能力来解决；对于后者我确实遇到过这类难题。事情发生在1997年，我在讲授人格（品格）专题时，各种品格的形成都与家庭教育有关，家庭教育、家风对孩子品格的养成具有重要的意义。家庭教育包含哪些内容？遵循什么原则？家风是怎样影响孩子成长的？为了了解这些问题，我与学生们一起查找资料，几经修改，完成了一本书，叫《家庭教育艺术——论家庭教育思想和方法的改革》。通过编写此书，我才知道家庭教育不仅是一门大的学问，同时也是很高的艺术。总之，教学的需要激励着我们去努力钻研。我们曾翻译出版了罗伯特·L.索尔索著的《认知心理学》（教育科学出版社1990年版，此书1992年由台湾的五南图书出版公司出版），为了使学生更好地掌握心理学基础性概念，我还组织国内专家一起撰写《简明心理学辞典》（安徽人民出版社，2004年）。我还与国内的一些专家编写了《大学生心理学》（上海人民出版社，1988年），大学生的心理特点是我与全国许多学校一起研究的。我还组织编写过两本农村父母教子有方这样的书。为了搞好心理健康教育，我自己也是花了很多时间进行写作。教师应该做学生的榜样，你的行为好不好，学生是看得很清楚的，教师不仅是知识积累和道德标准的传递者，更重要的是社会道德的体现者，教师应该是社会行为规范的代表。他具有丰富的知识、高尚的情操，是教书育人的楷模。习总书记说："新时代社会主义建设者和接班人，不仅要有中国情怀，而且要有世界眼光和国际视野。"能承担起为世界、为人类做贡献的责任，我立志做到这一点，我不给教师抹黑。

谈民族心理学本科的教学改革

各位老师：

上午好！

刚才西南民族大学的老师谈了他们的心理学专业教学改革遇到的困惑，希望我谈谈对这些问题的看法。我虽然担任过中国心理学会心理学教学工作委员会的主任，也担任过教育部教指委的副主任，但我对民族心理学教育问题没有研究过，我主要从事基础心理学研究。关于教改问题，我的意见是教改必须从实际出发。北师大的教改方案很好，我们能不能拿来用？我觉着是不可以的。我们的学生跟他们的学生条件差远了，我们的师资队伍也比他们差，不可能拿来就用的。我个人有话就说，到了你们这里，你们可以把我当成你们的一分子，你们提出你们的看法，我也提出我的看法。借鉴北师大是可以的，但拿来就用是不可以的。这是我的第一个观点。北师大心理学院的教学方案，我们可以用吗？用不了，我们的教改一切要从我们的实际出发，从学生的实际出发，从老师的实际出发，从我们的专业实际出发。我们这个专业是应用心理学专业，而不是基础心理学专业，也不是发展与教育心理学专业，这是一切的基础。从实际出发，把培养方案制定好，使我们的学生成为对国家有用的人才，优秀的人才，同时还是富有特色的人才。我们认为自己的学生很优秀，那是不是教师的教学引导有问题呢？否则为什么就业率是倒数第一？太丢人了！连师资培训班都不如！虽然我们不追求就业率，但是就业还是应该有的。你想想看，别人把子女送到你这个学校，花了那么多钱，那么多时间，连工作都找不到，会满意吗？不会满意的。大学也是分档次的，有“985”大学，有“211”大学，还有省级大学以及专科大学，等等。我们虽然不能照搬北师大的教改方案，因为我们做不到，但是如果我们这个民族大学不为民族服务，要你这个民族大学干什么？那就都改成师范大学就行了。民族大学还是有个基础，从这个基础实际出发，我们来分析一下，我们有什么样的条件，有什么样的追求目标；从这个实际出发，我们怎样达到一个什么样的目标，比如说应用心理学专业的哪一个方面？例如环境心理学、心理健康教育等都是应用性的，做一两个突出的方向，而不是没有一个突出的方向，那是绝对要不得的，一定要和民族教育相结合。你想把这个民族教育的帽子脱掉，对你们有什么好处呢？对你们没有任何好处，帽子脱了以后人家就不会支持你了，你这个学校就更差劲了，所以民大这个帽子要戴起来，不能丢。我们要竭尽全力把民大的事情做好，把服务社会的事情做好，我们要一切从实际出发，要确定出一个目标来。例如我们的方向是搞民族社区心理学，经过若干年的努力，我们的民族社区心理学就会初见成效，把专业开设起来，把研究课题开展起来，我们就会有自己的天地。我们还可以开展国际学术交流，召开国际学术会议，通过若干年的努力，我们是能达成这个奋斗目标的。我们的民族社区心理学专业配合课程建设，有自己的基础课，有我们自己的专业课和研究方法课，还可以有全校的通识课。只要我们善于思考，努力奋斗，我们的目标就能实现。

心理学包含许多门类，有的门类是基础性的，如普通心理学、心理学研究方法、实验心理学等。有的门类主要是应用性的，如心理健康服务、社区心理学等。更多的门类是兼具基础性和应用性的，如教育心理学、社会心理学等。根据专业培养目标的需要和教师的专长来设计课程，这里专业需要是主导因素，教师没有某一方面的特长，可以通过脱产进修、自学或与学生一起下基层学习，来掌握一门应用性的心理学；教师只要有一定的心理学专业基础，并且善于钻研便能掌握。只要我们持之以恒，我们的学科建设便能在校内处于领先水平。这不是没有根据的胡说。我们西南大学心理学专业的发展就是一个例子。1988年我们是相当弱小的，经过10多年的努力，现在我们的心理学专业在我们这个学校是全校第一。过去学生们的考入分数是全校最低的，另外他们中多数是其他专业转过来的，但是他们在毕业的时候一次性就业100%，我们就是在应用上下了很大的功夫。在应用上下功夫，主要是到实践中去，过去我们到实践中去是放羊式的实践，无论他们下去或不下去都给他合格。现在要求教师一定要带学生下去，要跟学生住在一起，听他们的课并进行指导。现在的社会实践老师都是要下去的。开始时我们那个心理学院就是不下去的，学生们自己找一个单位去实习，也不知道他们自己是否下去了，回来时交一个证明，就算是经历社会实践了。教师是必须要下去的，要下去指导自己的学生，不仅有业务上的指导，而且要指导他们怎样跟人打交道。并不是每个人都会跟人打交道的，跟别人打交道时手脚该怎么放，笑该怎么笑，衣服该怎么穿，这些我们的学生并不是都知道。说起来觉得很可笑，但是这恰恰是我们给他人的第一印象。从心理学角度来说，第一印象是很重要的。与他人打交道时，别人往往以第一印象来观察你以后的行为。如果第一印象不好，人们往往以你的不好的第一印象来解释你以后的行为。所以我们对学生的就业指导，不仅要在业务上加以指导，还要在行为举止上、在人品上给予指导。放羊式的社会实践，学生不可能受到这方面训练。

从事心理学工作的同志们要了解社会实践，只有把心理学知识应用于社会实践，心理学知识才是有用的。事实上，只要我们把学生组织起来为社会实践服务，边学习边服务，我们就可以做许多事。例如100句要对孩子说的话，100句不该对孩子说的话，怎样提高孩子的自信心，以及老年人的心理问题、妇女儿童的心理问题、农民工子女的心理问题。我准备把大家组织起来，每一个主题类型编写一百个为什么，这是很有意思的。

你们可能看过这方面的书。例如父母最该对孩子说的100句话,父母最不应该对孩子说的100句话,等等。把心理学知识以通俗易懂的形式呈现给大众,其操作性比较强,大家可以照着做。我们有一定的心理学基础知识,努力联系社会实际,做社会大众需要的事,是会受到大众欢迎的。实践是检验真理的唯一标准。我们学校有一个专业十分联系实际,刚开始时也有许多风言风语,说这是什么专业呀,但是这个专业就业率在全校排名第一。我们学校是"211工程"学校,就业率高好像是很容易的,其实不然。我最近了解到我们心理学部的一次就业率只有百分之四十几,还包括报考硕士研究生的学生。一切从实际出发,改变我们的教学计划,教学计划也不能是一成不变的。根据实际需要适当调整我们的教学计划,这确实有必要,所以我们要慎重地考虑设置哪一个专业方向,要根据你们学校的性质来设计专业方向,不能盲目攀比。不同类型的学校设置的专业方向不同,即使是同一个专业方向,例如同一个应用心理学专业,不同学校的侧重点也是不同的。我曾经给某个师范大学的应用心理学专业的学生做过学术报告,我看到下面学生听众完全没有反应,他们毫无表情,看来完全听不懂。后来我参加那个学校硕士的论文答辩,才明白这些学生完全不如北师大的、北大的,也不同于西南大学的。所以我始终认为教育改革一定要从学校实际出发,这是教改的第一个问题。

教改的第二个问题是教师,教改的本质在于教师。我不同意学生满不满意这种观点。为什么不同意呢?因为教改的主导是教师,是教师引导学生的问题,而不是学生满不满意的问题。有的学生满意是不考试,一天到晚去玩。你能让他满意吗?我就是让你不满意,你才能成得了材啊!我在北大读研究生时,我就很不满意我的导师,我说哪有那样的导师,我学习了他开出的文献,一个月后去找他,他不给你答案,只是说这个问题,哪些书上或杂志上有答案,你自己去解答,第一次是如此,第二次是如此,第三次也是如此回答,我不去了。他是在逼我自己去发现问题,寻找答案。开始我不懂,以后我明白了,所以教改的问题核心是教师,一定要把我们教师这支队伍建设好,这是最重要的。我们的教师队伍既有搞理论的,搞科研的,同时也要有搞应用的,也要到基层去,这样我们这支队伍才能把学生带好,才会不停地往前跑,如果我们的教师队伍底气不足,个个都很差劲,你想能把学生带好吗?这是不可能的,如果我们的教师个个都没有志向,天天打牌,靠这样的队伍能带好学生吗?肯定不行。要想建设一流的学科,我们的教师必须是楷模,是学生学习的榜样。你想带领这支队伍在自己的领域有所建树,你就必须在这个领域下苦功夫,有所建树,我们的教师必须先行一步。师者,传道授业解惑者也,是人之楷模,我们大家一定要向这个方向努力,对自己要有一个高的标准,现在你们在修改教学计划,我建议你们搞几个方向,几个比较明确的方向,它可以促进你们把科研搞上去,把教学研究搞上去,把教师队伍建设起来。

建设教师队伍，学风建设很重要，有好的学风才会有好的教师队伍。我要求教师首先要勤奋、不懒惰，每个人的素质是差不多的，但是为什么有些人的成就大、成绩好呢？这与他不懈的努力是分不开的，勤奋是好教师的基本品质，当然我们不能说勤奋必然出好成果，那也不一定，如果方向错了就越跑越错；但是在方向正确的前提下，勤奋确实非常重要，为什么呢？因为每个人都只有24小时，24小时内十几个小时的不懈努力，和24小时内只做一个小时，其效果便不同了。我认为好教师的首要品质是勤奋。第二个是严谨，不马马虎虎，一就是一，二就是二，对就是对，错就是错，不弄虚作假，不说大话、空话、假话。好教师对自己要求很严格，对于教学严密谨慎，对于学生既严格要求又体贴入微。第三是创新，优秀人才必须具备创新品格，创新人才是我们中华民族伟大复兴的一个重要保证。怎样才能培养出一批批创新人才呢？有创新品格的好教师很重要，他会激励并引导学生破旧立新，不循规守旧。举个例子，如果你们想把社区民族心理学作为我们的一个教学或研究方向，那我们会涉及哪些内容呢？你比如说我们应该怎样做出一个品牌性的科研成果出来呢？比如说是哪个民族呢，是藏族、彝族、羌族还是其他少数民族？这就要求我们到他们当中去了解他们的生活习俗、风土人情。不能浮在上面坐而论道，一定要下去，下去之后才能做出创新性的民族心理学成果。你们可以考虑选几个方向，如民族文化心理学、民族社区心理学等，由几位老师领头去做，不能做多个方向。不要分散力量，我们先攻一攻，集中力量攻一两个方向，出高水平的成果。你们学院现在有二十几个人吧，根据他们的个人爱好，根据工作需要，然后进行分工，是可以出比较优秀的成果的。如果有人想混下去，有好的学风后就混不下去了，我们只有团结起来、联合起来才会有出路。我们经过10多年的努力，1986年我们申报的普通心理学硕士点获得批准。1988年我们成立了心理学研究所，当时只有4个人，3个姓张的，1个姓黄的，3个姓张的都是我的学生。1993年我们申报的普通心理学博士点获得批准，1999年心理学博士后流动站被批准，2002年国家重点学科基础心理学获得批准，2003年心理学国家一级学科博士点获得批准；我们有4本教材被列入国家规划教材，其中2本被评为教育部普通高等学校优秀教材一等奖，另外2本被评为教育部普通高等学校优秀教材二等奖，我们为今后西南大学心理学的发展打下了良好的基础，靠的是良好的学风和一致的努力。当我们申报心理学博士后国家重点学科时只有一个教授——黄希庭，我们依靠其他专业教授的支持，如计算机系的王能忠教授，他搞机器语言学习，邱玉辉教授的人工智能，还有我的时间心理学、人格与价值观就不只是3个方向，而是5个方向。我提倡的学风，第四是求实。就是实事求是，即从实际情况出发，不夸大不缩小，正确地对待和处理问题。也就是我们经常说的，说老实话，办老实事，做老实人。我们每一位教师都应具有勤奋、严谨、创新、求实的学风，教师为人的这四种品质是互相联系的整体，这为学生树立起好的榜样，教师有了勤奋、严谨、创新、求实的品质就会高质量地完成教学任务，创造性地对待教学。

我在教学的过程中给自己树立了一个目标，不用别人的教材，动手写教案和讲义，经过两三次的修改和讲述，争取在出版社出版。我把开始讲的普通心理学讲义寄给12个出版社，只有甘肃人民出版社给我回信说可以考虑由他们来出版，后来云南人民出版社也来信说同意由他们出版，由于我已经答应了由甘肃人民出版社出版，就没有再同意云南人民出版社出版。1979年我的普通心理学讲义印出来之后，在一次北京的心理学学术会议上，我找到了人民教育出版社的两位资深编辑戚长福和胡寅生，希望这本书能在人民教育出版社出版，他们都不表态，当时只有甘肃人民出版社的总编表示愿意给我出版这本书，这真是喜出望外。据说甘肃人民出版社出版了我的《普通心理学》之后，学界反应相当好，1989年被国家教委评为第一届普通高等学校优秀教材二等奖。这个信息被戚长福知道后，他主动向我提出能不能给他们社出一本书，我当时很高兴，就答应了。这里我悟出一个道理，只要有高质量的成果就会有出版社来约稿，至今仍有许多国内的出版社来约我的书稿，最近我有两本书稿将在商务印书馆这个国内顶尖的出版社出版。所以我希望大家要有这方面的志向。我国古人推崇立德、立功、立言，称为三不朽，我们做出优秀成果就是属于立言这个范畴，我们的人生，我们的时间不能白白地浪费了。1991年我的《心理学导论（第一版）》在人民教育出版社出版，1995年12月获国家教委第三届普通高等学校优秀教材二等奖。我觉得我们对自己不能降低要求，我们要对得起国家对得起党，大家都努力为国争光，我们的国家就会兴旺发达，中华民族就会实现伟大复兴。为了产出高质量的研究成果，培养一批高水平的教学科研人员，我们学院采取了下列措施：1.聘请国内外的著名专家为研究生的开题报告和论文答辩把关，争取我们的博士生水平与国际水平接轨。例如我们最近请北大的韩世辉教授来主持我们的博士生答辩，韩世辉教授是《脑与文化》英文杂志的主编。我希望我们的博士学位论文最好先送到北大、北师大或中科院心理研究所的专家那里评审，他们的严格要求会促进我们提高教学质量。另外博士生能否参加学位论文答辩，必须有A2及以上的论文发表，这也是很重要的。2.鼓励并组织青年教师申请教育部和国家的研究课题。大学教师应当去争取承担教育部和国家的研究课题，把国家之急需视为自己应尽的义务，这既可以培养他们对国家、对社会的义务感和使命感，又可以提高他们的心理学业务水平，提高他们的科研能力和教学水平。青年教师是我们事业的未来，我们必须想方设法促进他们健康成长。3.要有合理的奖励制度，奖励高水平的研究成果。有人能出高水平成果，我们就奖励，促使更多高水平成果涌现。我认为一个大学好教师应该会讲课，能出版自己好的教材，有国家的科研项目，能发表好的科研成果。我认为大学里的老师应该有创新，很用功，不能经常打牌，不能游手好闲，也不能当职业保姆带娃娃。当职业保姆带娃娃是当不好大学教师的，我们当大学里的教师必须严格要求自己，只有自己严格要求自己，才能有底气严格要求学生。怎样才能做到呢？我有两点建议：一、作为大学教师，我们要树立教师的责任心和事业心。为人师表是我们每一位教师对自己的要求，我们都要努力使自己在为人的品质上和在敬业的精神方面成为学生学习的榜样。二、要科学管理好自己的时间。要成为为人师表的好教师并不容易，如果决心已下，最大的困难可能是时间不够。要讲好课又要做好科研，既要撰写教科书，又要完成科研任务，每天只有24小时，这时间远远不够用，怎么办呢？一年365天该怎样安排？一天24小时该怎样安排？紧急的事与不紧急的事该怎样安排？我不会讲具体的时间安排，下面讲时间管理的几点建议供各位参考：时间管理实际上就是对自我的管理，一个有责任心和事业心的教师一定要学会对自我的管理，把时间用到教书育人的事业中。

根据2014年11月17日在西南民族大学社会学与心理学院教改座谈会上的讲话录音整理

教学相长，责任重大

（2016年1月11日上午在第一届全国普通心理学任课教师培训会开幕式上的讲话）

各位老师：

上午好！

见到大家能够来参加全国普通心理学教师培训会，我感到非常高兴。普通心理学确实不好讲，它涉及面很广，但是这门课又必须要讲好，为什么呢？因为它是一门心理学的专业基础课，我们学习的所有心理学课程都在这个基础上才开始讲，所以我觉得这个任务虽然艰巨，但非常光荣。这对你们来说特别荣幸，机会难得！我为什么这样讲呢？有三个理由。第一，它将为你们自己的教学与科研打下很坚实的基础，让自己今后的发展有很坚实的基础。一旦你在教这门课时把它所涉及的概念、原理和理论等知识弄得扎扎实实，今后你在讲授其他课程时就会得心应手。我讲授过多门本科的心理学课程，深有体会。第二，它能够让你发现问题，去进行选题，进行科研。我最大的一个感触就是，虽然教科书中的知识是相对稳定的，但仔细想想就会发现有问题，值得深入探究。记得大学一年级我学普通心理学的时候，发现教科书讲的一个问题——时间知觉很难理解。当时北大讲授普通心理学的是程乃颐先生，他根据当时苏联的心理学教科书用巴甫洛夫学说中的兴奋和抑制来进行解释，厌倦时大脑皮质抑制觉得时间长，高兴时大脑皮质兴奋觉得时间短。对于这个说法我觉得有问题：这个怎么量化？为什么回忆高兴事儿的时间好像长些，厌倦事儿的时间似乎短些呢？等等。就是这个时间知觉问题从大学时代直至今日，我一直在思考，在研究。此外，我在讲授普通心理学的时候发现一个问题，我们讲动机、需要，就是不讲价值观。价值观是决定人生选择的一个动力，不讲这个问题令人费解。于是我就去看价值观方面的资料，并且申请到一个国家教委的科研项目“体制改革与中国青年价值观研究”。所以，教普通心理学能够促进我们去思考问题，发现问题，去进行研究。我到现在还在研究价值观的问题，而且越做越深入。我们现在做诚信价值观、节俭价值观、勇气、自爱，等等。讲授普通心理学确实有助于我们发现科研问题，促进科研。第三，它拉近了我们与学生之间的距离，与其他心理学科课程的教学不同，讲授普通心理学的最大实惠就在于学生都会记住任课教师的名字。学习这门课程的学生肯定会记住是哪个老师讲的，因为这门课很重要，又是平生第一次开始学习心理学课程。学生们印象很深，都会记住你的，这就是对我们老师的最高奖赏。你有那么多的学生，当然是很荣耀的事情。所以，我觉得你们作为普通心理学的任课教师是幸运的、是非常幸运的，这是我讲的第一层意思。

第二层意思是普通心理学到底该怎么教？这个问题我们可以研究，我接下来准备讲我是怎么教普通心理学的，想和大家一起来讨论。教学相长，这是非常重要的。我们要教好普通心理学，就要发挥学生的主动性。在这个培训会上，我认为也应该让参加培训的老师上来讲课，然后我们点评，这都是很好的方法。在这个培训会中，任课教师有什么要求，有什么建议，尽量提出来，我们尽量想办法满足大家的要求。我们这所大学里的教育学部是学校的王牌学院。希望靳校长也给我们多指导。另外，有学员对我说希望看看我们心理学部和它的实验室，这些建议都很好。我想，我们一定会安排时间让大家参观我们学部和实验室，参观我们学校，给大家留下美好印象。我相信，通过这次学习，你们不仅会在教学技能上、知识上有收获，而且对于你们的人生阅历也会有新的启迪。如果时间许可，附近的缙云山和大足石刻，建议大家可以去看一看。最后，祝大家身体健康，学有所进！请大家一定要注意身体健康。保重。谢谢大家！

我的教学理念

——以普通心理学教学为例

（2016年1月11日上午在第一届全国普通心理学任课教师培训会上的讲授）

今天，我想讲讲我的一些观点，我的教学理念，并以普通心理学教学为例。我的教学理念有四项原则。这四项原则很重要，希望得到各位老师，特别是在座的苏彦捷教授的批评指正。我觉得无论是普通心理学的教学，还是其他心理学课程的教学，以下四项原则都是非常重要的。第一项原则是教学生如何掌握“三基”。什么叫“三基”？“三基”就是基本概念、基本原理、基本理论。任何一门学科都有“三基”，因此，我们要教学生掌握这“三基”。第二项原则是教学生树立心理学的理念。让学生们知道心理学到底是一门什么样的学问，应该以怎样的学术理念对待它。第三项原则是教学生怎样为学。为学就是指做学问，学习知识，创造知识。第四项原则是教学生怎样为人，成为什么样的人，我们学心理学的人应该成为什么样的人。我认为这四项教学原则都很重要。

先讲第一项原则，教学生如何掌握“三基”。什么是“三基”？任何一门学问，包括心理学在内如物理学、化学等都一样，都包含“三基”，离不开“三基”。当然还可能包含基本方法、基本技能，但是普通心理学主要就是“三基”。基本方法和基本技能，普通心理学是不包含的；这方面的内容属于实验心理学和心理学方法来解决的，不是我们这门课所要解决的问题。《普通心理学》的每一章也都有“三基”，包含着基本概念、基本原理、基本理论这三个成分。我们下面以“感觉”一章来看。感觉有哪些基本概念？黄希庭、郑涌著的《心理学导论（第三版）》（人民教育出版社2015年版）（以下同）中的第294页上的“复习与思考”解释提到的，就是基本概念。怎样来理解这些概念？我们怎样让学生掌握这些基本概念？待会儿我再讲。那么基本原理是什么？所谓基本原理就是带有普遍性的，最基本的，可以作为其他规律的基础性道理，是一种普遍性的道理。“感觉”这一章中基本原理主要有两条：第一条原理是感觉阈限。什么是感觉阈限？就是我们觉察到的最低的刺激阈值，叫感觉阈限，它又分为绝对阈限和差别阈限；第二条是感觉的相互作用。各种感觉都可以用这两条原理来解释。“感觉”一章的基本理论是什么？其基本理论包括感觉的信息加工理论、感觉的认知神经科学理论以及感觉的生态学理论等。我们在《心理学导论》里实际上都渗透着这些基本理论。比如说感觉的相互作用，《心理学导论》中阐述了感觉在时间上的相互作用，如感觉适应、感觉后效等感觉现象。感觉除了在时间上的相互作用还有空间上的相互作用，如感觉的对比。所以，感觉阈限和感觉的相互作用是“感觉”这一章的两个基本原理。同样，在“知觉”一章中也有基本概念。《心理学导论》第333页的“复习与思考”解释所列出的基本概念，其基本原理主要有三条：第一条原理是知觉的组织性，即组织完形法则；第二条原理是知觉的恒常性，指知觉经验不因知觉对象所处环境的不同而有所改变的恒常现象；第三条原理是知觉的个体差异。请大家注意，我是在“知觉”这一章才开始讲个体差异。“感觉”那一章我没有讲，因为感觉基本上是一种生理过程，个体差异不大。“知觉”这一章也有基本理论，比如知觉的信息加工理论（如知觉的定式理论）、知觉的认知神经科学理论、知觉的生态学理论。请老师们在备课时注意抓住“三基”。沿着“三基”的思路我们就不会把自己搞糊涂了。普通心理学课程讲清楚“三基”就可以了，不必讲得太深。像知觉的生理基础，以后有生理心理学或认知神经科学等专门课程还要深入讲解。像怎样才能看到颜色？为什么能够看到颜色？为什么我们能看到形状？这些问题迄今生理学家都在探究中，我们的任务是让学生有一个初步的了解，并激发他们深入探究的热情。理论就是一种解释，只是一种相对真理，而不是绝对真理。科学研究的目的就是探索、描述和解释。要不断引导学生追寻新知识、追求真理的热情，要讲这个道理。

那么我们应该如何来教授“三基”呢？可以采用以下几种方法：

一是要多举一些日常生活中的实例来加以阐释。比如说，我们讲知觉的恒常性，可以举很多例子来讲解。在平地的不同距离上看同样大小的小汽车，在高层建筑往下看同样大小的小汽车，用一个纸筒把周围的参照系给排除了，透过纸筒看同样大小的小汽车，虽然小汽车在视网膜的投映大小改变了，但我们看到的大小为什么是相同或明显不同的，什么情景下知觉恒常保持得最好？让学生以日常生活中的例子来理解有关概念，就比较容易掌握。如果我们以日常生活中的例子来讲解普通心理学的基本概念、基本原理、基本理论，学生就比较容易掌握。而要找到合适的日常生活例子则很花工夫。我第一次讲授普通心理学时就花了不少时间在找日常生活中的例子。

二是要举出实验的例子，鼓励学生去做实验。尽管举出日常生活中的例子来讲解“三基”颇能引人入胜，但是举出实验的例子加以讲解更符合科学心理学的要求。知觉恒常性可以用实验来讲解。其他如绝对阈限、差别阈限、韦伯定律、时间知觉、似动现象等也都可以举出实验进行解释，我们还可以鼓励学生去做。我记得，我在大学读书的时候，关于做梦有几种解释，如日有所思，夜有所梦。于是我就想做一个实验，当同学们在午睡的时候，我不午睡，在同学身上做实验：滴点水在他们手上，将一些香水放在他们鼻子前。然后等他们醒来后问他们做梦没有，梦见什么，结果没有做出来，虽然没有得到结果，但是也有益处，即这是一种经验，可以提高我们学习的主动性和积极性。《心理学导论(第三版)》上都有一些实验,我希望任课教师要鼓励学生多做实验。重复验证书上已经做过的实验,看是否能重复验证。如果不能验证,是什么原因导致的?总之,我们应鼓励学生课后去做一些实验,布置他们做一些简单的实验。比如说做大小恒常性实验,准备好质地相同的白色圆形硬纸盘19个(半径从51mm到85mm,每个依次差别2mm,其中75mm的要做两个)、米尺、黑背景、遮眼罩。离被试一定距离用支架呈现75mm圆盘,要求被试在不同的条件下从半径不等的圆盘中选出和标准圆盘相等的圆盘。如果有知觉恒常性,那么选出的比较圆盘与标准圆盘就比较接近。反之,如果丧失了恒常性,两者的差异很大。做过实验之后,学生会留下深刻的记忆。

三是要引导学生在理解的基础上记忆。什么叫作"在理解基础上的记忆"?就是不要死记硬背,要用自己的话把书上的内容说出来。什么叫感觉?什么叫感觉阈限?什么叫知觉恒常性?这些都希望学生用自己的话说出来,不要叫学生去背课文。让学生一字不漏地背,这是最愚蠢的教学方法,千万不要这样做。真正理解了定义或原理,只要抓住几个要点,就可以了,文字上可以重新组织,按自己的理解讲出来,不要让学生死记硬背。我听过一些老师的讲课,一位老师有个考试题目:"我们看到黑板上的颜色是黑的,这是知觉的什么性?"选择题只选其一。他的意思是说,看到黑的是知觉的理解性。是不是回答知觉的其他特性就是错的呢?不一定错,说知觉的恒常性也是可以的,是颜色恒常性嘛!知觉的选择性也可以,我看到的是一个黑板。不能这样来命题,那是一种要求学生把举的例子都要背下来的做法。日常生活中的例子有着千丝万缕的联系,这也是举日常生活中的例子难以讲好"三基"的一个原因。又比如说,感觉的定义是非常难讲的,因为感觉是个体接受刺激,某种感受器的初级加工过程,或者说是初级的经验过程。感觉在我们的日常生活中是很少见的,因为正常人在日常生活中一旦感觉到某种声音、某种颜色,便会知觉到那是风声,那是红色,这已经不是感觉了,而是知觉了。如果举日常生活的例子来讲感觉的定义,就要选一个恰当的例子,那就是当你早晨刚刚醒来似醒非醒的时候,看见有什么东西在亮,有个什么声音,你不能确定时,这可以说是感觉。一旦确定了,比如说有雷声,是闪电,就已经是知觉。感觉一定是没有赋予意义的初级过程。要使学生掌握《普通心理学》的"三基"除了多举日常生活中的例子,向学生演示实验外,还应当要求学生在理解的基础上,用自己的话把所学知识说出来,切不可要求学生死记硬背。

第二项基本原则是教学生树立正确的心理学理念,或者说用正确的心理学理念看问题。心理学这门学问,跟其他的学问不一样。我们通过普通心理学教学,要使学生树立起正确的心理学理念,用正确的心理学观点去看问题。首先我们要认识到心理学的多样性和一致性。心理学不是一个统一的学科,而是一个具有多样性的学科,主要表现在研究内容的多样性、研究取向的多样性、研究方法的多样性以及研究机构的多样性上。

从研究内容来看，心理学科的内容十分广泛，可区分出基础心理学和应用心理学两大部分。基础心理学又包含实验心理学、认知心理学、社会心理学、发展心理学、心理学史、心理学方法等。应用领域也很多，例如教育心理学、运动心理学、安全心理学、咨询心理学、临床心理学等。就某一个主题来看，也是十分多样的。比如注意、记忆、思维的方方面面很多。就记忆来讲，从记忆内容来看，有语义记忆和情节记忆；有对事物的记忆和对时间的记忆；有对自己的记忆、对别人的记忆、对物体的记忆、对情感的记忆。从过程来看，有感觉记忆、短时记忆和长时记忆；有识记记忆、保存记忆和再现记忆；等等。这没有什么奇怪的，因为任何心理现象都是很复杂的，与人们的实践活动有着复杂的联系。

研究取向的多样性。例如有生物学取向、行为学取向、认知取向、人本主义取向，有心理动力学取向、社会文化学取向，还有进化论取向，最近还有积极心理学取向。具体地说，生物学研究取向探讨心理学的脑活动及基因等神经生物基础；行为学研究取向采用实验法研究个体（人或动物）的行为是怎样受环境和经验影响的；认知研究取向用信息加工的观点研究人类心理和行为；人本主义研究取向研究人类的潜能和积极的人生，研究正常人和成功人士的心理和行为；心理动力学研究取向关注个体的潜意识动力因素，研究精神病患者，采用诠释学方法；社会文化学研究取向关注社会文化因素怎样影响个体心理与行为的形成过程；进化论研究取向以达尔文的进化论作为心理学的研究框架；积极心理学研究取向关注生命的美好方面，使生命更精彩更有意义。以后还会冒出其他取向。我们一定要有思想准备，用发展的观点来看，对心理现象的考察必然会有多种多样的取向。我们要鼓励我们的学生，终有一天我们中国人会提出自己的研究取向，因为中国文化历史悠久，博大精深，中国人口占世界人口的五分之一，我们应当有志气发展出中国的理论取向来研究中国人的心理和行为。我对于目前我国心理学的状况是很不满意的，我们至今没有自己的理论取向，我们的不少研究都是在跟风追风。想当年，行为主义兴起传入中国，我们追；苏联心理学传入中国，我们追；“文革”后，认知心理学传入中国，我们追；现在文化研究取向、进化论研究取向和积极心理学研究取向传入中国，我们还是在追风。在我看来，这是一种不正常的现象，与我们整个国家的发展很不相称，与国内其他学科的发展也极不相称。我想这跟我们自己在教学中存在的问题是密切联系的。我们在教学中，没有鼓励学生去创新，没有鼓励学生对这些研究取向大胆质疑，反而总是认为西方的研究取向和研究结论都是对的。我们一定要树立发展的观点，西方心理学的研究取向有部分是正确的，也并不完全是正确的。我们应当从中国的实际出发,发展出符合我国社会文化和历史背景的心理学研究取向,没有必要跟风追风,我们应该有这种志向。我寄希望于你们,寄希望于我们的年轻学生们。到现在为止,国内的有些心理学研究还在追风、跟风,一窝蜂似的,别人搞什么,我们也跟着搞什么,于是一大堆文章就出来了,想都不想一想西方的概念与中国的概念是否相同。比如"self-esteem"我们把它翻译成"自尊",也不查一查这个翻译是否合适,是不是和中国的"自尊"一样,根本不思考这些问题,一窝蜂地带着学生硬栽在中国人身上做"研究",写出一大堆文章。结果搞错了,"self-esteem"美国人指的是自我感觉良好,而不是中国人的"自尊",而我们却把它翻译成自尊。你们想一想,中国人的自尊是不是只是自我感觉良好?这种追风跟风倾向是应该早日结束了!我们确实需要从中国的实际出发,用中国人的观点研究中国人的心理与行为。最近我看了陈来先生写的《中华文明的核心价值:国学流变与传统价值观》一书,他认为中华文明价值观跟西方近代价值观相比较,有四个基本特点:中国文化强调"责任先于自由",西方文化强调自由优先,中国文化强调天下兴亡,匹夫有责,责任优先;中国文化强调"义务先于权利",西方文化强调权利优先,中国文化强调个人的义务感,这种义务感包括对他人、家庭、社区直至国家、天下;中国文化强调"群体高于个人",西方文化的人本主义是以个人为本的,中国文化的人本主义是以群体为本的、群体高于个人;中国文化强调"和谐高于冲突",中国文化注重以和为贵,追求多样性的和谐,西方文化主张竞争、以自我为中心,宰制他人,占有他人。我们应当多学习一点儿中华文化典籍,面向社会,面向实际,从中国人的实际出发研究中国人的心理和行为,努力开创中国心理学的新局面。

研究方法的多样性。在这里,我把心理学探究方法分为十大类,即生物学方法、实验方法、文化学方法、社会记录方法、个人记录分析法、表情分析法、测量学方法、数学方法、生活情境分析法和深层诠释法,各大类的方法又包含许多具体的方法,共有50多种方法。将这些方法归纳起来,可分为两大研究取向。一个是科学研究取向,另一个是人文研究取向。方法是多种多样的,不仅仅是一种方法。现代心理学强调实验法,这没有错,但是我们必须清醒地认识到心理学的研究方法是十分多样的,可以用科学的方法,也可以用人文的方法对人的心理和行为进行研究;最好是把科学方法和人文方法、量化研究和质性研究结合起来研究。

机构的多样性。在这方面我们中国也比不上西方国家,美国APA一共有54个分支学科,有普通心理学、教育心理学、实验心理学、临床心理学、美学心理学、咨询心理学、创伤心理学等。

从这些多样性中,我们可以看出心理学的一致性。自从1879年心理学成为从哲学中独立出来的一门科学以后,无论是基础心理学或是应用心理学的研究都力求得出自己的科学结论,追求这门学科的科学性,使其成为科学的心理学。实际上,这种一致性就是科学的一致性,就是用科学主义或自然主义,遵循演绎逻辑所进行的研究。其实,我认为除了这种一致性之外,还有另一种一致性,即人文主义的一致性,那就是心理学是一门探寻心迹、理解人生、点燃心灵真善美的一门学问。从心理学的研究目的来看,所谓探寻心迹,首先是探寻某种心理现象的性质,例如我们有一种欲望想了解注意、感觉、思维是一种什么性质的心理现象。经研究我们得出结论说这是一种心理状态,或者是一种初级加工过程或高级加工过程。接着我们继续探寻这种心理现象的结构,例如注意、记忆、思维等由哪些成分构成。比如,注意由指向性和集中性构成等。探寻某种心理现象由哪些成分构成就是探寻它的结构。我们还可能会探寻某种心理现象的产生机制。探寻某种心理现象的产生机制包括生理机制和心理机制。比如记忆机制从信息加工的角度看,记忆的机制涉及感觉记忆、短时记忆和长时记忆;而从记忆生理机制来看,记忆这种心理现象涉及脑的哪些部位,受哪些脑区的影响。例如海马在短时记忆转化为长时记忆中起着重要的作用。我们还会对某种心理现象的功能感兴趣,探寻某种心理现象如记忆、注意、思维在我们的人生中有什么作用。当然我们也研究心理现象的规律,探寻心理规律难度很大,成果比较少。例如大家知道的是艾宾浩斯发现的遗忘规律,还有米勒发现的短时记忆的容量7±2。其实心理规律不像物理、化学那样的自然科学规律,它是社会科学的规律。而社会科学的规律代表的是概率模式,通则式模式(nomothetic)并不需要百分百地反映观察个案。人的心理规律受许多因素的制约,即使如此,心理学家仍孜孜以求地探寻心理规律。所以,我认为心理学是一门探寻心迹的学问,同时,它也是一门理解人生的学问。人生有两大主题,一是生与死,二是苦与乐。人从出生到死亡,我们心理学家一直都在研究。这是发展心理学家毕生的研究主题。苦与乐也是我们心理学研究的主题,是动机心理学家研究的主题。所以我说理解人生是心理学研究的第二个任务。心理学研究的最终目标是点燃心灵真善美。真,就是与假相对,追求真理;善,就是与恶相对,有仁德之心;美,就是与丑相对,追求美好的意向和体验。心理学家也一直在探究如何点燃人类心灵的真善美。因此从心理学的多样性和一致性角度来看,心理学是人们认识自己的一门学科。随着人类实践活动范围的扩大,人类对自己认识的加深,心理学将会更加多样,并日益显示出心理学是一门探寻心迹,理解人生,点燃心灵真善美的学问。我们研究心理学、讲授心理学知识的人应该对自己有更高的要求。要点燃别人心灵的真善美,首先要点燃我们自己心灵的真善美。

第三项原则是教学生怎样为学。普通心理学是心理专业学生的一门基础课,随着课程的进展,我十分重视向学生教授怎样求知,怎样去创造、去发现知识。刚开学时,我发现许多学生没有养成好的学习习惯,上课前不预习课文,不会记笔记,不会阅读参考书。所以我们普通心理学教师要肩负这样的任务:教学生怎样看书、怎样听课、怎样记笔记、怎样阅读参考书。这些内容我的《心理学导论》中都有涉及,普通心理学教科书上大多能找到。教师最好在开始授课时讲解,并且在日后加以检查,使学生养成良好的学习习惯。另外,还要教学生怎样管理自己的时间。我主张学生在大学时代应认认真真学习,痛痛快快玩儿。管理好自己的时间十分重要,时间管理就是自我管理。注意劳逸结合,加强身体锻炼,保持身体健康。怎样为学,首先要养成良好的学习习惯。其次要鼓励学生独立思考,要敢于怀疑,善于怀疑,学与思相结合。心理学的问题本来就很复杂,研究取向也多种多样。从心理学的发展历史来看,心理学就是从被怀疑、被批判、被挑战中发展起来的。科学心理学的创始人冯特主张心理学研究意识的结构;随后发展起来的心理学家都不赞成他的主张,弗洛伊德主张研究潜意识,创建了潜意识心理学;华生反对冯特的观点,主张只研究行为,创建了行为主义心理学;认知心理学家把人比喻为计算机,用信息加工的观点来研究心理和行为;认知脑科学把心理活动还原为脑的活动;还有进化论心理学,积极心理学;等等。我们通过普通心理学的教学,不是培养我们的学生跟风、追风,而是培养我们的心理学大家,应当鼓励学生怀疑,鼓励学生向权威挑战,鼓励他们从中国的实际出发,研究中国人的心理和行为,而不是用西方心理学的理论和方法硬套在中国人身上。我鼓励学生独立思考,敢于怀疑权威的理论,不支持学生跟风、追风。我们能不能找一些新的东西来研究,找一个新的角度来做研究呢?即使我们自己当教师的做不出来,也应该向学生把这个问题提出来,让我们的学生独立思考、选择他自己喜欢的问题来研究,而不是跟着别人去追风。心理学研究的天地很大很广,方法也是多种多样的。我们完全可以用自己的头脑想,可以多提几个问题,比如别人做的研究有没有证据?这样研究是否符合中国的实际?这些证据是不是有说服力?书本上写的东西是否都有说服力?我曾经给学生讲过很多次,千万不要相信我写的书都是真理,你们都可以怀疑。要敢于怀疑,善于怀疑,这才是好学生。要鼓励学生把所学的知识应用于实际,看看在我们日常生活中能不能找到证据,可不可以设计一个实验加以验证,在日常生活中还有没有哪些其他行为值得我们研究。例如我们在生活中观察到有一些人就是好管闲事:在超市、在书店、在车站码头、在图书馆……总有人主动给他人以帮助。我有一个博士生想做这个选题。我很支持从现实生活中发现问题,提出问题,这是值得提倡的求知热情,但是好管闲事究竟是个什么心理学问题?能概括出一个概念吗?这个概念包含哪些内容?怎样操作化?我鼓励我的学生做这类题目。美国人好管闲事吗?为什么不好管闲事?从文化根源来看这是什么心理?我鼓励学生的怀疑精神和创造精神。好管闲事是我们经常见到的,但是没有人进行研究。我国的心理学家应当到现实的生活中去发现问题,研究现实生活中的心理学问题,为我国的社会发展服务。当前，我们中国心理学最大的问题是跟中国的实际相脱离。必须将心理学与中国的实际紧密结合起来，我们才有出路，才有自己的话语权，才会受到国家的重视。我说到这些问题往往激动，毕竟我一辈子都在为中国的心理学而奋斗，很想中国有自己的心理学，有自己研究取向的心理学。现在，在国际心理学中，美国很强，我们的研究非常弱小，我们应该争取使中国的心理学变强。

教学生养成学习自立，无师自通，这是我们教学生怎样为学的最高境界。俗语说："师父引进门，修行靠自身。"《心理学导论》每章之后布置的"复习与思考"题目有部分是在教材中是无法找到，需要学生独自完成的。在"扩展读物"中还指定了一些参考书目，其目的都是培养学生的学习自立。我们教师教学的最高期盼是培养学生学习自立，无师自通。我讲一个故事给大家听，我本科在北大学习，我研究生也在北大学习。1964年我考取北大的研究生，导师是沈迺璋先生，他精通四国外语，曾经留学法国。我们第一次见面，孟绍兰先生带我到沈迺璋先生家里，先生给了我一张读书的清单，我记得还是用手写的。他说你回去之后好好看书，学习一个月以后我们再见面，其他时间不要来找我。一个月以后，我去了，我讲了自己的学习收获，也提出了不少问题，期望他给我解答。他肯定我的学习后告诉我说这些问题的答案可以在哪些书、哪些杂志上找到，让我自己回去学习。辅导时间不到半个小时。第二次，第三次，都像第一次那样，后来我就不再去了。我领悟出先生的意思：他是让我自己发现问题、解答问题，而不是靠老师给你解答。他培养了我的学习自立，逼着我无师自通。这对我的影响很大。我后来的教学也特别留意培养学生的学习自立，逼着他们无师自通，并且十分注重对学生的勤奋、严谨、创新、求实的学风培养。

第四项原则是教学生怎样为人。我们教书的目的是培养人，使我们的学生成为建设国家的有用人才，就是培养为我们祖国繁荣昌盛、日益富强而努力工作的心理学家。我们是多么期望学生们茁壮地成长！普通心理学的任课教师在这方面确实是大有所为的。教书育人，首先要让我们的学生树立正确的价值观。《心理学导论》中专门有一节讲价值观的动力作用，它对于每个人来说有没有正确的价值观很重要。如果一个人的价值观有问题，是错误的、邪恶的，那他越聪明越能干，干的坏事就越多。因为方向错了。如果一个人的价值观是正确的、高尚的，那他越聪明越能干，就会对我们的国家，对我们的社会，对我们的人民起更好的作用。价值观是后天养成的，并且从儿童开始我们就对其进行培养。比如说，在他们还很小的时候，我们就对他们说要诚实，我们都对自己的孩子讲要诚实，不能说谎。做错了没有关系，但是不能说谎骗人。在大学生当中这个问题就解决了吗？照样是有问题的。考试作弊、说谎话……照样有。我们从事基础课教学的老师仍然肩负着正确价值观的培养任务。我们党中央提出的12条社会主义核心价值观(富强、民主、文明、和谐,自由、平等、公正、法治,爱国、敬业、诚信、友善),这12条都很重要。举例来说诚信对于我们每一个人就很重要。做人要诚信,做人不能欺骗,要做个好人。有些人嘴上说是要做好人,实际上在欺骗,在做坏事。这样的人我们不能学,我们应该给学生讲清楚,哪些应该做哪些不应该做。再比如说做实验,我们要求学生实验数据保留三年,以便后来查验,要求学生诚信,不能弄虚作假。还要求学生写课程论文不能抄袭别人的,你能写多少就写多少。我们从事基础课教学的教师在培养学生树立正确的价值观方面还有许多工作可做。

我们从事基础课教学的教师在培养学生树立积极的自我观方面也是大有作为的。积极的自我观就是以正面的态度看待自己、他人、社群与环境。这样的人能爱自己、悦纳自己,自己的事自己做主、不依赖别人,对自己所说的所做的有信心,能反省自己、有错能改、勇于担当,是一个自爱、自立、自信、自省、自强的人。能否树立积极的自我观非常重要,因为我们做任何事情,都是通过自我去做的。

我们从事基础课教学的教师还有培养学生养成追求未来梦想的任务,能够真正实现梦想必须具备多种优良品格,例如热爱学习、追求理想、善于实干、有仁德之心、人际和谐、团队合作和心境平和等品格。在教学中我们要加强对学生优良品格的培养。学生们有了正确的价值观、有了积极的自我观并且具有追求未来的优良品格,就能成为幸福的进取者。无论在人生的哪个年龄阶段,幸福与进取总是相辅而行的,即使是步入老年,由于对真理、理想和事业的执着追求,把自己献给了爱和责任,献给了人类的创造事业,他依然会感到幸福。当好一名教师要有终生热爱学习的品格,有人说我现在五十多岁了,再学习已经晚了。任何时候学习都不会晚,我快到八十岁了,我到现在还有各种各样的工作要做,要看各种资料。我们当教师应当活到老学到老。即使是退休了,我们培养下一代的工作不能休止。人的一生,幸福和进取是相辅而行的,只要我们把自己的爱和责任奉献给了我们的社会,献给了人类的创造事业,我们就会感到幸福。在我看来,教学是培养人的事业,是需要我花费全身心努力去奉献的事业。这就是我讲授心理学的人生境界和追求。

心理学的性质与我们的学习

（2016年11月15日西南大学心理学部对2016级研究生
心理学进展平台课上讲演）

各位同学：

今天我给大家讲两个问题：第一，心理学的性质；第二，讲讲我们怎样学习心理学。这两个问题对于我们做心理学研究、从事心理学教学和实际工作都是非常重要的。心理学是什么性质的学问，让我们先了解心理现象性质的问题。什么是心理现象，我们来看看心理学家都是从哪些角度对它进行研究的。关于我们怎样学习心理学，我想讲讲我们的前辈们他们是怎样做学问、做事和为人的。这是我们今后的奋斗目标，也就是样板和楷模。我们懂得了心理学是什么样的学问，我们就会知道该怎样去学习、去研究了。

一、心理学的性质

在讲心理学的性质之前，我们要明了心理现象是一种什么现象。我们研究的心理现象，主要是指个体的心理现象，一个人一个人的心理现象。个体的心理现象怎么来界定呢？这里的困难是心理现象相对于物质现象而言的，意识和物质是两个最高层次的概念，通常是从物质现象来界定心理现象，例如说“心理是脑的机能，脑是心理的器官”。这种说法没有错，但这只是从心理与脑的关系上来界定心理，其实心理还与行为、环境有关，还与其他的生物系统有关。我们是否可以从心理现象本身的角度来给它做个界定呢？我觉得是可以的。我认为个体的心理现象是一个开放的、复杂的系统。我把个体的心理现象看作是一个系统。什么叫作系统？系统就是由各个部分组成的一个整体，这个整体的活动是有目的的，即适应环境、促进个体的成长和发展。心理现象是一个系统，并且是一个复杂的系统。我们可以从很多角度对它进行分析。从意识的角度来看，它可分为意识现象、潜意识现象和前意识现象。从时间这个维度看，有的心理现象是连续不断流动变化的，这些心理现象称为心理活动，比如知、情、意；有的心理现象会暂时固定在一段时间内，我们把它看作心理状态，像意识状态、注意状态、情绪状态；还有的心理现象是很稳固的，一生之中难以变化的，我们把它叫作心理特征。当然，我们还可以从其他的角度对心理现象进行分析。

怎样来理解个体的心理是一个开放的系统呢？所谓开放的系统就是动态的、发展变化的系统。人的心理现象也是发展变化的。因为在人的一生中，其生理系统、环境系统在发展变化，心理系统跟其他系统的相互联系和交互作用也是发展变化的。比如，它跟生理系统是交互作用的，生理系统包含神经系统、内分泌系统、消化系统、呼吸系统、生殖系统，等等，还包含遗传基因等都与心理系统是相互联系和交互作用的。掌握了这些问题之后，我们思考心理学问题时就有了抓手。心理与生理的交互作用：生理能作用于心理，心理也能作用于生理。例如，我们精神焕发时，干起活儿来就很有干劲，身体机能整体提高了，这是心理作用于生理的情况。如果身体、生理有病，也能作用于我们的心理。心理上的变化，或者发生心理障碍，或者信息加工受阻都会在脑的活动中被我们捕捉到。借助于计算机辅助断层成像（CT）、磁共振成像（MRI）、功能磁共振成像（fMRI）等脑成像扫描技术，我们可以确定被试在完成特定任务时脑的哪个部位参与了活动，哪些部位处于静息状态。通过对神经递质的考察，我们可以确定哪些脑功能是由哪些脑结构控制的。心理能够作用于生理，20世纪60年代Rosenzweig团队曾做过一系列动物实验，把小白鼠随机分养在丰富环境（笼子大，有许多玩具）和贫乏环境（笼子窄小，没有任何玩具），一段时间之后，加以处死，大脑生化和解剖结构研究发现，丰富环境中小白鼠的脑细胞发育、成熟和再生率都明显高于贫乏环境的。儿童生活环境不同，儿童期社会经济地位低下的会对大脑（前额叶和边缘系统）发育产生严重的损害。近年来国外已有这方面的论文发表，脑在后天也会有大的变化。贫困或战乱的环境，就像现在伊拉克、叙利亚的那些孩子与我们孩子的成长环境就不一样，可以推断那里的孩子与我们的孩子在脑的发育上是会有差异的。心理与生理这两个系统是交互作用的，而不是单向作用的。

心理与行为也是两个系统。心理与行为不是等同的，行为主义把心理与行为等同起来，认为心理、意识都是虚构的、不存在的，他们只承认行为，把心理、记忆、思维、意识等心理学词汇从行为主义心理学中清除出去，这是行为主义创始人约翰·华生的观点。心理会通过行为表现出来，但心理与行为是两码事，因为心理不一定都在行为中表现出来；心理在行为中的表现是很复杂的，有的直接表现出来，有的不表现出来，有的以假象表现出来，所谓“皮笑肉不笑”“笑里藏刀”就是例子。心理与行为这两个系统也是交互作用的，心理影响行为，行为也影响心理。这好理解不？可以举出很多例子。比如说，我们看到别人在笑或者看到照片上的人在笑，这是一个行为，看久了之后，自己也会笑，这就影响了心理。心理影响行为，表现在行为上的例子很多，就不赘述了。如果心理与行为完全是一码事，那心理学就太好研究了，我就观察他的行为把它记录下来进行分析就可以得出结论了,事实说明心理活动并不是那样简单的。

心理与环境这两个系统也是交互作用。人能影响环境,环境也能影响人。我们所处的环境系统包含自然地理环境和社会文化环境。也可以举出很多例子,比如住在沙漠中的人的心理与我们的心理不一样,就如同生活在我国北方与南方的人们,自然环境对他们的心理和行为的影响也不同,而且性格都可能不一样。有人研究过中国北方吃面食的人与南方吃大米的人的性格就不一样。这个结论可能有些夸大,但自然环境对人们的心理是会真正起作用的。社会文化对人心理的影响更不一样,比如我们中国人讲责任义气担当,我们做事情会想到我做这个事情会不会给家庭造成损害,会不会给学校造成影响等,这就是受我们中国人所谓的集体主义文化的影响。但是美国人不一样,他们要自己决定。

总之,可以认为个体的心理是一个开放复杂的系统。这个系统是一个整体,可以从不同的角度对它进行分析。个体为了更好地适应环境、改造环境、促进个人的成长和发展变化,其心理总是跟生理系统、环境系统与行为系统相互联系、交互作用的。

个体心理是一个开放的、复杂的系统,那么我们应当怎样理解心理学呢?心理学也是开放的、十分多样化的、由各种心理学组成的学科群,我们可以从学科内容、研究取向、研究方法及研究机构等方面进行分析。

从心理学的研究内容来看,我们可以把心理学分为基础心理学和应用心理学。基础心理学包括普通心理学、实验心理学、心理学史、发展心理学、社会心理学、认知心理学等;另外应用心理学迅速发展,例如,教育心理学、临床心理学、管理心理学、安全行车心理学等,从这种分类看来还是有等级结构上的差异。

从心理学的研究取向来看,心理学研究取向是多样化的,研究取向就是研究观点、研究视角。

第一种观点叫生物学取向,就是从生物学的角度如从脑的结构和生理变化、内分泌、体型、基因等角度来考察心理与行为。生物学取向现在很热,认知神经科学就是生物学取向,要想解决心理的生理基础问题,我认为不管认知神经科学有多热,它只是在探讨心理的生理基础,是心理学的一个问题、一个层面,而不是从各种不同的角度考察心理问题。这个研究取向发展很快,也很有实力,发表文章的刊物多。

第二种观点是行为取向,对心理学研究的影响也是很大的。行为主义心理学把心理学定义为"行为科学",而行为则是指外显的和客观上能够观察到的那些反应。19世纪初约翰·华生的行为主义兴起,以后到斯金纳的新行为主义,在20世纪80年代达到顶峰,行为主义统治了整个美国的心理学,1990年斯金纳逝世后开始走下坡路。西方心理学从某种意义上说就是美国的心理学。有些心理学像法国的、德国的心理学基本上还是美国的心理学，到现在为止，在心理学领域中美国仍然是超级大国。从行为角度研究心理现象，就会把那些内隐的、不能客观上加以观察到的意识、观念、记忆、策略、意象等排除在行为之外，后来新行为主义虽然采取一种温和的调和的观点，引进内部状态、中介变量、假设构念等，但仍然强调这些概念只有与行为联系起来才是合理的。开始的行为主义强调看得见的客观行为，之后把看不见的心里想的也叫行为。这就混乱了、说不通了。但是行为研究取向对心理学是有贡献的，它强调客观、精确的实证研究，就被后来的认知研究取向所采纳。随着计算机科学的兴起，它把人看成像是计算机一样有内部操作的过程。

第三种观点是认知研究取向，就是用计算机模拟人的心理过程，把思维、想象、表象、信念、意图、问题解决等视为信息加工。认知研究取向认为，行为只根据外显的特征是无法详细说明问题的，需要在心理事件、心理表征、意向和信念等加工水平上加以阐释。认知研究取向并不排斥行为主义的客观实验方法，但同时还采用内省的口语报告法。认知心理学、计算机科学、心理学、语言学和神经心理学的结合产生了人工智能科学，制成了许多机器人。现在不少人研究用机器代替人的工作。昨晚看电视，有人已制造出机器能充当他人的法律顾问，机器人会当律师，帮人打官司。国内外人工智能和机器人的研究方兴未艾，很有前途。

第四种观点就是人本主义取向，强调人的命运是自己掌握的，自己是自己生活的建造者，强调个人的自由选择、制订目标。所以它跟行为主义、认知取向完全不同，它强调人的能动性，是从人性这个角度来分析考虑的。美国人强调的人本主义与中国人强调的人本主义又有不同，中国人强调的人本主义是集体主义的人本主义，而美国人强调的人本主义是个人主义的人本主义。

第五种观点是心理动力学取向，这个研究取向影响很大。许多人对心理学有所了解往往是通过弗洛伊德而知晓心理学。事实上，学院派从来不把弗洛伊德那一套看成是科学心理学，因为他不搞实证研究。我在撰写《人格心理学》那本教科书时，阅读了弗洛伊德的很多书，统计了一下他的被试只有12个。在12个病人的基础上他建立起这么庞大的体系，真是富有想象力，这说明心理学研究是很需要想象力的。他的学生想用实证的方法加以验证，弗洛伊德不同意，认为没有必要；他坚信自己的理论是正确的。精神分析的心理动力指潜意识的力比多，认为人类的力比多是最伟大的，精神分析到现在为止还被人推崇。

第六种观点是社会文化取向，它关注社会文化因素怎样影响人的心理。这个取向强调社会文化因素对人的心理与行为的影响，其中最有名的要算是苏联心理学家维果茨基，他很早就提倡研究社会文化对心理和行为的影响。

第七种研究观点是进化论的研究取向，就是用达尔文的进化论思想解释人的心理与行为，即把现代心理学与进化生物学在理论上加以融合。其创始人是美国著名心理学家戴维·巴斯，他专门写了《进化心理学：心理的新科学》一书，对人类的择偶、母性、亲属关系、合作、竞争、性行为、道德等用进化的理论给予连贯的解释。我国乐国安教授也曾用进化论的观点对择偶标准做过跨文化研究，结果发现东西方人们在择偶标准上有一致的也有不一致的。乐国安为什么要研究这个问题，是怎样进行调查和分析的？最近我请乐教授把他的研究过程写出来，以启发后来者学会如何去做研究。这个专栏将放在我们最近即将出版的《心理学与我们（第2版）》一书中刊出。建议各位读一读即将出版的《心理学与我们（第2版）》，我在这本书里增加了我国心理学家如何选题、如何做研究的专栏，叫“探索与发现”，这对于激发大家怎么去做科研是会有帮助的，其中也包括我们学部的张庆林、郑涌、陈红等教授的研究成果。

心理学的研究方法也是很多样化的。我在这里列出了14个大类、52种方法，比如生物学的方法有很多，脑切除、脑损伤、脑电、CT等。

表1-1 心理学研究方法的分类

14大类	52种方法
1.文化模式研究	1.社会规范分析 2.成语、格言、文艺作品分析 3.语言分析 4.心理描述（形容词核对、量表分析）
2.生理记录	5.遗传分析 6.生物化学相关物 7.内分泌研究 8.体型 9.面型、动作分析
3.社会记录	10.个人档案记录（学校、医院、公职、资历、组织等） 11.工作分析 12.时间分配 13.行为频率 14.社会测量学 15.拓扑心理学（对人、对阻碍物的反应）
4.个人记录	16.日记 17.自学系统指导 18.个人信件 19.主题写作
5.表情活动	20.第一印象 21.外表过细分析（快速摄影分析） 22.外表模式分析 23.字相学 24.风格分析
6.量表	25.等级量表 26.记分量表 27.心理图示
7.标准化测验	28.标准化问卷 29.心理测量（动作测验、迷津测验、语言测验等） 30.行为量表（想象、联想、情境测验等）
8.统计分析	31.差别心理学 32.因素分析 33.内部因素分析
9.生活情境微型	34.时间样本 35.职业模式 36.欺骗性情境
10.实验室实验	37.一元记录 38.多元记录
11.预测	39.外观预报 40.趋势预报
12.深层分析	41.精神科晤谈 42.自由联想 43.梦的分析 44.催眠术 45.潜意识书写 46.幻想分析
13.理想模式	47.理解的图式 48.文艺性格分类
14.综合法	49.辨别法 50.匹配法 51.全过程分析 52.个案分析

表1-1列出的大多是量化的研究方法，随着科学技术的进步，还会有更多新方法出现。其原因是个体心理是一个复杂的、开放的系统。这个开放的系统是可以用各种各样的方法来研究的。

需要指出的是，自1879年冯特在莱比锡大学建立心理学实验室以来，心理学家追求科学性，采用自然科学的方法探究人类心理和行为，它采用逻辑实证主义的、线性的、决定论的研究方法，即按照自然科学研究的原则和步骤，进行研究，得出结论。但是我们对人的研究，这样的方法存在着缺陷。完全客观的量化研究，追求普遍认同的“一般规律”，完全抛弃了人性，看不到人类心理的复杂性及其丰富性。我们研究人的心理却抛弃了自己的人性，这既是不可能的，在道义上也是不可取的。把人降格为动物、计算机，这也是莫名其妙的，根本做不到的。其实我们心理学的每一个实验都要考虑人的特点，否则，实验就无法进行，例如，你要和被试有很好的关系，他才能配合做实验。人类心理具有自然性和社会性。所以我们应该提倡两条腿走路，即应当用科学性和人文性统一的观点，用科学研究与人文研究两取向研究人的心理。科学研究的任务是通过发现、思考、探索和创造，揭示心理和行为的客观（或一般）规律，并加以证实和证伪。人文研究探讨对人生意义的追求，即关注人的审美情操、道德理想、人格完美和终极关怀等文化价值，只有这样才能破解人类心理的难题。总之，我们最好是把量化方法和质性方法结合起来研究，用几种方法结合起来研究。心理学研究方法的多样化，为我们在心理学研究中提供了一种新的研究思路：任何课题都可以发展出新的方法来进行研究。

从研究机构的多样性充分展现了心理学学科的多样性。请大家看看美国心理学会（APA）有多少个分会。美国心理学会有54个分支学会。（缺第4分会和第11分会。）

表1-2　美国心理学会（APA）的分支学会

1*	普通心理学（General Psychology）
2	教学心理学（Teaching Psychology）
3	实验心理学（Experimental Psychology）
5	评估、测量和统计（Evaluation, Measurement and Statistics）
6	行为神经科学和比较心理学（Behavioral Neuroscience and Comparative Psychology）
7	发展心理学（Developmental Psychology）
8	人格和社会心理学（Personality and Social Psychology）
9	社会问题的心理学研究（Psychological Study of Social Issues）
10	美学，创造发明和艺术（Aesthetics, Creativity and the Arts）
12	临床心理学（Clinical Psychology）

续表

13	咨询心理学(应用)(Consulting Psychology)
14	工业和组织心理学(Industrial and Organizational Psychology)
15	教育心理学(Educational Psychology)
16	学校心理学(School Psychology)
17	咨询心理学(理论)(Counseling Psychology)
18	公共服务中的心理学家(Psychologists in Public Service)
19	军事心理学(Military Psychology)
20	成人发展与老龄化(Adult Development and Aging)
21	应用实验和工程心理学(Applied Experimental and Engineering Psychology)
22	康复心理学(Rehabilitation Psychology)
23	消费者心理学(Consumer Psychology)
24	理论和哲学心理学(Theoretical and Philosophical Psychology)
25	行为实验分析(Experimental Analysis of Behavior)
26	心理学史(History of Psychology)
27	社区研究与行动:社区心理学(Community Research and Action: Community Psychology)
28	精神药理学和药物依赖(Psychopharmacology and Substance Abuse)
29	心理治疗(Psychotherapy)
30	心理催眠(Psychological Hypnosis)
31	各州心理学常务联会(State Psychological Association Affairs)
32	人本心理学(Humanistic Psychology)
33	智力缺陷和发展障碍(Mental Retardation and Developmental Disabilities)
34	人口与环境心理学(Population and Environmental Psychology)
35	女性心理学(Psychology of Women)
36	宗教心理学(Psychology of Religion)
37	儿童、青少年和家庭服务(Child, Youth and Family Services)
38	健康心理学(Health Psychology)
39	精神分析(Psychoanalysis)
40	临床神经心理学(Clinical Neuropsychology)
41	美国心理学和法律(American Psychology and Law)

续表

42	独立从业的心理学家(Psychologists in Independent Practice)
43	家庭心理学(Family Psychology)
44	同性及双性恋的心理学研究(Psychological Study of Lesbian, Gay, and Bisexual Issues)
45	少数民族问题心理学研究(Psychological Study of Ethnic Minority Issues)
46	媒体心理学(Media Psychology)
47	体育和运动心理学(Exercise and Sport Psychology)
48	和平心理学(Peace Psychology)
49	团体心理学和团体治疗(Group Psychology and Group Psychotherapy)
50	成瘾(Addictions)
51	男性和男性化的心理学研究(Psychological Study of Men and Masculinity)
52	国际心理学(International Psychology)
53	临床少年儿童心理学(Clinical Child and Adolescent Psychology)
54	幼儿心理学(Pediatric Psychology)
55	促进药物治疗(Advancement of Pharmacotherapy)
56	创伤心理学(Trauma Psychology)

*这列数字说明,美国心理学会下设各分会设定的时间顺序:第1普通心理学分会最早设定,第56创伤心理学分会最后设立。因没有了第4和第11分会,现在的美国心理学会(APA)有54个分会。

我们中国心理学会还没有20个专业委员会或分支学会。美国心理学会中咨询的就有很多分支,有理论的、精神分析的、行为疗法的;最早成立的分支学会是普通心理学分会,教学心理学分会,实验心理学分会,评估、测量和统计分会,行为神经科学和比较心理学分会,等等。机构的多样化也说明社会需要的多样化。社会很需要心理学,因此它就会有发展。改革开放以来我国社会也很需要心理学家为经济建设和社会发展服务,我们最近成立了一个分会叫社区心理学分会,被总会批准了,因为社区建设十分需要。

讲到这里,我要做个小结了:

心理学不是一个静态的学科,它是一个开放的、不断发展变化的学科群。这是因为个体的心理现象是一个开放的、复杂的系统,并且随着人类实践活动的发展,影响心理学研究问题的因素也在不断变化,从而使心理学呈现出更加丰富多彩的模样。现在我们对自己心理的认识是地球人的心理学,如果有朝一日人类能到火星上生活,就可能会有火星人的心理学。火星人的心理学与地球人的心理学可能有很不相同的模式。心理学的多样化使我们对自己的认识也更加深入了,即我们对自己、对心理的事实、机制、功能和规律的认识更加深刻了。

现在我今天要讲的第一个问题已经告一段落,看看大家有什么问题,希望大家提出不同的意见。

学生问:“黄老师,我想问,心理学是唯心的,还是唯物的?我们应该怎样更好地来理解心理学?”

我不喜欢这样提问题!什么叫心理学是唯心的还是唯物的?我们不要去贴标签,不要这样提问题。任何一门学问用这样贴标签的做法都是有害的。我说心理现象是内隐的,看不见摸不着,但它却是客观存在的,我们天天都有这样的经验;心理虽然不等同于行为,但心理也会反映在行为上,所以我们要对它进行研究。如果说心理是看不见摸不着的,那不就是唯心主义吗?如果这个帽子扣下来我们还能研究吗?“文化大革命”时,心理学这门学科被贴上“封资修”的标签。“封资修”就是封建主义、资本主义、修正主义,就要把心理学彻底打倒、消灭。我们不要用“文化大革命”的那一套做法去贴标签,我们要学会实事求是,以理服人。很多看不见摸不着的东西,我们照样是可以研究的,比如社会氛围可不可以研究?时尚可不可以研究?但你看到过社会氛围和时尚吗?我只看到她的衣服好看,他的衣服好看,没有见到过“时尚”。又如,我们可以研究学校的学风,名校的学风和非名校的学风,你们感觉是一样的吗?不一样!你看不见闻不到学风,但你可以设置指标加以界定,例如学生对时间的利用效率,学生去图书馆的脚步快慢等来界定。再例如智力,谁见到过智力?没有吧。但我们心理学已经研究了100多年,到现在仍在研究。还有像幸福,虽然我们都看不见摸不着,但是我们照样可以研究。心理现象是我们看不见摸不着的,但我们可以设置指标,来对它进行研究。这就是我们心理学研究的特点。

下面我想针对心理学的性质,谈谈我对如何学好心理学的几点体会,即今天我要讲的第二个主题。

二、我们的学习

我们应该怎样学习心理学呢?我提出要像心理学家那样所学所思所为。你们是西南大学心理学部的研究生,我想你们的奋斗目标是当心理学家。如果你不想当心理学家,那还来这里混什么?我读书的时候,就很想当心理学家。我们做人做事一定要有志向和抱负,古人说:“志当存高远。”如果没有志向与抱负,你到这里来混,不就是糟蹋了自己的人生吗？因此，我想对你们提出一个要求，要像心理学家那样所学所思所为，争取使自己成为心理学家。

（一）要像心理学家那样求知

这里讲的所学就是讲怎样做学问，怎样求知。你们都是刚入学的研究生，摆在你们面前的是做好科学研究准备工作，我想跟你们谈怎样学习和怎样选题两个问题。这对于你们学会做科学研究十分重要。

你们想要在心理学领域做出成绩，就要养成勤奋学习的习惯。因为你们必须要使自己跟上知识的发展。做好科学研究的准备工作是永无止境的，这主要通过阅读当前的心理学期刊，就像看报纸一样来完成，这种学习要养成习惯，成为你们日常生活的一部分。

据2003年出版的《心理学大辞典》刊载，被SCI和SSCI收录的心理学及其邻近的英文期刊有784种。很明显我们只能阅读与自己最相关的一小部分文献。例如*Psychological Bulletin*，*Psychological Science*，*Journal of Experimental Psychology*，*Psychological Review*，以及*Annual Review of Psychology*，还有中文的《心理学报》《心理科学》等杂志。如果考虑到自己的所学专业方向，例如你们是学人格心理学方向的研究生，你应当经常关注下列四种杂志，可以使自己了解这一学科的前沿问题。这四种杂志是*Journal of Personality and Social Psychology*，*Personality and Social Psychology Bulletin*，*Personality and Social Psychology Review*，*Personality and Individual Differences*。对于大多数期刊，我们只能像看报那样粗略阅读一下标题就可以了，只有那些很感兴趣的文章才细加研读。初学者应当请教同行中有经验的研究者，如二、三年级的研究生。他们会告诉你们怎样在网上找到你们所需要的文献。在座的有些学生是外专业考取心理学研究生的，有不少学生心理学专业本科知识的学习也有不少问题。如果你对这个学科一无所知或知之甚少、头脑空空如也，你就很难产生有见地的独创见解。要想从事心理学科学研究，必须要具备基础的心理学知识，因此，我建议你们复习复习普通心理学。找一本《西尔格德心理学导论（第14版）》或《迈尔斯心理学（第9版）》，或黄希庭、郑涌的《心理学导论》，认真地复习。如何阅读这些基础性的书呢？我有以下四点建议：

第一，必须熟练掌握“三基”，“三基”就是基本概念、基本原理和基本理论。每一章都有基本概念，比如感觉这一章就有许多基本概念，什么是感觉，什么是感受性、绝对阈限、差别阈限，等等，你要当心理学家，就必须要认真掌握这些学术共同体一致认可的对概念的界定。感觉一章中的基本原理是感受性的测量、感觉的交互作用，这一章的基本理论是认知神经科学。如果你们把这三者联系起来，不仅容易理解更容易记忆，具有坚实广博的基础对于从事心理学研究是重要的。

第二，要学思结合，举一反三。做学问要能举一反三，诺贝尔奖获得者李政道说："做学问，要学问；不学问，非学问"。我们一定要在学习的时候学会提问，我们的孔老夫子早就讲过"学而不思则罔，思而不学则殆"。

第三，要学会自主学习、无师自通。只有通过前面的严格训练以后，才能学会无师自通。这是我在读研究生的时候就学会的，本科我没有注意这个问题。1961年我北大毕业以后来到这里工作，三年以后我考取北大研究生，1964年我去读研究生，我的导师是沈迺璋先生。我们第一次见面他和他的助手就给我开了个书单，让我按照这个书单上面提到的文献好好学习，一个月以后去见沈先生，其他时间不可以去找他。一个月以后我去找他，把我的学习心得和遇到的问题向他汇报，他肯定了我的学习心得，对于这些问题他说在哪一本书上有，在哪一本杂志上有，他讲的那些杂志、书都是外文，看也看不懂，我也不好意思去问。回来后我自己找书和杂志把它搞懂了。第二次我再去，他依然用第一次的方式给我解答，到第三次去了以后，我第四次就不去了。因为，他说的这些期刊我都找到了，那些书我也都找到了，我就靠自己来解决问题。我学会了无师自通，自主地发现问题，解决学习中遇到的问题这很重要。我们一定要学会自主学习，无师自通，不要跟着老师后面亦步亦趋。我们要教育自己的学生、教育自己的子女学习要自主、无师自通。

第四，要学以致用。学习不能只停留在书本上。我们学习心理学的一个重要目的是应用，要学以致用，首先要把心理学的知识用在自己身上，例如，如果你经常失眠，怎样让自己更好地入睡？怎样找一个倾心如意的朋友？怎样提高自己的生活质量？怎样提高自己的记忆力？怎样提高自己的学习兴趣？怎样提升自己的人格修养？等等。对于这些问题，以往的心理学家都有过不少研究，你们可以把这些知识(研究结论)用在自己身上看看是否合适，是否切合你的实际。如果不切合你的实际，那问题是出在哪里？无论是问题出在你自己身上，或是出在前人的研究结论上，都是对你有益处的：前者可以提升你的人格修养，后者可以提升你的学术修养。

如果你想成为心理学家，你应当使自己的兴趣更加广泛。历史上心理学家的独创精神大多来自于他们的博学。如果学习资料仅局限于你正在研究的问题，往往会使自己的思维变得愚钝，缺乏想象力。因此，你不应该长时间地只局限于你的专业领域，甚至不要只局限于心理学本身。学部、学校里的学术报告，建议你们争取去听，甚至小说、电视都会启发我们的新思路。如果有条件担任某一门课程的教学，也会对你们的科研有帮助，因为教学涉及面广，可以培养你们对心理学的广泛兴趣。

在开始进行研究的时候，研究生首先要决定研究题目。我们学部研究生的选题大多是在导师承担研究课题的范围内选择题目,这样可以得到导师的指导和关注,研究的起点高,并且协助导师完成研究课题的过程,对导师申请研究课题的过程、研究课题的性质会有更多的了解。但也有一些学生是根据自己的兴趣来选题的,由于学生自己感兴趣,因而他会对成功与否负起全责。对于初学科学研究的学生,最好是选择一个有可能出成果的题目,并且又是他力所能及的。

对于初学研究的学生,选题确实是难题。对付这一难题的最佳办法是我们在学习时要学会提问。学习时遇到的问题,如果你感兴趣,继续钻研一下一定是会有收获的。正如贝弗里奇所说,大多数的题目都是科学家创造出来的。思考问题,寻找解决问题的办法,对于每一位想成为心理学家的研究生来说都是十分重要的。

(二)要像心理学家那样思考

像心理学家那样去思考,思考什么?思考探寻心迹,理解人生,点燃心灵真善美。

先讲探寻心迹。探寻心迹是什么意思?探寻心迹就是探寻心理活动的轨迹,包括性质(nature)、结构(structure)、机制(machine-processed)、功能(function)和规律(law)。

我们进行研究时,首先要界定问题的性质。例如恋爱问题,它在心理学中属于什么问题,是哪一种心理现象,放在哪一个地方好?它是心理过程、心理特征还是心理状态呢?恋爱问题可以是情感问题、动机问题,还可以是人与人关系上的问题;你们看书可以发现爱情一般放在情绪、情感动机内容里面的,还可以放到其他地方吗?可以的,我们可以将它放到人际关系中去,因为爱情是两个人的关系,如果是三角恋,那就是三个人的关系,只要逻辑上没有毛病就可以。我们写文献综述时,把爱情放在哪里,完全可以根据我们想要研究它是一种什么性质的行为而定的。

心理的结构。例如,爱情包含哪些因素?Robert J. Sternberg提出爱情有三因素:激情、亲密和承诺。记忆包含哪些因素?记忆可以分为识记、保持、再现,还可以分为感觉记忆、短时记忆和长时记忆;研究的视角不同,记忆的结构是不一样的。智力也如此,由于研究视角的不同,智力有很多结构,如研究者指出智力有两个成分、三个成分、七个成分,甚至是一百五十个成分。那你们怎么看?哪一个说法符合我的研究逻辑,对我有用,我就用哪一个结构。随着科学研究的深入,某种心理现象结构的探讨会越来越多样化,而不是单一化。心理学是一门开放的学科,我们可以从不同的角度考察某种心理现象的结构。

心理的机制。机制就是加工过程,它有两种含义,一是生理机制,二是心理机制。前者探讨行为、心理现象的生理基础;后者探讨内部诸如心理成分是如何交互作用的。以记忆为例,前者探讨记忆的生理机制;后者探讨感觉记忆、短时记忆和长时记忆是如何交互作用的，识记、保持和再现是如何交互作用的，等等，这些都是记忆的机制问题。

心理的功能。功能就是作用，心理功能主要是讲这种心理现象，比如记忆对个人、对环境的适应，对个人的成长和发展有什么作用。美国的机能主义学派就强调心理和行为对自然环境的适应和功用。

心理的记忆规律也称法则，指事物发展过程中的本质联系和必然趋势。它是反复起作用的。实际上，我们心理学按自然科学的方法寻找规律，所找到的规律很少是像物理、化学或生物学的定律那样的。记忆中有一条规律，那就是遗忘规律，但遗忘规律又受很多因素的影响；感觉中的费希纳定律可以说是规律。仔细想想，我们有不少心理学研究是在寻找心理现象的规律，或者说心理学是研究心理与行为规律的科学，但我们的更多研究所探寻的是心理的性质、结构、机制、功能和规律。所以我说心理学是一门探寻心迹的学问，是一门探寻心理的性质、结构、机制、功能和规律的学问。

心理学也是理解人生的一门学问。我们可以从多种角度思考人生，从人生目标、人生态度和人生修养来理解人生。人生目标、人生态度和人生修养（包括品德修养、养生）都是心理学研究的主题。还可以从人生的两大主题（生与死，苦与乐）来理解人生，这也是心理学研究的主题。点燃心灵真善美，怎样进行真善美的教育，怎样促进心理健康，这些都是心理学要研究的问题。心理学研究的内容非常广泛，随着人类实践活动范围的扩大，研究的范围也越来越大，我们想要研究的问题也越来越多。我们要充分发挥想象力，探索心理学中的各种问题。

怎样去思考？怎样使我们的思考更有成效？我有两点建议：

第一点：在心理学研究中，任何一个科学问题都可以用不同的方式、不同的方法来解决。不要以为只有一种方法是正确的，不要以为只用一种方法就可以解决问题。这个思想一定要树立起，否则，你就只能跟着别人走。我们一定要记住，在心理学研究中，任何一个科学问题都可以用不同的方式、不同的方法来解决。记忆是如此、思维是如此、动机是如此、爱情是如此、幸福也是如此，包括社区心理学中的很多问题都是如此。只有僵化的头脑才认为任何问题都只有一种解决的方法，那样科学就无从发展了。你们看书时，不要落入人家的圈套，我经常提醒你们，不要以为我讲的都是正确的，你们可以从另外的角度思考，关键是你们能否想得到怎样从另一个角度思考。我前面已经讲了心理学研究有很多种取向、很多种方法、很多种机构、很多的研究内容，关键是你们自己要有新的想法。我们研究是发现新知识，而不是抄袭人家的东西，我们就应该与别人不同。这一点建议你们一定要牢记于心，在心理学研究中，任何一个科学问题都可以用不同的方式、不同的方法来解决。

第二点建议是用系统分析的观点思考问题。什么是系统分析，就是把某一种要研究的心理现象看成是一个系统，比如，要研究爱情，可以把爱情看成一个系统；要研究共情，可以把共情看成是一个系统。怎样对它进行分析呢？可以从下面四个方面来对它进行分析：

整体性分析，就是把某一种心理现象如爱情、共情或记忆等看成是一个完整的系统。对于这个系统，你可以用不同的指标对它进行分析。例如对于记忆，从加工内容来看可以把记忆分析为形象记忆、词语记忆、情绪记忆和动作记忆，或程序性记忆和陈述性记忆；从加工过程看可以把记忆分析为编码、储存和提取，或感觉记忆、短时记忆和长时记忆；等等。

等级结构分析，就是把要研究的某种心理现象视为一种有序的、有组织结构的东西。一个系统的内部可分为子系统、次级子系统和元素，不仅有纵向联系还有横向的种种联系。例如吉尔福德的智力三维结构模型，将智力活动分为内容、产品和操作三个指标；智力活动的内容包括视觉的、听觉的、符号的、语义的和行为的五种因素。智力活动的操作包括认知、记忆、发散思维、聚合思维和评价五种因素，智力活动的产品包括单元、类别、关系、系统、转换和蕴含六种因素，因此吉尔福德认为人的智力可区分为5×5×6＝150种，这些不同的智力都可以用不同的智力测验来检验。

动态性分析，就是把要研究的心理现象看作动态变化的，设法探讨某种心理及其子系统、因素是如何产生和发展变化的，哪些心理现象属于心理状态，哪些心理现象属于心理特征，各发展阶段又有哪些特点，等等。

环境适应性分析，就是把要研究的心理现象与其他系统联系起来，考察其交互作用及动态平衡状态，例如考察个体智力系统与个体的生物系统、环境系统的交互作用，智力系统与人格系统、情绪系统的交互作用，处于何状态，等等。

上面的两点建议，对于你们打开科研思路，培养自己的创新能力可能是有用的。如果同学们对系统分析观感兴趣，可参看我在20世纪80年代写的《试论心理学研究的方法论原则》这篇文章，后来收录到《黄希庭心理学文选》和《时间与人格心理学探索》两本书之中。

（三）要像心理学家那样为人

心理学家是做学问的人，荆其诚、傅小兰主编的《心·坐标：当代心理学大家》一书介绍了28位世界顶尖级的心理学家，其中写了7位中国心理学家如陈大齐、郭任远、陈立、潘菽、张跃翔、陆志韦、荆其诚，我看了这7位心理学家的传记，很受教益。我们应该像他们那样为人。

我们应当像他们那样追求真善美，崇尚真善美，鄙视假恶丑，鞭挞假恶丑；像他们那样不断激励自己，以自己的聪明和青春年华为祖国的繁荣昌盛建功立业。

我们应当像他们那样热爱事业，勇于创新，不断进取。在科学的道路上，我们会遇到各种困难和挫折，如果我们像他们那样热爱事业，不断进取，坚持下去，就能战胜困难和挫折，就会取得成果、获得成功！这确实是一条人才成长规律。

总之，我希望同学们向《心·坐标：当代心理学大家》中的人物学习，使自己养成正确的价值观、积极的自我观，具有实现梦想的优秀品格，成为幸福的进取者！今天就讲到这里，欢迎各位提问。

问：第一，您觉得心理学未来发展的方向是什么？第二，您怎么样评价弗洛伊德的理论？

答：我认为，就现在的研究来说，想把心理学所有的成果都整合到科学心理学的框架里是有难度的，也不利于心理学的发展。科学心理学主张采用自然科学的严格可控的实验，所遵循的是假设实证主义的逻辑。但是，人是很复杂的，除了自然性之外，还有社会文化特性。所以整合起来就有相当大的难度。有人曾经做过尝试，英国心理学家Michael Eysenck主编了一本心理学图书，副标题是一种整合取向（An Integrated Approach）。他以传统心理学的观点对以往的研究成果加以整合，只是在人格一章中简单地介绍弗洛伊德和人本主义的观点。看来目前要对整个心理学进行整合还是有难度的。另外，心理学的发展光靠量化研究而不用质性研究，这也有问题。对于弗洛伊德的理论，我们不要全盘否定，他也有可取之处。他的好多东西都得到了实证主义的证明，比如说他的潜意识理论，后来被称为内隐记忆、内隐动机、内隐思维，用实证的方法被证明了。另外，自我防卫机制也被证明了，也进入了我们的教科书。因此，弗洛伊德的理论也有合理的地方。我认为任何一项研究都有其可取之处，当然也有其不足的地方。比如脑科学看起来很火热，但如果我们深究追问起来，还是有许多问题需要深入研究的，比如有研究发现共情、时间知觉、决策判断都在前额叶，人们要问前额叶的哪些活动是怎样产生这些心理的呢？目前还说不清楚，还需要进一步研究。总之，心理学是一门开放的、不是封闭的学科。它是一个非常多元化的学科群，而不是一门学科。

2016年12月19日根据杨莲莲、田宇、袁书的记录重新调整并修改而成

谈科研、学习与修养

——与研究生的随谈录

一、科研是一种自由的艺术

(一)创新是科研的灵魂

创新是科研的灵魂。科学研究就是以创新的思路解决问题。就基础研究来说,科学研究就是为人类创造新知识的活动。科学上的创新是一个知识积累的过程。在实现重大创新之前,需要长期的知识积累和日以继夜的思考和探索。科学研究不可能是短、平、快,立竿见影的;科学研究是马拉松跑,是接力跑,需要很多人持续不断地努力。

先知先觉就是前瞻性,就是探索未知的东西。别人会爬,我们也会爬;别人会走路,我们也会走路,这算什么本事?别人会走,我们会跳;别人会爬山,我们能爬上珠穆朗玛峰峰顶,这才是本事!连一个新的想法都没有,搞什么科研?甚至连别人的研究有错误也看不出来,还搞什么科研啊?

搞学问、做科研要有自己的思路,如果老是跟着别人的思路走,就可能会发现自己想做的,别人都抢先一步做过了,即使你做出来也只能是二流的东西。我们要学习国外研究者的创新精神,要独树一帜。现在哪一个题都有人做过,我们不是生在三皇五帝时代,我们"生不逢时",生在21世纪,要硬着头皮去做别人做过的问题,在别人的研究上找岔子,从不同的角度去做。从不同角度去做,就叫创新。从不同的角度去观察问题、分析问题,才可能有创新。

科学研究的一个重要思路是对所要研究的概念进行新的分类。有新的分类,才有新的知识、新的理论。我们所研究的任何一个概念,都可以从不同角度进行分类,而对概念进行新的分类,就是要找到与已有研究者不同的角度对概念进行新的分析。只有这样,才能不断找到新的研究切入点,做出有创新性的成果。

科学研究是一种自由的艺术,就是无拘无束地独立思考与表达。达尔文说过,"我一贯力求保持思想不受拘束"。培养了许多国际知名学者的斯坦福大学校训是:愿学术自由之风劲吹!只有沉浸在自由艺术之中,才能在研究中坚持科学客观,保持科学理性,恪守科学道德,而不会被政治所忽悠,更不会被金钱所诱惑。

(二)科研中最重要的工具是我们的头脑

仪器设备等工具在科学研究中固然重要,但最重要的工具却是我们每个人的头脑。做科研要时时、处处开动脑筋。问一个“为什么”,会有效地激发对其中的可能原因的思考;问一个“怎么样”,会引起对过程机制的想象。即使是处理数据也要多思考怎样把类同或不类同的数据进行概括,找出其中规律性的东西,进而抽象出理论。不能就事论事,停留在对单个现象的描述上。

恩格斯说过,“一个民族要站在科学的最高峰,就一刻也不能没有理论思维”。缺乏理论思维是我国心理学不能站在国际心理学前列的一个重要原因。如果研究生在学习期间不训练自己的理论思维,一味地尾随西方的研究思路和主题,那我们就只能在别人创造出的理论影响下,甚至在其话语下,尾随式地“创新”,不仅永远无法超越,甚至可能有丧失中华文化的主体特色、丧失学术自信的危险。因此研究生要在提升理论思维上多下功夫,要学习辩证法、哲学思想、方法论和时代精神。要有自己的思想,而不是为研究而研究。没有自己想法的研究不是像样的科学研究,没有想法和理论支撑的研究,就像没有爹妈的孤儿。

编制问卷之前,开放式问卷调查固然重要,但更重要的是研究者所具有的理论思维,因为科学规律不是靠向被试问问题就能问出来的。有怎样的理论深度就有怎样的实证深度。在科学研究上,假设十分重要,它有助于我们看清事件的意义;如果没有假设,那只能停止在观察到的“事实”上,就是牛顿发现万有引力也是靠假设求证的。搞科研就是证实或证伪头脑中的设想,对于要验证什么或证伪什么,应该心中有数。提出假设,我们依靠的是理论思维。

任何一个学科都是问题多于答案,科学研究就是为了解决未知的难题,因而不断推进科研的发展。知识积累是科研的基础,没有知识积累就不会有科研的悟性和灵感。科研允许失败,允许犯错误,只要能及时觉察并加以纠正就好。而科研也要讲运气,机遇只垂青那些懂得怎样追求它的人。

(三)心理学研究是一个悖论

心理学研究是一个悖论:人们对世界的经验是很主观的,可心理学却要研究它的客观规律;心理现象不同于生理现象,可心理学要研究它的生理机制;文化对于人就像水对于鱼一样,以无处不在的方式影响着人类的心理与行为,世界上各民族有不同的文化,可心理学中的测量工具和研究方法却是普适性的。这种种悖论都源自心理现象的复杂性,从而导致理论取向和研究方法的多样性。心理学是一门实证科学,它特别推崇行为的真实验研究。随着科学技术的发展,现在还引入了基因、生化、脑电、脑功能、计算机建模和数学建模等研究方法，但同时它还应用个案法、内容分析法、深度访谈法、调查法和内省法，等等。现在心理学已成为许多学科如教育学、社会学、美学、法学、伦理学、语言学以及生理学、数学、计算机科学、基因遗传学等专家共同开发的热土。当代心理学已呈现出多学科、多方法综合研究的趋势。世界四大科学难题：物质起源、生命起源、意识起源和宇宙起源，心理学就是研究意识的一门学科。

个体的心理现象是一个开放的动态系统，可以用系统论的方法加以研究，即可以从它的整体性、等级结构性、动力性和环境适应性等角度加以研究。心理现象的整体性表现可以从各种不同的维度加以分析，但部分之和不等于整体，整体大于部分之和；心理现象的等级结构性是指以不同的维度划分出来的心理维度，还可以划分为不同水平的亚维度；心理现象的动力性是指心理系统具有能动性，是一个开放的动力系统，各个系统之间存在动态的交互作用；心理现象的环境适应性是指它产生、发展于环境中，要注重联系现实环境认识心理现象。

二、学无止境

（一）读书贵在思考

心理学的博士研究生应当有较广博的基础知识。基础知识有三个层次：第一个层次是外语（主要是英语）、数学、计算机应用及哲学（包括马列主义哲学、现代西方哲学）；第二个层次是专业基础课，包括普通心理学、实验心理学（或心理学研究方法）、心理学史、认知心理学、人格心理学等课程；第三个层次是做博士论文必须掌握的基础知识和研究方法，例如你想做“时间自我”方面的选题，就应当阅读自我和时间心理学的专著和论文，阅读导师已经发表的相关学术论文。我们要从中牢固地掌握某一领域的基本概念、基本理论和基本技能，学会独立获取知识的方法，学会用不同的视角观察问题、分析问题和解决问题。

勤奋学习，善于思考，要成为我们的习惯。要用自己的头脑思考，不要盲从，但怀疑、批判要有依据，设计出实验对它进行检验。科学心理学不支持空洞的理论，鼓励反潮流，用严谨的科学实验检验各种理论。科学理论的构建必须是符合实证数据的。我建议你们多听学术报告，即使是其他学科的学术报告也可以去听。这既可以增长自己的学识，又能使我们多一个视角去考察所遇到的问题。

读书贵在思考。阅读文献不仅要懂得其中的道理，还要从不同的角度观察、思考这个道理是否具有真理性。读书不应停留在别人的思路上，而应该跳出来，以更广阔的视野看问题，产生自己的科研思路。阅读文献，要读懂，同时要质疑。全信书不如无书，全信书就会落入圈套。要以批判的态度读书，要敢于挑战教科书，挑战常识，不要相信有放之四海而皆准的理论。心理学中不可证伪的理论很多。

（二）做学位论文需要多方位的自主学习

学位论文是科学研究的成果。虽说科学研究没有固定的模式，但科学研究从选题、文献综述、设计、选择工具和取样、数据收集和处理，直至论文撰写和交流，前人都积累了许多宝贵经验，做好学位论文需要多方位的自主学习。

博士学位论文不是教科书，也不是科普读物，而是与本领域中的专家对话的学术著作。博士研究生做学位论文，不仅是科学理性上的提高，更主要的是精神境界的提高，是意志品质上的锻炼，是不断克服困难加以完善的过程。博士生做学位论文不要小看自己，要有学术自信心，要引用里程碑式的论文或标志性的论文，也可以说要引用最权威刊物上发表的名人的研究成果，要站在巨人的肩膀上指点江山，要有一览群山小的气概去做好博士学位论文。

选题十分重要。一个好的选题可以说是科研成功的一半。选题时一定要考虑：是不是本学科国际前沿的问题，是不是国家和社会发展急需解决的重大问题，是不是具有学科交叉、多方法解决的问题。一旦有了初步的选题意向，就要找出该领域的标志性或经典性的论文。认真阅读这些论文，最好将其中最主要的论文逐字逐句翻译出来，用心弄清楚作者当时要解决的关键问题，以及他们的实验设想和研究思路，挑出其中的漏洞和缺陷。即使是该领域权威的论文也可能有瑕疵，甚至错误，要敢于挑战权威，以批判的态度阅读标志性或经典性的论文。阅读论文有了一定的积累，选题就会越来越清晰。问题论证得越清楚，下一步的研究就越好做。题目要愈小愈好，意义要愈大愈好。选择小题目，有利于把题目做深做透。如果题目可以分为若干个独立的小题目，并且都能单独去做，就应该避免选择这种大题目，而应该选择小的题目。而如果题目不能分解为可操作的若干个问题，说明该题目太模糊，没有提炼清晰，还要继续提炼或另选题目。

科学研究不可能是白手起家，而是在前人研究基础上的发展，因此必须要回顾文献，要对前人的研究进行梳理，尤其要重视对该研究领域名家的研究成果和在权威杂志上发表的相关文献进行梳理。文献综述的目的是为选题服务，因而这些论文都会在博士论文的引言中出现。文献梳理要客观，问题是你发现和提出的，综述的框架也是你构建的，但陈述的材料是前人的研究论文。文献综述也是思维训练，要有逻辑框架，要对核心概念进行界定。这种界定不仅有助于研究者把握核心概念，而且也便于他人对你的研究结果加以检验。引言中的经典性或标志性论文还会在“讨论”中出现,因为要论证研究结果是否证实或证伪了假设。但是要注意,学位论文对他人论文的引用不宜过多、过于频繁,否则就有抄袭之嫌!

实验设计要以问题为中心,对于要证实什么或证伪什么,应心中有数。要弄清楚什么是自变量、什么是因变量、什么是控制变量,实验要解决什么问题。编制问卷,最重要的是理论建构,质的研究也有类似的问题。关于这些问题,目前国内已有不少书出版,例如彼得·哈里斯著、吴艳红等译《心理学实验的设计与报告(第2版)》(人民邮电出版社2009年版),郭秀艳著《实验心理学》(人民教育出版社,2004年),邱皓政著《量化研究与统计分析——SPSS中文视窗版数据分析范例解析》(重庆大学出版社,2009年),安德沃和肖内西著、洪兰和曾志朗译《心理学实验研究法》(台北远流出版公司,1989年),杨国枢等编著《社会及行为科学研究法》(重庆大学出版社,2006年),伊凡希雅·莱昂斯、阿德里安·考利主编,毕重增主译《心理学质性资料的分析》(重庆大学出版社,2010年)等,可以根据不同的研究设计,有选择地阅读。

博士学位论文的题目要紧扣主题,用简明、确切的词语反映文中最重要的特定内容,切忌大而无当或文不对题。摘要是一篇论文的门面,写不好是给自己脸上抹黑的;写得好,是给自己增添光彩。博士学位论文是一项系统性的科研成果。摘要应当反映这项成果的研究目的、方法、结果和结论等主要内容,特别要突出其创新性的内容;摘要应当以客观、扼要的方式陈述论文的主要内容,以第三人称陈述,不要用“本文”“笔者”“我们”等词语,不要用图、表和不规范的术语,也不要引用参考文献。总之,摘要应当是连贯的、自成一体的、反映主题的、实事求是的、没有空话的、吸引眼球的。关键词有三个层次,第一层次是题目上的主要术语,第二层次是模型、理论和方法的主要术语,第三层次是结果和结论的主要术语。怎样写好博士学位论文是博士生学习时的最大挑战。

言为心声。做学术报告,像鸡啄米似的不停地看稿子,听众能听懂你在讲什么吗?我建议同学们看中央电视台的“百家讲坛”,学习“百家讲坛”中专家的讲课技巧。在讲课时要不断提出问题,解决问题,举出有说服力的、吸引人的例子,这样才能做好学术报告。做学术报告首先要熟悉内容,做好PPT。博士生学习教学技能有好处,将来教学时可以将科学精神、科学品格传递给学生。教学中需要科学精神,激励学生努力掌握知识,启发学生发现问题、分析问题,从不同的角度思考问题。讲课是一门艺术,这项艺术是学得会的。

三、修养是成功人生的桥梁

(一)立志与养成好学风

博士生应该立什么样的志向?应该立志对得起自己、对得起父母、对得起师长、对得起养育我们的祖国和人民。热爱祖国和人民是我们每一个人的神圣义务和责任。博士生肩负着为人类创造新知识的使命,如果连一点点新想法都没有,只知道跟随外国学者的思路走,给他们积累资料、加注脚,我们培养出来的博士都是这个样子,中国的心理学还有什么前途?我希望我的学生有成为大家的愿望,努力培养自己在各方面的修养和能力,不仅使自己具有独立从事心理学研究的能力,而且要有理想、有责任感、有行动能力,知难而进,勇攀高峰,积极为祖国和人民做贡献。

目前我国心理学在国际上的影响力和竞争力与我国的国际地位不相称,也与我国五千年积淀的丰厚文化不相称,我们很少有自己的理论模型。中国心理学界有的人很怪,以引用外国人的论文为光荣,即使我们的学者早已发表该研究领域的论文也不引用。这不仅是自卑心在作怪,而且也是缺乏职业道德的。我们的研究生不仅要有高尚的职业道德,而且要有雄心壮志,把我们中国的研究报告送到国外去发表,把自己的话语表达出去。我们实际上也是做得到的。中国人的心理学要研究中国人自己的问题,在知识上有创新,在应用上有进展。在中国化的心理学研究的初期阶段,研究成果可能很难得到外国学者甚至中国同行的认可,但是我们要有自己的学术自信,不要妄自菲薄。

做学问不是赶热闹,不要别人做什么我就做什么,要做就要做出自己的特色。要认识到真理往往在少数人手里,不要人云亦云。做研究不一定要达成共识,我们做我们自己的,在整合多项研究时,要从一个大的方向进行整合,不能失去自己的优势和特色。科学研究贵在坚持,不能“放一枪就跑”。只要思路对头,方法合理,持之以恒就可能有所发展,有所成就,在该领域取得领先的地位。

我希望研究生养成“勤奋、严谨、创新、求实”的好学风。成才的决定因素是勤奋,没有吃苦精神做不出高水平的学术成果。勤能补拙,勤能促智。勤奋就是科学地管理时间,管理时间就是管理自我。严谨就是严密谨慎,子曰:“敏于事而慎于言”。这些都是做好科研的必备条件,“创新、求实”与小平同志讲的“解放思想、实事求是”是一个道理:改革开放,首先要解放思想,然后是实事求是,摸着石头过河;搞科研,首先是要有新假设、新思路,然后是小心求证、实事求是。没有新假设、新思路不可能出像样的科研成果,而勤奋、严谨是产生新想法、新思路的前提条件。

(二)成为健全人格者

健全人格即完美人格,中国人的传统美德如仁(仁爱宽容)、义(正义奉公)、礼(尚礼守法)、智(崇智求真)、信(诚实守信)以及忠(尽忠报国)、孝(孝亲敬老)、廉(正派清白)、耻(做人底线)、勇(肩负大义)等都属于健全人格的品质。这些完美品质,既是我们中国人安身立命、为人处世、成就事业的人格基础,也是中华民族进步、社会发展、国家稳定的精神支柱,它陶冶出一代代志士仁人,推动着中华民族不断走向文明。博士学位是国家的最高学位,博士研究生应该义不容辞地传承中华传统美德,成为人格健全者。我相信你们会以辩证的态度看待世界、他人和自己,过去、现在和未来,顺境和逆境,做一个自立、自信、自尊、自强、幸福的进取者。

"性格决定命运"。学习心理学,要学以致用。用所学的人格心理学等知识分析自己的性格有哪些优点、哪些弱点以及它们是如何形成的,制订计划来优化自己的性格,即克服不良性格、实现从不良性格向优良性格的转化。性格有一个长期的形成过程,优化性格也会是一个过程。总的原则是:性格修养起步不宜要求过高,要循序渐进,逐步提高要求;要从改变行为习惯开始,然后到改变不良性格;从理性地控制情绪开始逐渐到优化性格。我在主持完成教育部哲学社会科学研究重大课题攻关项目"中国心理健康服务体系现状及对策研究"时曾做过一件事:通过科普向大众传播培养健全人格的知识以促进心理和谐。从2007年开始我与当时的研究生一起撰写了一本书——《健全人格与心理和谐》(重庆出版社2010年版)。这本书阐述了自立、自信、自尊、自强、正直、诚信、爱心、乐观、信念、毅力等性格的特点、形成及其对心理和谐的作用,它可能有助于优化性格。博士研究生应该会做科研、会教学、会做科普工作,应全面发展。写好科普著作是很难的。我希望我们的研究生在做人、做事上加强修养,从小事做起、从现在做起,加强自我修养,在德、智、体、美诸方面都为自己加分,使自己成为优秀的研究生。

整理者的话:每逢周二下午,西师街综合楼多媒体教室,黄希庭先生都要在此召集门下研究生交流讨论学习所得。虽寒冬酷暑、假期不休,但学生们每每恭谨到场,另有其他导师的学生也常慕名而来,有的甚至成为"常驻"参会人员。学生们踊跃发言,乐此不疲。个中缘由,主要来自先生对汇报者陈述的研究设想、进展等进行点评时的随谈。黄先生不仅是著名的心理学家,也是优秀的教育家。先生对学生报告的点评,穿插着他对科学研究的真知灼见,对培养优秀研究生的睿智思想。先生的语言有时简洁明快,有时诙谐幽默,有时又富含隐喻。聆听先生教诲,让人精神振作而产生思考、创造、贡献社会的愿望。毕业在即,我们整理了三年来记下的黄先生在报告会上的精彩随谈,题为"谈科研、学习与修养",经先生审定,予以发表,感谢先生的培育之恩!

尹可丽、陈有国、付艳芬、何嘉梅、袁宏、张爱莲、苏丹整理

原文载于《西南大学学报(社会科学版)》,2011年37卷第5期。

研究生应具备的品格

（2016年9月14日在研究生迎新会上的讲话）

我们的研究生应具备哪些品格呢?

首先,你们应像研究者一样会思考。

顾名思义,研究生是学研究的。研究的本质是创新,要进行创新,就要善于怀疑;具有怀疑的态度才有创新的可能性;而要有怀疑的态度就必须要有想象力。

做研究得具有系统分析的观点;将某种心理现象假设为一个系统,然后从不同角度进行分析。请大家参考我的那篇《试论心理学研究的方法论原则》一文,这可谓是“黄家传家宝”,有几点要特别注意:第一点,凡是系统都可以从不同角度进行分析;第二,凡是系统都可以从不同层次进行分析;第三,凡是系统都可以从动态—稳态的角度进行分析;第四,某一系统都处于更大的系统之中并交互作用。

要努力训练自己,提高理论水平,只有想得到才能看得到;持之以恒,不断追求,才能做好心理学的科学研究!

其次,你们应有像研究者一样的为人品格。

研究者的基本品格是有很强的事业心和进取心。研究生应具有事业心、进取心,用功学习,克服困难;也要具有冒险精神,争取人人成为“心理学家”。要抓紧时间学习,不仅对心理现象有所了解,而且要理解其为什么,因此要抓紧时间,努力用功学习,使自己拥有像研究者那样的品格!

再次,你们应像研究者一样懂规矩、守规矩。

研究者最重要的规矩是诚实,要在学术规范内行事,切不可弄虚作假。

心理学的终极目标,是点燃心灵的真善美! 心理学是一门探寻心迹、理解人生、点燃心灵真善美的学问。每一位研究者都应把点燃心灵的真善美作为自己人生的终极目标! 做一名幸福的进取者!

心理学家应是幸福进取者

（2017年3月2日研究生研讨会春季开学第一课的讲话）

我今天给大家讲一个问题：讨论一下我们大家的奋斗目标问题。心理学包含的内容很多，微观的可以到分子生物学水平、脑电波的水平，宏观的到国家层面，世界和平。我今天想跟大家讨论的是，你们大家来到这里学习心理学，研究心理学问题，攻读硕士博士学位，你们的奋斗目标是什么？不只是想拿一个学位吧？是想成为一个心理学家？我觉得你们应当努力使自己成为心理学家，这应当成为你们人生的奋斗目标！人生总有一搏，这一搏就是使自己成为心理学家！既然你们通过各种努力考取了研究生，树立这个奋斗目标是应该的。怎样才能达成这个目标呢？今天我想先讲三个问题，你们也可以发表自己的看法。第一个问题就是心理学家所承担的任务与追求的目标是什么；第二个讲讲心理学家应该具有怎样的学风；第三个讲讲心理学家是一个幸福的进取者；最后一个是让我们从小事做起，这个大家都知道。正所谓“十年树木，百年树人”，这句话是春秋时期管仲讲的，他说：“一年之计，莫如树谷；十年之计，莫如树木；百年之计，莫如树人。”还有一个清朝文人赵翼说过，“江山代有才人出，各领风骚数百年”。我们还是想各领风骚一下的吧，可能不是数百年，一百年总是可以的。我们应该有这方面的志气。当心理学家的任务和追求是什么呢？我有个界定与其他学者有所不同，就是探寻心迹、理解人生、点燃心灵的真善美。

先讲探寻心迹，心迹就是心理的轨迹。我们在探寻哪些心理轨迹及心理轨迹的哪些方面呢？我们探寻的心理轨迹有很多，如感知、记忆、思维、情绪、意志、共情、爱情，等等。这些心迹的哪些方面值得我们探寻呢？主要涉及五个方面：心理现象的性质、结构（有哪些因素构成）、机制、机能与规律。我们说心理学是一门科学，往往把探索的问题仅局限在科学的层面上。科学是探索规律的，但实际上心理学探寻的问题多数还谈不上像物理、化学等自然科学那样所探究的规律，或者说探究规律性的东西比较少。心理学探寻的问题很多，有的是探寻心理和行为性质的，比如说我们探寻获得感，获得感是一种什么性质的心理现象？或者说是一种感，到底是什么感？是感觉的感还是情绪情感的感？有人说它不是感觉的问题，它是情绪情感的问题；但是好像并不完全都是情绪情感的问题，例如一些贪得无厌的人就是感受不到获得感，而有的人很少的一点就感受到了，这又与人格、认知有关。获得感还有学习的成分，包括后天学习到的。它还可能包含潜意识的成分，例如有时我们并没有感觉但事后有人问起，我们回答说："知足了"，这个"知足了"可能是上升到意识层面的潜意识内容。我们可以看到，一种心理现象的性质是可以从不同的视角来探讨的。同时这种心理现象的内涵很丰富，也可以从心理学家的不同需要加以探讨。获得感并不只是物质上的获得，还有精神上和心理上的获得，心理上的获得感多得很，给你表扬或奖状是获得感，给你写一封好的推荐书也是获得感。获得感的成分很多，可以是需要的满足；也可以是成就感，肯定你的成就；肯定你的奉献精神，这是意义感。做一项工作有没有意义？意义越大达成了这项工作就会有更多的获得感。

任何一种心理现象都可以从不同的角度进行研究。一种心理现象性质的界定往往与研究取向有关。如果用生物学的角度看问题，往往就会把某种心理与行为看作跟遗传基因、某个脑区、某类神经细胞有关。我的一位学生就做过幸福感与脑机制的相关研究。其实幸福感还与其他许多因素有关，想一想还与哪些因素有关？对了！与自我有关。自我是人本主义心理学最关注的，他们讲现实自我和理想自我，达到了理想自我肯定就有了幸福感、获得感。也与人们的热爱程度有关，弗洛伊德的精神分析认为投入的能量（力比多）越多，你就越会珍惜这份获得感。所以我主张用系统分析的观点理解某种心理现象的性质。从系统分析的观点看，任何一种心理现象都可以从不同的角度进行分析。系统分析的观点看起来似乎跟你们做的课题没有关系，但确实跟你们的思考很有关系，要树立起这种观念。我们要从大的角度，从哲学的层面探讨问题。获得感不等同于幸福感，它由哪些成分构成呢？我们一般都说它有情感成分、认知成分，就情感而言，就有意义感、成就感、满足感。比如家里有了房子车子票子，有的人感到满足了，但有的人仍不满足，这不仅与他的认知有关系，还与需要、动机有关。这就涉及心理结构和心理机制问题。关于机制这个词是借用工程学的，在心理学中"机制"包含两层意思：一方面是心理机制，指某种心理现象所具有的心理因素是如何交互作用的；另一方面是生理机制，指某种心理现象的生理基础。例如我们用ERP，fMRI等技术研究某种心理的生理机制。前面已经讲到心理学要研究某一种心理现象的性质、结构和机制。心理学还要研究某一种心理现象的功能。所谓机能是指它的效用，它有什么用处，例如自我接纳的机能，就是指自我接纳会使个体适应环境，与环境保持平衡，有促进个体的成长与发展的作用。心理学研究的成果大多不是规律，不像物理化学那样的，它大多数是在探讨心理现象的性质、结构、机制和机能。探讨心理规律也是有的，例如感受性测量中韦伯定律和费希纳定律、记忆中的遗忘规律、动机中的耶克斯-多德森定律等，硬的确实不多。但我们不能灰心丧气。我们探寻某种心理规律，往往是在对它的性质、结构、机制和机能了解清楚之后进行的，通常把这四个问题弄得相当清楚了，探寻其规律才有可能。这是我讲的第一个大问题:探寻心迹,即探寻心理的性质、结构、机制、机能与规律。我们对某一种心理现象的研究大多会涉及这些问题。而心理学研究又有不同的视角,即不同的研究取向,比如用社会文化的角度看获得感,就是探讨与获得感有关的社会文化因素,西方文化与中国文化对获得感的影响可能是不同的。从进化论的观点来看,获得感可能是适应环境的结果,是生存竞争的结果。你们有没有从其他不同的视角考察问题呢?如果想成为心理学家就得有自己的看法,有自己新的看法。你可能会说,我跟人家的看法不同,我要在地球的外面来看个体的心理,可不可以?当然可以。但是你到底怎么看呢?要讲得出来。你提出的一种新的观点,要言之有据、论之有理,这就要求我们必须认真学习文献,观察生活,站在时代的前沿,思考问题,学思结合。心理学大家之所以了不得,是因为他们看问题的角度不一样,有深厚的学术造诣。想成为心理学家,就要从另一个角度看待问题。现在我们很多人看问题就是跳不出别人的框框,为什么跳不出来呢?除了思维惰性或缺乏批判思维外,就是读的书太少了,实在是太少了,有的就根本没有读懂。看文献首先要读懂,在读懂的基础上提出质疑。你读的书越多,其他学科的杂书都看,天文地理都看,再认真地思考,提出质疑,你就可能会有新想法。

心理学还有一个任务,那就是理解人生。人生就是人的生存和生活。我们心理学的研究对象是人的心理与行为,包括人的生与死、人的苦与乐,也包括人生的追求、人生的智慧、人生的态度、人生的修养。人生活中,心理的各个方面,你说哪一样不是我们心理学家要研究的?我原先讲过人生的两大主题生与死、苦与乐中的心理学问题是心理学家要研究的,现在看来,不仅如此,人生态度、人生追求、人生智慧和人生修养中也有许多心理学问题,值得我们去研究。例如人生智慧就是认知心理学所要研究的,从感觉开始,一直到思维的判断、推理以及决策都是我们要研究的。人生态度和人生修养的心理和行为哪一样不是心理学家要研究的?凡是有人的地方、人们活动中的心理和行为,都是我们心理学家可以钻进去研究的,你早点儿钻进去研究,你就早点儿成名。在心理学史上,冯特提出心理学研究的对象是直接经验的意识现象、感觉和情感,经内省分析,得出两个基本心理因素:感觉与表象。心理学的发展后来都没有完全按照冯特对心理学研究对象的定义来做。现在我们的思想要解放,要大解放,不能把自己关在一个窄小的笼子里。我们要引领心理学的发展,从心理学的角度理解人生、研究人生!

我们学习心理学,研究心理学的问题,其最终目的是提升人类的健康和幸福指数,是点燃人类心灵的真善美。我们从事心理学研究,无论是认知心理学、教育心理学、健康心理学、积极心理学或是人格心理学,都是为了人类的健康和幸福,都是为了点燃人类心灵的真善美。人格心理学就是研究人生心理的,我正在考虑重新建构一个框架:人生追求、人生态度、人生智慧、人生修养，用这个框架撰写一本《人格心理学》。我现在把这个问题提出来，希望你们以后把它写出来。有框架和没框架很不一样。有了一个全新的好框架，你就可以写出一本很好的著作，没有框架，你搞来搞去还是人家那一套。我开始撰写人格心理学讲义就是找不到新的框架，还是精神分析、行为主义、人本主义、特质论那一套。当时虽然心里难以接受，但也没有办法，想不出新的框架。我花了整整两年多的时间，就是在思考用什么框架来撰写人格心理学，《人格心理学》怎么是那样的框架呢，这不就是写历史了吗？后来我钻进去之后，也想通了，为什么呢？弗洛伊德是这样看人的，奥尔波特是这样看人的，马斯洛是这样看人的……把西方心理学家对人的整体观告诉给读者。但是这种体系却受到传统科学心理学的反对，所以人格心理学后来的发展愈来愈向逻辑实证主义的方向靠拢。于是，人格心理学就分为特质领域、生物学领域、心理动力领域、认知/经验领域、社会文化领域、调适领域等专题，把完整的人的生活拆散开来阐述，又分成各个方面了！我现在想，我们是否可以写一本以中国优秀文化传统为内容，以整个人生发展为主题的《人格心理学》呢？我想是可以的，自成一个体系，我希望我们在座的同学们都关心、支持这件事。我们心理学家，要点燃人类心灵的真善美，要学以致用，首先要点燃自己心灵的真善美，要追求真理，做好事、做善事，美化心灵，美化环境。真善美其实是统一的，很难把它分开，真善美和假恶丑是相对的。有一门学问叫美学，建议你们看一看美学。我听过还读过朱光潜先生的美学。我在北大读书的时候，我听过很多专题讲座，包括冯友兰、汪子嵩、赵以炳等先生的，其实这些讲座与心理学是密切相关的。现在我们学校里的学术报告，建议你们挤时间去听听，即使是与心理学的关系没有那么密切，你们也应该挤时间去听，这可以给自己长见识，换一个角度看问题。

我的第一个问题讲完了，心理学家的任务和追求：探寻心迹，理解人生，点燃人类心灵的真善美，这就是心理学家应该做的事情。你们每一个人都应该成为追求真善美的人。

下面讲第二个问题，我想讲我们心理学家应有的学风，这就是后面墙上的八个字：勤奋、严谨、创新、求实。

搞学问，首先要勤奋，不能偷懒，懒惰是最差劲的，也是最没有出息的。勤奋不一定就有创新，方向错了，就像老牛推磨一样在圈圈里转来转去，是没有用的；但不勤奋绝对不会有创新成果。凡是有成就的人都是很勤奋的人，包括商人也是一样，做生意是很辛苦的。我小的时候，父母做过小生意，卖豆瓣酱和碗，我帮助爸爸妈妈看摊子，三更半夜人家还在熟睡，我们一家挑着一些货物上船，把东西运到集市上，很辛苦的！勤奋对事业的成功非常重要，鲁迅说："哪里有天才，我是把别人喝咖啡的工夫都用在工作上。"华罗庚也说:“科学的灵感,绝不是坐等可以等来的。如果说,科学上的发现有什么偶然的机遇的话,那么这种偶然的机遇只能给那些学有素养的人,给那些善于独立思考的人,给那些具有锲而不舍的精神的人,而不会给懒汉。”这是真的,我们一定要勤奋。朱光潜先生还说过,有些人天资颇高而成就平凡,他们好比有大本钱而没有做出大生意,也有些人天资并不特异而成就则斐然可观,他们好比拿小本钱而做出大生意,这中间的差别在于努力与不努力了。我相信你们的天分肯定是高的,你们能考上研究生,你们的天分能不高？当然,天分高低还是有的,有些人天分就高些,有的人天分就低些,但是你们在事业上做出成绩的天分肯定是够了的,不够就更要努力。你们一定要相信自己有这个天分,这是最起码的自信。20世纪90年代初我们在成都武侯高中做教育改革,那时“文革”结束不久,我在武侯高中看到过这样的学生:老师在讲台上讲数学课,下面有一半的学生都在睡觉,你们见过这样的学生没有？不管老师怎么讲,他们都睡觉,语文课也是这样,不是这些学生,就是那些学生,总有一半的人在睡觉。以后,我们把这些班的学生都教育好了,他们开始听课、认真听课。武侯高中还成为四川省重点中学。所以,我认为人是可以改好的,人性是向善的。严格地讲,天才就是勤奋,没有勤奋,就不会成为天才。凡是科学家、文学家、发明家,无一例外,都是非常勤奋的,包括诗人、画家。所以你们如果想要在心理学上有所成就,首先就要勤奋。所谓勤奋,就是要不懈地努力,科学地利用时间。但也不能蛮干,一天到晚只知道看书,把身体搞坏了,然后去住医院。我曾蛮干过,在大学一年级时就吐血了。我是急性子,企图要把英文俄文都要学会,结果吐血了,得了肺结核。在校医院住了三个月后出院到京郊大兴县中古友谊人民公社与班里的其他同学下农村劳动,当时举锄头都是摇摇晃晃的。你们要合理利用时间,要劳逸结合,循序渐进,不可急躁冒进。该学习的时间就要认真学习,该锻炼的时间出去锻炼,班长要带头,把大家带出去锻炼。

严谨就是做事不马虎、不草率、不疏忽大意。我们写文献综述不能疏忽大意,我昨天看了杨国良写的综述,我认为他不可以那样写。资料看够了没有？创业自信心别人有没有说过？它和自我效能感有什么关系？这些都不能马虎。不要张冠李戴,不能有翻译上的错误,要细心。文献综述一定要非常认真地写,是一就是一,是二就是二,不要胡说八道。特别是以后做心理学实验和调查研究,更是如此。

创新,什么叫创新,创新就是与旧的不同。创新实际上就是反潮流,以前人们说幸福是情感,现在你说幸福不完全是情感,幸福还有认知。以前人们说幸福是认知,现在你还可以说幸福不完全是认知,还可以是一种追求、是一种吃苦,因为吃苦了以后才能幸福,是一种意义的追求,这是理念上的创新。其实,创新就是“杂交”,就是“混血”,我在网上看到一条微信,介绍一个清华建筑系毕业的人,但毕业以后没搞建筑,去做蛋糕了，吃的蛋糕。她把建筑造型那一套用在做蛋糕上，做出来的蛋糕新颖别致，很受顾客欢迎。这是不是杂交呀？这就是我们常说的跨学科研究。我看到袁祥勇发的一个帖子：意识是心理学家的专利，冯特开始研究意识，后来行为主义把它驱逐出心理学，再后来认知心理学又开始研究意识，现在已经召开过第21届国际意识研究大会，里面什么专家都有，神经科学、人工智能、精神病医生等各方面的专家，大家都从不同角度来看意识。袁祥勇的帖子非常有启发。对时间也是一样，也是许多人在做，如搞物理的、历史的、生物的、考古的、心理学的专家都在研究，所以时间心理学的研究不会走向没落，也会越来越有成就。津巴多正在领导一个国际时间研究会的工作，许多不同学科的专家在协同研究。创新就是杂交，就要搞跨学科研究。如果你想在跨学科研究上有创新，你就必须具有本学科基础理论的修养。比如说从事时序知觉研究，如果你连知觉的基础理论都搞不清楚，你就无法想象、产生出新的研究思路。知觉有一个很重要的理论就是自下而上的加工和自上而下的加工的交互作用。在时序知觉中，这种加工有什么特点，为什么它是这个样子？由此你就会想到时序知觉会不会也是这样呢？知觉与记忆密切联系，时序知觉是否与记忆有关呢？模式识别有一定的脑机制，时序知觉呢？因此如果你不知道知觉的基本理论，你要想在时序知觉中有创新，那确实是有困难的。

求实就是实事求是，做老实人，办老实事，说老实话。我们从事心理学研究必须实事求是，正因为如此，我在20世纪80年代成立心理学研究所之时就要求我们的研究所成员妥善保管原始数据，例如问卷必须保留3年以备查验。由于心理学研究的特殊性，我们不能只停留在数据上，因为同样的数据可能会有不同的心理含义；而不同的数据也可能会有相同的心理含义。所以我要求研究人员在做实验前要向被试讲清楚指导语的内容，在做完实验后要询问被试，他们是怎样做出反应的，当时心里是怎样想的。把被试的行为反应与他们的内省报告结合起来分析所得出的结论才能更符合实际，更实事求是。被试的内省报告也要记录好、保存好。

总之，我要求我的研究生必须养成勤奋、严谨、创新、求实的学风。这样的好学风将使你们终身受益。

第三个问题，我想讲一讲心理学家应该是怎样的人。好的心理学家应当是学以致用的、品德高尚的人，追求真善美的人。网上在传北大哲学系是一个长寿系，该系的许多专家教授是长寿的。实际上我国许多心理学家，像潘菽、高觉敷、陈立、朱智贤等也都是长寿的，因为他们是幸福的进取者。幸福的进取者有三组人格品质。第一组人格品质是有正确的价值观，价值观是个人的核心和灵魂。因为价值观是区分好坏，并指导行为的一个心理系统。价值观错了就麻烦了，就会犯错误、蹲监狱，就没有幸福。我这次在海南有机会和一些戒毒所的民警在一起，他们向我讲了好多故事。他们的一项工作就是把吸毒人强制关起来，对他们进行人格矫正，这类人格矫正要花很多功夫，主要是矫正他们的价值观，即你到底想成为什么样的人。他们的文化水平很低，民警教他们读三字经、弟子规，联系自己的实际慢慢改变观念。这些戒毒者中有的改变得好、改得比较快，有的改不过来。吸毒者最大的一个问题是毒品成瘾。成瘾者走出戒毒所后只要有人引诱他就很容易复吸，于是二进宫、三进宫的都有。吸毒的人是没有正确的价值观的，毒品高于一切，没有亲情，没有家庭观念，也不对家庭负责任。读了弟子规也许他能改变，走出戒毒所后还能下海捕鱼(海南捕鱼也是一个谋生的手段)。但价值观问题仍然没有解决。我的另一个收获是对脱贫的认识。现在习总书记说要精准扶贫，精准扶贫，除了物质条件扶贫外，还要针对他们进行教育扶贫、心理扶贫。这很重要。不少致富能手过去也很贫穷，但他们人穷志不穷，人穷志气大，所以致富了。怎么搞精神扶贫呢？我给他们推荐用我的幸福进取者模型。价值观很重要，要树立起"人穷志不穷"的价值观。扶贫有各种理论，有经济资源模型、教育资源模型。扶贫还有心理资源的问题，我加了一个资源：心理资源扶贫。如何在心理上进行扶贫呢？我觉得正确价值观养成教育，在教育扶贫的同时进行社会主义核心价值观教育，这很重要！

幸福进取者的第二组人格品质是积极的自我观，包括自爱、自立、自信、自省、自强。我们需要自爱，爱惜自己的身体、爱惜自己好的品格、爱惜自己的名誉，不要自暴自弃，吸毒的人就会自暴自弃，还有那些社会最底层的犯罪的人都是在这些方面出了问题，没有自己的尊严，没有自立、自省。我建议大家如果有机会走向社会，去与最底层的人们接触，我们会知道他们负面自我观的危害。我们有责任纠正他们的负面自我观。自立就是摆脱自我依赖、自己做主；自信就是在相信自己的基础上相信自己能成功，它的对立面就是自我怀疑；自省就是自我反思，它的对立面就是自大、自以为是；自强就是力争上游，它的对立面就是自甘堕落。积极的自我观是幸福进取的动力。我把我们对积极自我的研究成果在今年这次博鳌召开的一个人格心理学专业委员会的会议上做了简单的介绍，我们从中国实际出发做研究，得到了同行们的认可。

幸福进取者的第三组人格品质是有目标追求，有理想追求。为了实现理想，他们热爱学习、善于思考、积极向上、有计划地工作、有执行力、乐于助人、有良好人际关系；他们坚持锻炼身体，身体好、体格健壮。心理学家就应该成为一个幸福的进取者，有正确的价值观、积极的自我观，并且以实际行动追求自己的理想。

最后，我想讲讲怎样做到前面这三点，只讲大道理没有行动就没有用处。我主张你们从日常生活中的小事做起。比如说，你要回家总得要请假，到学校后要向办公室或老师通报一声，这对于联系师生感情是有必要的。又例如重大的节假日像春节、端午、中秋、国庆节、教师节等重大节假日应该给长辈、老师请安、问候，这是中国人最基本的礼节。我们学心理学的应该懂得中国文化的基本礼节。这些文明行为,是一个高品位、有教养的知识分子所必备的,我们一定要懂中国文化的礼数。你们回到家里后是当少爷小姐呢,还是帮爸爸妈妈做些力所能及的事情?例如帮爸爸妈妈买菜、洗菜、洗衣服。回去后有哪个给爸爸妈妈洗衣服的?有没有?这些很简单很平常的事,你们做过没有?爸爸妈妈把你养育大,你们做那么一点儿事他们都会高兴得不得了。这也是感恩呀!还有听报告、听课,你们非要坐在后面,不想听是不是?我真不明白你们这种行为是什么心理。我自己有一个原则,一旦我去听课、听报告,必须坐在最前面,让人家看到你,认识你,同时自己也能专心听讲,在后面那么长时间思想不集中。不主动发言,点了名才发言,这个发言是对自己有好处的,那为什么不做?即使讲错了,也是一个学习的机会呀!没有必要把面子看得那么重!还有,行为举止畏畏缩缩,邋邋遢遢,衣服起码应该整齐干净,没有臭味,让人家看到喜欢你。走路不要弓背弯腰,而要挺胸抬头走路,还应面带微笑。如果想成为点燃别人心灵真善美的人,如果你自己都畏畏缩缩,邋邋遢遢,怎么去点燃别人心灵的真善美?对于心理学工作者来说,我认为行为举止、公共形象确实是一件大事。如果做心理辅导,人家根本不相信你有那个能耐。你们不可能不做心理辅导,不要以为自己是搞基础理论的,就可以邋遢不修边幅,你们应该以得体的行为举止、积极向上的精神面貌出现在公众面前。我不希望我的学生邋遢,也不希望过度地涂脂抹粉,你是点燃心灵真善美的人,应该有一种为公众能接受的行为举止和积极向上的精神面貌。我希望你们养成好的生活习惯,文明礼貌、有良好的人际关系、不说粗话。我今天要布置一个作业,每个人都要思考,自己都有哪些不良的行为习惯,怎样改掉它,怎样养成良好的生活习惯,做一个幸福的进取者。我希望从我们这里出去的学生全都是很优秀的,不仅学习习惯而且生活习惯也是很优秀的。我希望同学们听了我的讲话后要做一个作业,并付诸实际行动。

怎样做人格研究中国化的选题

（2016年9月22日及2017年4月19日，对博士生何垚报告“谈人际责任感”及“中国人人际责任感的结构与特点”的点评）

“引言”这一部分写什么？怎么写？“引言”是要把问题的提出讲清楚，你为什么要做这件事？从超市大妈的事件引入，是一个什么心理学问题？你从以下几个方面提出问题：一是深度访谈，参与观察。这种行为我们把它界定为人际责任感，问问超市大妈：“你是怎么想的？她们买东西碍你什么事儿？”深入问问看，到底是什么意思。二是深入观察。是否只是买菜的时候有干涉行为，而其他时候没有干涉行为，比如别人突然倒地，你也许不敢扶，这里有责任的问题。三是需要思考现实生活中的行为有没有根源。是否可以从中国文化传承这个角度来看问题。看来今天这个报告的问题在于引言没有讲清楚，引言讲清楚了问题的提出，人们就能理解你为何跑到那么远去调查，那么远有什么意义，那是两千五百年前的事情了，到现在还有影响吗，你准备怎么来设计量表，怎么测量这些行为？中国人乐于助人的表现方式可能与美国人不同，比如我们感觉自己很牵挂家里人，家里有点儿事情，就坐卧不安；美国人可能不是这样牵挂家里人。这样假设的行为模式的根据是什么？无论是态度或是人格品质，我们的这种假设依据就得到老祖宗那边查，追根溯源，我们可以从古典文献去查儒家的十三经。责任是什么意思？责任是指个体自觉地做为他人或更高的社会层次对自我做出要求的内心动力。义不容辞、见义勇为、义无反顾、舍生取义中的“义”字，往往包含着责任的要求。由于我们的古文水平有限，从十三经中探根溯源，探寻“责任”的含义难度很大，就难以做好心理学的博士学位论文。但是如果我们能以文化学或国学的专家的研究成果作为起点也是能开展这方面研究的。例如清华大学国学院院长、清华大学学术委员会主任陈来说：“在儒家思想看来，个人与他人、与群体是一个连续而不是断裂的关联，人在这种关系中必须积极承担自己对对方的责任，以自觉承担对对方的责任为美德，以此来维护和巩固这种关系……在中国文化的理解中，个人不是原子，是社会关系连续体中关联性存在一方。因此，注重关系的立场与个人本位的立场不同，它主张在个人与其他对象结成的关系中，人不是以权力之心与对象结成关系，而是以责任之心与对象结成关系。个人与他人构成关系时，不是以自我为中心，而是以自我为出发点，以对方为重，个人的利益要服从责任的要求。人常常为责任的实现而忘我，忘记其个人，责任往往成为个人社会实践的重要动力。这样的立场就是在人际关系网中的个人，个人与多种对象结成各种关系，因此个人的责任是多重的，而不是单一的，个人有多少角色，相应就有多少责任。”(陈来，2015)例如，孝是突出对父母的责任，忠是突出尽己为人的责任，信是突出对朋友的责任等。因此，我们是可以在前人的研究基础上开展人际责任感探索的。也就是说，这个选题是一个具有中国特色的心理学选题。

第二个问题是我们怎么做这个心理学的选题呢？说责任是个人的内心动力，因此，我们会问，责任感或人际责任感有什么特点？它由哪些心理成分构成？它的运行机制和功能是什么？它是怎样形成的(它的形成规律是什么)？我们可以用开放式主题访谈法，也可以用自然观察法了解人际责任感的性质及其构成要素(指标和维度)。然后我们还可以编制正式的人际责任感问卷，来探测人们人际责任感的性质和特点；还可以用实验法探讨哪些因素会对人际责任感产生怎样的影响；等等。总之，我们做出来的一定是对心理学问题的解答，是针对现实中人的人际责任的性质和特点的。我们追根溯源的目的是想了解当代中国人的人际责任感是怎样受传统优秀文化影响的。而要了解当代中国人的人际责任感的性质和特点无疑只有通过对当代中国人的研究来完成。由于改革开放，世界各种文化都可以对当代中国人的人际责任感产生影响，因此我们还要借鉴国外已有的合理因素来充实我们的研究。

中国人人际责任感量表的结构，为什么是这样几个维度？我不明白。我认为，人际责任感量表很需要。人际责任感的出发点是什么？她说是整体观。我也很赞成，整体的观点。人际责任感的整体观点是什么？是天人合一的关系，我也赞成。但是，这个天人合一怎么变成你的这六个维度呢？我就搞不清楚了。你是怎么弄来的？你看，我是这样子想：天人合一就是人与环境的和谐一致。人与环境的和谐一致，这环境包含自然环境和社会环境。我们跟社会环境和谐一致，与自然环境和谐一致。有益于或者顺乎社会环境。那我们就应该支持、表扬、关爱，对吧？即是说，这是正向的。但是人们如果是违反了社会规矩，破坏了社会的规矩，比如打架斗殴、偷钱、偷车，我们应该怎么样啊？我们就应该劝告他们、批评他们、惩罚他们、声讨他们，这也是社会责任感。就是说，一个人如果对社会有不利的行为，就应该规劝、批评甚至惩罚这个人，我们就不能说你做得好，你应该做啊，你做了好得很啊，我来给你担当啊。这成什么事了？你们说对不对？所以我们要把人际责任感分为两个方面，一个人跟社会的关系分为顺乎社会和逆乎社会，对于那些反社会的行为，我们的责任感是批评、谴责、声讨，甚至于把他抓到监狱里关起。这也是我们的社会责任感和人际责任感。我们不能说你对他们所有的行为都关爱，都护着他们。如果这些都关爱，那是对社会不负责任，也是对他人不负责任。这是我要讲的第一个问题。

第二,刚才我讲了人际责任感是天人合一,这个人必须跟天合一,我就关爱他。这个人违背了天,我就谴责他、批评他、教育他。这里的天,是社会关系的天。还有另一个天,是自然环境的天。他有可能是爱护自然环境,也可能是破坏自然环境,对不对?破坏自然环境我们能关爱他吗?不能。所以,我看了她做出来的结构,始终没有想通她是怎么做出来的,弄不懂。如果以天人合一的整体观来看,他表现的好坏,是跟自然有关,跟社会有关的。他顺乎天,我们就应该支持、帮助、关怀,我们给他担当和保护;他如果是逆乎天、逆天行为,那我们就不能支持他了。我们应该批评、教育、谴责、声讨、规劝。这也是帮助,另一种角度的帮助。是不是这样子?因此,这里有几个层次。他跟天的关系,有几个层次。人不是纯自然的,是社会的人。人跟社会的天有几种关系,跟家庭的天,跟一般群体的天呢?人跟自然环境呢?起码有保护自然环境、破坏自然环境两个方面。

这就要求我们在建构理论假设时要周密地思考。怎样才能做到周密地思考呢?我有以下几点建议:

首先要好好做文献综述。文献综述是选题的基础,要在人际责任感的研究上有所创新,就必须了解前人在这个主题上有哪些研究。如果我们把人际责任感视为一种人格特质,那么是否可以考虑有关人格的理论而导出相应的研究呢?例如:

生物学研究取向会认为这种人格特质可能与个体的生物学特征如内分泌系统、脑功能、遗传基因等有关;

认知论取向会认为这种人格特质可能与信息加工的基本特征有关;

行为论取向会认为这种人格特质可能与学习或强化机制有关;

人本论取向会认为这种人格特质可能与现实自我与理想自我的关系有关;

精神分析论取向会认为这种人格特质可能与本能和潜意识的本我驱动有关;

社会文化论取向会认为这种人格特质可能与人们所处的社会文化地位有关。

可以清楚地看到,理论或理论取向与研究是如何紧密联系在一起的。假设是我们研究中被检验的基本陈述,也就是由理论推导出事物本质的期望,即我们想从现实世界中能够观察到什么的期望。

1.科学心理学研究的传统模式

科学心理学研究的传统模式是遵循演绎实证主义的基本逻辑,即从理论出发推导出某个假设,对假设中的概念加以操作化,然后操纵自变量观察因变量的变化,考察是证伪还是证实了这个假设。

理论假设。理论是用来解释特定心理和行为的系统性的、关联性的陈述。例如行为主义斯金纳认为强化的不同驱力决定着人的复杂行为。人本主义罗杰斯认为人类行为的动力是人有朝向自我实现的天生趋向，是一种推人向上的力量。根据这两种理论，对于人际责任感我们似乎可以给出两种假设：行为主义假设可能是，符合社会要求的强化与人际责任感成正相关；人本主义假设可能是，心地善良的人可能有更高的人际责任感。到底哪一个假设更符合实际呢？或者它们都符合，或都不符合实际呢？这就需要我们对这两个假设涉及的概念下操作性定义。所谓操作性定义是指用便于观察的具体操作定义概念。例如：我们把“维护上车排队”定义为“人际责任感”（因为在何垚的设想中尊重呵护、关心体贴、助人担当、重情有义、不添麻烦是人际责任感的五个指标），维护上车排队是属于人际责任感之列的。可以假想，这个假设被证实了。但是人本主义推导出来的假设，又是如何呢？如果我们把“心地善良的人”视为“有菩萨心肠的人”，似乎可以用“经常去寺庙烧香拜佛”给它下一个操作性定义。这样人们通过观察发现经常去寺庙烧香拜佛的人并不比常人那样更多地排队候车，也就是说这个假设被证伪了（即假设不能成立）。因此也可以看出，在某些情况，我们可以把假设构建过程看作是一种填空：与人际责任感有关（请注意你是从哪一种人格理论推导出来的这种期望中如何）。此外，我们也要注意：每一个概念都是很复杂的，都可能用不止一个指标作为变量，因此选择何种变量使概念的操作性定义更符合实际生活，也是值得我们关注的问题。例如前面把“心地善良的人”操作性定义为“热心公益事情的人”，以从事公益活动的次数多少为变量，它与人际责任感（维护排队候车的次数）可能就有显著正相关了。

2.人格研究中国化的模式

人格研究中国化是指从中国的实际出发，研究中国人的人格特征，力求以中国人熟悉的话语探索、描述、解释中国人的人格。怎样从中国的实际出发呢？就是从中国的社会文化和历史出发研究中国人的人格特征。中华民族的祖先创造的优秀道德文化，是我们民族凝聚力的灵魂和安身立命的精神家园。

（1）了解中国人的传统文化

我们在研究当代中国人的人格特征时，有必要追根溯源，了解我们祖先是怎样理解和对待人际责任感这种行为的。已有的研究表明，“仁义礼智信”是中华传统美德的核心价值观。

仁。“樊迟问仁。子曰：‘爱人’。”（《论语·颜渊》）“泛爱众”（《论语·学而》），仁就是对人、对物怀有爱心，在社群关系中以他人利益、社群利益、国家利益为先，做到严于律己、宽以待人。仁就是提倡人与人之间的团结友爱、互相扶持、互相体谅的平等互助精神。

义。“仁，人之安宅也；义，人之正路也。旷安宅而弗居，舍正路而不由，哀哉。”（《孟子·离娄上》）孟子认为，义就是选择人间正道的准则。墨子说：“万事莫贵于义。”（《墨子·贵义》）他认为，义是利人、利天下的。荀子认为：“义之所在，不倾于权，不顾其利，举国而与之不为改观，重死持义而不挠，是士君子之勇也。”（《荀子·荣辱》）义是不为权势所屈服、不考虑自身利益的，虽死也要坚持的一种品格。

礼。重礼仪、讲礼貌，礼尚往来，是中华民族的传统美德。孔子主张把“仁”的内容和“礼”的形式紧密结合，目的是把“仁”的精神规范化，达到“非礼勿视、非礼勿听、非礼勿言，非礼勿动”。（《论语·颜渊》）礼是社会文明程度的直观表征，也是个人道德素质和教养程度的表现；其当代的内涵包括孝敬谦恭、文明礼貌、遵纪守法。

智。智慧、理智，在我国古代有多种含义。《论语》中“知”与“智”有相似之处，指知识和理性，特别是对道德规范的认知，如“择不处仁，焉得知”（《论语·里仁》）一个人的行为选择不以“仁”为标准，那他就不配称为有“知”。智也是实事求是的态度，“知之为知之，不知为不知，是知（智）也”。（《论语·为政》）孔子对“智”特别重视，提出“不知（智），焉得仁”，认为“仁且智”才是一个人的理想人格。自古至今中华民族求智尚真的美德绵延不绝。尊重知识、尊重人才、崇尚教育、追求真理，一直就是中华民族的传统美德。

信。中华民族自古以来就有言而有信、言行一致、要讲信用的优良美德。据杨伯峻著《论语译注》统计，《论语》中“信”字共出现38次，其含义用作“诚实不欺”者24次，用作“相信、认为可靠”者11次，用作“使相信、使信任”者1次，其他用法仅2次。可见，《论语》中“信”字的多种含义中，最基本、最重要的含义是“诚实不欺”，而“相信”“信任”“信用”等都是对“诚实不欺”的引申。“信”是人之为人的根本。今天我们的社会已经进入社会主义的新时代，更应提倡做人要诚实守信、践诺履约的美德。

如果我们认真地阅读我国的古典文献，我相信是会找到古典文献是怎样表征人际责任感的以及用哪些指标表征人际责任感的。

我们对人际责任感追根溯源，目的是了解这个概念（词）的词源学含义，在仁义礼智信古典文献中“人际责任感”的含义是什么？在经历了漫长历史时期，它又发生了什么变化？以及如何用当代视野考察人们的这种心理和行为呢？这就是我们将要讲到的当今社会的公众观调查。

（2）开放式主题访谈

开放式主题访谈是为了使心理学更好地为中国的实际服务，建设有中国特色的需要而提出的。开放式主题访谈是指以访谈者和受访者的关系为其结构，以访谈主题为其探访核心，了解中国人的心理和行为的研究范式。它是一种研究范式（paradigm），它给我们提供了观察和了解中国人心理和行为特征的视角和框架。这种研究范式的首要特点是开放性，因为中国人的心理和行为特征（如孝道、面子、获得感、节俭、勇气、进取心、担当、使命感，等等），每一种心理特征都有丰富的内涵，并且与外界事物有着复杂的联系，都必须以开放的心态进行研究。中国化的研究都不是已经定论的、不可逾越的。

开放就是无禁区，学术研究是无禁区的。不能说某某权威讲的，就不能从另一个角度进行研究了；中国的心理学研究不应当由外国人设限。开放式主题访谈另一个特点是与时俱进。时代在发展，社会在发展，开放式主题访谈也必须与时俱进，这不仅是外部世界的要求，同时也是此种研究范式自身发展的需要。

开放式主题访谈的程序包括六个阶段：这六个阶段不是截然分开的，而是呈螺旋上升的趋势：①访谈准备阶段，主要做好三件事：一是通过文献综述，熟悉研究主题在中华文化和前人已有研究中的概况；二是明确主题访谈的粗线条提纲；三是拟目的性取样的受访者。②访谈开始之初，主要是营造一种宽松、自由、和谐的氛围，从最细微、最普通的话头开始交谈。③受访者主述阶段，访谈者主要是倾听受访者的陈述，并支持受访者围绕主题说下去，不随意打断。如果受访者觉得说完了，访谈者可以接着说："您再仔细想一想，除了您刚才讲的还有别的要补充吗？"访谈者的主要任务是耐心倾听。④访谈双方交谈，开放式的互动，可以提问、解答，讨论与主题相关的内容以获得更多翔实的资料，如澄清访问者对受访者说的一些不理解、没有听清的问题。访谈者提问、访问的用语要尽量口语化、生活化、通俗化。⑤访谈结束时，访谈者应善于察言观色，在适当时机结束访谈，并向受访者致谢。⑥访谈者反思总结，着重在这次访谈有哪些遗漏和发现，记录是否有问题，为下一次访谈做好准备。

开放式主题访谈的文本分析。可以从不同角度对文本进行系统分析，可以从形成、发展、结构、功能、影响因素的角度，也可以从频次、强度、过程、类型、原因、结果的角度对文本进行分析。这里最关键的是既要符合访谈文本的实际，又要考虑研究前期的假设（即对主题的理论假设），从而真正反映公众的观念，为后续的研究打下坚固的基础。

人际责任感是一个很复杂的概念，怎样进行符合中国实际的研究？我提出了几点建议，这些建议对于研究中国人的其他人格特征也有参考价值。

参考文献

陈来.（2015），中华文明的核心价值：国学流变与传统价值观，北京：生活·读书·新知三联书店.

2020年4月13日修订

文献综述是选题的基础

（2017年4月11日，对博士生袁书报告“身体负荷对时距认知的影响及心理机制”的点评）

关于身体负荷对时距认知影响的研究，我想谈三点意见。

第一点，二十世纪五六十年代，北大的王树茂等联合中科院心理所的专家曾做过一个课题：到新疆、西藏高原去测量人的心理和行为的各个指标，其中一个指标是反应时，这些调查数据后来好像没有发表。Block等人现在关心这个主题，可能和宇航、深海探秘，还有在高原上的活动有关。所以，我觉得这个选题是值得做的。但是袁书的文献综述太简单，要扩大，扩大到人类在深海的、宇航的、高原上的身体负荷时的行为变化。宇航时的失重状态，深潜时压力增加，这样的身体负荷下对心理和行为的影响，其中也会影响时距认知，像刊登这方面的杂志你要去找一找。研究这方面的问题是很有实践意义的。

第二点，回溯范式下的时距认知实验，不管是抽象的身体负荷，还是具体的身体负荷，最麻烦的就是我们人类太聪明了。只要告诉被试完成这个任务后你花了多少时间，他就会想办法使用心理标尺给你计算出来。回溯范式的时距认知只能做一次实验，第二次聪明的被试就知道了你让他估计时间，他就会使用标尺计算时间。使用时间标尺有几种方法：最简单的就是数数，还有一种就是把它想象成一个空间，一段一段来量。因此，要做回溯式时距估计就要关注被试的计时策略。

第三点，身体负荷不仅对时距知觉、时距估计有影响，它对时间管理、时间推理、时间判断、时间决策、时间自我等都会产生影响。所以，我们不能仅局限于Block等人的综述，我们的文献综述应为选题服务，从这个报告中看不出来选题的创新点，建议找更多的资料使我们的文献综述更全面。由于文献综述相对薄弱，突破该题目的方法创新点在哪里？总之，我觉得这个课题难度相当大，当然难度大能做出来才是有出息。今天的报告没有论及身体负荷对时间知觉、时间估计影响的具体研究思路，希望袁书进一步阅读文献，打牢研究基础，开辟出一个新的研究领域。

博士生该怎样选题

（2017年10月26日，对博士生薛黎明报告
“中国传统文化中儒道互补下的自我接纳”的点评）

薛黎明报告的《中国传统文化中儒道互补下的自我接纳》，这个题目太大，不适合你做博士学位论文。为什么？

一、题目涉及的内容太庞杂

首先是自我接纳，你的“自我接纳”（self-acceptance）这个概念，最早是由奥尔波特（G.Allport，1897-1967）提出的，这是我那本书上有的。后面还有哪些人提出？你要把他们是在什么背景下，针对什么问题，提出了什么看法，都说了些什么，把这些人讲的话罗列出来，把它归纳起来，然后，你可以说我赞成哪一个，我不赞成哪一个，原因是什么，你根本都没有讲，就说我赞成哪一个，不可以这样做学问的，绝对不可以这样的，做学问是要讲道理的。你应该去翻阅他们的著作，看看有关的书，不可以浮皮潦草地看一看，就说这个我赞成，要仔细地阅读、想一想。自我是何其复杂！自我有生理自我、心理自我、社会自我，有过去自我、将来自我、现在自我，自我接纳接纳哪一个方面？然后“self-acceptence”这个英文单词在字典上的翻译就有九种解释，你说说看，还有这个单词的话，用在教育学里、生理学里，还有社会学里头，要按这样的思路展开，然后把这个讲清楚，自我接纳到底是什么，然后你再讲下一步要做什么。不可以说我认为自我接纳就是这个东西，你认为学界会赞成吗？学术共同体的承认很重要。我们搞学问花了那么多的时间，就是希望得到学术共同体的认可。要使学术共同体认可，要使心理学界认可，就必须符合科学规范，你这样做是不合乎规范的。我们每周开组会讨论，目的就是希望你们走规范化的道路。量的研究就是按演绎实证主义的逻辑去做，质的研究就是按归纳人文主义的逻辑去做。我们在这里讨论来讨论去，花了那么多功夫就是希望大家按正规的研究逻辑去做。一定要努力学习，不可以懒惰。科学研究的第一步是开题，一定要想清楚你要解决一个什么科学问题。开题报告就是把你想解决的科学问题论证清楚，所以你就要把你想要做的题目讲清楚。自我接纳有什么问题，你讲不清楚；然后接下去就讲儒家自我接纳怎么做，道家自我接纳怎么做，这样东说西说，又实在太大了。不用

说儒家，你就是把孔夫子的《论语》给我讲清楚，都很不容易。我现在可以说，我把孔夫子的论语看了几遍，看懂了。《孟子》《大学》《中庸》还都没有好好地看，只了解个皮毛。还有道家，道家老庄的著作。老子的《道德经》是很难看懂的，我花很多时间去看，看看就睡着了。总之，你的题目太大，没法做的。儒家道家，你把儒家孔子的《论语》弄懂就不容易，更不要说儒道互补了。

二、个人要有一定的知识储备

从事科研活动兴趣很重要，兴趣有助于知识积累，有助于我们对问题的钻研。如果是一个中国文化心理学的硕士，其学习成绩优秀，科研能力强，他选择做"中国文化中儒道互补的自我接纳"有可能完成博士学位论文，但也是很难的，要付出很大努力。对于一个基础差、没有文化心理学研究经历的硕士选择做这个题目，我认为不合适。确实兴趣是人的认知倾向性，但如果你只知道中国传统文化儒家"入世"、道家"出世"，那你的认知倾向也太肤浅了，你对中国传统文化的兴趣也相当有限。凭着这一点点表面的肤浅的兴趣，要完成博士学位论文确实是很难的。浓厚的兴趣确实是完成科研任务、博士学位论文的基本条件。

没有心理学的研究经历不可怕，可怕的是不好好学习，一心只想早点儿毕业，混一纸文凭，找一份轻松的工作。这在我这个团队是办不到的。要举行开题报告会必须要有文献综述，说明你在前人的基础上是如何进行创造性研究的；还要有一篇前期的探索性研究成果，这些都是学校研究生部的要求。总之，达不到学校的要求，论文质量差，也难以胜任在学校任教的要求。

我看有的学生是需要补课的。我们建议，这样的同学可以选一个简单的、单因素的题目，逐渐积累经验，然后选择复杂的、难的题目来完成。

怎样做人生目标的心理学研究

（2017年4月5日，对博士生王彤报告
“人生目标研究述评——基于心理学的视角”的点评）

我想讲以下四个问题。

第一个问题关于人生目标的研究视角

人生目标，首先要明确人生是相对什么来讲的。人终有一死，一个人要死亡是确定的、必然的，因而人生是唯一的、不可重复的。人生的全部任务和使命就是抵抗死亡。每个人都应严肃地对待人生，所以才要探讨人生的问题。对于人生的探讨有多种学科，哲学是探讨人生的，不只是东方哲学，西方哲学也是探讨人生。人生目标是一个很大的范畴，要添加一定的限制：心理学的视角，这非常重要。从心理学的角度来看这个问题，有两点非常重要。一是要对它下操作性定义，没有操作性定义，就没有办法对它进行实证研究。操作性定义是实证科学的重要特点之一，所以不下操作性定义，就没办法进行实证研究。那么怎样下操作性定义呢？要用心理学术语对目标心向或目标想象下操作性定义。二是用心理学的研究观点，但是心理学的观点是多样化的：包括认知神经科学观点，人生目标有哪些脑神经基础，能不能找得到；行为观点，人生目标是不是后天强化的结果；认知观点，人生目标由哪些认知成分构成，如此等等。我们怎样用心理学的观点呢？当然，如果我们能够以当代心理学研究的七种观点来进行研究是最好的，但是我们的精力有限，只能侧重以某一种或某几种取向进行研究。即使是心理学大家，也不可能把所有的研究取向综合起来研究，像班杜拉的自我效能感的研究也是从行为取向、社会认知取向开始做研究的，现在可能从脑科学的角度开始研究了。但是他从1977年开始研究，到现在还在做。每一项成功的心理学研究都是从一个点开始逐步深化的。人生目标的心理学研究现在就应该选定一个角度对其进行研究，对其进行界定。怎样界定呢？可以参考前人的研究成果。人生目标（goal），在心理学研究中goal有的译为目标，指个体在活动中其反应所趋向的特定地点或物体（诱因），新行为主义者托尔曼（Tolman，E.C.，1886—1959）和赫尔（Hull，C.L.，1884—1952）持此观点。也有译为目的，是内心追求的抽象物，如优越感，阿德勒（Adler，A.，1870-1937）持此观点。既然查到这个英文单词,就把这些相关研究的著作都进行查找。在心理学词典中有,心理学大百科全书中也有。既然进行心理学视角的研究,就一定要看看前人是如何做的。但是,我们并不完全仿照前人那一套去做,我们是借鉴前人的研究,进行创新性的研究。我们要明确什么是心理学的研究,心理学研究最重要的是用心理学观点和心理学术语对它进行界定,不要把其他学科的资料观点引用太多,以致把自己都弄糊涂了。只要把心理学有关领域弄清楚,对它的界定也就会逐渐形成。我们可不可以把人生目标界定为由个人确立并指导人生行动的心理目标或目标倾向性?这个倾向性是用来衡量个人行动成败的。人生目标、人生追求、人生抱负,都是有同一内涵的,它是具有动机性的。这个界定可不可行,对不对,大家可以讨论。学术民主非常重要,这只是我个人的观点,不要以为老师的观点都是正确的,老师的观点也会有错误的。我查资料的时间太短,今天下午组会,上午才看到王彤的PPT,我用的时间太少,可能有考虑不周的地方。

第二个问题关于人生目标的性质

从心理学的视角看,人生目标具有哪些性质呢?我认为,人生目标大致有以下几种性质。

第一,它是由个人的认知所构建成的一个心理目标。有哪些认知活动参与呢?或者说需要哪些认知能力呢?我认为最重要的有三种认知活动参与。一是反省或反思能力,即认识自己。人生目标的确立是跟认识自己分不开的,认识自己具备哪些知识、能力,具有哪些优势和劣势;只有知道自己有哪些优点和缺点,才能扬长避短、确立合适的人生目标。二是对环境和世界的理性认知能力。人生目标的确立与这个人对他周围环境及世界潮流发展的理性认识分不开。三是悟性或感悟能力,即能否抓住机遇的能力。有的人悟性很高:哪些该做,哪些不该做,一旦有机遇便能抓住,一点就通;而有的人悟性很差,怎样点拨都想不通。悟性很高的人,他在接触一些事情时很快就能知道自己应该怎么做。例如,报考大学、研究生的哪个专业,出国深造或报名参军,都是人生的机遇,就看你是否有悟性,能否抓住机遇,为自己争得美好前程。

第二,它是驱动个人行动的动力系统。人生目标也叫人生追求、人生抱负或人生理想,都是指驱使人奋斗的动机。当然每个人的人生目标有不同的性质和内容:有些人的目标是眼前的,有的人追求解放全人类,有的人追求把家里搞好、光宗耀祖。这是一个动机系统,很复杂的。

第三,它是一个动态系统。人生目标的确立有一个发生、发展、稳定的过程,它不是一蹴而就的。即使成年人人生目标系统已经确立,遇到特殊情况其人生目标也可能会发生新的变化。

第四，它带有社会文化和历史色彩。现在的和“文革”时期的大学生，美国的和中国的大学生，他们追求的人生目标是不同的。有人说中国人的人生追求有一个特点：在得意时，往往以治国平天下、建功立业为己任，失意时以老庄自娱，以佛道自解，用以平衡自己的心态。

第三个问题关于人生目标的结构

人生目标是很复杂的：有的人人生目标很清晰，有的人人生目标很模糊；有的人人生目标正确、高尚，有的人人生目标扭曲、邪恶，如杀人越货等。人生目标可以从不同的维度进行分析，它具有多维度的结构。我们完全没有必要从政治思想教育课中引述人生观的很多资料去耕作政治思想教育课的课题。我们是从事心理学研究的，应当看有关这个研究的心理学家前辈们都做过哪些研究，对目标的结构是如何分析的。例如托尔曼、阿德勒都对行为目标做过研究，从他们的研究中我们可以得到哪些启示呢？托尔曼从方向性、持久性和集中性分析目的行为，这应该对我们分析人生目标是有启发的。例如人生目标的方向性如何，方向明确不明确、方向持久不持久、方向集中不集中，可以考虑这样几个维度。我们不主张从事心理学研究对人生目标的分析采用和政治思想教育相同的语言。我们的心理学研究当然是要为政治服务，我们心理学的科学研究是探寻人生目标的性质、结构、功能和形成规律，最终目的是点燃人类心灵的真善美。我曾多次呼吁开展跨学科研究，但我不赞成用其他学科代替心理学研究。我们要脚踏实地做好自己的研究课题，也就是说，我们只做自己自留地的一点点东西，我们不要越俎代庖，别人的土地他们自己会耕种。我们脚踏实地做出来的研究成果会对国家、全人类都有用。怎样剖析人生目标，我们只耕种自己家里的这个自留地，而不要去耕种别人的自留地，我在自己自留地耕种出的产品照样是可以为共产党的政治服务的。

第四个问题关于人生目标的测量

我不赞同毕其功于一役，搞一个很复杂的问卷量表，把人生目标所有的东西都进行测量。其实，这是做不到的，因为对人生目标的研究我们刚刚起步。我们可不可以考虑只对人生目标的某一个方面来测量，我现在想的就是方向性、持久性等某一个方面，最近我看了班杜拉关于自我效能感的研究，班杜拉对自我效能感的研究也是逐步深入、逐步发展的。现在自我效能感是一个很大的概念，开始时他只是抓主要的、测量很小的一个部分。我们不要把问题搞得愈来愈复杂，开始时心理学研究不是把问题搞得越来越复杂，而应当把问题搞得愈来愈简单才好。通过我们的思考实证，把问题梳理清楚，就那么几条，清清楚楚，这才叫科学研究。在编制人生目标的问卷时，建议你参考Rokeach的"价值观问卷"和Morris的"生活方式问卷"。Morris的问卷文字太多，日本学者田宗介将其归纳为文字很简洁的13种生活方式调查表，值得参考。

人生追求研究后续：怎样从心理学角度研究人生追求

2017年5月4日及6月7日，对博士生王彤报告"人生目标概念梳理"及"当代大学生人生追求的内容与结构"的点评

人生目标、人生追求可谓心理学的难题，怎样破解呢？我讲几点建议：

人生目标和价值观是密切相关的，但是研究视角是不同的。比如说，我们把真善美看成终极的价值观，这个价值观肯定要去追求。所以，这些问题我的一个看法就是研究者本人要有一个主见，为什么呢，因为是你在研究，不是别人在研究。我们可以把别人的观点都包括在我的框架里。心理学和哲学是很难区分开的，哲学思想是我们心理学研究者一定要有的。我个人认为价值观和人生目标/人生追求只是研究的角度不同，而不是研究对象本身就有很大差异。是从人生目标/人生追求去研究，还是从人的价值观去研究，就是这样一个问题。它本身的内容，比如说真善美、世界和平、国家富强，都是价值观，但是我们也会追求真善美、世界和平、国家富强，我们遇到这个问题的时候肯定也希望不要打仗，或者说和平为好、国家发展为好，因此，是看法和角度不一样：人生目标是从吸引力、重要性来看，价值观是从标准来看，我个人认为是这样。所以，我也讲过多次，我们的研究，包括实证研究，都一样，研究者必须有自己的观点，没有观点的研究者是没有的、不可能的。我们心理学的研究有多少种观点，多得不得了，比如行为的观点、脑科学的观点、进化论的观点、人本论的观点，我们都站在某一种观点上，或持一种观点看问题，不可能说我没有观点，没有观点也就是没有形成自己的观点。我们应该看到无论哪一个心理学家都是用他自己的观点去研究心理和行为的。就像达尔文、爱因斯坦也是有观点的，牛顿也有观点的，他如果没有观点是看不到万有引力的。所以，我觉得关键是我们要树立一个正确的观点。那么，科学研究上一个正确的观点是什么呢？我认为从心理学家视角来说，应当是一个综合的观点：不要认为神经科学就是正确的、进化论就是错误的，人本论就是正确的、行为论就是错误的，不要这样子，我们要像蜜蜂一样，把它们都吸收过来，这种取向有正确的，那种取向也有正确的，最终我们形成一个综合的观点，我们的观点应该是开放性、包容性的，作为一个好的科学家、一个好的心理

学家,他的观点应该是兼容并蓄,就像我的有容斋一样,它能够容纳各种观点,这样才能有好的发展前途,我们就不会陷入某一种观点片面地看问题。这个问题是她的报告所涉及的问题,我想和大家说说。

应当说,人生目标/人生追求涉及很多内容、各个方面,而追求是有层次性的,因为有些是近的,有些是比较远的,有些是很远的,有些是这一辈子都追求不到的,是不是这样子?这本来就是一个多维度、多层次的问题。到底涉及多少维度呢?肯定是开放性的,也都是适可而止的。比如说,价值观研究把价值观分为目标价值观和手段价值观,目标价值观和手段价值观各有18种,可以看出来它的维度、层次都有了。所以,我觉得可以用发展的观点来看,发展的观点就是认为它是一个动态过程,它不是固定的,比如说,在一个时期,比如大学这个阶段大家想的应该也有共同性,它不可能没有共同性,难道我们的教育一点儿都没有共同性吗,对不对?所以,它应该也有共同性,至于这个共同性是什么,就需要去调查了。我们可以就人生目标向大学生进行开放式主题访谈,应当深入研究对象中做调查,对调查结果进行内容分析,编出一个问卷。这个问卷编不出来后面就没法做,所以你就必须去调查搞出它的结构、层次这些内容。

首先,你一定要给人生目标下一个操作性定义,实际上是怎样将现实生活中的一般概念(如人生追求)转化为一个有效的、可测量的概念。否则没有操作性定义就没法进行有效测量。人家看你的论文做得好不好,就是看你的操作性定义怎么定义的;如果操作性定义本身就没法操作,你后面做的就不能称之为科学研究。

心理学中的许多概念,如同情心、人生追求、人生理想、人生目标等,都不是单一的、清楚的含义。我们可否用字典上的解释开展心理学研究呢?词典是形式化的、社会共识的词汇集合,它是文字性的非操作性的,不能直接用于心理学研究,因为文字性的描述往往是模糊的、不精确的。我们可以以术语的词典含义为基础,使其明确化、精细化,即通过指定一个或多个指标,赋予概念明确、精准的含义,也就说对心理学研究中的概念下操作性定义。

指标(indicators)是指我们选择的观察对象,它反映我们所要研究的变量。操作性定义(operation definition)是指根据观察进行分类的操作所做出的具体的、特定的定义。操作性定义也是可以继续发展的,也不一定是一步到位的,我觉着你现在就应该做起来了。如果有了一个操作性定义后,我们再按照操作性定义来提问,收集一些资料;如果收集到的资料超过了我们的操作性定义,那就进一步发展加以修改;如果比较符合,那就坚持这个操作性定义,把这件事做得更好。我不赞成一直坐在办公室看文献,应当走到现实生活中去调查,寻找操作性定义。大家都知道心理学的任何一个概念都是开放的,都不是封闭的,包括我们研究了多少年的IQ,也是开放的,它在不断的开放中不断地吸收新思想新操作，从而我们对IQ的理解越来越深刻、越来越清楚。

经过讨论后，我们对人生追求的操作性定义形成一个共识。在人生追求、人生目标中也不是非要能够实现，有些目标它一辈子也不能实现，但是作为我们的理想存在。所以，要先去调查一下，我们不能把所有的项目都搞成不能实现的。你这个条目里面的内容有些是能够实现的，有些是不能实现的，这种层次性要慢慢区分出来。

心理学中的任何一个概念都是需要界定的，不界定就无法做研究，界定了以后它肯定是层次性的，自我悦纳、自省也都是一样的，都是开放性发展的。我们还是要先走出书斋，到现实生活中去调查，关在屋里是做不好的；一定要到现场去调查，调查回来以后来统计，那个时候就看你的水平了，看得出有没有问题。

你的前期工作做得还是可以，但是还没有形成一个研究主题。你的研究题目是当代大学生人生追求的内容结构，可以这样说，任何一个时代任何一个人群的人生追求都是十分个性化的，有的人追求钱，有的人追求名，有的人追求名和利，有的人想当官，还有各种各样的追求。总之，人们的人生追求是十分个性化的。这种个性化的愿景是一个人对未来的追求。我昨天晚上看CCTV-7的《致富经》栏目，一个农村妇女在家里一个月挣不了几角钱，生活很困难，有一天上街听坐在旁边的人说养蛇可以致富，一条蛇能卖几百块钱，一条毒蛇能卖上千元，可以赚很多钱富起来。她追求致富，开始时怕蛇、被蛇咬过。为了富起来，她克服了各种困难；富起来以后，她又教其他农户养蛇，共同致富，摆脱贫困。这种对财富的追求有错误吗？没有错，是正确的。追求成名成家错了吗？没有错，现在鼓励成名成家。追求财富，追求名利，这没有错，关键是看你的手段是否正当，不能不择手段地追求名利。正如孔子所说："不义而富且贵，于我如浮云。"（《论语·述而》）所以我觉得首先要搞清楚的问题是人们的人生追求是非常多样化的，当然当代大学生的人生追求也有许多相似性。这恐怕也不是我们科学研究所要做的事。我觉得应该紧扣当代大学生非常多元化的人生追求中到底可分为哪几种类型，哪一类的人生追求是最有价值的、最能引领时代发展的，哪一类人生追求最能激励当代大学生奋发向上的，哪一类的人生追求最能激发其潜能。总之，我们应在十分个性化的人生追求里找出几个值得我们研究的指标和维度。所谓指标是指我们正在研究的"人生追求"是否存在的一个标记。例如，可否把社会责任感作为人生追求的指标？如果把社会责任感作为人生追求的指标，那么这就是我们要研究的一个变量。所谓维度（dimension）就是"人生追求"的分类，例如有情感层面的人生追求和能力层面的人生追求，有世界层面的人生追求和国家层面的人生追求，还有社区层面的人生追求和家庭层面的人生追求。我们确实可以观察到十分个性化的人生追求中，有的追求对我们国家发展有好处，有的对世界发展有好处，有的对社区发展有好处，有的对家庭有好处，还有的人生追求对个人的潜能发挥、对个人的成长有好处，而有的却凭情感办事，只顾自己的情感痛快，人生百态，无奇不有。人生追求、人生选择受很多因素的影响，有时甚至是很困难的。你觉得你学了心理学就应当去搞心理学，这似乎很正当。但也不一定是正确的，如果有机会，你感兴趣，也可以搞美学、写小说、当演员、去做人工智能和大数据，而不搞心理学，还可能搞得更好，有没有？有啊！这一类的事件太多了。他不搞心理学，去搞其他的反而搞得很好，潜能得到充分发挥。应当怎样评价人生追求是成功的？没有远大目标，人生会变得平淡无味；只有远大目标而没有具体措施，会是一种空想。比如说我想到火星上看看，这是空想，但也是愿景。那么怎样来提取人生追求的指标呢？我们可以从以下角度思考。我们在思考人生的追求时总会从自己的角度想一想：确定人生追求。不少人会从认识自己、评价自己、摆正自己在社会上的位置，然后确定人生追求，选好自己的人生舞台。从这个角度可以提取人生追求的指标。还有不少人会从自己或父辈的经历考虑。人的一生可分为过去、现在和将来，过去的已经过去了，现在很短暂，很快也会过去，只有将来是有希望的；而将来又可以分离现在近的将来，较远的将来和远的将来，从而确定人生追求。从这个角度也可以提取人生追求的指标。当然还可以从其他的角度分析人生追求，提取我们的研究指标。提取什么样的指标来研究大学生的人生追求，自然与研究者的研究目的有关。从研究目的出发，在当代大学生十分个性化的人生追求中提取研究指标，这是值得提倡的。我们研究当代大学生的人生追求，是否要考虑有助于大学生的健康成长？这肯定是要考虑的。因为我们的研究是为国家的人才培养服务的。既然如此就应当回答树立怎样的人生追求是好的，哪一种追求是好的，哪一种追求是不那么好的，甚至是错误的。这样才能设计好我们的研究方案，阅读哪些文献，怎样开展深度访谈，采用哪个或哪两个指标，人生追求可能有哪几种类型。王彤的前期工作告诉我们人生追求是非常多样化、个性化的愿景。下一阶段的工作重点是找寻指标和从哪个或哪些角度对人生追求进行分类，力求告诉人们当代大学生人生追求的现状，人生追求都有哪些类型，哪类人生追求是值得鼓励的，哪类人生追求是需防范的，等等。

人生目标、人生追求、人生理想这些术语没有必要分得很清楚，说人生目标可以，人生追求也可以，人生理想也可以，这些术语在我们心理学研究中都属于人格动力系统，不必花很多功夫去厘清这些术语的异同。我们要研究的问题很多，当代西方心理学有多种研究取向，以下或许是不同观点对人生追求的解释。从行为主义观点看，人生追求是人在后天对特定事物或情境学习的结果，由于不断强化而形成的；从认知的观点看，人生追求就是人们偏好于对某类信息的编码、加工、储存和检索；从神经科学观点看，人生追求是与某个脑区的电活动或神经递质相联系的；从进化论的观点来看，人生追求是人们使自己的基因得以保存下来的活动；从心理动力学观点来看，人生追求是“恋母情结”“恋父情结”的表现；从人本主义的观点来看，人生追求是“现实自我”对“理想自我”的追求；从社会文化的观点来看，人生追求是人们生活在不同社会文化环境中的产物，在不同的社会文化下人们有不同的人生追求。这些也许可以用来解释人们人生追求十分个性化的原因。若如此，可能还有一些问题：哪一类的人生追求是能充分发挥其潜能，能激发其创造热情？是否一定要有具体的步骤才能达到那个愿景？到底是一个还是几个指标？是不是有的大学生根本就没有人生追求，做一天和尚撞一天钟？不同的人生阶段是否会有不同的人生追求？总之，大学生人生追求是一个很复杂的研究课题，很有意义。但是现在只能选择其中的一个小问题来做，不可贪多求全。如何选题？我的意见是问题要越小越好，意义要越大越好。这样才能做出高水平、有新意的研究成果。

人生为了什么，哲人智者、商人教师、老百姓们的回答五花八门。我们作为心理学研究者，该怎样解答呢？

第一是要读书。要读人格心理学的教材，因为你做人生追求研究，属于人格心理学领域，首先要读这个领域最基础的教材；然后读人格成因、人格动力、人格发展的专著，这些专著都会涉及人生追求、人生目标的内容；还应阅读个人成长史的传记，特别是当代大学生成长史的传记，这是与你的研究紧密联系在一起的。如果时间允许，我建议各位认真学习中华传统美德，正心、诚意、格物、致知、修身、齐家、治国、平天下的有关典籍（或中国哲学史的部分内容），因为这是中国人也包括我们的大学生安身立命、为人处世、成就事业的品德基础。在读书的基础上做好文献综述。把你选题涉及的古今中外前人的研究成果、著作、论文等，都提出了哪些有价值的观点，这些观点有什么联系都整理出来，从而为你的研究提供突破口。文献综述是为选题服务的。

第二是要思考。阅读文献时要思考，书中讲的是否有道理？能否可以从其他角度进行探讨？我选择“人生追求”作为心理学博士论文的选题是否合理？创新性表现在哪里？另外，进入研究后你会发现人生追求是十分多样化的，对于各种人生追求如何进行概括？可以用哪几个维度概括大学生的人生追求？可以用公与私作为一个维度。“公”属于公众的或为了公众的（跟“私”相对），“公”可以是“群体的”“社会的”“国家的”，甚至是“世界的”；“私”可以是“私有的”“私人的”“私立的”等，还有公私兼顾，先私后公或先公后私。可以用名与利作为一个维度。“名”可以是“名称”“名声”“名誉”“名垂青史”等；“利”可以是“利益”“金钱”“利润”等，还可以是名利双收或功利主义，还可以用能动性作为一个维度。有的人的人生追求是踏踏实实去实现的，很努力的；有的人的人生追求说说而已，没有动力去做。还有其他维度吗？如果有其他主要维度，也可以列出来，构建成一个结构，可以命名为当代大学生人生追求结构。

第三要深入实际进行调查。我们博士生学位论文要到生活实际中去调查,无论是选题还是提出理论假设都必须立足于生活实际;做实验的研究也应考虑这个问题;深入生活实际是提高实验研究结果生态效度的一个重要途径。你现在选题做大学生人生追求研究就必须与社会调查相结合。到生活实际中做社会调查既是你做好这个选题的基本保证,也是对你科研能力的一种锻炼。调查研究对文科生来说是他们成长必不可少的。例如大学生人生追求的结构,只有到大学生中调查才能构建合理的结构。

因此,我认为认真读书,善于勤于思考,深入生活实际,是做好大学生人生追求这个课题的关键。

自省是健全人格的一个重要特征

（2017年4月27日，对博士生王馥芸报告
“吾日三省吾身——心理学视角下的自省”的点评）

自省，就是认识我自己，也就是自我反思。但从心理学的角度来看，自省的反思是包含整个认知过程的，例如我们注意自己的言行，也就是古希腊哲学家苏格拉底所说的“认识你自己”。威廉·詹姆斯（William James，1842—1910）曾建议，使用不同的术语主我（I）和宾我（me）来区分我的两个方面。自省就是主我对宾我的认知。自我认知的内涵很丰富，包含整个认知的过程，例如认知自我的情感、意志、行为、品性，还有自己的长相也可以认知，文明礼貌也可以认知。我们可以认知自己的各个方面，我们也可以认知自己的错误甚至很肮脏的想法。每个正常的人都会进行自省，比如我们在大庭广众之中做出一些不文明的行为，你会反思。过度的自省就是冗思，冗思（rumination）是左思右想，这恐怕是不良的行为表现，大概是多虑了，心理有点儿毛病的人才会不断地反思。当然也不是说所有的冗思都是有心理疾病的表现。左思右想也很复杂，与个人命运前途相关的复杂问题自然要慎重考虑、反复思考，而鸡毛蒜皮的事反复思考恐怕是有心理问题了。因此自我认知可以是正常的，也可以是异常的。我们的任何一种心理现象，都可以分为正常的和异常的。这个观念我希望大家要树立起来。比如说，思维的灵活性好不好？好呀！但是过度的灵活性就有麻烦了。有一种精神病的思维就漂移不定，听起来很灵活；有这种病的人说起话来就没完没了，一个主题没有完很快转入下一个主题，并且不断地说下去，这种表现称为思维奔逸或思维紊乱。任何一种心理现象的表现都有一个度：正常范围和异常范围。自省也不是一定要说出来、报告出来的，有不少是烂在肚子里了。比如说我喜欢那个人，想跟那个人好，但是人家可能有对象了；还有一个，我们常说要对组织忠诚，但是不是要把自己心里想的所有东西都说出来呢？你们想一想。可能是分几个层次的：有些想法是很成熟的，有些想法是不成熟的。你报告出来的大概是成熟的想法，不成熟的想法尚需进一步论证。而那些很不成熟的幼稚想法，那只有让它烂在肚子里，不会说出来了。再说一遍，自省就是自我反思，说自省是自我反思，这里的思不是狭义的思维，而是泛指以观念、符号、词语、表象、命题、记忆、概念、印象、信念或意向等所进行的任何内隐的认知操作或心理加工过程。自省就是认识我自己。

怎样把王馥芸今天报告的内容用一个主题整合起来呢？这使我想起胡金生跟我做“自谦”的研究，他开始把自谦定位于中国人的一种人格特征。稿件写好后投稿给《心理学报》，评审专家认为这个提法欠妥，让我们修改，后来我对胡金生说，就改为“自谦，是中国人的一种行为方式”。现在的这些内容该如何组织？很明显，自省就像自立、自信、自强等，都是积极自我的一个方面，是健全人格中积极自我观的一个方面。我们写文献综述的目的是为选题服务。因此我建议用“自省：健全人格的一个特征”。可否用这个题目来写好你的文献综述呢？

首先要讲清楚什么叫作健全人格？健全人格和健康人格不一样，一定要讲清楚。健康人格是没有心理疾病的人格，即正常人的人格；健全人格（perfect personality）也叫完美人格，也就是孔孟儒家讲的“君子”“圣人”“大丈夫”的理想人格，老庄道家讲的“赤子”“神人”“至人”“真人”的理想人格。理想人格在我们中华文化中，很早就有研究，萌发于殷周时期的《易经》就有对理想人格的描述。燕国材从中挖掘出儒家理想人格的论文就刊登在1994年第三期《心理学报》上。今天上午我阅读《孟子》这本书。《孟子》也讲君子人格、大丈夫人格，即健全人格。那西方心理学家有没有讲呢？西方心理学家也有讲健全人格的，例如马斯洛（Maslow，A.H.，1908-1970），他讲自我实现者，罗杰斯（Rogers，C. R.，1902-1987）讲的是机能完善者。更早的还是奥尔波特（Allport，G.W.，1897-1967），他讲健康成熟的人格，不是讲健康人格，而是健康成熟者的人格特点。这一点一定要明确：健全人格不同于健康人格。健全人格就是完美人格，就是儒家和道家讲的理想人格。但是儒家和道家所追求的理想人格是不一样的。儒家是入世的，儒家主张和社会、和其他人发生联系，把社会和人际关系视为拓展人生境界的必要前提，个体只有为社会和他人做出贡献，才能实现自己的理想人格。道家是出世的，它的根本要和社会割断联系，和别人没有任何关系，在超越世俗的利害得失之外，才能提升人生境界，实现自己的理想人格。所以儒道两家所追求的理想人格是完全不同的。在我国的传统文化中孔孟的儒家文化居主导地位。

根据我粗略的统计，“君子”一词在《论语》中出现有100多处。孔子对“君子”寄托了太多的人生理想、人生追求。在孔子看来，人生包含了两个方面，一是对内追求，二是对外追求；对内追求是自我修身、完善人格，对外追求是积极入世、建立事功，从而形成了中华传统文化关于“内圣外王”的理念。君子是人生自我完善和外在事功的统一体，是“内圣外王”的表征，是孔子崇仰和追求的理想人格。孔子自己经常自省，例如他说：“见贤思齐，见不贤而内自省也”。（《论语·里仁》）还说：“三人行，必有我师焉；择其善者而从之，其不善者而改之。”（《论语·述而》）。

下面是《论语》中四处关于弟子们提出什么样的人是“君子”的问题，孔子给出的回答。子贡问君子，子曰："先行其言，而后从之。"（《论语·为政》）弟子子贡问怎样才算是一个君子，孔子回答，君子行在言先，言随行后。即君子做事在说话先，然后照着做的说。司马牛问君子，子曰："君子不忧不惧。"曰："不忧不惧，斯谓之君子已乎？"子曰："内省不疚，夫何忧何惧？"（《论语·颜渊》）弟子司马牛问怎样才能成为君子。孔子回答，不忧愁，不畏惧。司马牛又问："不忧愁，不畏惧，就可以成为君子了吗？"孔子回答："心中反省自己而没有愧疚，还有什么可以忧愁和畏惧的呢？"孔子还认为个人做人做事，自省认定自己无愧疚的，就达到了君子的标准了。子路问君子，子曰："修己以敬。"曰："如斯而已乎？"曰："修己以安人。"曰："如斯而已乎？"曰："修己以安百姓，修己以安百姓，尧舜其犹病诸！"（《论语·宪问》）弟子子路问怎样才算得上君子。孔子回答，修炼自己，严肃地对待工作。子路问，这就行了吗？孔子回答，修炼自己，使他人得到安宁和快乐。子路又问，这就行了吗？孔子回答修炼自己，使老百姓得到安宁和快乐。修炼自己，使老百姓得到安宁和快乐，在这一点上，即使尧舜也难以做到。子路问成人，子曰："若臧武仲之知，公绰之不欲，卞庄子之勇，冉求之艺，文之以礼乐，亦可以为成人矣。"曰："今之成人者何必然？见利思义，见危授命，久要不忘平生之言，亦可以为成人矣。"（《论语·宪问》）成人即完美人格的人，可视为与君子同义。子路问怎样才算人格完美的人，孔子回答："像鲁国大夫臧武仲那样有智慧，孟公绰那样清心寡欲，卞庄子刺虎那样勇敢，冉求那样多才多艺，加上高水平的礼乐修养就可算是完美人格的人了！"但孔子又说："今天的君子哪能做到这样呢？遇到利益考虑是否合理，遇到危险肯付出生命，长久处于贫困却不忘记人生的承诺，也可算是完美的人格了。"

总之，在孔子看来，君子人格（健全人格）也可以分层次的，而要实现君子人格则是长期内省、修炼的过程。从孔子回答弟子的讲话，我们大致可以看出：君子是一个谨言敏行、诚信守诺的人，是一个内省不疚、不忧不惧的人，是一个既重视自我修身，也重视社会担当的人，是一个具有智、清、勇、艺、礼的人。

我们来看看孟子他对君子人格是怎么描述的，孟子曰："君子所以异于人者，以其存心也。君子以仁存心，以礼存心。仁者爱人，有礼者敬人。爱人者，人恒爱之；敬人者，人恒敬之。有人于此，其待我以横逆，则君子必自反也：我必不仁也，必无礼也，此物奚宜至哉？其自反而仁矣，自反而有礼矣，其横逆由是也，君子必自反也，我必不忠。自反而忠矣，其横逆由是也，君子曰：'此亦妄人也已矣。如此，则与禽兽奚择哉？于禽兽又何难焉？是故君子有终身之忧，无一朝之患也。乃若所忧则有之：舜，人也；我，亦人也。舜为法于天下，可传于后世，我由未免为乡人也，是则可忧也。忧之如何？如舜而已矣。若夫君子所患则亡矣。非仁无为也，非礼无行也。如有一朝之患，则君子不患矣。"（《孟子·离娄下》）在孟子看来，君子异于常人之处主要有两点：第一是"存心"，第二是"自反”。孟子说君子不同于常人之处，就在于存心不同。君子存心于仁，存心于礼。仁者爱人，有礼者恭敬别人。爱别人的人，别人经常爱他；恭敬别人的人，别人经常恭敬他。假如这里有一个人，他对我蛮横无礼，那君子就一定自我反省，我必然在哪个地方不仁，或者无礼，不然这种情况怎么能够出现呢？肯定是我有问题。他自我反省发现自己没有不仁，没有无礼，而那人仍然是蛮横无礼，君子又会自我反省，我必然有不诚挚、不忠诚的地方。自我反省后我确实是忠诚的，那人依旧蛮横无礼，君子就会说，这个人是个狂妄之徒，这样的人，跟禽兽有什么区别呢？对禽兽又有什么可责难的呢？所以君子有长期的忧虑而没有突发的痛苦。这样的忧虑是有用的：舜是人，我也是。舜是天下人的楷模，名声布于后代，我至今是个普通人，这个才是值得忧虑的事。忧虑后又怎么办呢？要尽力向舜学习。至于君子别的痛苦就没有了。不是仁爱的事不做，不是合乎礼节的事不做。即使意外飞来的祸害，君子也不以为痛苦了。所以君子的第一个特点是存心于仁，存心于礼；第二个特点是反思自己，我肯定在哪里有问题，然后再反思。他这里没有提三次反思，是两次反思，这个人还是蛮横无礼，那肯定这个人有问题。由此可以看出，儒家对人是十分宽厚的。

孟子认为，要实现自己的理想人格必须经过一番“艰辛”的磨炼过程，在这一过程中自省是必须的。下面我读几段《孟子》里的话。第一段，孟子说：“舜发于畎亩之中，傅说举于版筑之间，胶鬲举于鱼盐之中，管夷吾举于士，孙叔敖举于海，百里奚举于市。故天将降大任于是人也，必先苦其心志，劳其筋骨，饿其体肤，空乏其身，行拂乱其所为，所以动心忍性，曾益其所不能。”（《孟子·告子下》）孟子认为舜、傅说、胶鬲、管仲、孙叔敖、百里奚这些在历史上取得杰出成就的拥有理想人格的人，最初都是处于极度艰苦环境之中，但他们没有在艰苦环境面前退缩、沉沦，而是发愤图强、废寝忘食，在艰苦环境中自觉地锻炼自己，从而使自己具有了强健的体魄、坚忍的毅力、不屈不挠的意志和过人的胆略和智慧。这当中如果没有自省、自觉地磨炼自己，是做不到的。

还有一段孟子讲的话：“君子深造之以道，欲其自得之也。自得之，则居之安；居之安，则资之深；资之深，则取之左右逢其原，故君子欲其自得之也。”（《孟子·离娄下》）在孟子看来，个体如果能“自得”，就可以进入得心应手、左右逢源的自由境界；而这里的“自得”就是领悟“仁义”之道。让“仁义”之道在个体心里扎根必须依靠自省，自觉地反思。

我的古文基础很差，不看白话文的解释难以理解。即使有释注，我看《道德经》也花了几个月的时间才把它看完，读过后几个月又忘得差不多了。建议你们趁着年轻学习一点儿文言文，学习一点儿中华古典文献，它对于心理学发展是有用的。

孔孟儒家都是把自省看作是君子人格、理想人格的一个组成部分。那么文献综述

“自省:健全人格的一个特征”该如何组织资料呢？怎样阐述呢？我建议是否可以考虑以下几部分：

1.引言

2.自省在健全人格中的地位

3.自省在健全人格形成中的作用

4.自省类型的差异

5.小结与展望

总之,自省是健全人格的一个重要特征。有自省才能自知,有自知才能有自尊心,才能有知耻心,才能有荣誉感,才能有所为有所不为,扬长避短,幸福进取。

回溯式时距估计的研究设计问题

（2017年10月26日，对博士生杨莲莲报告“回溯式时距估计的计时机制初探”的点评）

首先，必须要把你要研究的那种心理现象讲清楚。回溯式时距估计是一种什么样的心理现象。我认为你对这种心理现象没有讲清楚。它到底是一种什么心理现象呢？应当说这是一种无意识时距记忆范畴，是无意识的识记，因为你没有告诉被试去记住时距的任务而要求他记住其他的任务，所以回溯式时距记忆是无意识的。被试回忆并评估这个时距是有意识的。因此回溯式时距估计实际上可分为两个阶段：识记时距是一种无意识的，回忆和估计是一种有意识的复杂行为。回溯式时距估计研究是相当复杂的课题，比如说，有意识记住的东西是怎么影响无意识的时距记忆的，有哪些影响？有意识时距估计策略即回忆的策略对时距估计会有哪些影响？这些要细致地探讨，应该在这些地方下功夫。因为这是有意识的记忆，而有意识记忆的实验条件，研究者是能够加以操纵的；无意识的时距识记是已经过去了的，你无法加以操纵的。但是你可以通过实验设计系统地操纵有意识记忆内容这个自变量。然而我听了你的实验设计后，觉得你的实验设计没有水平：只是操纵了一个延迟因素，延迟多长时间也没有交代。实际上这里面可以操纵的因素有很多：被试记住了多少材料，是用什么策略来记的，记忆材料的性质是什么，是中性的或是积极的、消极的；这些因素还可以分为几种水平加以操纵。要认真考虑你的实验设计存在的两个问题：第一，回溯式时距估计是一种什么样的心理现象？第二，你怎样来设计实验，操纵哪些自变量（因素）？先探讨它的特点，然后再探讨它的机制。你对它的性质、特点都没有弄清楚，探讨它的机制就无从进行。你在报告中几次说道，延迟的时间越长对时距估计就越高估，这个结论令人费解。我个人认为，这是经不起检验的。因为回溯式时距估计不只是受延迟这个因素的影响，它还受其他因素例如记忆材料和评估的策略等影响。

另外，你的报告研究所涉及的文献最近的是2010年的文献，现在已是2017年了，文献比较陈旧，难以与国外研究对话。做研究，你看到的文献陈旧是要冒很大风险的。再加上你的研究是采用问卷调查，研究设计也不周密，这样的研究结果风险就更大。我们做事情总要评估成果和风险的关系，如果风险很大，那会很麻烦。对于这种无意识的长时记忆，时距长度在1分钟的时间内，目前到底有几种理论模型解释，至今我未见到。你们看到过没有？如果要想有理论创新，仔细地做，一个因素一个因素地推敲，看看回溯式长时距估计受哪些因素影响,不受哪些因素影响,把条件控制好,做出一个有信效度的研究结果来,那还是很有价值的。总之,我认为你的主题是探讨一种无意识的时距识记的特点。为了做好这个题目,我有两点建议:一是要仔细阅读相关的文献,看看前人是怎样研究的,借鉴前人的理论和方法,在新的起点上设计研究,要严格按照真实验来设计——怎样操纵自变量,怎样控制无关变量,怎样测量因变量。因为这是回溯式时距估计,就必须十分严谨地设计研究。二是在这个研究过程中要想出办法操纵被试有意识记忆的内容。从遗忘的角度考察回溯式时距估计是一个好的思路,但这里被试遗忘的内容是识记的材料,而不是经历的时距。如果你能在遗忘内容中把时距估计考虑进去,这样就可以做到研究的主题了。例如,你可以让被试记忆一些积极的、中性的、消极的词汇,然后让他们把这些词汇背出来或写出来,就可以算出记住了多少,遗忘了多少,再考察他们估计的时距。比较记忆这三类词汇的遗忘率与估计时距的关系,得出一个什么结果?将遗忘率与估计时距做一个回归,考察一下是否词汇遗忘得愈多,估计时距是否就越高估?如果真的有这种现象应该用什么理论解释呢?时间心理学里有一个理论叫存储容量模型,用它来解释存储容量越多,估计时距越长,但是你说遗忘的内容愈多,存储容量愈小,估计时距反而越长,到底哪一种说法合理啊?要使人家相信你的研究结果需要有多次的重复。你还要再做几个实验,看看是否能够重复;另外还要考虑你的被试选择是否有偏差或者数据统计是否有误。用背景变化模型也难以解释你的研究结果,科学结论是要拿事实来说话的。回溯式时距估计的背景是怎样变化的,是在识记时还是在回忆时或者两者都有变化,要有事实依据。如果被试认为在回忆的时候,你要追问发生了怎样变化的,你光是说背景变化是不能令人信服的。科学研究要以事实为依据。你想用背景变化模型解释回溯式时距估计,一定要想到用什么样的背景变化事实来说明。要拿出事实来,你也可以考虑做实验,用实验检验你的假设。不论是量的研究,还是质的研究都必须以事实为依据。心理学是一门科学,是以事实为依据的,不是胡说八道,没有事实的结论是不可信的。

总之,首先要熟悉有关记忆的文献。要搞清楚回溯式时距估计的性质,估计的时距是属于瞬时记忆、短时记忆、还是长时记忆?怎样界定的?既然讲到影响因素,多重因素的影响,在你的实验设计里包含了哪几种因素?操纵这些因素使它们对回溯式时距估计产生怎样的影响?不是只考察遗忘对回溯式时距估计的影响。你即使是考察遗忘对回溯式时距估计的影响,也应该操纵这个自变量,怎样操纵呢?只考察延迟估计的长短显然是不全面的。你应该考虑有意识的时间估计会受哪些因素的影响,从而推断出回溯式时距评估是受哪些因素影响的。当然,你也可以读读弗洛伊德的无意识理论,从中得到一些启发。现在看来,你做这个题目看的文献太少了,思考也不够深入。要做好这个题目必须熟悉有意记忆、无意记忆两大块的内容，有意记忆是怎么影响无意记忆的问题。

做回溯式时距估计的实验，首先要考虑：在实验中哪些变量是可以操纵的，哪些变量是无法操纵的，比如，时距长短可以限制在秒级、分级或更长的一级，这是可以操纵的。再比如，延迟评估的时间也是可以操纵的；当然，更长的时距你无法操纵，只有选择可以操纵的。比如延迟时间的选择，可以选择今年上半年发生的事，上个月发生的事，三个月以前的事，一年半以前发生的事，这里记忆内容可能是不一样的，但这也是一个很好的思路。也就是说，秒一级，分一级和更长时间的，天、月、年、几年，这是可以操纵的。延迟是可以操纵的，如果说秒一级、分一级可以操纵，是否将它们分为三个或三个以上的等级从而做出一条曲线的结果？也是可以这样猜想的。看看有意记忆与无意记忆是否有相同的规律，到底有哪些差异？这也是一个特点。除了延迟回忆时间是我们可以操纵的，有意记忆的材料我们也可以操纵，比如情绪词，有意义联系的词汇，跟日常生活有密切关系的词汇，与动机、价值观相联系的词汇，很熟悉的词汇，很陌生的词汇，这些都是可以操纵的。你应该复习《心理学导论》，我都在这本书中讲过，例如，动作记忆保持得最好，忘得最少；无意义音节忘得最快，有意义的词汇忘得也比较慢。在你的实验设计中把它们设计出来，多动脑筋去想，怎样操纵这些因素，把这些因素与延迟时间结合起来考虑，不要把它们分开来考虑。记忆时距的策略其实是被试评估时距的策略，是他借助对材料的回忆来推断时距的方法。研究者可以问他们：你是用什么方法来估计时距的？请你详细讲讲你的这种评估方法，你觉得你的评估方法准确吗？哪一种方法最准确？根据被试的这些口头报告也可以分析出被试使用回溯式时距估计的策略。主动记忆怎样影响回溯式时距估计，要问清哪些主动记忆更有助于回溯式时距估计等等，也可以考虑用储存容量模型、注意模型、觉醒模型来解释。也可以用多重时间标尺模型解释。你要把多重时间标尺模型讲清楚。每个人在评估时间的时候内心都在使用标尺：或许是使用外部标尺（如日出、日落），或许是使用内部标尺（如数数、背诵诗文），或许同时使用这两者，人们到底使用什么时间标尺因人而异，有相当大的个体差异。所以你在研究时应当考虑个体差异。在回溯式时距评估时有些人经常出错，错得离谱，有些明显是不用心；用心了做出来结果还是有个体差异的，在整理评估的时距时应当考虑个别差异这个问题。

总之，在设计实验方案时你应当仔细考虑，周密安排下列因素（方面）：

1. 呈现时距：秒级、分级或更长，分为三个水平；

2. 评估时距的延迟：分为三个水平；

3. 在呈现时距中要求被试记住的材料，分几个因素（每个因素分为三个水平）；

4.实验范式；

5.反应变量(收集量的、质的资料)；

6.统计分析(要考虑个体差异,怎样收集和分析个体差异)；

7.理论依据。

如果考虑检验时间认知的分段综合模型,在设计实验时应考虑以下三点:一是如何体现回溯式时距评估的分段性?这里有三个时点值得探讨:3秒左右,这是知觉到现在的限度;20秒左右,这是短时记忆存储的时间,当然还有分这一级的。如何设计?怎么做才能设计出来?要动动脑筋想一想,时距认知的分段性又是与综合性紧密相关的,综合性是什么意思?在时间认知的实验设计中,如何体现?这要考虑两个因素,影响有意识的材料除了有意义或无意义之外,还有自我卷入程度、兴趣等,这个意义性体现在什么事件上?是读文章还是做什么事情?几个不同的时间段,比如3秒能做什么事?还有就是被试的分组问题,不同延迟时段是不能用同一批被试的。因为很难控制他们不交头接耳、不互通信息。另外,要考虑实验条件的控制,实验中和实验后都需要保密。可以考虑在不同的高校做实验,比如重大、文理学院等。还有实验范式,时点、时序和时距的关系,被试的个体差异如兴趣爱好、知识经验以及疾病等诸因素都会影响回溯式时距评估的成效。无论你研究的基本设计是实验的或是相关的,你都要仔细权衡获得的结果的内部效度和外部效度的问题。这项研究烦琐而细致,需要你自己动脑筋全面思考。

2017年10月27日以后再讨论"回溯式时距估计的计时机制初探"研究设计时的补充意见

我觉着你的选题"回溯式时距估计的计时机制初探"要从两个问题来分析:首先要明确回溯式时距估计的性质,然后考虑怎么设计探讨回溯式时距估计的计时机制。

在组会上我们初步明确了回溯式时距估计的性质:被试的时距识记是无意识的,实验者不能让被试有意识地识记呈现时距,也就是说实验的这一阶段被试是处于不知道要识记呈现时距的被动状态。但是在估计时距或回忆时距时,已经是主动地有意识地追忆:被试会借助于呈现时距的载体估计呈现时距的长短。根据回溯式时距估计的性质,我们该怎样设计实验探究它的计时机制呢?你想到了操纵呈现时距,也想到了时距估计的延迟时间。操纵呈现的时距,可以用秒级的,也可以用分级的,但是操纵小时、天、周、月、年可能有相当大的难度,难以控制其他因素的介入。时距估计的延迟时间也可以用秒级、分级,甚至小时级,这里你到底怎样设想计时机制?时间认知有储存容量模型、注意模型、唤醒模型等,你到底倾向哪个模型或几个模型的综合呢?回溯式时距估计实验时,被试的识记时距是无意识的,但实验者依然可以操纵呈现时距的不同载体来探究被试时距估计的计时机制,例如我们可以用无意义音节或有意义的日常生活比较熟悉的词、情绪词汇、表示动作的词等不同时间载体在计时机制中起作用。这使我想起这些不同载体的遗忘曲线是不同的:最容易遗忘的是无意义音节,其次是一般词汇,最不容易遗忘的是熟悉的词汇和熟练的动作。有不同遗忘特点的载体在时距估计中的作用也可能是不同的。因此,我在想,时间认知分段综合模型在回溯式时距估计的计时机制下是如何表现的?你可以设计研究回答这个问题。此外,回溯式时距估计的个体差异也是我们探寻计时机制的一个研究思路:有的人计时经常出错、错得离谱;有的人看似无心去记,但时间估计相当准确。我看你的研究设计应当考虑这个问题。

通过学位论文的研究设计,我希望你重温心理学的实验设计。在心理学研究中最经典的实验都涉及三对主要成分:(1)自变量和因变量;(2)前测和后测;(3)实验组和控制组。

实验法是心理学中探究因果关系的首要工具,它考察自变量对因变量的影响。通常,自变量是实验中的刺激因素,它或有或无,是具有两种属性的"二分变量"。在实验中,实验者操纵刺激的出现或不出现导致结果上的差异。在回溯式时距估计的实验中呈现时距的自变量,被试是不知道的,但他在时距估计时对呈现时距的载体是知晓的。在实验之前,你必须对自变量和因变量做操作性定义,然后在实验中明确哪些是可以告诉被试,哪些是不可以告诉被试的。在简单的心理学实验设计中,被试首先作为因变量接受测量,称为前测(pretesting),然后接受自变量的刺激之后作为因变量再接受刺激,称为后测(posttesting);因变量前后测之差,被看作是自变量的影响。在回溯式时距估计实验中,你第一次向被试询问刚才呈现的是多长时间,他们也许尚未察觉到我们的目的;但在第二次询问前,他们可能已经知道研究者在测量他们对时距的估计,因而无法达成回溯式时距估计。消除实验本身影响的首要方法是设计控制组。真实验很少只观察接受刺激的实验组,研究者往往也观察未接受刺激的控制组。但是回溯式时距估计既无法设计实验组和控制组,也无法采用双盲实验(double-blind experiment)。因此,设计研究探讨回溯式时距估计的计时机制很有必要。重温坎贝尔和斯坦利(Campell & Stantley, 1963)、库克和坎贝尔(Cook & Campell, 1979)关于研究内部无效度的来源(参见黄希庭,1987):

(1)历史(history)

(2)成熟(maturation)

(3)测验(testing)

(4)测验工具(instrumentation)

(5)统计回归(statistical regression)

(6)选择偏差(selection biases)

（7）实验佚亡（experimental mortality）

（8）因果时序（causal time-order）

（9）实验处理中的传播或模仿（diffusion or imitation of treatments）

（10）补偿（compensation）

（11）补偿性竞争（compensatory rivalry）

（12）自暴自弃（demoralization）

另外，也可以参阅我们早期做的公共事件的时间估计，对于探究回溯式时距估计的计时机制也有启发意义。

参考文献

黄希庭.（1987）. 心理学实验指导.北京：人民教育出版社.

Campell, D. & Stantley, J.（1963）.Experimental and Quasi-Experimental Design for Research. Chicago: Rand McNally.

Thomos D, Cook & Donald, T（1979）. Quasi-Experimentation: Design and Analysis Issues for Field Settings. Chicago: Rand McNally.

创业自信是很值得研究的问题

（2015年11月16日，对硕士生杨国良报告“大学生创业自信的内涵”的点评）

创业自信心这是一个很值得研究的问题，但是要做好这个课题，难度也很大。

第一个问题是自我效能和自信的关系，建议你要花时间学习班杜拉的原著。我很欣赏班杜拉自我效能感中的一个概念——自我生成能力。什么叫自我生成能力，是人们拥有一种将自己的各种技能整合起来形成合适的行动过程，并进行有效实施的能力，这种能力就是人类的生成能力，是人类最根本、最本质的一种能力。班杜拉还认为自我生成能力可以对人的各种技能加以权衡、判断和组织，可以对自己的观念、思想加以评价和改变，从而形成各种行为操作，以应对不同的目的要求，做出合适的行动。

我们所讲的自信心概念，与班杜拉的自我效能感有什么关系？它是在班杜拉自我效能感概念基础上发展出来的，都是强调要在认识自己、认识外界环境的基础上，相信自己能做好，能够成功。我建议你最好还是要认真学习班杜拉的原著，比如说缪小春翻译的班杜拉的《自我效能：控制的实施》（华东师大出版社，2003年），还有郭本禹、姜飞月著《自我效能理论及其应用》（上海教育出版社，2008年），你始终没有看过班杜拉的原著，怎么可能写好自信与自我效能感的关系？自我效能感是他提出来的，是一个很好的概念。自信要在自我效能基础上有所发展，不了解班杜拉的自我效能是不行的。

第二个问题是怎样理解创业自信心？这个概念怎么界定？是哪一类型的创业？创业自信心是一种创业动力机制。自我效能感具有认知的性质、动机的性质、情感的成分，更重要的是，它是主观与客观的统一。创业自信心是否应当考虑这样一些因素呢？自我效能的结构可以分析为水平、强度与广度；自信心的结构你准备怎样分析？通过什么途径了解这个结构？我们觉得自己能完成不同难度和复杂度的任务所需要的行动的水平的等级，比如说，实验是这样做的：没有人在的时候甲能戒烟，有人在吸烟的时候乙能戒烟，哪个人的自我效能感更强？有人在吸烟的时候乙能够戒烟，这个人的自我效能感应更强些吧！这是指自我效能感在强度上的差异。从认知心理学角度看，它们的结构在水平、强度和广度上有差异。比如说，面对挫折、面对打击、面对怀疑、面对痛苦时能不能坚持下去，这是个强度问题。广度是指成败的经验能够影响到其他领域的效能，成功失败的经验能否影响个体在其他领域的自信呢？我觉得自信也有这个重要的指标。我给大家讲过多次,武侯高中的那些学生很调皮,不喜欢课堂学习,不喜欢考试,也考不上大学,老师在上面上课,他们在下面睡觉。我们组织这些学生参加足球比赛、篮球比赛,为学校争光,从而使他们树立起自信心。他们为学校争了光,我们表扬这些学生,让他们当全校朝会的升旗手。升旗手是很光荣的,大家都看着你,你是榜样那怎么可以在课堂上睡觉呢?在老师的帮助鼓励下,他们开始逐渐把学习搞好了。这就是自我效能和自信的广度。自我效能的问题其实就是自信的问题,我们中国人爱讲自信,很少用自我效能感。自我效能(self-efficacy)是翻译过来的词,我的理解是两者在很多方面是相通的,我们写过一本书叫《应用心理学导引——个体与团体的效能》,其中把自我效能的很多研究成果改造成自信。自信很重要,创业需要自信心,做学问也要有自信心,送给孩子最好的礼物是自信心,送给学生最好的礼物也是自信心。所以自信心很值得研究,我对自信心的定义非常简单,就是信任自己,就是认为能成功完成所承担工作的心理。自信心既包括认识自己,也包括认识外界。既包括按部就班,又能够把握机遇。创业的内容非常广泛,你到底做哪一种创业活动(的自信)呢?

前瞻性预期和坚忍不拔的意志力在创业自信中占有重要地位。虽然创业不是开一个小店,不是在街边摆个小摊,但是创业开始时大多并不辉煌,小店小摊是创业的开始。曾宪梓先生是一位实业家,早年在中山大学毕业以后去香港创业,后来逐渐发展成为金利来的掌舵人。所有创业都有一个创的过程:从小到大,很值得研究。创业自信心中的悟性、前瞻性预期很重要。一个人是否有创业创新能力,从小就可以看出来。比如提出自我效能感的班杜拉就不是一般人才。他1925年出生,现在还活着。出生于加拿大一个小山村,那个地方偏远落后,人烟稀少,教育资源奇缺,全镇只有一所学校,既是小学也是中学,学校所有课程都由两个老师担任。就是这样的学校环境使班杜拉养成了自主学习的内在动机和自我指导的学习能力。这种能力使班杜拉受益终身,后来班杜拉回忆道:“学生必须对他们自己的教育负责,我们往往能比那两个劳累不堪的老师更好地把握课程内容。”后来他到了加拿大西部的哥伦比亚大学学习生物专业,而选学心理学课程完全是偶然。为了节省开支,他和他的同学租住在离学校较远的郊区,每天早起与同学们乘车去学校,因此总是早到学校。恰好,学校那段时间开了一门心理学课程,为了不浪费那段时光他选修了这门课,之后便迷上了心理学。大学毕业后考上了美国的爱荷华大学攻读心理学专业研究生,受斯彭斯、西尔斯等影响完成了学业。从教于斯坦福大学,他获得了很多奖励:APA终生成就奖、临床心理的终身成就奖,等等,成果非常多。他是斯坦福大学有名的教授,也是国际著名的心理学家。我到斯坦福大学参观过他工作的心理学系,我觉得他有悟性,能抓住机遇是太重要了。如果班杜拉在小学和中学期间没有形成自主学习的能力和动机，便会失去以后学习的机会；如果在加拿大不列颠哥伦比亚大学没有选修心理学课程，那他后来就不可能考取爱荷华大学攻读研究生，他就成不了著名的心理学家。我觉得创业自信心这个选题很有意义。那么怎么做好这个研究设计呢？例如摆个地摊就算创业吗？但不摆地摊哪里来的创业起家？这当中创业者总有一些素质在里面，有的人摆地摊永远是摆地摊，有的人越摆越好，他就不摆地摊了。秦启文老师曾经是我的博士学生，他是担任教授后再来攻读心理学博士的，他埋怨我不让他走出学校去创业。我希望他在学校里开展应用心理学的教学和科研。他创办西南师大文化与社会发展学院，培养的每届毕业生一次性签约就业率100%，两年前他出去创业，他创办的三立学校很受欢迎，现在已在两江新区买下两个楼层。你们想想这里面总有一些素质对于创业是必需的。我们怎样界定，怎样加以测量？我还有一个学生叫郑剑虹，他在岭南师范学院担任两个学院的院长（教育学院和特殊教育学院）。现在省里给他一千万让他建设特殊教育系，这也是创业。肯定需要一些素质，有哪些特点呢？我建议你去采访创业成功的实业家和教育家，也可以去采访创业失败的人，不要只是纸上谈兵，这没有用处！我一直支持杨国良做创业自信心研究，但要做好并不容易。只要你感兴趣，喜欢这个选题，我相信你能做出成果的。是否有一种创业生成能力呢？这种能力把自己的各种知识、各种能力、各种资源都动员起来、整合起来，持之以恒、坚忍不拔地做好创业活动。有些人做得到，而有些人就做不到，这点我们不能不承认。不说别的，就说我们心理学院的创业历程吧，也很不容易。我为本科生讲授过多门课程，写过多种讲义，已出版24种教材和教学参考书，还主持那么多的科研项目。1988年2月23日，中共西南师大党委批准（批文：西委发[1988]034号）成立了心理研究所，由我担任所长。由我领衔及同事们的共同努力建成了普通心理学博士学位授权点（1993）、心理学博士后流动站（1999）、国家重点学科西南师范大学基础心理学（2002）、心理学一级学科博士学位授权点（2003）、重庆市人文社科重点研究基地心理学与社会发展研究中心（2003）等。这确实需要奋斗精神、坚忍不拔的拼命精神，同时还需要许多外部因素的支持。我夫人支持我，没有我夫人的支持我不可能全力以赴地搞教学、做科研。学校领导对我们的支持，学校领导重视，让你充分发挥作用。当时我们心理学研究所只有四个人，三个张一个黄是一个独立的实体。西南师大心理学研究所，人、权、钱都由你来管。如果学校不支持你，外单位不支持你，你的创业就做不成。外单位的支持也很重要，这次从教55周年研讨会有300多人参加，还来了近十位理事长或副理事长。外单位支持很重要，我们与外单位是相互支持的。你支持了人家，人家才支持你。心理学部的建设最后还是靠我们自己，我们的自信心，我相信我们能做好，一定能做好，这是最主要的。所以我给我的学生们最大的礼物就是自信心。我相信你能做好，宝林，你到北大去读博后，我相信你一定能做好，史嘉鑫你到港大去攻博，我相信你一定能做好。我把学生都看成是我的孩子，我相信自己的孩子都能做得很好，给孩子自信心，不要总是批评，批评是要有的，对那些很骄傲的学生就要给予批评，有了错误不批评也不好。

企业创业自信心与事业创业自信心，在我看来，既有共性又有差异性，很值得研究。

题目结果的推论要严谨

（2019年4月8日，对博士生林冰心报告“秒下时距知觉适应后效空间选择性的EEG研究”的点评）

我有两个问题。第一个问题是题目，“秒下的时距知觉后效”，你做的是视时距，视觉可以这样做，听觉就不能这样做，因为听觉瞬时记忆时间要长一点儿，是2~3秒，而视觉大概是1秒。所以一定要加上视觉，不然就不严谨，别人就会问听觉也是这样吗。你的题目应该改为“秒下视时距知觉适应后效空间选择性的EEG研究”。

第二个问题，你推论空间选择性很可能是记忆介入了，但是这个推论一定要仔细，因为现在适应后效的研究大多都在编码阶段，如果推论到储存和提取阶段，有过分推论的嫌疑。我担心这种过分推论，别人是不会同意的。涉及记忆、提取，往往在脑的额叶、海马部分，如果我们能做出额叶、海马有激活，那就可以这么推论。现在你只做了一个EEG，看来是做不出来这个结果的。所以我担心你这种推论过分了。另外，很短的时距，不可能让记忆起作用，要就事论事，不要过度推论。说记忆起作用，判断起作用，那就很麻烦了，因为你做实验只涉及感受野，推论超出了感受野，就过分了，不实事求是了。你做出来的实验结果有适应后效空间选择性，那怎么办呢？当然是要讲，如果说看来似乎是有选择性的。这样你就站得住脚，因为你的被试、实验设计就是这样子，你说它没有选择性是说不通的，要用你的实验结果来讲。你不能说希望有这样的效果。在分析实验结果时，是什么就是什么，可能是什么也要说可能是什么；如果说可能是记忆在起作用，可以用接下来的实验检验。所以我们做实验研究，一定要遵守实验研究的规矩，主要是感受野在编码阶段起作用，怎么能说到提取、决策阶段呢？这些问题，大家一定要注意，是什么结果就是什么结果，这个结果可能是什么就不要把它说成就是什么。我们一定要以怀疑的眼光看自己的结果，不要以很自信的眼光看自己的结果，我的这个结果是不是我的实验操作、记录、脑电有问题？只有这样，才可能把干扰因素排除了。在你成稿之前，要把所有的干扰因素都考虑到，尽量加以排除。这样下的结论就经得起推敲，所以成稿前一定要高度怀疑自己的研究结果，不要过度自信自己的研究结果。

怎样探测个人核心价值观

（2019年4月8日和22日，对博士生潘莉报告
“核心价值观对时序知觉的影响”的点评）

价值观有核心的，也有非核心的。核心价值观（core value system）是根植于一个人的灵魂深处的，是与核心自我、核心人生目标紧密联系在一起的。比如说追求真理是一个人的核心价值观，他为什么要追求真理？他认为这就是他的命根子，不能丢，杀头也要坚持；人活着就是寻求真理，坚持真理。有些人灵魂深处看重和谐，有些人灵魂深处看重冲突。所以不能笼统地对所有被试只用一种价值观。要找到核心价值观是追求和谐的被试，来做你的实验。我担心你使用的方法能不能找到合适的被试，或者用外在价值观（external value system）的被试做你的实验。这里提出一个问题：怎样测定一个人的核心价值观呢？可否考虑在现实生活中个人最看重的美好价值如正义、恭敬、仁爱、公平、善良、谦虚、勇敢、谦和、诚信、侠义、和谐、勤奋、创新、坚忍、法治、幸福、节制、自由、合作、坚强、忠恕、正直、智慧、节俭、温柔、坦诚、自律、幽默等50或100个价值，让每一个人选择哪一项是个人安身立命的价值。我们把价值词写在一张张单独的小卡片上，然后让被试从中选出自己认为最不应该抛弃的10项，再要被试从已选出的价值观中放弃5张自己认为不那么重要的，然后再以同样的方法要求被试放弃1项……剩下2~3张后，还要求他确定最后1张是无论如何不能放弃的。最后剩下的1张或2~3张可能就是这位被试的核心价值观。

价值观是一个人判断是非、善恶的信念系统，核心价值观必然与这个人的核心自我（core self）是紧密联系的。什么是核心自我？它不会是公众自我（public self），也不一定是集体自我（collective self），最有可能的是私密自我（private self）中的核心内容。当个体面对自己做出违背自己的核心价值观时会产生负罪感、羞耻感、尴尬感、愧疚感，而当个体取得成就符合其核心价值观时会产生情不自禁的自豪感。这些情感都与自我感紧密联系。那么我们怎样才能找出核心自我？又怎样以核心自我找寻核心价值观呢？

价值观引导我们追寻自己的理想。核心价值观必然与个人追求的核心目标（core goal）紧密联系在一起。什么是个人追求的核心目标？怎样界定个人追求的核心目标并测查核心人生目的？能否用于评价一个人的核心价值观？

核心价值观与核心意识(core consciousness)的紧密联系更值得研究。两者之间是一种什么关系？怎样确定核心意识？潘莉的研究主题可能为解答这些问题提供一个契机。

梁等人的和谐问卷在我们国内修订过没有？是否适合我们的研究？另外，价值观是判断是非善恶的标准，是灵魂深处的观点，是指引着我们追求理想的一种信念，因此，个体在生活中处处表现出选择的就是这个，而不是其他。所以，我们必须区分外在价值观与核心价值观。核心价值观与个人的经济利益以及自我是紧密联系在一起的，这样后续的对时序知觉的影响才可能做得出来。这个研究的自变量是被试的核心价值观，时序知觉的材料可以是约定俗成的，比如“五角星是和谐的”“三角形是不和谐的”“圆形是和谐的”，或者“绿色是和谐的”“红色是和谐的”“灰色是不和谐的”。当然都是约定俗成的，并且要建立牢固的联系。总之，我觉得关键问题有两个，一个人的核心价值观怎么界定？怎么确定？你的确定是不是有科学根据？另外，因变量一定是与价值观紧密联系的。实验结束后还要询问被试为什么选择某种刺激，喜欢不喜欢哪一种刺激，为什么是喜欢的。最主要的是被试的选择，以及价值观与刺激变量的联系。在人类社会发展中既有人主张和谐的，也有人主张冲突的，我们能不能把眼光放长远一点儿，既有和谐的又有冲突的，也有和谐与冲突权衡的，因为社会本身就很复杂，个人的价值观也很复杂。虽然我们的老祖宗宣扬大同世界，但是历朝历代都不是大同世界，都是冲突出来的，都是打出来的天下。谁赢了谁就坐天下。这个问题确实很复杂，比如说拳击运动可能是不和谐的吧？但是很多人都喜欢看拳击，当然也有不少人不喜欢看拳击，说是太血腥了。可以考虑将那些画得很简单的图片作为实验材料，比如握手、拥抱等。我们主张共商、共建、共享，这是很尊重人的。尼泊尔是一个很小的国家，我们也要和他们共商、共建、共享。哪些词汇应该在我们的量表中才是真正测量和谐的量表呢？我觉得词汇的选择还得要多花点儿功夫，不要认为外国人的量表一定适用，我始终认为对被试的调查，被试提供的意见只是一条路径，我们自己还要花点儿功夫想一想被试没有想到的地方。如果我们问别人就能解决问题，那科研工作不就太简单了？任何科学研究，研究者的头脑是第一位，我们要不断加强理论修养，用我们的头脑做科研，才能做出优秀的研究成果。

徐颖关于“中国大学生核心价值观的内隐自身认同和内隐情感认同研究”的报告中首先涉及什么是核心价值观，怎样才能探测到核心价值观，我觉得有以下几个问题需要澄清：

第一个问题：她的研究设计拟使用施瓦茨价值观问卷探测中国大学生核心价值观，

这里的问题是施瓦茨价值观问卷是否包含了中华文化的核心价值观内容？例如施瓦茨价值观问卷是不是包含了我们党中央提出的社会主义核心价值观的内容（富强、民主、文明、和谐，自由、平等、公正、法治，爱国、敬业、诚信、友善）？这个问题是必须要加以考虑的。还有它是否包含了中华传统文化的价值观如仁、义、礼、智、信、忠、孝、廉、耻、勇？中华文化价值观既包含中华传统文化价值观也包含当代文化价值观，它们都有明确的指示词。所以第一个问题必须要澄清，用施瓦茨价值观问卷进行探测是否合适？如果施瓦茨价值观问卷没有包含或只有部分包含中华文化价值观就难以测出中国大学生的核心价值观，所得到的结果那只是中国大学生对施瓦茨价值观问卷的反应，而不一定是中国大学生的核心价值观。

第二个问题：核心价值观跟自我有联系，跟自我认同有联系，这也是一个需要澄清的问题。为什么？因为自我的成分很复杂，有公开自我，有关系自我，有集体自我等，是研究什么自我与价值观有关系？是关系自我还是集体自我或公开自我？我认为这个问题也很重要。这里起作用的可能是私密自我或内隐的私密自我，别人不知道的。这一点为什么很重要呢？如果是公开的集体自我，那还需要考虑怎样排除社会期望效应。所以，我的想法是这里很可能是私密自我。那私密自我又怎么探测呢？这是第二个要澄清的问题。

第三个问题：核心价值观肯定跟情感认同有关，但是情感又是多种多样的，那它到底跟什么情感有关，也需要澄清。我认为很可能是跟自我有关的情感，比如说负罪感、羞耻感、尴尬感、自豪感这一类。它不是一般的情感，一般的情感太多了，即使你弄清了与某种情感有关，你也说不清楚它是由什么诱发的。你既然说到核心价值观与自我有关，那它可能跟自我的什么情感有关。

我认为这三个问题一定要搞清楚。如果这三个问题澄清了，我们对于核心价值观和非核心价值观问题就会有一定的了解。还有一个问题是量表的价值观指示词，比如说施瓦茨价值观问卷里用的是“国家安全”，我们社会主义核心价值观讲的是“国家富强”。国家安全都没有了，那富强更谈不上了，安全是最低的要求。所以，价值观的指示词也是需要推敲的，社会文化的特点（我国当前是富起来、强起来）也是需要澄清的第四个问题。我们讲价值观研究中国化，就是要从中国的实际出发编制出具有较高信效度的中国人核心价值观的量表。这是我们要做的第一项事情。

第二项要做的事情：探测核心价值观和自我有哪些联系，我们用什么方法测量。如果我们能够测出来，而且大家都能认同，那就是巨大的贡献。所以我们不要急于发表不痛不痒的文章，我们要做出有中国特色的研究成果，也就是说要做出具有国际水平的研究成果。我们团队做价值观研究已经二三十年了,还做不出一个像样的成果,那就对不起祖国和人民了。总之,徐颖这个报告值得肯定,毕竟是硕士一年级学生。但是也存在不足,问题多一些是可以理解的;一定要深入思考:什么叫自我认同?什么叫核心价值观?什么叫非核心价值观?怎样从心理学的角度来下操作性定义?

潘莉关于"大学生核心价值观的特点研究"的报告从另一个视角,即价值观的可变性和稳定性的角度来探讨大学生核心价值观的特点。价值观的种类很多,例如有职业价值观、婚恋价值观、人生价值观、人际价值观,等等。这些价值观有很大的差别,核心价值观到底是指哪一类的价值观?核心价值观怎样界定?它到底有哪些指标?是否可以考虑仅依据排序和选择而不考虑价值内容呢?我不是很赞成撇开内容仅按排序确定核心价值观的观点。我们必须要对核心价值观给出自己的操作性定义,并且按这个定义找出测量指标。这个测量指标是否能够得到专家们的认同?另外,心理学研究的核心价值观与社会主义核心价值观是不同的,心理学研究的核心价值观指个体真实具有最重要的价值观;党中央提倡的社会主义核心价值观是指个人、社会、国家发展的最重要的价值观,这是从社会发展的角度提出的。这是首先要考虑的第一个问题。

从可变性与稳定性的关系来看,可变性是绝对的,稳定性是相对的,这是事物发展变化的一条基本原理,我们研究价值观也不能离开哲学的这条基本原理。核心价值观是稳定的还是可变的?核心价值观有一个形成过程,已经形成的核心价值观应当是相当稳定的,那么核心价值观的稳定性指的是什么?是不是每次测量重要性都排在前面或后面就是稳定呢?我认为不能这样笼统地提问,应当考虑价值观的具体内容。因为核心价值观的稳定性是刻骨铭心的,在生死关头都不放弃的,印入灵魂深处的。如果这样理解核心价值观,核心价值观就是一个人的坚定信念,那么我们怎样进行测量呢?首先要想到有没有这样的价值观?我认为是有的,历史上的人物,比如张骞、文天祥还有现代的革命烈士,等等,在新中国建设过程中也有很多这样舍生忘死的英雄人物。这种品格稳定性指的是什么?又不是什么?只有把核心价值观这个问题搞清楚以后,如何测量才能说得清楚。比如个人成长过程中价值观是有变化的,重大环境的改变也会改变价值观,最典型的例子是末代皇帝溥仪的价值观的巨大变化,还有吸毒成瘾的人价值观也会改变。价值观是可变的,这是确定的;但是价值观也是稳定的。什么样的价值观是稳定的?我们现在要把矛头对准核心价值观,神圣价值观是不可用金钱进行交换的,与核心价值观有些相似,但可能并不等同于核心价值观,所以核心价值观到底是指什么呢,用什么办法去探测呢?

总之,怎样探测核心价值观的问题,我们可以从以下几个角度来思考:首先,可以从具体的实例出发,个体的价值观是从什么时候开始形成的？哪些价值观是不能舍弃的？例如范仲淹具有哪些特点？这些特点是不是核心价值观的特点？中国历史上有许多仁人志士,他们具有哪些特点？是否可以从他们身上推论出核心价值观及其形成呢？其次,核心价值观应当是稳定的,可否从可变的信念入手,这些可变的信念具有哪些特点,核心价值观是其反面,是否可以从反面推出核心价值观的性质呢？或者说是否可以推出核心价值观的测量指标呢？再次,还可以从脑机制出发研究核心价值观。例如核心价值观是否与私密自我有关呢？是否可以从私密自我的脑区功能推论核心价值观的性质和特点以及对其探测的指标呢？比如价值观可能包含坚忍性,坚忍性的脑区有什么特点和功能？核心价值观与核心意识有关,核心意识的脑区具有哪些特点？我们是否可以从这些脑区的特点推论出核心价值观的特点呢？另外,是否可以从核心价值观与其他一些价值观的比较中推论出核心价值观的特点。例如核心价值观与神圣价值观具有一定的相似性,神圣价值观具有什么特点,其中哪些特点是核心价值观也有的,哪些特点是核心价值观所不具备的;也就是说,我们要从相互联系、相互作用的角度来研究核心价值观的性质和指标。

信念是指个人自己认为可以确认的观念。自己认为可以确认的信念是相当多的,我们对于某种生活方式、对于其他优秀品格以及涉及人生、事业、家庭等生活方式的确信观念,在一个人身上有着复杂的相互联系,形成一个系统即信念系统。信念是一种认知评价性的观念,是我们评定事物重要性的标准;但它不仅是评定事物重要性的标准,而且是充满感情的,具有力求达成的动机功能。

什么是核心价值观？核心价值观可分为个人的核心价值观,这是心理学的研究对象,社会的核心价值观,如社会主义核心价值观,这是社会学、政治学、意识形态学的研究对象。社会主义核心价值观可以内化为个人的核心价值观,也可以没有内化为个人的核心价值观。个人的核心价值观是指个人价值观系统的重要价值中占重要地位的价值观,它对个人的其他价值观具有广泛的影响,起着支配作用。个人的核心价值观具有哪些特点呢？

1. 从稳定性和可变性的角度来看,个人的核心价值观具有稳定性,即具有跨时间的连续性和跨情境的一致性;但它也有一个形成过程,形成之后一般是很难改变的,但也不是一成不变,也会随时间和情境发生某些变化和发展。我们经常说大学时期是大学生价值观的形成时期,这里可能是指大学生核心价值观的形成,那么其核心价值观的形成指标又是什么呢？这或许是需要我们探讨的问题。采用什么方法来探究呢？

2. 从外显性和内隐性的角度来看，个人觉知到的自己的行为，称为外显行为；个人对自己的行为没有觉知到，是以某种程序引导出来、透露出来的行为，称为内隐行为。个人核心价值观的行为是外显的，个人能觉知到的；但它也可能是内隐的。如果其外显和内隐行为一致，可以推定它是个人核心价值观的一个表现，作为核心价值观的一个指标。怎样理解个人核心价值观行为内隐和外显的分离？这种研究程序的价值何在？

3. 从专注性与渗透性的角度来看。个人的核心价值观是价值观系统中的主要部分，占有重要地位，因而被个人专注，但他也关注其他价值，对核心价值观的其他方面具有渗透性。怎样鉴别专注与渗透？怎样使这方面的研究成果成为个人核心价值观的一个指标？

我们可以从上述三个方面来探究个人的核心价值观。

心理学研究的两个基本观点

（2019年3月25日在马越、黄顺航、李庆庆的课题报告会后的总结发言）

我想给大家讲心理学研究的两个基本观点。第一个基本观点，心理学研究的问题，不是只能用一种研究取向，而是可以用多种研究取向来做的。这个想得通吗？应该想得通吧。我在《普通心理学》中讲过心理学研究的七种研究取向：生物学取向、行为取向、认知取向、精神分析取向、人本主义取向、进化论取向、社会文化取向。我再举两个例子。人为什么会表现出不同的言行？其背后的动机是什么？不同的心理学家有不同的研究取向，经典精神分析论者弗洛伊德用力比多本能的生物性、原始性和潜意识性来加以解释；人本主义者马斯洛用自我实现来加以解释；行为主义者斯金纳用学习、强化来解释；社会学习论者班杜拉用模仿、内驱力来解释；等等。各位是研究人格的，对人格结构，不同的人格心理学家研究取向也不同：奥尔波特和卡特尔以人格特质论来分析人格结构，例如：共同特征和个人特质（核心特质、中心特质、次要特质）。今天你们的问题都可以用多种不同的观点来做；都不是只用一种观点、一种方法，而是可以用多种观点、多种方法解决。大家记住，这很重要，不是一般的重要。我们有些研究的讨论很愚蠢，要论证自己的研究只用一种观点来讨论，那往往不能自圆其说，就比较麻烦。今天有些人的讨论非常呆板，就只用信息加工的取向来讨论，没有想到还可以用其他的研究取向来解释。

第二个基本观点，要敢于怀疑，善于怀疑。不要相信文献上讲的都是对的，或者假设都是对的，为什么呢？因为可以用多种研究取向、多种方法。我们应当记住，怀疑是一种优秀品质。要大胆地怀疑，怀疑以前的，怀疑教材，怀疑文献。怀疑有没有根据呢？一定要有证据。心理学的研究很重要的是有没有证据。比如权力感高的人对时间的估计感到充裕，能够驾驭时间。有没有证据？有哪一些证据？然后才可以推论他是否真的有道理。证据有没有说服力？它对时间知觉有影响，我们也可以怀疑他讲的这个人可能是A型性格的人吧，不是权力感。如果证据没有说服力，我们就不要相信，提出质疑；如果有说服力我们还可以加深研究。在这里我举一个例子，我们对三岁以前的事都是没有记忆的。三岁以前怎么哭的，怎么调皮的，你都不记得的，都是你爸爸妈妈或哥哥姐姐告诉你的。为什么三岁以前自己这些事情记不起呢？当时有位心理学家给出解释了，是谁呢？弗洛伊德。弗洛伊德用出生焦虑来解释。孩子在妈妈肚子里是很安全的，出生来到新环境后感到很焦虑。这个解释有没有说服力呢？很多人表示怀疑。后来学者们又发现，这可能与下丘脑网状结构没有成熟有关系。听起来有道理，真的有说服力吗？以后又有学者发现，网状结构是从短时记忆向长时记忆过度的桥梁，必须要经过网状结构才能储存到长时记忆，这是从信息加工的观点看的。现在一般认为三岁之前的童年记忆缺失是下丘脑网状结构未成熟之故。这就告诉我们，科学研究是不断发展的，不断推进对问题的解答。你现在也可以怀疑，这是真的吗？还有根据吗？还可不可以从进化论的观点来看问题啊？可不可以从其他观点来看问题呀？你可以怀疑，但是你得设计出研究并用证据加以证明。现在说抽烟喝酒不好，但是也有一些抽烟的人很长寿，这个怎么解释？还有现在讲精准扶贫。海南有一个同志专门搞扶贫，他说精准扶贫很难的，有些贫穷的人宁愿穷，不愿意富。我们这个小区外面经常有一个身体很健壮的人不住在自己家，而把铺盖卷放在别人小店的门口。看起来真的很难理解。是懒？是有病？是个别现象。个别差异我们该不该研究？我个人认为应该研究，个别差异肯定是有原因的。所以我们在研究平均数以外还要研究个体差异，因为个体差异也很重要。无论是普遍现象还是个别现象，要注重证据是否有说服力。证据说服力不够，作为科研人员就应该想办法来研究，比如他刚才讲的横向的有人在研究，但是纵向的没有人研究，研究思路是很对的，我很欣赏。但是怎么去研究，选什么题，这就需要我们思考。同学们，这种思路对于我们出去以后申请课题是很有帮助的，出去以后我们都是担大任的，在单位里是骨干，如果看不到那些东西，跟在别人后面走，是何等的耻辱啊！不会感到很羞耻吗？我会感到很羞耻的。我是很想冲在前面，敢为人先的。另外，我们找到一个证据以后，还有没有其他解释？

对于证据是否还有其他解释？比如扶贫，我们发现有些人没有志向。富不过三代，穷不过三代。但是穷了三代以后还要穷到底，这种情况到底是什么原因？可能与志向有关。会不会是其他原因呢？可能与遗传基因有关。这种情况也是有的，比如说高低权力感，恐怕富人的权力大得多。那些没落的人可能是不要权力的人。美国的权力大吧？这种权力大绝对不是时间知觉的问题，光是时间知觉的研究也解决不了这个问题。因此，我们还应该考虑，能否采用某种操作限制其他解释，只让它按我们的解释起作用，如果这个做不到混入其他因素，你根本就说不清问题。所以，要采用操作性定义限制其他的解释。或者采用更精准的操作，只让自变量起作用从而达到我们的研究目的。心理学研究很重要的一点，是让证据来说话。证据可以是量的，也可以是质的，两者都非常重要。

总之，我有两个观点，希望大家理解、记住：第一个观点是心理学的任何一个问题都可以从多种取向、多种方法来研究的，而不是用一种取向、一种方法来研究的。第二个观点，要敢于质疑、善于质疑，用证据论证自己的质疑。心理学研究的生命力就看是否有证据，证据是否充分，是否真的符合所界定的假设。

人品与学品

（2019年10月25日在研究生“做幸福的进取者”座谈会上的讲话）

我感谢大家提了很多很好的意见，对我也是很好的学习，谢谢大家对我工作的支持。应当说，教学本来就是相长的，我和你们是平起平坐的，是互相促进的。根据大家的提问，我想讲两个问题：怎样为人，怎样做学问。

第一个问题，我想讲一讲怎样为人，做幸福的进取者是什么意思。做幸福的进取者就是做一个有健全人格的人，什么是健全人格的人呢？就是各方面都是优秀的人。什么叫各方面都是优秀的人呢？身体首先要好，身体健美才会有幸福。下面我讲人品方面的。

首先，要有正确的价值观。价值观如果是错的，甚至是恶毒的，就会犯很大的错误，就会很麻烦。我们党中央提出的社会主义核心价值观：富强、民主、文明、和谐，自由、平等、公正、法治，爱国、敬业、诚信、友善，这12个词是国家、社会对我们的要求，都是很值得我们去做的，我们要努力内化为自己的信念。我们看到这是我们社会发展要走的方向，你非要跟它反起来做，那你会有幸福吗？我们党、国家、社会的要求是正确的，我们要努力内化于心外化于行，即使是一时有点儿想不通，也是要想通的。我们个人的核心价值观要尽量地和党中央提倡的核心价值观相一致，或者说内化这个社会主义核心价值观成为我们自己的核心价值观。现在党中央教导我们“不忘初心、牢记使命”；内化社会主义核心价值观很重要。我们一定要树立正确的核心价值观；没有正确的核心价值观，不会有幸福的。即使有一点点幸福，也是侥幸的幸福。有些人用欺骗、不诚实的方法获得很多头衔，到头来就会遇到麻烦。我们要树立正确的核心价值观。

其次，要有积极的自我观。什么叫积极的自我观呢？积极的自我观首先是做一个积极主动的人。有能动性的人，一定是喜欢自己的人。有没有不喜欢自己的人啊？有啊！自卑、自杀的人就是不喜欢自己的人；我们千万不要做这样的人。我们要喜欢自己，要热爱自己、热爱生活。我们还要让个体的我和小我融入到大我中去。这样，我们的幸福就满满的了。如果你只爱个我和小我，你遇到困难和挫折，就难以对付，但是我们有大我，我们就能对付困难和挫折，从而获得幸福。个我、小我、大我是一种什么样的关系呢？我认为儒家讲的是修身、齐家、治国、平天下，就是个我、小我及大我的关系。修身是个我，齐家是小我，治平是大我。治平，就是治国、平天下，那是大我。平天下不是去打人家，我们主张和平共处，包容发展。我认为修身、齐家、治国、平天下就是个我、小我、大我的关系。想想看是不是有道理？我们中国人的自我，不是孤立地只讲小我，也不是孤立地只讲个我；我们讲的个我和小我都是力求融入大我中的。是不是这样的呢？我们中国人的自我是心中有国家、有世界的自我，如果心中没有大我，那就干不成大事。即使你现在做生意做得最好，是亿万富翁，没有国家的支持你能干好吗？修身的目的就是为了齐家、治国、平天下。孔子说："修己以安人。"就是修己以安百姓。儒家认为，一己的人生是短暂而渺小的，但一旦把自己与治国、平天下结合起来，人生就会死而不朽。儒家讲内圣外王，"修己"而达"内圣"，"安人"而达"外王"，既崇德又广业，使生命的内在美与外在美圆满统一。我们积极的自我观力求把个我和小我融入大我，中国人的自我具有自爱、自立、自信、自省、自强的品格，就是能承担起中华民族伟大复兴的历史使命。

积极自我的人都有奋斗的目标，有追求的梦想；要实现梦想就必须有相应的优秀品质。优秀品质当中我最推崇的是勤读书、多思考。不读书是最愚蠢的，勤能补拙是良训，一分辛苦一分才。你说你看不懂文献中哪个地方好，好在哪里，是因为你看的书太少了。你多读书以后就会知道一篇文献为什么精彩，精彩之处在哪里。有人问一篇论文怎样提问题，怎么写，我认为就质的研究而言，引言和方法部分都要认真铺开写：如果引言不铺开写，读者就无法理解你为什么要采用质的研究；如果不把方法部分铺开写，后面的结论就会使人感到很突然。你的方法那部分，要写访谈的具体方法、访谈过程、受访者特点、怎样开始交谈、怎样追问、怎样结束访谈，起码具有这些内容读者才会明白，你的研究是否有根据。心理学研究有一条非常重要的规则：说话要有根据。无论量的研究还是质的研究，都要以事实为依据。只不过它们的研究逻辑不同而已，质的研究逻辑是归纳法，而量的研究逻辑是演绎法。量的研究有一个大前提，然后推论出研究假设，得出研究结果是怎样检验假设的；而质的研究是由许多事实，然后归纳出一个结果。但是你现在的研究思路是什么？人家不知道，怎么能让人家相信呢？你的每一种胜任特征后面的那几句话是哪里来的？用什么方法得出的？一定要在方法中把研究逻辑想明白、讲清楚，这个是很重要的。所以第一点我提倡的优秀品质是勤读书，读好书。第二点，多思考，要积极思考。读文献，在读懂文献的基础上跳出文献，文献读懂了以后要质疑，文献讲的那些内容有没有道理、有没有根据、我怀疑不怀疑它？如果我们读了以后，都是认为好得不得了，那还有什么研究可做呢？你做出的结果会有多大出息呢？多思考就是多质疑，提出质疑。同学们有没有仔细想过，心理学历史上哪一个大心理学家不是质疑出身的，冯特的心理学开始只关注意识经验的描述和组织，只研究感觉和情感意识经验的组合。人家听不听他的？有人就不听他的。第一个起来质疑的是弗洛伊德,弗洛伊德认为心理学是研究潜意识的,潜意识很重要。对于弗洛伊德说的,行为主义是不相信的,认为你那个潜意识根本不科学。我要研究行为,研究行为才是科学的,心理学就是行为学。到现在的美国还有行为学,它是历史的积淀。行为主义走得很极端,但是它还是有贡献。贡献是强调要用科学的方法研究心理学问题。后来质疑起来行为主义的又是谁啊?认知心理学,认知心理学认为那样子根本不科学,一定要把心理的内部过程搞清楚,把心理过程搞清楚。于是他们模拟计算机,计算机的输出是外部行为,计算机有内部程序是心理活动,这样就产生了认知心理学。同学们,你们仔细想一想看一看,一部世界心理学史是不是一部质疑的历史、发展的历史?是的,从不同的角度质疑。我们的教育最大的毛病不鼓励质疑,跟着课本走是好的,就给你打100分。那个100分有什么用呢?因此我提倡多思考,一定要多质疑。

还有其他的品格,比如说要有勇气,勇气非常重要。遇到了困难就蔫了,蔫了以后就麻烦了,蔫了就没有积极性了。要愈挫愈勇,创立新学说开始的时候像华生那一套,人家也是不相信的;还有认知科学开始的时候也是很少人相信的,都是举旗帜的人胆子大、有勇气、很自信的以后才发展起来的。所以我对有的学生很欣赏,她胆子很大,敢说,这很好。但是你说出后要让人家信你,这个就需要更大的勇气。还有其他的一些品质,比如说要团结互助,不团结同志,孤军奋战,毕竟影响力有限。我们心理学部是很注意团结的,也很注重培养接班人,这样我们的事业才兴旺发达。还有是心态平和,做学问的人要心态平和,才能做得好学问,搞好人际关系。还有是我们要有同理心,人同此心,心同此理,这样才能搞得好关系,成为幸福的进取者,成为一个健全人格的人。总之,健全人格由三个要素构成,一是正确的价值观,二是积极的自我观,三是为梦想奋斗的优秀品质。这三个方面,我们要努力争取都能够具备。还有一点,大家要身体好,这也很重要。

下面我想讲讲怎样做学问,讲讲我们应该有怎样的学风。我提倡大家应该养成勤奋、严谨、创新、求实的学风。

首先,大家要勤奋。天道酬勤,功夫不负有心人,要非常勤奋。你不要以为你勤奋得很了,还有人比你更勤奋。有的人责怪自己起步太晚,看的东西太少了。那你就应该更加勤奋,迎头赶上。昨天有个学生找我,她有一本书写好了,希望我给她写个序。我看了一下她给我起草的那个序,我怎能同意呢?大概看了看她的书稿便决定我自己来写,我今天早上4点半起来到今天上午把那个序言草拟出来,有三页纸。从构思,到落笔,到把它写出来,大概用了五个钟头。我认为自己是很勤奋的,要做的事情我宁愿少睡点儿觉也要把它做好。我宁愿少睡一点儿觉,宁愿少打一点儿游戏,宁愿不去闲聊,但是我还是要坚持锻炼身体。因为缺乏体育锻炼,身体不好,损失就很大了。最近我买了一套书《中华经典诗词2000首》，准备挤时间看看。我现在记性不行了，记不住了，但是多看几遍总能记住一些。一定要勤奋，勤奋不是傻干、苦干，而是巧干。勤奋就是科学地利用时间，怎么科学地利用时间？就是该学习的时候就要专心学，该休息的时候就好好休息，该睡觉的时候倒下去就睡着。这个我现在很难做到了，一倒下去就睡着现在很难做到了。我在年轻的时候做得到，现在做不到了。我醒得很早，但是我睡觉还可以。做学问一定要勤奋，这是第一条。

其次，做事要严谨，不能马马虎虎，马马虎虎就做不好任何事情。无论是质的研究还是量的研究，都必须是非常严谨的。你做任何一个选题，不勤奋不严谨，你就是做不好的。可能在其他高校会让你毕业，但是在我这里你就毕不了业。我要求你养成勤奋严谨的好习惯。比如说选题都已经选好了，你还在东想西想，想再改题来做，你这样见异思迁肯定是做不好的。道理很简单，你做另外一个题目可能遇到的困难更大，所以选好了题就必须迎难而上，硬着头皮也要去干，把它干好。这样才能培养起自己做好事情的勇气。

再次，是创新，我很欣赏创新。做研究必须要有创新，要有创新就必须要对前人的研究提出质疑。你根本不晓得前人做过哪些研究，也根本提不出质疑，那就不可能有创新。现在快到21世纪20年代了，所有学科大多都有人在研究的，不可能没有人涉及。想选一个偏题来做，太不现实了。选中国化的题目来做是选偏题吗？不是我们想选偏题来做，而是我们认为现在的心理学研究太不合理了。西方人格心理学把我们中国十四亿多人口排除在外，或者只搞了很少一点点的人做研究，完全排除中华文化，太不合理了。所以我主张用中国化这个概念。我讲“社区心理学研究要中国化”，因为我们中国有14亿多的人口，中国的文化，社会制度不同于西方，中国的社区也不同于西方。我们是从中国的实际出发，以中国社会文化和历史的角度研究中国人的社区心理学问题。这就是我讲的心理学研究中国化的含义。我要求同学们要用中华文化的视角看问题。比如说氛围的问题，社区的氛围，我们现在英汉心理学词典中的“氛围”都是从外部环境的影响来定义的。从外部环境影响来定义“氛围”能说得通吗？很难说得通！试想如果没有人进入这个环境，没有人跟它互动，环境能有什么氛围？没有的。因此我认为氛围是环境与人交互作用的结果，这个定义肯定比一些西方心理学辞典要全面、科学。所以我们阅读文献要质疑，要用新的视角观察和研究。我们怎样做才能产生新视角呢？这就需要创造性的思考，有了创造性的思考我们才有可能产生新视角。有了新视角，我们的科研就有希望了。我们进行社会治理中的社区心理学访谈，一定要用新的视角，就是现在杜刚在写的那篇论文，一定要有新的视角。如果没有新视角，你写的文字都是别人讲过的，有什么意义啊？我们这次到外地做社区访谈起码有三个目的，急国家社会之急需,国家对社会治理那么重视,我们搞心理学的人不该重视吗?我们一定要介入;急学科发展之急需,我们的社区心理学不抄外国人的那一套,要建设中国特色的社区心理学,就必须深入到中国社区实际中;急人才培养之急需,中国社区心理学要发展,懂得中国社区的人才太少了不行,并且只有到中国社区中去学习才能了解中国社区的心理学问题。我们到社区访谈,去了哪些地方?怎么访谈?受访者和访谈者的关系是怎么处理的?我们要在研究报告中把这些作为一个重点来写,为什么呢?因为你把方法写好了,后面的结果人家一看就知道有没有道理。大家一定要注意,引言部分是提出问题,后面那些内容都是为了回答引言提出的问题。这就像一章书的书稿,前言提出一些问题,后面的几节都要与前言紧密联系。然后每一节又有一个引言,有几句话,这个引言就包含节以下的内容,然后节以下的内容就要回答节引言提的问题。现在有些人,前面的引言是一回事,后面的内容又是另一回事,这个叫作文不对题。后面的文一定要对到题,你这样的写作逻辑才能使学者信服。

科研的目的是创新。要创新,首先是要质疑,要敢于质疑,要善于质疑。郭云飞做的"前瞻性时间记忆的练习效应",看起来就像习惯的形成。习惯形成可以从行为层面探讨,也可以从脑机制层面探讨,里面有什么变化没有,如果我们找到了脑里的哪个部位有变化,那我们对这个问题的认识就会有大的突破。所以我建议一定要把着重点放在这个地方,而不是去乱抓一些东西来做。很多同学问为什么您就看得到这个问题,我就看不到这个问题?要多读书,多读书会使你触类旁通。你没有学过心理学的方法,不知道实验法和质的研究方法,你当然就看不出他的研究方法有什么毛病。质的研究有许多研究方法,如果你不了解,你就设计不出。你们写书稿的第二节社区和谐观的研究,你就很难设计出来。要多读书,多学习。我对于自己的评价是:我不聪明,但我很勤奋,勤奋的人有可能出成果。一个人的成果多少,在很大程度上跟他的勤奋不勤奋有关。

最后就是求实,要实事求是。说老实话、办老实事、做老实人,这是我们当研究生的基本要求。花言巧语、弄虚作假是最可耻的。也就是说我们通过研究生的学习,使自己养成勤奋、严谨、创新、求实的优良学风,不只是为了写一篇文献综述,也不只是为了写一篇研究报告。我们还要培养自己的优良学风。有了这个优良的学风,走到哪里都能干出一番事业、过上美好的生活。我们毕生的奋斗目标是健全人格,我们做学问要养成优良的学风,这两者是相互关联的,相互促进的。我讲的这些差不多都回答了你们刚才提出的问题了。

暑期见闻及怎样研究“人生追求”

（根据2017年8月28日上午对研究生的讲话修改）

我这次暑假外出避暑，有一些比较大的收获，很想早点儿返校与同学一起分享我的收获。第一个收获是我的学生走出校门后进步很快。据不完全统计，有七位学生申请国家和省部级科研项目，并获得批准。他们很高兴，我也很高兴。像王晓刚、程科、付安国现在还是副教授就获得了国家和省部级的研究课题，这很不容易。有了这些研究课题，他们在学术上就有了“登堂入室”的好机会，就有能在国内和国际的心理学术期刊上发表论文的机会。他们的今天就是你们的明天。

第二个收获是我们从事心理学研究要自觉地加强基本功的训练。大家知道，凡是有人的地方都有心理学研究的问题。心理学研究的基本功训练应当掌握的要点是什么呢？以下八项是很重要的。

1.要了解心理学的职业生涯，其使命是点燃心灵真善美；

2.了解自己研究领域的已有成果，产出新的想法；

3.善于设计研究方案验证自己的想法；

4.善于运用多取向多方法撰写科研基金的申请书，以获得基金资助；

5.善于用科学性与人文性相统一的观点研究心理学问题；

6.学会构建、检验和发展自己的理论或提出应用的对策建议；

7.善于人际合作和沟通，以扩大自己研究的影响力；

8.善于撰写论文和成果交流。

其实，以上八项在硕士生学习阶段就应逐步形成，在博士生学习阶段则应自觉地去做，因为博士生阶段主要是进行自主的创造性劳动。

下面我想结合《当代中国大学生人生追求的心理学研究》谈点儿强化基本功训练的想法。我们研究的任何一个心理学问题，其他学科的专家也是在研究的。像人生追求这个问题，就有很多学科专家在研究，如哲学、伦理学、社会学、历史学，还有教育学、思政学，甚至遗传学都在研究，是很多学科共同的课题。像这样的课题，其他学科可以研究，我们也是可以研究的。我们用心理学的观点和方法来研究，思想不能僵化。这次我到贵阳避暑，开始我只告诉我的一个老学生赵福菓教授，没有告诉其他任何学生。后来赵福菓教授说他的学生知道后都想要来看望我。因为我在贵阳避暑是由赵福菓教授安排的，他曾担任过贵阳市教委主任，现在担任贵阳学院副校长。他说他的学生要来看望我，这样影响就扩大了，我不得不告诉近年来刚毕业的博士尹天子、吴小勇、薛婧三位副教授。与他们的交谈中，我体会最深的是，女同志最难。生娃娃、带娃娃，娃娃还不到两岁，不能上幼儿园，她们几乎把所有的时间都放在娃娃身上，很多新东西都没有学习，搞科研，申请项目，自然遇到很大困难。吴小勇在贵阳中医学院工作，中医学院没有心理学专业，他所学的学科完全是被边缘化了，怎么办？是到其他高校另找出路还是继续在中医学院找出路？我跟他交谈了很久，我认为像他这种情况是可以继续在中医学院开展心理学研究的，就是要把心理学研究与中医结合起来。与中医相结合开展应用心理学研究，有许多问题值得探讨，例如，中医的心理疾病机制，中医的心理诊断原理，对各种心理疾病的中医防治，中医的心理护理，中医的养生理论与实践，等等。中医药学是中华文化瑰宝之一，我们从事心理学研究的博士应当抓住这个机遇去研究中医药学中的心理学问题，义不容辞地去攻坚克难，去做奠基性的研究工作。这比跟着外国人的后面，做外国人提出的概念更有意义、更有价值。所以我认为，吴小勇博士的出路就是与本单位的工作紧密联系起来，去开拓中医心理学研究，他具备这方面心理学的基本功，前景看好！

我指导的研究生从事时间心理学和人格心理学两个方向的研究，你们毕业后到了工作单位，能继续从事自己熟悉的方向研究当然是好事；但大多无法继续从事自己熟悉方向的研究，这也不一定是坏事，我们有扎实的心理学研究基本功训练，我们要尽快适应新的工作需要，把自己的研究与新工作单位的需要结合起来，比如说少数民族的心理健康问题，有的单位就需要做这方面的研究，要充分显示这个单位的特色。再比如说你想做校园霸凌行为的研究，你就必须要跟中学里的教师相结合，否则就难以做好这个问题。只要我们掌握了心理学研究的基本功，不论是以前没有做过的问题，或者现在开始做跨领域的研究，我们都能应对自如，并且会取得好的研究成果。

下面讲讲我对人生追求心理学研究的一些想法。

要厘清“人生追求”的概念。通过文献回顾，可以知道“人生追求”是很多学科研究的对象。我们是从心理学的角度对它进行研究的。什么是心理学的研究角度呢？从心理学多种研究取向的角度去考察，什么是人生？人生就是个人一生中各种活动的总称。一个人的人生，从纵向角度来看，从出生经历婴幼儿时期、儿童期、少年期、青年期、成年期、衰老期、直到死亡为止的发展过程。娃娃也有他的人生。不过婴幼儿期是不知不觉的人生，随着自我意识的发展，人生便有了各种追求，而死亡了，人生追求便停止了。这可以从孔子对于自己的评价看出，孔子说：“吾十有五而志于学，三十而立，四十而不惑，五十而知天命，六十而耳顺，七十而从心所欲，不逾矩。”（《论语·为政》）据冯友兰的解释，这里的“志于学”，是志于学道，而不是认识几个字；“三十而立”，是“立于礼”，通俗地讲，就是做事要恰到好处；“四十而不惑”是指对于仁义礼仪有了了解，特别对于礼有了充分的了解；“五十而知天命”，知天命就是了解到人力总是有限度的，到了五十岁时了解到有人力所不能及的事情；“六十而耳顺”，即六十岁而顺天命，乐天知命了，乐天知命故不忧；到了七十岁就可以从心所欲，任何念头都不会越出规矩了。孔子的修养到此是最高点。从横向来看，经济发展水平不同、社会文化及自然环境的不同都会影响人们的生活状况和人生追求。

我们怎样分析人生追求？人生追求（pursue of life）就是个人对未来愿景的追寻，可以从好几个角度来分析。

首先，让我们来看看有意识的追求和无意识的追求。我们对未来愿景的追寻或欲求有的是有意识的，有的是无意识的（既无明确的目标，也不明了行为的意义）。这类欲求行为大致可以分为五种情况：（1）总是无意识的；（2）可以变有意识的；（3）在开始做的时候是有意识的，但随着练习变成了无意识的；（4）既可以是有意识的，也可以是无意识的；（5）总是有意识的。人生哪些欲求是无意识的？在什么情况下人的无意识欲求会变成有意识的？有意识的欲求与无意识的欲求之间存在怎样的相互作用？这些问题有待进一步的探讨。

其次，让我们看看人生追求的种类。追求的词义与欲求、欲望、本能都有联系，都有“想要得到”的意思，在心理学史里许多学者都做过分类。例如Freud（1856—1939）把人的本能划分为生的本能（life instinct）即爱的本能（libido）和死的本能（death instinct）即攻击的本能。Adler（1870—1937）认为每个人都有自卑情结，有追求优越、追求完美的欲望。Fromm（1900—1980）认为人有五种独特的心理需求：（1）关联的需求，即想去爱和关心他人的需求；（2）超越的需求，即期望自己能超越动物的被动性而成为创造者的需求；（3）归根的需求，指人们都有寻求归宿感的需求；（4）认同的需求，指追求自己掌握自己命运，自己做主的需求；（5）定向框架的需求，指对环境形成稳定的认知框架的需求。Murray（1893—1988）对人类需求做了系统的分类，编制了一个表格列出二十种需求：支配、顺从、自主、攻击、谦卑、成就、性、感觉、表现、游戏、亲和、拒绝、援助、养育、逃避困窘、防卫、克服弱点、逃避伤害、秩序、理解。Murray认为在现代社会里人的基本需求是成就需求、亲和需求、权利需求和表现需求。Maslow（1908—1970）提出需求的层次论，认为人类是由一系列具有生命意义的内心欲望所驱动的。这些需求使人处于不满足的状态：一种需求获得满足之后，另一种需求就接着要求被满足；他一共列出七种互相关联的基本需求：生理需求、安全需求、归属需求、自尊需求、认知需求、审美需求以及自我实现需求。

人生对未来愿景的追求很不一样：是追求一个未来愿景还是追求多个未来愿景？某个未来愿景是否有核心作用？其强度是否有所不同？未来愿景的层次结构怎样？人生追求的未来愿景是否会发生冲突？如果发生冲突该遵循什么原则处理？这些都值得我们关注。

最后，让我们来分析与人生追求相近似的一些概念。

（1）人生追求与人生目标（goal of life）。从词义上来看，人生追求指个人对未来愿景的追寻，强调的是个人内部的、主观的动机状态；而人生目标通常指某个目的物，强调的是人生目标的外部的客观实在性。但是，这两个概念也有密切的联系，在心理的研究中，我们对人们内心的未来愿景给出操作性定义，其目的就是对内心的愿景加以测量，将其外化为客观的东西。

（2）人生追求与价值观（value）。价值观是植根于每个人心灵深处判断是非、善恶的信念系统；它不但引导我们追求自己的理想，还决定我们对生活中的各种选择。价值观与人生追求，包括欲求、需要、兴趣、态度、信仰密切相联系。价值观不只是价值判断的认知，通常它是充满情感的，并为个人自认的正当行为提供充分的理由。价值观与生活方式、人生追求在测量上往往是相通的。例如Allport，Vernon & Lindzey（1960）编制的价值研究（Study of Value），就是根据Spranger（1920）的价值分类理论：理论的、经济的、政治的、社会的、审美的和宗教的而编制的，它可用于测量个人的价值取向或人生追求的相对强度。又例如Morris（1956）编制的"生活方式问卷"，包括13种生活方式（日本的学者田宗介将其简化命名为中庸型、达观型、慈爱型、享乐型、协作型、努力型、多彩型、安乐型、接受型、克己型、冥想型、行动型、服务型），可以用来测量人们对生活方式的追求和价值观的倾向性。

（3）人生追求和追求理想。人活着就是要追求理想，要实现自己的人生价值。我们每一个人都有责任找到自己的理想，用自己的实际行动去实现它。那么，人们到底应该追寻什么样的理想和人生追求呢？在这个世界上，每个人都是有个性的，每个人所追求的理想和人生追求也都是个性化的。就成功人生而言，我国传统文化强调立言、立功、立德"三不朽"。学问方面成功是立言，事业方面成功是立功，道德方面成功是立德，虽然立言、立功需要一定的条件，但每个人都可以在他自己的工作岗位上立德，做好他应做的事，努力做到尽善尽美，这就是立德。同时，人在立言之时，可以立德；在立功之时，可以立德。每个人随时随地都可以立德的。厘清概念是心理学研究的一项基本功，希望同学们自觉地加强这项基本功训练。

心理与行为现象是很复杂的。人们有时用不同的概念(名词)指称同一类心理与行为,有时用同一概念指称不同的心理与行为。当我们面临的概念无法用量化的方法加以解决,或对概念无法用现有的理论假设给出定义时,使用质性的实地研究(例如参与观察、深度访谈和个案研究)是一种有效的方法。质性的实地研究不同于量化的演绎实证方法,它试图从无法预测的过程中发现有意义的东西,即从初始的观察,尝试推演出一般结论,这些结论能启发我们进一步观察,进行这种观察,然后再修正结论……如此反复。它遵循的是归纳推理程序。

例如我们想了解什么是"人生追求",可以做质性的实地研究,做一个深度访谈。在做深度访谈之前,可以考虑把访谈的重点放在下列几点上:(1)活动,人生追求可能有哪些言行上的活动;(2)情节,人生追求会有哪些生活事件的具体情节;(3)冲突,生活中可能遇到的冲突;(4)角色,在生活事件(如学习、工作、家庭、社团)中当事人的角色;(5)关系,许多社会关系都可以分析人生的追求;(6)组织,参加单位组织的活动情况;(7)群体,参加非正式群体(如朋党、坝坝舞团体等)的活动情况;(8)聚会,经常结交哪些朋友,有哪些聚会;(9)生活情趣,喜欢阅读什么书,看什么电视,打牌逛街等;(10)日记、会议记录;(11)价值取向(日常生活中的)。应当注意,质性的访谈设计是弹性的、复杂的、反复的、持续的,而不是受事先准备所束缚的。因为质性的访谈通常是访问者与受访者之间的互动,而不是按一组特定问题的询问过程。在受访者与访问者的互动中,受访者的谈话占绝大部分时间,访问者只占50%的时间,主要是把握谈话的方向(不致谈话变得漫无边际)。因此,访问者必须对访谈内容要相当熟悉,这样访谈才能顺利、自然地进行。

在质性的实地研究时应当注意:(1)此类研究种类繁多,要考虑我们需要什么资料,应该如何收集和分析;(2)要回答什么样的问题考虑采用何种质性的实地研究方法。

目前有两种方法(扎根理论和个案研究)常被心理学研究采用。

扎根理论(grounded theory)是Barney Glaser与Anselem Strauss将实证主义和互动理论结合起来的方法,即通过对来自观察资料的模式、主题和一般分类进行分析,进而得出理论。在使用此种方法时应特别注意以下几点:(1)比较性思维:根据最初观察的解释,要多次比较事件,它可以避免出现偏差;(2)要采纳多种观点:研究中会有不同观点,要重视不同观点和方法所产生的不同资料和观点;(3)时不时地进行反思:要不断地对照解释,检查所得到的资料;(4)要保持怀疑的态度:对于试图给出的解释一定要持怀疑态度、不断拷问其能否经得起新观察的检验;(5)遵循研究程序:其基本程序是做比较、提问题及取样。

个案研究(case study)把注意力集中在一个或几个案例上。对特定个案的深入研究可以提供解释性的解释,可能形成更一般的通则式的理论基础。

任何心理学的科学研究都可能会遇到例外,不承认例外的说法是不恰当的。因为心理学的规律代表的是概率模式,这种模式并不需要百分之百地反映所有的观察个案。心理学规律反映的是许多人聚合的或群体的行为状况。虽然心理学家也研究哪些因素会导致某种行为倾向,但是往往无法穷尽各种因素对人的行为倾向的影响。

因此,我主张在心理学研究中把质性方法和量化方法结合起来,把通则式(nomothetic)和个案式(idiographic)解释结合起来,这些都是我们心理学研究的基本功。

我们的研究要走自己的路

（2019年5月20日在研究生课题报告后的讲话）

我想讲一讲社区心理学的研究，我们的研究要走自己的路，就是说我们到社区去做社区心理学研究要把那里的居民当作中国人来研究，而不是把他们当作洋人用西方社区心理学的概念和理论或测量工具硬套在他们身上。简单地说，我们的社区心理学研究要从中国的社区实际出发，提出概念、发展理论和测验工具，从而为我国的社区建设和发展服务。同时我也会讲到认知心理学的研究。现在我讲五个问题。

第一个问题，质性研究是一种什么性质的研究？质性研究是用文字进行描述的研究，属于探索性研究。质性研究所取得的资料比较丰富，但大多是比较模糊的。我们收集质性研究的资料有什么目的呢？有这样几个目的和想法：一是满足研究者的好奇心。比如说我们研究进取心，什么叫进取心？我们研究人生态度，什么叫人生态度？我们需要去访谈，进行开放式访谈。二是探讨对某个课题进行深入研究的可能性。我们遇到某一问题，经过讨论，经过访谈，我们觉得这是个社区氛围问题，那社区氛围怎么研究呢？可不可以用质性的研究呢？是可以的。三是发展出后续研究所需要的研究方法。质性研究使我们获得更多的感性资料，有助于我们提出概念的构架。如果要从中国实际出发研究社区心理学问题，质性研究非常重要。没有质性研究，我们就无法建立起自己的概念架构。比如说进取心，要研究进取心，你就必须对这个概念建立起自己的架构（或构念），包括它由哪些维度构成，怎样描述这些维度，这些维度之间的相互关系怎样。同样地，你要研究人生态度由哪些维度构成，如何来描述这些维度，通过质性研究你就可以逐渐明确起来。要对社区心理学的中国化主题进行研究，质性研究很重要，这种研究方法一定要掌握，当然质性研究也有缺点，它的缺点是不能给出一个完美的答案，只能给出描述性的东西。而要给出一个解释性的答案，就必须要用量化的研究。量化的研究是研究“是什么？”“为什么？”“怎么办？”这些问题。现在很多人都在做量化研究，但是我们要想到量化研究的前提假设是否适合中国的国情。量化研究有一个基本假设，就是它所研究的心理活动是全人类的，比如认知心理学探讨的是人类的认知活动。刚才小郭讲的练习效应（practice effect）就是指因重复练习而使个体行为产生显著的改变；或指一个行为或一系列行为，或某个操作，或某种习惯。时间性前瞻记忆就是时间性的前瞻记忆。其基本假设是已经定论了的。现在你把它们结合在一起，你想重新界定，学界会认可吗？

第二个问题，要分清我们研究课题的分析单元。刚才讲了，我们的分析单元可以是全人类的，认知心理学、生理心理学以及认知神经科学都是全人类的。但是，社区心理学的分析单元就不一样了。它的分析单元就是社区，社区里面的一群人，或者说是生活的共同体。他们是社区命运共同体，或者说是生活在社区的共同体。因此，分析单元是什么？研究谁？这是我们要加以考虑的重要因素。以社区作为分析单元，我们就要考虑社区的群体、社区的亚群体、社区的个体及其交互作用。我觉得我们是一定要考虑分析单元的。因为分析单元是用来考察和总结同类事物的特征，解释其中的共同性和差异性的只有分析单元清楚了，才能知道应该观察什么，观察谁，是个体，还是亚群体，是群体呢，还是组织呢，还是组织的活动呢。例如，我们做社区氛围研究涉及的是社区群体，做社区管理层的胜任特征研究涉及的是社区亚群体，当然它们之间也是交互作用的。这是两个问题，我们不能把问题分开，分开来看就不叫社区心理学了。因此我们一定要搞清楚，如果把分析单元搞错了，往往就会犯两种错误。一种叫作区位谬误（ecological fallacy）。这里的区位是指比个体大的群体、集合体和系统。区位谬误是指只对群体（或集合体、系统）上得到的观察的结果错误地推导至个体层面。另外一种叫简化论（reductionism）的错误。所谓简化论就是用一组特别狭窄的概念来看待和解释所有事物。比如现在很多研究都用基因来解释人类的所有行为；这种用基因来解释人类的社会行为、国际交往行为等，我看是有问题的，是说不通的。

第三个问题，概念的构念化（constructalization）。我们研究社区心理学，中国的社区与西方的（特别是美国的）社区有许多的不同。从中国社区的实际出发研究社区心理学，其中许多概念都需要构念化，比如说社区氛围、社区的文明观、社区的正义观、社区的仁爱观、社区管理层的胜任特征等等，怎样构念化呢？这是一项很繁重的学术任务。例如我们要研究社区氛围怎么构念化，我们会问：社区氛围指的是什么意思？只是环境的影响还是人与社区环境的交互作用？社区氛围包含哪些内容？什么叫构念化？构念化其实就是我们的研究思路，我们怎样来研究这个问题。那么我们的研究构想（思路）是从哪里来的呢？主要来自以下四个方面：一是来自中华优秀文化典籍。这是中华文明的根，千百年来传承至今，但也有变化。二是来自现实的社区生活，当今中国社会主义进入了新时代，开启了实现中华民族伟大复兴的新征程，社区建设的许多新经验为社区心理学建设提供了新思路。三是来自外国社区心理学的合理经验和成果。四是来自我们长期思考积累和经验。构念并不只是文字性的定义，是我们想研究某个概念里面到底包含哪些内容还需要探讨，比如社区氛围包含社区物理环境的氛围（或者说自然环境的氛围），还有社区人文环境的氛围。社区人文环境氛围不一定是人际关系。人际关系是很重要的一部分。有些社区历史上代代出状元,这是氛围好或者风水好吧。社区人文氛围到底包含哪些因素?我们要去查阅中华优秀文化典籍,也就是说中华文化都提到过哪些?比如天人合一的观点,以人为本的观点,刚健有为、自立自强的观点。到社区访谈,我们心里必须有数,通过古典文献的查阅我们了解到中华文明推崇哪些价值观,到社区去访谈就不会迷失方向。又比如说进取心,什么叫进取心?儒家讲的进取心就是立德、立功、立言。可以看出,我们的老祖宗是这样看问题的:修身、齐家、治国、平天下;是国家大于小家,群体大于个体,是一种大我的观点,通过古典文献综述我们逐渐在头脑里面有了自己的想法,有了理论设想,这就是构念化。这些理论设想是一些描述性的,是一些描述性定义;这些定义又相互组合,相互关联。例如我们还要花一些时间去构想:优秀干部到底具有哪些特征?这就是我们的构念;为人品质方面有哪些特点?做事效率方面有哪些特点?社区氛围也是一样。国外对于自然环境有他们自己的指标:适宜性、独特性、变化性、易识记性、怀旧性、质朴性等,我们能不能吸收其合理成分;这里我们提出的问题是喜欢不喜欢、重要不重要。概念的构念化就是对于一个要研究的概念构想出一些描述性的构念和定义,以及对这些构念和定义的相互关联。所以构念不是现实的、不是客观的。构念化就是我经常讲的科学家在科学研究之前在头脑里的种种假设和设想。构念化是研究者的理论构想,它为我们提供了下一步实证的依据和方向。实证研究的目的就是检验这个构念,就是检验理论构想。看看是否和现实相吻合。因此,构念不是一成不变的,是可以变化不断修改的。我们不要奢望一次就成功,因为事物是在发展,人的认识也在发展,构念也在发展。我们心理学研究IQ,IQ研究从提出迄今已有近两百年了,到现在IQ的理论和研究还在发展。大家一定要记住,构念不一定要十全十美,这我们做不到,要不断地发展不断去做。社区心理学要与现实结合,这和认知心理学不一样,认知心理学是有现成的构念的,所以一般小人物想搬动大人物的框架是很困难的。举个例子,王登峰做出来的中国人的人格七因素模型,投稿给*Journal of Personality and Social Psychology*,被拒稿了。你们觉得公平吗?我们大家要认识到,沿着西方心理学的思路去做所谓全人类的东西比较好做,也比较容易出成果。但你要仔细想一想,它是否符合中国实际?不符合中国实际的研究在国外杂志上发表了它又有什么价值呢?我们对社区心理学的概念一定要进行构念化,按中国化的路径去研究,不能把国外社区心理学的概念、理论和测量工具照搬过来,硬生生地套在中国社区居民身上。我们的社区心理学研究要走自己中国化的道路。这是因为中国的社区与西方的社区是有差异的。

第四个问题,社区中国化研究具体该怎么做?我有以下几点建议:

1. 深入我国社区实际,了解社区居民喜闻乐见的心理和行为的有关概念;

2. 钻研中华优秀文化典籍，了解社区心理学有关概念的缘起与发展概况；

3. 深入社区做深度访谈，发现社区心理学有关概念在中华文明中一脉相承的研究思路或构念体系；

4. 社区心理学有关概念的构念体系应当顾及历史、当前的社区治理以及社区建设的将来发展；

5. 研制出一整套适合理解中国社区心理学的研究工具，例如形容词查核法、形容词赋值法，还有用谚语、成语、箴言编制的测量工具。在研究测量工具方面，有许多工作需要抓紧去做。例如编制《社区自然环境氛围喜爱度量表》《社区人文环境氛围喜爱度量表》《优秀管理人员为人处世成语量表》《优秀社区管理人员办事效率成语量表》《人生态度量表》《社区居民幸福指数量表》《社区居民获得感量表》等。如果条件许可也可以采用认知神经科学的方法作为我们的研究的手段和方法。我们也可以吸收国外社区心理学的合理成分。采用多种测量工具、采用多种方法既可以相互验证，也有助于检验和发展我们的理论构想。这项工作希望各位抓紧做出成果来。

第五个问题是，走中国化的道路是很艰难的，要有充分的思想准备。因为这是在创造自己的概念和理论，发展自己的研究方法。我鼓励，我们的国家也是鼓励的。我们把根扎在中国的大地上，探究社区心理学为祖国社区建设服务，这是人生很有意义的事情，很值得骄傲的事情。因此我希望你们：一是要深入实际，深入中国的社区当中去，深入到中国人生活当中去，提出自己的研究思路，完善自己的研究思路。我们如果要真心地把根扎在中国大地上，就必须要联系实际，不联系实际是做不好研究的。二是要遵循质的研究和量的研究相结合的方法来做。质的研究有质的研究的规矩，量的研究有量的研究的规矩。我们瞄准的方向是国际前沿，包括我们做中国化的研究也是国际前沿。怎么不是国际前沿呢？我们可以在国际会议上与外国专家对话嘛。三是不要浮躁，要静下心来学习，做学问。韩愈说："业精于勤荒于嬉，行成于思毁于随。"爱迪生说："天才是百分之一的灵感，百分之九十九的汗水。"让我们遵循"勤奋、严谨、创新、求实"的学风，以高度的民族自信心、民族自豪感，把社区心理学的研究扎实地进行下去，做出具有国际水平的研究成果来。

把心理学的成果写在社区千家万户的心坎里

（2020年12月29日，对博士生杜刚和李树杰报告的点评）

宽恕这个选题有什么意义？有什么价值？你要把它讲清楚。你研究“当代中国人宽恕的概念化”这个课题，更应该讲清楚它有什么现实的理论意义，有什么现实的实践意义。到哪里去找文献的支持？到党中央的文件，到习近平的治国理政的讲话中去找。光从词汇学的角度是不可能分析出研究这个选题的现实的理论和实践价值的，否则我们中国人的词汇很多，随便抓一个词语来就可以分析出它的现实意义啦？不是的。要从这个词在人们生活中的价值来看。比如说，进取，我们党中央的文件、习近平的讲话多次讲到进取，从中央的文件引几段话就很容易阐释它对当代中国人的应用价值和理论价值，但是在传统心理学里头却没有“进取”这个术语。

如果世界上对“宽恕”的见解都是一样的，都是一个观点，你要怎么来研究呢？我们不能只是一厢情愿——我要研究，而是要从几个方面来思考。怎么办呢？其实，宽恕这个概念是有多种含义的，不是只有一种含义。这是我的一个观点。为什么这样说呢？因为我们可以从不同的角度来加以研究。第一，它是一种行为模式。我们直接把宽恕看成一种行为模式，这种行为模式有它自己的直接原因，比如说“己所不欲，勿施于人”，这个原因就是说不愿意把不好的东西给别人，愿意把好的东西给别人。第二，可以从发展的观点来考察。用发展的观点来看，宽恕是逐渐形成的、逐渐学会的。是怎样学会的？孔融为什么会让梨？一个4岁的娃娃都愿意把自己的东西给人家，孔融为什么会让梨？这是一种发展的观点看问题。第三种观点是功能的观点。宽恕行为模式的适应价值是什么？宽恕的适应性价值可能是儒家的适应观，是有利于国家、社会的发展。第四种观点还可以用进化的观点来看，宽恕这种行为模式的产生可能是物种进化过程中因生存竞争中的某种力量而塑造出来的，这也许是值得研究的。宽恕在我国是2500年以前就提出来的，现在我们还在坚持这个观点，这是不是一种进化的观点呢？还有第五种可以用文化的观点来考察宽恕这种行为模式。我们生活在多种文化中从而使我们发展起来既有相同又有不同的宽恕行为。你觉得怎样？是不是还有进一步研究之必要！心理现象是很复杂的，每一种心理现象都有多种含义，我们完全可以从多种含义出发去形成宽恕的概念化，去进行研究。心理学的很多概念，都是有多种含义的。那种清晰的含义是研究者的界定，如果你界定了宽恕，给出了操作性定义，那讨论只能在这个范围之内进行,可不可以在界定之外讨论呢?当然可以。那是另一个问题了。宽恕有多种含义,其他概念如进取、智慧、时距知觉适应后效等,也都是有多种含义的,不是一种含义的。请大家一定要记住,心理学的每一个概念都是有多种含义的,这些概念之所以能写入教科书,是因为被大家认可了,所以首先你的一个任务就是厘清概念,给出操作性定义,这也就是概念化过程。我建议你不要纠缠于是西方的还是中国的宽恕。没有必要讨论这个问题,因为中华文化本身就有很强的包容性。

我再讲一点,宽恕有很多的含义,也可以做不同的研究,以怎样的一个新的视角找到它的新切入点呢?这是研究者的智慧。如果是别人做过的我也按着别人的思路去做,那太没有出息了。到现实生活中去,中国谚语当中关于宽恕的谚语很多。例如中国民众的人际交往中有"打人休打脸,骂人休揭短",这是讲人际交往中要宽恕人;还有如"大海浮萍,或有相逢之日""大恩不言谢,大能不掩小""大人不责小人过"等,像这一类的话很多很多,我昨天晚上翻了一下。我们可不可以从心理学的角度去研究呢?如果我们的博士生能那样去做,那确实是高智慧的。我觉得《心理科学进展》的那个退稿的意见说宽容和宽恕没有什么差异,也就是说宽恕这个概念研究得相当多了,我们不必再去理会这件事了。当务之急是我们怎样找到一个新的切入点去研究。新的切入点在哪里?我建议你用宽恕的思路去处理社区中的各种关系,用新的视角去研究社区中的家庭关系,把它用来解决人际关系、群际关系,以显示中国人在这些问题上都有自己独特的智慧。现在有些人对做社区心理学很反感,因为觉得不吃香,说没有做ERP、fMRI的那些吃香。这种观点是不对的,我们的心理学研究要有应用价值,不能搞一些纸上谈兵的。把心理学的研究成果写在社区千家万户的心坎里,那才是一件很光荣的事情,既有现实的理论价值又有现实的应用价值。

最后,宽恕是否要有底线,没有底线的宽恕,我们中国人会赞成吗?我觉得宽恕得有底线,底线在哪里恐怕也要讲一讲。我们不是讲都宽恕的,该惩罚的还是要惩罚,该开除出党籍的还是要开除党籍,该判死刑的也要判死刑。

我觉得李树杰报告的"当代中国人进取品质的结构探析"的主题访谈有些问题。你说一说你上一篇论文"《四库全书》中进取的心理学指标和维度初探",你找出的四个指标是希望、热情、自信和勇气。你今天访谈得到的也是这四个吗?(答:是的。)那就很值得怀疑了,《四库全书》是在乾隆三十七年即1772年开始修编,至今快要250年了。时间过了快250年,这期间中国人经历了多少苦难、耻辱?那是将要亡国灭种的时代。后来在中国共产党的领导下,又经历了从站起来,到富起来,再到强起来的时代,人们的进取心指标没有任何变化?当今中国人民更向往美好的生活、更加自信了吧!你这个访谈当代中国人进取心的指标和《四库全书》时代的进取的指标完全一样,可信度就很值得怀疑。

应该把研究思路打开一下。要用历史的观点，要用当代大国担当责任的观点来分析。当代中国人的进取心可能也是这四个指标，但四个指标的内涵可能完全等同于《四库全书》中进取的那四个？你完全用那四个指标来概括当代中国人的进取心，怎么能讲得通？是不是有道理呢？你想一想，快过去250年了，中国的面貌发生了翻天覆地的变化，而当代中国人的进取心的指标还是与《四库全书》那个时代一样，你就不担心专家提出质疑吗?!

还有一个问题，你现在提炼出的二级指标，建议你还得仔细考虑，准确把握，我看了里面有一些指标的意思是重复的、重叠的，这个指标和那一个指标是重叠的。怎样把它们分开呢？我建议，最好是用受访者的话语来概括，不一定用很规整排比的词语来概括。你首先要考虑的是概括的话语的准确性，即使是那个地方的土话也是可以的，要有地方特色、时代气息，要使你的概括可信。你那个访谈都在云南做的吗?(答：云南的受访者只是少部分，全国各地都有受访者，线上线下的访谈都有)线上线下都可以访谈，你的资料必须保存好，以便他人检查你的资料。不保存好就会很麻烦。因为你的这几个指标是难以说得通的，过去近250年了，还是那四个指标，要么是前面搞错了，要么是后面搞错了。可以做指标的词语多得很嘛，不要自己和自己过不去，不要在这一关被卡住了，后面就更走不通了。

使用开放式主题访谈，要允许别人质疑，更何况质疑是有根据的。这是一种“自然”的活动，但还有一些技巧需要学习、磨炼。我没有听出来你是怎样进行这种访谈的。你的访谈资料分析，我也没有听清楚：你是怎样找到分析资料的模式？怎样进行编码？怎样归类？需要认真思考和写作，才能做出一篇高质量的质性研究论文。

有两本书，我希望做质性研究的同学认真地学习。一本是陈向明著《质的研究方法与社会科学研究》(北京：教育科学出版社2000年版)；另一本伊凡希雅·莱昂斯和阿德里安·考利主编，毕重增主译《心理学质性资料的分析》(重庆：重庆大学出版社2010年版)。这两本书对心理学的质性研究程序和资料分析都有详细的讨论。我们是否只能按照这两本书的要求来做呢？也不一定。先你要学会质性研究的基本含义、程序及资料分析的做法；方法上也是可以创新的，我们创新的目的是使这种方法更好地适用于研究中国社区有关问题。

要想跑得快，先要站得稳

（2021年3月30日，对博士生吴娜报告的点评）

我对吴娜报告的“低收入群体时间洞察力研究（初步思路）”讲一点意见：你这个理论假设是从哪里来的？能不能在前人的基础上，比前人站得更高，做出一个比前人更新的理论假设呢？做心理学研究，要想跑得快有创新，先要站得稳，对前人的研究有大致清晰的了解，这样才能有新的理论假设。这是做研究的关键。如果我们的研究假设总是跟前人一样，那我们的研究有什么意思呢？你也不要认为前人的都很周到、深刻的，你无法超越，这是研究的大忌。你一定要对该领域的研究有一个清晰了解并且一定要想到从我国的实际出发，看看有没有新路子可以走！我们不是说要举一反三的吗？怎么样做才有新路子可以走呢？不要只想到低收入群体的时间洞察力，可不可以想想成功人士的时间洞察力呢？成功人士是如何利用时间的？他们是如何对待过去、现在和将来的？他们是如何设置目标的？是如何抓住机遇甚至创造机遇的？成功人士的时间洞察力和不成功的人（低收入群体）在追求目标上有哪些差异？追求目标的哪些方面有差异？哪些属于时间洞察力上的差异？一定要从时间洞察力的角度去思考这两类人的差异在哪里，由此也必然要考虑什么是时间洞察力。有好几种定义，到底哪一种定义更符合实际呢？做学问就应该学会这样地去思考问题：人们的理想追求是否会有时间上的差异？是否会抓住机会？是否会该出手就出手，还有能否在追求中反思过去？一定要想到成功人士、富人是怎么富起来的，成功人士是怎么成功的，你要去扶贫，只想到穷人，这就太局限了。我们扶贫总是希望他们能快一些富起来的。当然，也有人，比如一个叫武训的人，他是个乞丐，但是他愿意把行乞来的钱给穷人的孩子办学校，想到让穷人的孩子今后过上好日子。他也是个有理想的人，尽力为穷人的孩子办学。要想富光勤奋不行，要想富必须勤奋加高的时间洞察力才行。除了熟悉该领域的研究文献外，我认为，中国的很多名人、成功人士对我们的扶贫工作都是有启示的。项羽和刘邦打仗，“楚汉战争”为什么项羽输了刘邦赢了？项羽百万大军啊，但是刘邦就抓住了机会，先进入咸阳。所以抓住机会是很重要的。但是有的人不懂得抓住机遇，他看重下辈子，下辈子再说。比如信佛教、基督教的这些人。所以我觉得我们应该有一个比前人更高明的理论假设。津巴多的理论是不是不可逾越的呢？津巴多是从贫民窟出身的学者，能提出这样的理论是很不简单的。但是我们还要想得比他更全面。那我们理论假设的思路从哪里来呢？从现实生活中来，可以从两个方面入手，一个是穷人要怎么富起来，富人是怎样更富裕的，成功人士是怎样更成功的。看来这个题目和后面的进取心会有交叉，思路有相似但落脚点不同，我们的落脚点是时间洞察力上的差异。理论假设不能只从英文文献中来，一定要从中国的实际中来；要跳出英文文献去思考，才能有新思想。研究社会主义核心价值观的内化问题，不去思考志士仁人、先烈英雄们的核心价值观是怎样形成的，会做得好你的理论假设吗？就凭你报告的这点东西你的文献综述怎么写得出来？至于什么叫低收入问题，这不是我们心理学家要研究的问题，我们要研究的是低收入群体为什么是这样的时间洞察力？他们的时间洞察力结构是怎样的？更合理的结构应是怎样的？用哪些方法可以研究出来？这些都是我们要研究的。至于什么叫低收入我们可以借用社会学家的现成资料，还有宁波、海南和重庆等地的消费水平为什么不同也不是心理学要研究的问题。在这里我们只关心心理学的有关问题。

我对李树杰报告的"当代中国人进取品质的结构探析"有一个想法：需要进一步的深化。是什么意思呢？你所呈现出来的资料，既不像质性研究，也不像量化研究，质性研究有质性研究规范，比如说，你呈现的受访者的这些话语都不是原始的话语，话语的频率也没有说明，在什么句式中出现也没有交代，你是在什么背景下思考的这些问题，怎样访谈的也没有提及，你都没有提到这些内容。

我看，你还是先把质性研究做出来为好，然后再考虑进取心的成分等量化问题。你的假设从哪里来？我看是从之前传统文化的研究中来的。实际上你是把你之前的研究作为这个研究假设提出的依据，这本身就值得怀疑！把你从古典文献中分析出来的结构作为你现在研究的假设它的合理性在哪里？你想把这两者整合在一起的过程要交代清楚：为什么要这样做？其合理性在哪里？期间你又有过哪些反复考虑？要把你思考的过程讲清楚。为什么你后面的研究要比前期的研究更加深刻？为什么要讲？因为这一过程涉及进取心的成分，比如说务实、正直，到底发现这些词汇频率是多少？是在什么语境中出现这些成分的？该不该将这些成分罗列出来？这些都是质性研究的重要问题。刚才你的报告中说到坚持努力和克服困难出现过多少次？是在什么语境中出现的？要联系起来思考，不能就单独列出两个成分，这种做法会引起专家的质疑。频次的多少和内容是否一致有没有必然的联系？你的研究中频次多就将其列为两个成分，这种做法也不一定说得通。因为有时候即使有很高的频次，但仍然是属于一个维度，所以我认为语境要进一步考虑。

你的这个研究已经做到了这个份上了，还应该坚持把质性研究做好。不要拘泥于进取是品质还是特质这类问题，就是探讨中国人进取心的质性心理学研究，题目可以定为"当代中国人进取心的质性心理学研究"。质性研究就按照质性研究逻辑来处理，不用信效度检验。

在心理学中质性研究不同于量化研究，质性研究一般的特征是：

·它探讨发生在自然状态下的现象；

·它关注事情的背景；

·它使用多种方法；

·它遵循的是归纳法，其结果是自然显现的，而不是演绎法，有一个预先假设紧接着进行论证。

从事质性研究者应具备这样的品质：

·能整体地理解社会；

·对个人传记敏感；

·能运用复杂的推理；

·常系统地反省自己。

我的意思是你要熟悉掌握质性研究的程序，先要站得稳，然后努力争取在《心理学报》上发表论文，去冲一冲。

总之，质性研究（qualitative research）与量化研究（quantitative research），在方法论上、在研究逻辑上都是不同的。我希望你严格要求自己，高标准的要求就是质性研究就严格按照质性研究去做，不要想到后面要做量化研究。后面要做量化研究也是在做好质性研究基础上。质性研究必须把做研究的过程写出来，是如何反反复复地进行整合，来来回回地思考，把这些过程都写出来。要认真阅读质性研究的文献，如毕重增翻译的《心理学质性资料的分析》或者傅安国在《心理学报》上发表的文章你都可以参考。

做质性研究也要有“要想跑得快，先要站得稳”的精神。任何高质量的研究成果都必须对该领域的研究有清晰的了解，然后解放思想，有自己的想法，能自圆其说。让结果自然显现，不是说研究者是完全被动的，以自然方式加以描述；作为研究者在研究中都是扮演主动的角色，以一种他们认为有意义的方式来描述世界的。理解总是先于实践。例如在自然观察中典型的做法是，试图先从无法预测的进程中发现某些有意义的东西，从初始的观察，尝试推演出一般的结论，这些开始的结论又能启发进一步的观察，再进行这种观察，然后再修正结论，如此等等。在质性的心理学研究中，资料收集、分析和理论设想之间的互动是十分密切的。

选题其实是审题

(2021年5月11日，对博士论文的选题报告的点评)

我对潘莉的报告“中国人核心价值观词表初步编制”的点评如下：

研究生必须牢固地树立起一个理念：人的所有社会心理都是很复杂的，它们之间又有着很复杂的联系。因此我们在研究这类社会心理现象时，先必须弄清这是一种什么社会心理现象，给它“正名”。你讲了那么多却没有讲清楚。实际上是你没有把问题点明。已有的问卷不适于你的研究，为什么？都不适合我们寻找核心价值观。那么核心价值观怎么才能找到呢？你现在必须弄清楚以下这些问题，才有可能找到你所需要的核心价值观：

1. 什么是价值判断、价值取向、价值观？它们有什么区别和联系？

2. 什么是最重要的价值观、神圣价值观、终极目的价值观、终极手段价值观、核心价值观？它们之间有什么区别和联系？

3. 个人核心价值观是否有不同层次的重要性？例如如果采取罗克奇的18项价值观进行排序，哪一个最重要？它只能在这个里头进行比较。我们的价值观往往宽泛得多。那么像你做的国家层面、社会层面、个人层面合适不合适？为什么合适？为什么不合适？所以必须要界定。我们对于心理现象的任何一项研究，包括对价值观的研究，包括对自爱、自立的研究都要进行界定。不界定就无法研究。界定其实就是正名，孔子说“名不正，则言不顺”(《论语·子路》)，名正则言顺。但是我们要研究的这种心理现象非常复杂，如果我们想要把它搞清楚，那么你只能在一定界定范围内进行才能让人家认可，否则，人家就不认可。比如说，吴娜在做的时间洞察力也需要界定，不界定就无法做下去。到底什么是时间洞察力？有的人说是时间观，有的人说是时间取向，到底是什么？这个很重要，就是必须要先做界定。特别是我们那种问卷调查的，更应该界定。实际上，实验研究也是要界定的，不界定没法做。正因为研究视角不一样，研究的界定也不一样。同样是IQ，有的从这个角度来做，有的从那个角度来做的。

还有，我们可不可以从中华文化的角度来考虑。实际上就是有几个层次，比如说“国家兴亡，匹夫有责”这是个人从国家层面来思考的核心价值观。又比如说“家和万事兴”这是个人从团体层面来思考的核心价值观。从个人层面来思考的就更多了。可不可以从文化传统的角度来论证现实生活中人们的核心价值观呢？我觉得是可以的，希望大家把思路打开一些。其实，从现实生活中人们的核心价值观来论证也是有的。比如老人摔倒了他不去扶，还有当逃兵的，这些是反面例子；也还有许多正面的例子。所以我们从现实生活或中华优秀文化传统的角度来看，这个核心价值观应该是可以研究的。这就是说你的研究是在创造一个新概念的研究。从哪个角度进行创新呢？我提两点建议：一是前人的研究中吸收其养分，例如重要价值观、神圣价值观等，看看能否吸取前人的合理因素为我所用，这是应当加以考虑的。二是从中国传统文化中吸取养分。核心价值观与自我有密切的联系，中国传统文化强调言行一致，敏于行而慎于言；也有的研究表明，中国的自我，包含大我、小我和个我，而中国人的一些核心价值观往往隐藏在私密自我里面。根据这些特点我们该怎样去思考、去分析，才能把问题讲得更清楚呢？是否有必要提出新的概念呢？现在问题已经明确提出来了，但怎样解决？遇到的困难用什么方法才能找到中国人的核心价值观，需要你来论证。要从各种不同的角度来加以论证。可以考虑不采用问卷法，用质的研究、用文献分析的方法也是可以的，也可以采用博弈的方法进行探索。

我对陈梦妍的报告“正义感的研究设想”说两点。一是正义感、公平感、公正感都是跨学科研究的一些主题，不同学科有不同的说法，有些从我们心理学的角度来说是认可的，有些是不认可的，比如公平感和正义感的一个基本假设是“人生来就是平等的”。但是，人生来就不平等。我们从心理学的角度来看是承认这种不平等的。例如家庭影响不平等，家庭经济状况、家庭的自然环境、家庭文化及受教育水平等也是不平等的，但是后天也可以做一些改变。又例如家庭的遗传基因也是不同的，每个人的素质包括聪明程度、激进程度、适应环境的能力是不一样的，这些个体差异我们恰恰是要承认的。二是正义感、公平感与公正感都可以从心理学的观点研究。什么叫作心理学的观点？就是把它们作为一个心理学的问题进行研究。那么心理学问题是什么呢？它是一种什么性质的心理现象？你可以说正义感是一种道德感呢，还是人际关系的道德情感？正义感是不是跟认知就毫无关系呢？不一定，它跟认知是有关系的。看到弄虚作假，你的正义感上来了，看不惯，有些人则看得惯。所以这正义感到底是什么？要认真考虑，从心理学的角度我们怎么去界定？怎么进行审题？这个是你要过的第一关。你的选题没有选好，后面做的就很困难了。博士学位论文的选题要慎重，要够得上博士论文的要求，还要跟你的兴趣爱好，跟老师的兴趣爱好相联系，因为如果你做的题跟老师没有任何交集的话，做的是别人的课题那老师就不会同意的。你是老师的学生不做老师的课题而去做别人的课题，这在情理上是说不过去的。因此我建议你把“正义感的研究设想”再修改一下作为你去年的考试，去年，因为病了缺考，但要补上，把它写好作为博士论文前期思考的一个了结。

今天的组会即将结束了，我想谈两点：一是选题的事情，选题既要符合当前国家的需要、社会的需要，还要符合自己的兴趣、老师的兴趣，几个方面都要兼顾到，不可随心所欲。明明国家很需要做这个题，你说我不感兴趣，我不想做。老师正在论证这个题目，你说我也不想参加，那是不可以的。我们应当树立党的需要、国家的需要、社会的需要就是我们的需要的观点。学术兴趣是可以培养的。

二是今天报告了两个题目，内容都非常广泛，我们需要把它们界定在某一个范围来做，才能做得好。否则泛泛去做，是很难做好的。由于这些问题都跟其他学科有着千丝万缕的联系，我们应该借鉴其他学科的方法，或者借鉴其他学科的观点来做我们的问题，创造性地去完成它，不要完全跟人家不一样，或完全按人家的做法去做，这也是做不好的。我们要以跨界思维去做这其中的心理学问题。那什么叫心理学问题研究呢？虽然学界没有清楚的界定，但心理学问题的研究，主要是指这种现象（如价值观、正义感等）是一种心理现象，我们要研究它的性质、结构、机制、功能和规律。这就需要我们考虑怎样把它清楚地加以界定。怎么界定？在我看来还是要从心理学的角度去思考。我们如果能够借鉴前人的方法来做心理学的问题，那也好。如果是一个全新的心理学问题，那我们就用事实来加以论证，用事实来论证它是一种什么样的心理现象，它的性质是什么，它的结构怎样。比如说正义感或核心价值观，它的结构是什么。结构是什么，实际上讲的就是它的指标是什么，什么叫作正义感，符合这几个指标就是正义感，符合这几个指标就是时间洞察力。机制，什么叫机制？机制是因素之间的相互作用，有心理机制和生理机制，现在我们这里探讨生理机制的也很多，例如研究正义感的生理机制，还是正义感的心理机制？研究生理机制要有一定的仪器设备，我们有这个条件，也可以考虑研究生理机制。功能就是有什么作用。无论是价值观或正义感，都有其功能用处。这个用处从几个方面来看，从社会的角度、人类的角度、从个人的角度来看，它有什么功能、用处，如果我们最后能够找到它的规律性的东西，比如说正义感和核心价值观，它的形成规律，那就更好了。但是就目前来说，很难找到那些规律，我从事心理学研究六十多年，没有几项研究成果是像物理学、化学、生物学那样的具有规律的，只有Kappa效应的年龄特征看来规律明显。因此，我建议你们先从它的性质或指标去研究它们，把它搞清楚，正义感跟公平感，跟公正感，还有跟其他的一些概念，相似的地方，不同的地方，把它搞清楚。比如说，价值观也是一样，有价值观、价值判断、价值取向，还有核心价值观，还有神圣价值观，把它们的区别和联系搞清楚，我们自己心里明白，同时我们把哪一些内容划归为我所要研究的内容,而不是样样我都研究。选题其实是审题,给自己的研究课题划出清楚的范围,哪些心理现象属于你要研究的范围,划定了这个题目的范围以后,那我们就可以考虑怎样来做。怎样来做,这里有两个问题,一是参考以往的研究,二是从中国实际出发做我们自己的研究。关于如何做研究这个问题以后我们再谈。现在我们国内的博士学位论文要通过三位专家的盲审,一票否决。我希望大家要认真对待选题,做好我们的博士学位论文。

实事求是是质性研究的根基

（2021年6月3日，对博士生吴娜和李树杰报告的点评）

我们来讨论以下问题：为什么要做质性研究？怎样去做质性研究？质性研究做出来应该是个什么样子的？应该会有哪些特点？（两位博士生讲了他们怎样理解质性研究后）我们做质性研究的目的，就是为了更加切合中国的实际，更加实事求是地了解研究，但其目的并不是为了寻找量化指标。也就是说，你们要以实事求是的态度去了解你们的研究主题。为什么呢？这是因为我们的研究主题非常复杂，虽然前人做过类似研究，但我们并不完全相信，我们持怀疑态度，要去看看这个领域水到底有多深。我们想了解一下前人做出来的东西是否符合当代中国人的心理和行为。也就是说，不管是进取心还是时间洞察力，我们的研究目的都是要更加符合现实中国人的心理和行为。如果真的有这样的想法，我们要不要去了解现实生活中的中国人的心理和行为呢？我们觉得应该很有必要去做质性研究，那么我们是否应该有一个预设呢？中国人时间洞察力有哪些特点呢？进取心有哪些特点呢？我认为，预设还是应该要有的，但并不是为了要做量化研究或为了验证外国人的理论。我们的预设是想实事求是地了解中国人的心理与行为。中国人的时间洞察力或者进取心到底有哪些特点？这一点非常重要，否则就会走偏，就会又把人家的量表拿来测试我们的受访者，硬要中国的受访者来回答，甚至硬往中国受访者身上套。这一点请你们一定要记住。科学研究就是从实际生活中出发到实际中寻找心理和行为的真相；能不能找到心理和行为的真相，这个理论构建或预想就很重要。如果不从实际中出发，你的理论建构就是空想，你什么也看不到。任何研究者都会有自己的预想，你的预想是否切合实际、符合中国的实际，预先的假设是很重要的。你们可以参考外国的资料，但是不能完全依赖外国的资料，要吸取其中合理的成分。这也很重要。我们首先搞清楚时间洞察力到底是什么，时间洞察力就是个人精准把握时间的品格，精就是精细、精明、精妙，准就是准确、准时，精准把握时间的首要条件是真正地看到时间的重要性，比如说做一件重要的事需要多长时间？几件事情哪一件事摆在优先地位？机会是不是已经来了？该不该出手呢？能不能准确地抓住机会？进取心也是一样的，大概是由哪些特点构成的。你们的两个研究看起来似乎是相通的，但研究的视角是不同的。现在我们可能有一个这样的假设，中国人的时间洞察力和进取心其一般的特点可能是怎样的？我们不凭空想象，因为我们都知道，人的心理与行为受历史文化的影响。我们生活在这个时代,时代的特点也会影响人的心理和行为。那它们是怎样影响中国人的心理和行为呢?我们来看时间洞察力怎样受影响的?它的一般特点是什么?如果是一般的特点,他们会有哪些方面的表现出来呀?比如说会不会从一些先进人物的身上表现出来?会不会在反应的次数和强度中表现出来?会不会反映出某些文化特点?会不会有我们时代的特点?这都是很重要的,在访谈中要注意挖掘这些特点,思路要很清楚,这样才能进行有效的访谈。进行有效的访谈首先要抓住主要矛盾,最基本的东西是什么,现在在全党开展党史学习教育,也是如此,要先抓住重点,抓住主要矛盾。比如中国的革命知识分子,是怎样对待时间,很珍惜时间;他们不会错过机遇,这很难说的。另外,我们要与传统文化联系起来考虑,儒释道的时间观,还有要与时代精神相一致。不管怎样我们所从事的事业都是跟党的领导相一致的。这是我们时代的重要特点。我大概想到的就是这些。怎样表现时间洞察力和进取心的一般特点呢?总的主要矛盾是怎样表现出来的,第一点要抓住主要矛盾。第二你们是做心理学研究还必须有心理学的味道。政治术语阐释的是政治学的内容。我们要用心理学的术语、心理学的知识来阐释其中的心理机制、心理功能。先不要急于去做量表,先把访谈工作做到家,后面的自然而然就可以做出来了,否则欲速则不达。创造是艰辛的工作,没有现成的版本,做主题访谈不能用别人的问卷,这样能问得出符合中国国情的访谈资料吗?做学问要靠自己创造,不能用别人的一大堆的问卷去做,要跳出前人的框框。你们讲课、作报告,总是希望自己讲的内容别人听得懂,相信你的讲话有道理、支持你的讲话,可是你们的报告,相当多是别人听不懂,不知道你们在讲什么,这能够当好老师吗?我讲过多次,只有把问题想清楚了才能讲得清楚,花了那么多的时间讲得这么糟糕令人寒心!比如说以时间洞察力为主题,访谈时我们遇到的受访者他的语言是情感性的语言还是中性的语言?那情感性的语言肯定比中性的语言强度要强。另外有没有类比?他的语言中类比了什么,这些都应当清楚地反映在资料记录中。访谈资料的记录和分析都一定要实事求是。

我很希望你们把自己研究主题的质性研究做好。先把论文初稿做出来给我看看。经过几次修改之后可以争取在《社区心理学研究》上发表你们的论文,起个模范带头作用,你们一定要用心做好、不负众望。李树杰你报告进取心的后面部分是偏离题了,要删除这些废话。要抓住重点,实事求是地去讲,要符合中国的实际,这样才能讲得很清楚。

再说时间洞察力,什么是时间洞察力?中国人是怎样的精准把握时间的。二十四个节气就是时间把握精准的例子。这一年你错过了这个时间,粮食就没法生产。我认为中国人的时间洞察力必须考虑以下四个方面的因素:

(1)需要考虑过去、现在和未来;

(2)考虑事件的时间长短、几个事件的时间顺序和远近、时机;

(3)对时间观念的历史文化影响及当代精神文化影响;

(4)在人们的认知、情感及行为倾向上是怎样表现出来的。

要弄清楚时间洞察力到底是什么?通俗地说是个人精准把握时间的品格,也可以说是个人精准把握时间的能力。那么中国人的时间洞察力到底有哪些特点?实事求是地处理前述四组因素,就可以解开中国人时间洞察力这个研究主题。应当说到现在为止你们是有思路的了。我相信你们一定会迎难而上,做出优秀的质性研究的论文来。

二、部分教材及教参的序言

大学教师的主要职责是教书育人。教书的主要目的是育人。我喜欢教书，注重课程的教材和教学参考书建设。我讲授的课程大多是用自己写的讲义，经过几次讲授、修改，讲义就可以送交出版社出版了。这里列出我主编和编著的一些教材和教学参考书：六种通识课心理学教材，三种专业基础课教材，两种专业课教材及有关课程的教学参考书，同时还列出了部分我为这些书稿写的序言。

（一）通识课教材建设概况

高等师范院校公共课教材《心理学》序

综合大学通识教材《心理学与人生》序

面向大众的《心理学与我们》序

（二）专业基础课教材及教参建设概况

《心理学导论（第一版）》序

《万卷方法——心理学研究方法丛书》序

译著《心理学导论（第9版）》（上下册）序

（三）专业课教材及教参建设概况

《健全人格与心理和谐》序

译著《人格手册：理论与研究（第二版）》序

怎样做好《大学生心理健康与咨询》的修订工作

(一)通识课教材建设概况

我在通识课教材建设上曾做过以下工作:黄希庭主编高师公共课教材《心理学》(上海教育出版社,1997年);黄希庭主编高师公共课教材《心理学》(西南师范大学出版社,1998年);黄希庭主编综合大学通识课教材《心理学与人生》(暨南大学出版社,2005年);黄希庭、郑涌著《心理学十五讲》(北京大学出版社,2005年)。还做过面向大众的科普工作:罗伯特·费尔德曼、黄希庭著面向大众的《心理学与我们》(人民邮电出版社,2008年);迈尔斯著,黄希庭等译《心理学精要(第5版)》(人民邮电出版社,2009年);黄希庭主编《简明心理学辞典》(安徽人民出版社,2004年);黄希庭主编《心理学基础》教材(华东师范大学出版社,2008年)。

以下列出公共课的通识课教材中,我写的三篇序言。

高等师范院校公共课教材《心理学》序

本书是由中国心理学会心理学教学工作委员会组织编写的高等师范院校公共课心理学教材，也可以作为教育学院、教师进修学校的学员和广大教育工作者的参考用书。

1993年10月8日，在北京举行的中国心理学会第六届常务理事会决定，为了推进我国心理学教学事业的发展，特成立心理学教学工作委员会。该委员会的一项重要工作任务是推进我国高等师范院校公共课心理学的教学改革。1994年7月在上海师范大学召开的中国心理学会心理学教学工作委员会第一次学术会议上，与会者一致认为，联系师范生实际，努力反映当代心理学的新成就，使高师公共课心理学的教学内容更好地在我国的师范教育中真正发挥其作用，是当前心理学教材建设中的一个重要课题，并提出要编写一本公共课心理学新教材的建议。1995年8月在北京师范大学召开的中国心理学会心理学教学工作委员会第二次学术会议——“面向21世纪心理学教学研讨会”上，再一次讨论了高师公共课心理学的教学改革问题并委托西南师范大学黄希庭教授主持高师公共课心理学教材的编写工作。

在高等师范院校，公共课心理学是为了实现培养合格中学教师的目标而开设的一门重要的教育专业基础课。我国心理学家历来十分重视这门课程的教材建设，自中华人民共和国成立以来，特别是近十几年中已出版过不少此类教材。它们在心理学课程建设中发挥了积极的作用。但是，随着心理科学的发展和中学教育改革的不断深入以及对未来中学教师教书育人的要求日益提高，肩负着培养师范生基本素质使命的公共课心理学的教材改革已显得相当迫切。自《心理学报》1992年第3期发表关于高师公共课心理学教材改革的呼吁以来，许多任课教师在《心理学报》《心理科学》和《心理学探新》等杂志上发表文章，表达了改革公共课心理学教材的要求，并提出了改革教材内容的建议。本书就是在这样的形势下产生的。

本书的编写力求贯彻“教育要面向现代化、面向世界、面向未来”的精神，体现科学性与思想性的统一、理论与实际相结合，为培养合格的中学教师的师范素质服务。为此，本教材在以下四方面做了一些努力。

1. 力求密切联系师范生实际，以培养师范生素质为基点选择和组织好教材内容，使这部教材有助于培养师范生的教书育人的能力。

2. 力求更新观念，试图用人的心理的整体观点阐述教材内容，努力克服只讨论个别心理现象不讨论人格的弊端，以帮助学生树立起正确的心理观。

3.力求更新教学内容,努力跟踪学科发展,反映较新的心理学研究成果,尽量不用或少用描述性的知识,进一步提高教材的科学性。

4.努力建设体现师范特色的综合性的心理学课程,而不拘泥于某门或某几门的心理学体系的结合,让教师根据课程目标和教学时间,灵活地设计课程,使本教材的适用面较广些。

从对中学教师、教育主管部门以及在校师范生的调查来看,本书基本上纳入了师范生必须具备的心理学基础知识。但是,目前我国高等师范院校公共课心理学课程一般只有36课时(每周2课时,一学期以18周计算)。这样少的课时,教师显然不可能讲完全书。我们建议,教师可以根据学生的专业特点和国家教委对师范生心理学知识的基本要求灵活地设计课程:可以有重点地详讲若干专题,教材的其余部分由学生自学;也可以只讲各章的重点、难点,易懂的部分由学生自学。

本书各章由下列教授编写:黄希庭(第一章、第二章),刘华山(第三章、第十五章),卢家楣(第四章、第五章、第十章),刘爱伦(第六章、第七章),郭德俊(第八章、第九章、第十四章),周国韬(第十一章、第十六章),郭亨杰(第十二章、第十三章);全书由黄希庭统稿、定稿。

本书是中国心理学会心理学教学工作委员会的一项成果。在该委员会举行的两次学术会议上,来自高等师范院校公共课心理学教学第一线的教师所提出的教学改革的宝贵意见,给编者以很大的启发。本书的出版得到上海教育出版社的资助,没有上海教育出版社的资助,本书的大纲讨论会和初稿讨论会便无法举行。该社教育编辑室陈人雄先生自始至终参加了上述两次会议,给予我们很大的帮助。各位编者的所在单位:北京师范大学、东北师范大学、上海师范大学、杭州大学、华中师范大学、南京师范大学、西南师范大学的领导也给予大力支持。本书采用了国内外的许多研究成果,没有这些先行者的辛勤劳动,本书也无法完成。在此我们一并表示衷心的感谢。由于编写时间较短和编者的学术水平有限,书中定有各种缺点甚至错误,敬请读者批评指正,以便将来进一步修订。

原文载于黄希庭主编高等师范院校公共课教材《心理学》,上海:上海教育出版社1997年版。

综合大学通识教材
《心理学与人生》序

本书是中国心理学会心理学教学工作委员会组织编写的高等学校通识课心理学教材。

2003年10月24日至26日在西安召开的中国心理学会心理学教学工作委员会的第九次学术年会上，委员们提出，除师范院校的学生应当学习心理学之外，现在许多综合大学的学生也渴望学习心理学知识，希望教学工作委员会给予支持，组织专家为非师范的大学生编写一本通识课心理学教材。当时我因偶发疾病，提前离会返渝。此后便有六家出版社来电来函约稿，其中暨南大学出版社还派专人前来约稿。本书是在各方积极促进下而启动的。

怎样编好这本书？面对这一批朝气蓬勃、高智商的年轻人，我们应当为他们提供一本什么样的心理学教材？从1982年开始我一直在从事大学心理这类课题的研究，在教学和科研的实践中，我深深地感受到，大学生自入学之日起便有一种强烈的“求知、成才、实践成功人生”的愿望。对于“求知”，各家虽有不同的解说，我看大学生们似乎比较赞同求知“4个W”的解说。这4个W是：知道是什么（know-what），即要掌握事实方面的知识；知道为什么（know-why），即要掌握原理和规律方面的知识；知道怎么做（know-how），即要掌握技能、技巧方面的本领；知道谁（know-who），即要掌握管理知识、主动寻求知识的本领。也就是说不仅要拥有广博的知识而且还要有能有效地运用知识的本领。而“成才”就是成为社会有用的人才；从高标准的角度看，成才不仅表现为对知识的广泛占有和有效应用，而且更重要的是要有获取新知识的本领，使个人的潜能得到充分的发挥。至于人生，哲学家们有各种各样的见解。但从心理学的视角观之，人生就是个人与自然环境、社会环境交互作用的过程中所感所思、所作所为之连续，而这一连串的所感所思、所作所为之后便有着不同的目的与价值，因而也就有了人生的意义。本教材名为《心理学与人生》就是基于前述对大学生共同愿望的了解，目的是用心理学的知识对大学生求知、成才、实践成功人生给予帮助。2004年3月12日到15日，我邀请国内一些综合大学的心理学家到重庆西南师范大学参加本教材的大纲研讨会。经过充分的讨论，大家一致认定在本教材中将力求体现以下特色：

1.科学性。本教材力求概念准确，原理清楚，用实证资料加以论证。所引用的研究成果都在书末的参考文献中列出，以便查阅。

2.实用性。力求密切联系大学生的生活实际,向大学生提供实践成功人生最重要的心理学知识。书中各章还设有"心理学与人生"专栏阐述这方面的知识。

3.启发性。力求有助于学生健全人格的养成以及发现问题、分析问题、解决问题的能力和创新精神的形成。对于有争议的问题,力求以多种研究取向加以分析。

4.近时性。本教材反映的是稳定的知识,与此同时还反映了最新的心理学研究成果。

5.可读性。行文上力求通俗易懂,便于读者自学。

本书各章由下列专家撰写:西南师范大学黄希庭教授(第一章、第十二章),北京大学苏彦捷教授(第二章、第三章、第五章),浙江大学钱秀莹教授(第四章、第六章、第七章),南开大学乐国安教授(第十五章、第十七章),吉林大学李艳教授(第九章、第十章),南京大学桑志芹教授(第十三章、第十四章),武汉大学钟年教授(第十六章),河南大学许波副教授(第八章、第十一章)。全书由我统稿、定稿。彭杜宏同志协助我统稿,夏凌翔同志为本书大纲研讨会的召开,暨南大学出版社申作宏副社长、张仲玲编辑为本书的出版都付出过辛勤的劳动,在此一并表示衷心的感谢。

编写一本有助于大学生求知、成才、实践成功人生的通识课心理学教材,这是我们的初次尝试。由于成书时间较短,书中一定会有不少缺点甚至错误。衷心希望得到专家、学者们的批评指正,以便将来修订时加以改正。

原文载于黄希庭主编综合大学通识课教材《心理学与人生》,广州:暨南大学出版社2005年版。

面向大众的《心理学与我们》序

心理学是研究心理与行为的科学。在当今我国社会中,越来越多的人已认识到心理学的知识与我们的日常生活联系十分密切。举例来说,我们都希望自己身心健康,应对压力、陶冶情操、保持心态平衡以及增强自控力等心理学知识将有助于我们保持身心健康。我们都希望有一个幸福的家庭,增强自己的魅力、教育好子女、处理好人际关系(包括与异性的关系)等心理学知识将有助于我们的家庭幸福美满。我们都希望自己事业有成,怎样养成自立、自信、自强,成为幸福的进取者的心理学知识将有助于我们不断地攀越一个又一个的人生高峰。随着我国社会的进步与发展,人们越来越迫切地想了解提高生活质量的有关心理学知识。在这样喜人的形势下,几年前我曾萌发过写一本《心理学与我们》书的念头,但因教学科研繁忙而一直没有动笔。

2004年8月在北京召开的第28届国际心理学大会期间,麦格劳—希尔教育出版公司和新曲线出版咨询公司的编辑们向我推荐一本即将面世的心理学教材——美国马萨诸塞州大学罗伯特·费尔德曼(Robert S. Feldman)教授著的《理解心理学(第7版)》。我带回住处粗略地浏览了这本书,觉得很不错。这是一本属于普通心理学课程的教材,内容全面且又具有近时性,结构新且有助于学生自主学习。我谈了自己对这本书的观感,这似乎激发了新曲线出版咨询公司刘力总裁的热情。他再三邀请我,把这本稍加改编介绍给我国读者。盛情难却,我接受了这项任务。

编译时怎样既保留原著的优点而又适合我国读者的需求?这是一件颇费思量的事情。我想最重要的是这本书所要达成的目标。这本书的目标是为我国社会大众提供一本结构清晰,易于理解,反映当代心理学的基础知识,以提升我们生活质量之著作。基于此,我们的做法是删繁就简,凸显精华,联系生活实际,以提升人性之尊严。

一、删繁就简。由于文化上的差异,原著在语言风格、教材容量和内容呈现形式以及实例等方面都不太适合我国读者,我们调整了原著作的章节结构。将原著的18章压缩为15章,删除了一些不必要的内容,增加了某些章节内容,在知识呈现的语言风格上做了不少加工,从而使全书的结构更清晰紧凑、文字更流畅,也容易为我国社会大众所理解。

二、凸显精华。删除了与我们生活实际联系不大的心理学知识及烦琐表述后,原著中的精华,即心理学的性质、行为的神经基础、感觉与知觉、意识、学习、记忆、认知与语言、智力、动机与情绪、性别与爱情、人的毕生发展、人格、健康心理、心理障碍与治疗、社会心理等心理学的基础知识就凸现出来了。与此同时我们还对原著中有些章节缺失的“探索与发现”专栏加以补充，从而更凸显原著之精华——介绍当代心理学的基础知识。

三、联系生活实际。为了达成本书的目标，我们十分重视以我国民众的生活事例来阐述心理学的概念和原理，这在本书中随处可见。此外，还增加了与读者生活实际紧密联系的“心理学与人生”专栏；修改并增加了对读者了解自己具有重要价值的“你想了解自己吗”专栏，为进一步学习心理学的读者推荐了在国内容易找到的参考读物。

四、提升人性尊严。我们探寻心迹，理解人生，点燃心灵中的真善美，目的是提升人性之尊严；我们学习、掌握心理学知识，陶情养性，提高学习和工作的效能，目的也是提升人性之尊严。提升人性尊严是我们编译这本书之目的，也是我们将来继续努力的方向。

本书是由我和我的学生们共同完成的。我所指导的博士研究生和硕士研究生参加了《心理学与我们》一书编译的初稿工作。他们是：张永红、董薇（第一章），尹华站、彭杜宏（第二章），张甜、陈本友（第三章），唐利平、张锋（第四章），陈铮、廖全明（第五章），苏丹、程科（第六章），苏丹、陈本友（第七章），廖全明、刘邦惠（第八章），陈幼贞、刘邦惠（第九章），陈铮（第十章），江雅、张锋（第十一章），程科、王晓刚（第十二章），李丹、尹华站（第十三章），赵崇莲（第十四章），涂勇（第十五章）。全书由我统稿、定稿，苏丹协助我做了部分工作。陈浩莺编辑为本书的出版付出了辛勤的劳动，在此致以深深的谢意。花了两年多的时间，这本编译著作《心理学与我们》终于与广大读者见面了。我期待着它在读者洞悉人性、实践成功人生、提升人性尊严上有所作为。

是为序。

原文载于罗伯特·费尔德曼，黄希庭著《心理学与我们》，北京：人民邮电出版社2008年版。

(二)专业基础课教材及教参建设概况

我在专业基础课教材建设上曾做过以下工作:黄希庭编著《普通心理学》教材(甘肃人民出版社,1982年);黄希庭主编《心理学实验指导》(人民教育出版社,1987年);黄希庭著《心理学导论(第1版)》(人民教育出版社,1991年);索尔索著,黄希庭等译《认知心理学》(教育科学出版社,1990年);黄希庭著《心理学导论(第2版)》(人民教育出版社,2007年);黄希庭、郑涌著《心理学导论(第3版)》(人民教育出版社,2015年);黄希庭、张志杰主编《心理学研究方法(第1版)》(高等教育出版社,2005年);黄希庭《万卷方法——心理学研究方法丛书》序(重庆大学出版社,2010年)。

以下列出专业基础课教材及教参我写的三篇序言。

《心理学导论(第一版)》序

本书是根据国家教委1985年武汉文科教材会议的推荐,为高等学校心理学专业、教育系有关专业而编写的普通心理学课程的教材,也可作为教育学院、教师进修学校的学员和广大教育工作者的参考用书。

顾名思义,《心理学导论》即为心理学的入门书,是专为初学心理学的学生编写的。作为一本教材,作者首先想到的是怎样使本书体现国家教委关于"高等学校教育类专业教材编选计划"的要求,贯彻"教育要面向现代化、面向世界、面向未来"的精神,体现科学性与思想性的统一,理论与实际相结合,为培养德、智、体全面发展的人才服务。作为一本入门书,作者还经常想要深入浅出地、系统地阐述心理学的基本知识、基本理论和较新的研究成果,使学生易学易懂,为学生今后学习心理学的其他分支学科打下良好的基础,这就是作者写这本书的主旨。

本书分为五个部分,其结构安排如下:

第一章,是心理学引言,阐述心理学的对象、任务、门类、作用、方法和简史。这部分的特点是,用系统观对心理学的对象进行了分析,讨论了心理学研究的设计原则、基本方法、基本步骤,在对心理学简史的介绍中,着重阐述了我国古代心理学思想、当今心理学发展趋向以及我国心理学的发展道路。

第二章至第六章,阐述心理和意识的基本特点。第二章从动物心理的起源讲起,论述了辩证唯物主义心理学的一个基本命题,心理是脑的机能、是客观现实的主观反映,分析了意识的特征和结构,以及自我意识的形成及其在个体心理生活中的作用。第三章和第四章讨论心理的生物基础和环境基础。过去的心理学教材仅讲心理的生物基础,这至少是片面的。人的心理不仅有其生物基础而且受环境的制约,特别是受社会历史条件的制约,在第四章中着重讨论了环境心理学的一些基本原理和社会文化对人的心理和行为的制约作用。第五章讨论心理的动力机制。人是有主观能动性的。人不仅知道世界是什么,而且知道他要什么,什么是好的,什么是不好的,应该做什么和不应该做什么。俗话说:"不知好歹不称其为人。"我们认为,人的心理和行为的动力机制中不仅包括需要和动机,还应包括价值观。在第五章中除了讨论需要和动机外,还讨论了价值观在心理动力机制中的作用和地位。第六章讨论注意,注意既可以看成是认识活动的一种状态,也可以看成是心理的一种动力背景。把注意放在这里讨论,意在进一步说明它是意识的一种基本特性,同时又具有承上启下的作用。

第七章至第十二章，阐述认识过程，讨论感觉、知觉、记忆、心象、思维和言语。这一部分是心理学中研究成果最丰富的领域。本书的特点是广泛地介绍了认知心理学的主要研究成果。在这一部分中更新的教材内容较多。关于感觉信息的神经加工、知觉的信息加工原理、记忆系统的特点、心象、概念形成、推理、问题解决、创造思维、言语的产生以及言语的识别和理解，等等，都是以往教材未曾论及或很少论及的。

第十三章至第十五章，阐述情绪和意志行动，讨论情绪、意志和运动技能。从意志总是与行动紧密相联系的角度来看，作者把运动技能归入了这一部分。在这一部分中，作者对情绪的定义重新作了考察，第十三章着重讨论情绪体验、情绪行为、情绪唤醒和对情绪刺激的认知等成分以及情绪的几个主要理论。意志是心理学研究最薄弱的一个领域，在第十四章中补充了意志实验研究的一些材料，讨论了意志的结构、意志的控制和失控。在第十五章中补充了运动技能的结构、运动技能的测定法和运动技能形成的理论等内容。这些内容都是以往教材所没有的。

第十六章至第十八章，阐述个体心理差异，讨论能力、气质和性格。这一部分内容比较稳定。其中心理测验的基本特性，认知心理学对能力的解释，气质与活动，气质和性格的一些测定法等是新增加的内容。

本书各章在讨论某种心理现象时，第一节教材大致都按照这种心理现象的科学定义、功能、种类、生理机制以及与其他心理现象的相互关系进行论述的。这种安排的目的是使学生对将要学习到的这种心理现象有一个概貌的了解，以利于对教材下面各节内容的学习；同时也有助于学生树立起人的心理的整体观，避免把某种心理现象孤立起来理解。为了便于学生复习教材和加深对某些问题的理解，在每章之末都列出了复习思考题和推荐参考读物。所列的推荐参考读物，绝大多数是国内已经出版的。作者在写作的过程中引用了国内外的大量研究成果，在本书之末列出了主要的参考文献；作者还得到我国老一辈心理学家和同行专家的大力支持：朱智贤教授、陈元晖教授、林传鼎教授、荆其诚教授、邵郊教授、张厚粲教授、王甦教授、匡培梓研究员、林仲贤研究员、彭聃龄教授。杨治良教授看过我的一些初稿，听取了我的一些不成熟的想法，并提出了许多建设性的意见；张庆林同志曾参与本书大纲的讨论，为本书提供过一些资料；我校图书馆的同志为我查找资料提供了许多方便。在此一并表示衷心的感谢。由于作者的学识水平有限，书中定有各种缺点甚至错误，希望同行专家和广大读者批评指正，以便将来进一修改。

原文载于黄希庭著《心理学导论（第一版）》，北京：人民教育出版社1991年版。

《万卷方法——心理学研究方法丛书》序

自古以来,人类一直在探索着自己的内心世界:我到底是个什么样的人?为什么在许多方面我与周围的人们如此相似,而在其他方面又如此不同?我们是怎样认知世界的?为什么有时记忆会错误,有时记忆会很牢固?喜怒哀乐、爱恋、责任感是如何产生的?情绪能自我调控吗?意识是怎么回事?梦是怎么回事?它能预测未来吗?为什么一个人独处时和在群体中的行为是不一样的?我们是怎样理解语言,又是怎样组织和表达语言的?如此等等问题,从传说、神话、甲骨文中我们都可以发现,人类长期以来一直对理解自身的内心世界有着浓厚的兴趣。然而直至1879年冯特(Wilhelm Wundt,1832—1920)在莱比锡大学建立心理实验室之后,人类才开始借助科学方法寻求这些问题的答案。他通过精密严格的数据收集与事实分析来研究心理与行为,积累知识,从而发展出今日的心理学。而随着心理学的发展,其研究方法也发展起来。

心理学家的科学研究是一种自觉的、有目的的探索精神世界的求知活动。这种探索,不仅有理论,还有与理论有关的观点、方法、仪器等。当代心理学主要有五种理论取向,其在探讨人类内心世界的奥秘并对大脑如何工作提出了不同的假设,它们所采用的方法也不同。持生物学理论取向的心理学家认为心理是脑的机能,采用脑电图(EEG)、正电子发射断层扫描技术(PET)、功能核磁共振成像技术(fMRI)等方法探讨人类是如何产生知觉、记忆、推理、情绪和某些人格特征的。持学习理论取向的心理学家认为心理是个体对环境条件作用积累经验的变化,采用操作条件作用、奖赏、惩罚、观察学习等方法来探讨人类和动物行为的形成及矫正。持认知理论取向的心理学家把人类的心理活动视为类似于计算机的信息加工,用反应时、正误率和口头报告等手段探讨人类的知觉、记忆、言语和思维等心理过程。持精神分析论取向的心理学家把人的心理视为潜意识本能的表现,采用个案调查、诠释学方法探讨个人内部的驱动力、冲突或心理疾病等潜意识活动。持人本主义理论取向的心理学家把人的心理视为自我实现需求的表现,采用相关法、诠释学方法探讨自由意志、个人成长、潜能实现等问题。在心理学研究中理论观点与方法始终是结合在一起的,相辅相成的。它们既是指导这种探索活动的武器,又是保证这种活动取得成果的基础。正因为有了这一套套理论观点与方法的有机结合,心理学的科学研究才成为一种自觉的、有目的的定向活动,心理学也才成为科学。因此,学习心理学研究方法具有十分重要的意义。

首先,有助于我们自觉地把理论与方法相结合,养成科学思维的习惯。心理学家的科学研究都具有明确的目的，即需要解决的问题，为此，就要对该问题以往的研究和目前的现状进行文献综述，并按照一定的有效程序对其进行探讨。即是说，心理学研究的基本程序与任何科学研究是一样的，都包含下列步骤：选题和提出假设—设计研究方案（用以检验假设的真伪）—收集资料—整理和分析资料—解释结果和检验假设。从心理学研究程序的各个环节可以看出，在心理学研究中，精密的仪器和先进的实验设备固然重要，然而最重要的还是研究者的头脑。通过对心理学研究方法的学习，将有助于我们养成善于思考和科学思维的习惯。心理学研究方法，不仅可以帮助我们运用自己的智慧去进行科学研究，而且它还可以帮助我们鉴别自己和他人研究成果的正确与谬误。正因为如此，有经验的学者在评价一篇学术论文时往往不只是看它的结论，而且更重要的还要看论文作者是通过怎样的途径和方法而获得结论的。

其次，有助于激发我们的创新观念和达成创新目标。心理学的理论、观点和研究方法不同，其研究成果的科学性也不同。学习了心理学研究方法之后，我们了解到心理学研究的各种方法，如个案法、相关法和实验法在心理学研究的不同时期有不同的用途，其信效度也不同。个案研究在心理学研究初期是有用的（有助于发现可供研究的现象和变量），但是要确定变量之间的因果关系，建立科学理论，则必须借助于实验法。弗洛伊德（Sigmund Freud, 1856—1939）根据自己对歇斯底里病人的临床观察和对梦、失误和笑话等的现象分析，建立起以潜意识动机为基础的精神分析理论。这个理论不是一个科学的理论，其中许多概念和命题缺乏实证效度。然而，熟悉实验法的学者想到用实验法来检验弗氏理论中的许多概念。例如对于潜意识这种现象，他们发展出一系列的内隐实验来进行检验，结果发现有内隐学习、内隐记忆、内隐情绪、内隐动机的存在。虽然20世纪80年代兴起的心理潜意识研究与弗洛伊德潜意识的性本能和死亡本能有本质的区别，但却加深了我们对心理成分和潜意识性质的认识。自我是心理学研究的一个主题，在科学心理学的早期，一些著作从理论上探讨自我的性质，到了20世纪70年代开始不少学者用相关法和实验法探讨自我的成分和机能，后来由于引入神经科学方法（如脑电技术、功能核磁共振成像技术）才开始探索自我的脑机制。正如巴甫洛夫（И. П. Павлов, 1849—1936）所说的：科学是随着研究方法所获得的成就而前进的。研究方法每前进一步，我们就更提高一步。随之在我们面前也就开拓了一个充满着种种新的、更加广阔的远景。因此，我们头等重要的任务乃是制定研究方法。（巴甫洛夫，1955，pp:49）

最后，有助于年轻心理学工作者快速成长。做任何事情都要讲究方法。方法对头，事半功倍；方法不对，事倍功半，甚至导致失败。心理学史表明，有些心理学家之所以能在学科上有所建树、有所贡献，除了他们的天赋聪慧，当时的科技水平和良好的学术环境外,还往往与他们能正确运用新的研究方法有密切的关系。系统地学习心理学研究方法显然比只凭个人经验、漫无边际地摸索,会促进年轻心理学工作者的快速成长。

2005年秋天,重庆大学出版社"万卷方法丛书"总策划雷少波同志带着已出版的新书征求我对翻译这套图书的意见。我很高兴看到这套书的设想:"万卷方法丛书"是重庆大学出版社从2004年开始出版的大型项目,拟系统深入地介绍各门社会科学研究方法的工具性丛书,其中包括心理学研究方法。这是一项促进我国心理学事业发展的开创性工作,我给予热情鼓励和支持。在我看来,"万卷方法——心理学研究方法丛书"具有以下特点:

(1)品位高。对于研究方法的著作来说,质量优、品位高是最重要的。丛书所介绍的是国外心理学领域中,许多有成就的心理学家所公认的有用的心理学研究工作的原理、方法,研究课题设计,以及如何正确使用各种可以应用的技术手段等。例如如何做心理学实验、如何进行心理学的质性研究、如何撰写心理学学术论文,以及在心理研究中如何使用数理统计、应遵循哪些伦理道德等。其中像心理学质性研究、心理学伦理道德研究等著作,国内至今未见有专题著作翻译出版,是国内急需的。

(2)适用面广。丛书所介绍的心理学研究方法属于基础性的,可作为高校心理学专业的本科和研究生的教材或教学参考书使用,也可供广大人文社会科学工作者参考。

(3)开放性。根据我国心理学教学和科研的需要和心理学研究方法的发展,出版社将通过版权引进翻译和本土开发,使这套丛书不断丰富与完善。

我相信广大读者会喜爱"万卷方法——心理学研究方法丛书",祝愿"万卷方法——心理学研究方法丛书"不断发展,日益完善。

是为序。

原文载于《万卷方法——心理学研究方法丛书》,重庆:重庆大学出版社2010年版。

译著《心理学导论(第9版)》(上下册)序

在高等学校的教学改革中,教材建设改革是一个重要环节。过去我国高校的大多数课程都是一门课程使用一种教材。现在许多高校基础课的教学大多实行一门课程使用多种教材和教学参考书的模式。为了进一步推进我国心理学专业基础课的教学改革,引进国外的一些优秀心理学教材是有必要的。美国密歇根州霍兰市希望学院戴维·迈尔斯(David G. Myers)所著的《心理学导论(第9版)》是一本颇受读者欢迎的心理学专业基础课教材,也是我们讲授普通心理学的优良教学参考书。综观全书,我认为戴维·迈尔斯的《心理学导论(第9版)》具有以下特点:

从内容上看,该书既包含传统的主题同时又与时俱进。作为教科书,其内容是相对稳定的。这本教科书分为上下两册,共有15章,各章内容依次为运用心理科学进行批判性思考,行为的生物学,意识与心理的双通道,毕生发展,性别与性,感觉与知觉,学习,记忆,思维、语言与智力,动机与情绪,应激、健康与人类丰盛,人格,社会心理学,心理障碍,心理障碍的治疗方法。它不仅系统地阐述了心理学的基本概念、基本原理和基本理论,而且还展现了大量的心理学应用的内容;不仅囊括了普通心理学的传统主题,而且还介绍了大量的最新研究成果,指出了这些传统主题新的发展趋势。

从结构上看,该书便于学生自主学习。作者力求把每章的内容连成一条线,形成主题或次主题,使读者在阅读每一章时都能形成清晰的整体印象。具体而言:(1)每章的开篇目录勾勒了整章的内容纲要,每一节主题前提出的问题针对该主题内容启发读者思考,这些都有助于读者阅读时把握每一节的内容;(2)文中的黑体词既表明是专业术语,也表明是需要读者重点把握的内容;(3)文中的插图、表格、名家名言等,便于读者加深对课文内容的理解;(4)"特写"是补充阅读材料,有助于读者拓展对该主题的理解和应用;(5)每一节以自测题开始,用以确定学习目标和引导读者阅读,每节的最后通过提取一下问题再次引导读者主动地复习思考与应用,并以倒置的形式及时给出答案;(6)章末的"本章复习"部分重复了每节开头的自测题,便于读者检查学习效果查缺补漏,每章最后都提示读者要记住的概念和术语;(7)在全书最后的附录部分给出了自测题的答案,把理论和实践相结合,检查你对知识掌握程度的同时培养你的批评精神和锻炼你的动手能力。

从教学理念上看,该书既注重心理学的基本概念、基本原理和基本理论的教学,又强调批判性思维的训练。心理学是一门实证科学。这本教科书对心理学的基本概念、原理和理论的阐述以大量的实证研究为佐证,并采用各种增强理解和强化记忆的方法使学生切实掌握学习内容。与此同时,作者又十分强调学生应批判地学习心理学。所谓批判性思维，其实就是指要独立思考，不要盲从，本书在批判性思维训练方面采取了不少有力的措施：不仅把阐述心理学任务和方法的第一章主题改为“运用心理科学进行批判性思考”，而且在全书其他各章还设置了许多“批判性思考……”的专栏；不仅阐述了心理学中的传统研究取向（如生物学研究取向、行为研究取向、认知研究取向、精神分析研究取向、人本研究取向），还阐述了最新出现的研究取向（如进化论研究取向、文化研究取向、积极心理学取向），对于所有研究取向的成果，只要有理有据，都加以介绍；不仅介绍研究成果，还介绍研究过程，促进读者把自己想象成经典实验的参与者，鼓励读者思考这些实验可能会发生的错误，多想一想可能错在哪里，直到能解答自己的疑问为止。这些都可以鼓励独立思考，鼓励质疑式学习，对于培养学生的创新能力，学会做学问是十分重要的。这也就是李政道所提倡的“做学问，需学问，只学答，非学问”的教学理念。

从语言风格上看，该书深入浅出，生动活泼并且充满激情。戴维·迈尔斯说他是为了展现心理学的光彩而写作的。

因此我认为戴维·迈尔斯的《心理学导论（第9版）》确实是一本优秀的心理学教材，尤其是教学方法的安排上独具特色，始终让师生带着问题学习，带着批判性思维兼容并蓄。另外值得一提的是，《心理学导论（第9版）》的版式设计美观大方，将插图、图表、图文、语言等统一放在舒服的页面区域，在给读者带来愉快的阅读体验的同时也便于读者及时把自己的心得体会记录下来。我相信这本书会得到广大读者的喜欢同时也希望读者批判地加以学习，我更希望有更多的优秀心理学教科书面世。

本书由中国心理学会心理学教学工作委员会邀请有关专家参加翻译。各章的翻译是西南大学黄希庭教授（前言），西南大学郑涌教授（第1章），河北师范大学张志杰教授、西南大学杨炳钧教授（第2章），北京大学苏彦婕教授（第3章和第4章），西南大学杨炳钧教授（第5章），北京大学吴艳红教授、首都师范大学丁锦红教授（第6章），苏州大学刘电芝教授（第7章），华东师范大学郭秀艳教授（第8章），西华大学尹德谟教授、广西师范大学李宏翰教授（第9章），中国政法大学刘邦惠教授（第10章），中国政法大学杨波教授、苏州大学张明教授（第11章），北京师范大学许燕教授（第12章），西南大学秦启文教授（第13章），南京师范大学郭永玉教授（第14章），电子科技大学李媛教授（第15章）。史嘉鑫、冀巧玲、邹丹等同志协助了本书新增译文的翻译工作，全书由我审校，彭杜宏同志协助我的工作，为翻译这本书我们花了不少精力，但由于教务繁忙，时间和水平有限，不当之处乃至错误在所难免，敬祈读者批评指正。

原文载于戴维·迈尔斯著，黄希庭等译《心理学导论（第9版）》（上下册），北京：商务印书馆2019年版。

(三)专业课教材及教参建设概况

我在专业课教材建设上主要是编写《人格心理学》,与之相关的还有《大学生心理学》及《大学生心理健康与咨询》等。例如:黄希庭著《人格心理学》教材(中华书局,1998年;浙江教育出版社,2002年);黄希庭、徐凤姝主编《大学生心理学》(上海人民出版社,1988年);Lawrence A. Pervin & Oliver P. John主编,黄希庭主译《人格手册:理论与研究(第二版)》(上下册)(华东师范大学出版社,2003年);Lawrence A. Pervin著,周榕、陈红等译、黄希庭审校《人格科学》(华东师范大学出版社,2001年);黄希庭、郑涌主编《大学生心理健康与咨询》(高等教育出版社,2000年);黄希庭主编《实用临床心理学书系》(重庆出版社,2007年);黄希庭、郑涌主编《大学生心理健康教育(第二版)》(华东师范大学出版社,2009年);黄希庭等著《健全人格与心理和谐》(重庆出版社,2010年)。

以下列出我写的专业课教材及教参两篇序言及一个发言记录。

《健全人格与心理和谐》序

人格是一个现实的人或一个人的存在方式。在西方心理学中，对于“人格”的定义大多涉及两个方面：一个人被他人知觉和描述的方式（外显人格）和用来解释为什么这个人被他人认为是这样的（内隐人格）；前者如我们说某某很疯癫、粗鲁、是个妖形怪状之人或说某某憔悴、虚弱、是个有气没力之人，后者如我们说某人愚笨、缺乏修养、是个自卑病态之人或说某某睿智、诚信、是个志向远大之人。因此，我们可以把人格视为一个人的认知、情感和意志行动的有机整合，表现为人们的存在方式或行为倾向上的不同。在现实生活中一个人的认知、情感和意志行动——即所思、所感、所为是互相影响、互相联系的一个整体，而不是孤立存在的；同时，人格既反映个人的过去经历同时又表现在个人对现在和未来的所思、所感与所为之中。

人格是很复杂的，我们可以从不同的角度对它进行分析。例如，我国古代思想家、教育家孔子对不同的人作过分类。他把人分为五类：圣人即至德之人，仁者即以合理的爱待人处事之人，智者即识时务知轻重缓急之人，君子是自强不息之人，小人即品格低下之人。在我国古代医学经典《黄帝内经》中有阴阳人格体质分类之说，如《灵枢·通天篇》根据人的阴阳多少，从心理、道德、体态等方面将人分为太阴、少阴、太阳、少阳和阴阳平和五种类型；《灵枢·阴阳二十五人篇》中根据形态特征、体格、禀性等，将阴阳体质分为金、木、水、火、土五种类型，由此派生出二十五种特征不同的人，并以此考察疾病的发生与治疗。

还可以从人格特征角度对一个人的人格进行分析。例如，我们常常用内向的、外向的、离群的、合群的、吹毛求疵的、随和豁达的、迟钝的、聪明的、诚信的、无信的、恬静的、乐观的、自立的、自强的、谦逊的、专断的、稚气的、有爱心的、冷酷的、苟且敷衍的、有恒负责的、胆怯退缩的、敢作敢为的、自信的、自尊的、自卑的、固执的、刚愎的、理智随和的、讲现实的、爱幻想的、勤奋的、懒惰的、消沉的、纯正的、世故的、天真的、精明的、贪婪的、直率的、机敏的等词汇描述一个人的持久特征。从以上的人格特征形容词来看，有些人格特征如自立的、自强的、乐观的、自尊的等是积极的，有些人格特征如离群的、自我作践的、懒惰的等是消极的，还有一些人格特征如内向的、外向的、天真的、腼腆的等则可能是中性的。

积极人格特征的有机整合称为健全人格。健全人格既是心理和谐的重要组成部分，又是保证个体心理和谐的重要条件。心理和谐就是个体对自己各个方面的表现与自己的期望之间协调一致的状况。健全人格使人能够在动荡起伏的生活沉浮中，生活得安谧坦然，或高兴，或苦闷，或幸运，或失意，都不动摇对生活的信念；它能够让人热忱欢迎并积极适应生活中的变化，不怕困难，不怕挫折，把困难与挫折当作生活赋予自己的考验而坦然接受；它能够让人积极开拓创新，把不断创新视为生活的必然要求，既不满足现状也不蛮干胡来；它能够使人对生活、对事业充满憧憬，充满热爱，胸有大志而不想入非非，富于幻想而不忘实干；它能够使人对自己充满信心，有成绩不自高自大，有缺点不自卑自贱；它能够使人对长辈和晚辈，对同志和家人充满爱心，家庭和睦、婚姻美满，有亲密融洽的同志关系。

本书是重庆市哲学社会科学规划项目"大学生健全人格的养成教育研究"的成果，考虑到心理和谐是社会和谐和人际和谐的基础，我们把这项成果扩展成《健全人格与心理和谐》。由下列人员执笔：第一章黄希庭，第二章凌辉，第三章冻素芳，第四章刘晓，第五章郑剑虹，第六章路晓宁，第七章潘伟刚，第八章鲁小周，第九章杨兵，第十章尹天子，第十一章孟景。最后由我统稿定稿（孟景和苏丹协助我做了不少工作），便形成了这本《健全人格与心理和谐》一书；其间几易其稿，先后花了一年半的时间。

多年来，我的一个心愿就是让心理学走向大众，走进家庭、走进社区、走进学校、走进机关、走进军营、走进企业。本书不仅面向大学生，也面向最广大的读者。为了能够适应人们多种多样各不相同的需要，我们力求以日常生活中的生动事例，图文并茂，深入浅出地阐述自立、自信、自尊、自强、正直、诚信、爱心、乐观、信念、毅力等健全人格特征的性质，如何了解，如何培养，以及它们在促进心理和谐、纾解心理困扰中的作用。为了促进读者养成健全人格，达成心理和谐，本书每章之后还列出了几个"学以致用"的问题。如果这本书的建议能够对广大读者的实际生活多少有些裨益，我们将感到无限的欣慰。

原文载于黄希庭等著《健全人格与心理和谐》，重庆：重庆出版社2010年版。

译著《人格手册:理论与研究(第二版)》序

人格心理学是心理学学科体系中唯一从整体的视角探究人性本质的一门学科。人格也是许多学科共同的研究对象。在我国,人格心理学的科学研究起步较晚,资料相对较少,而社会上对这门学科知识的需求却与日俱增。我们翻译这本《人格手册:理论与研究(第二版)》,目的是为我国心理学工作者提供一本反映国际水平的人格理论与研究的工具书。本书也可供从事哲学、法学、社会学、经济学、管理学、教育学、文学、美学、医学的教学与研究人员参考。读者从中可以了解到当前人格心理学研究的现状和发展趋势。

这本《人格手册:理论与研究(第二版)》由美国著名人格心理学家新泽西州立大学鲁特杰斯分校Lawrence A. Pervin教授和加利福尼亚大学伯克利分校Oliver P. John教授主编。撰稿者都是某个研究领域的开拓者或颇有成就者。全书分四篇共二十八章。第一篇导论,含第一章现代人格理论和研究历史。这一章阐述了研究人格心理学史的作用,美国人格心理学发展的三个重要时期:19世纪人格研究先驱者的工作、1921—1946年美国人格心理学形成的关键时期的研究工作、1950年及其后对人格的特质、动机、认知和社会背景的研究,人格心理学的未来方向及其与人格心理学史的关系。

第二篇理论观点,含第二章至第九章,共八章。第二章人类的本性与个体差异,用进化论的观点阐述了人性的进化和个体差异的进化。第三章人格的精神分析取向,阐述了精神分析论的演变历程及当前该领域的争论、贡献和实证研究,精神分析与心理学的整合以及该理论未来的方向。第四章大五特质分类:历史、测量和理论透视和第五章人格的五因素理论,阐述了大五的发现历史、测量,与其他结构模型的一致性,与基本人性假设的关系以及对大五研究的批评与理论探讨。第六章人格的社会认知理论,阐述了人格的动因观,人的基本能力(符号化能力、替代能力、预见能力、自我调控能力、自省能力),不同的动力形式,以及作为整合的自我系统的人格。第七章一种完整人格理论中的整合倾向和加工动力,阐述了认知—情感人格系统的框架结构,该理论框架提出了人格分析的五个层次及其今后发展的设想。第八章整体的交互作用论,阐述了人格发展的一种研究取向,即把个体作为个人—环境系统中的一个整合的、复杂的,具有适应性的有机体而发展并起作用的观点,以及此种取向的研究策略及其适时性。第九章行为遗传学与人格,阐述了遗传率,共享环境与非享环境对人格的影响,以及关于遗传—环境相互作用等问题。

第三篇与其他领域的接口，含第十章至第十五章，共六章，均属于交叉学科研究课题的成果。第十章人格的神经科学，以神经科学的新发现论述了冲动型感觉寻求特质群的神经生物学基础。第十一章跨人生历程的人格连续性与变化，阐述了个人的人格起源、成熟和表现类型并从环境、遗传及两者相互影响的角度论述了生命历程中人格连续性和变化的机制。第十二章人格的发展，以儿童、父母及教师对儿童精神症状判断是否一致问题为切入点，阐述了人格的发展模型，以及背景主义与发展研究的机体取向问题。第十三章人格与精神机能障碍，分析了人格与精神机能障碍之间的病理形成和病源关系。第十四章关于人格心理学与社会心理学的接口，阐述了人格心理学与社会心理学既是天生的同盟者又是天生的竞争者的历史与现状。第十五章人格的文化构成，阐述了人格的文化构成的理据及其含义。

第四篇内容领域，含第十六章至第二十七章共十二章，均属于人格心理学内研究课题的成果。第十六章气质，阐述了气质作为特质心理学的一个新范例的研究史、结构模型及超越结构效度的研究取向。第十七章心理潜意识，回顾了该领域的研究历史，论述了认知潜意识、情绪潜意识、动机潜意识以及意识、潜意识与自我的关系及该领域今后的研究前景。第十八章自我的自然主义观，阐述了自我作为人格理论核心结构的发展史，自我的内涵、结构要素、跨时间的稳定性、适应功能以及理解自我的自然主义方法学等问题。第十九章个人叙述与人生故事，阐述了人格研究中的叙述理念，人格的叙述理论以及叙述研究的问题和可能性。第二十章人格和动机，讨论了个人行动与意动，它的概念与历史，方法学上的程序、测量标准和研究框架，现代研究的主题和争论点。第二十一章情绪与情绪调节，阐述了本能，固定的动作模式与情绪，情绪前提与反应，情绪调节及其过程。第二十二章压力、应对和自我调节过程，讨论了行为的自我调节，自我调节和压力模型，威胁、损失、分裂和生活过程，自我调节原理和应对研究。第二十三章人格与健康，评价了该领域的新近进展，阐述了人格结构与生理健康和疾病的关系以及有关的争论。第二十四章人格心理学中的归因，阐述了归因过程及其对人格的意义，以及情绪的归因研究取向。第二十五章创造力与天才，阐述了人格领域中的创造力和天才的含义及具体的重大课题。第二十六章人际行为场，讨论了当代人际心理学中的场论以及人际关系的圆丛结构的研究。第二十七章人格评鉴的四项原则，阐述了提高人格评鉴结果的信度与效度的四项原则。

第五篇概观，含第二十八章结束语。这一章阐述了人格理论和研究的恒定性，即该领域中十个悬而未决的主题(各种测量间的关系，构念效度，临床的、相关的和实验的三种研究取向的关系，部分对整体，特殊规律取向对共同规律取向，普遍性与文化特殊性，个体机能的一致性与变异性，发展和变化的本质，个人—环境的相互作用，潜意识)一直持续不断地在探究中，分析了人格心理学的三个显著变化（即强调正面的有目的的个人模型、学派间的包容与整合、对生物学研究发展的重视）以及今后的发展趋势。

这本《人格手册：理论与研究（第二版）》反映了20世纪90年代西方人格理论与研究的成果，内容十分丰富：既有人格理论与研究的综述，又有人格评鉴的分析；既有传统人格理论的历史、现状与未来的分析，更有对新近出现的人格理论的阐述；既有人格心理学内研究课题成果的阐述，又有交叉学科研究课题成果的阐述；既有对研究的历史与现状的分析，又有对未来的展望。总之，题材广泛，资料翔实，评价也较公允。

这本《人格手册：理论与研究（第二版）》的翻译工作由我的博士生和硕士生承担，我校对了全部译文，也参与了部分内容的翻译。由于译者中多数同志系初次译书，水平有限，错误与不当之处在所难免，敬希读者批评指正。

原文载于Lawrence A. Pervin & Olive P. John主编，黄希庭主译《人格手册：理论与研究（第二版）》（上下册），上海：华东师范大学出版社2003年版。

怎样做好《大学生心理健康与咨询》的修订工作

（2020年5月25日在教材修订会议上的讲话）

今天《大学生心理健康与咨询》修订小组举行会议。我看了已修订的三章初稿，有一些想法想和同事们沟通和讨论一下，使我们的修订教材质量更高。我们这本教材是2000年高等教育出版社出版的，由我和郑涌教授主编，2002年获全国普通高等学校优秀教材一等奖，被评为普通高等教育"十一五"国家规划教材。由于教学和科研繁忙，到现在一直没有修订过。没有修订是因为我的事情太多，顾不过来。这本教材的责任编辑反复催我修订，后来我与徐展副部长反复商量，最后确定由应用心理学教研室的老师一起来修订。这也是我们学部的一个传统性的成果。我也勉为其难在看了三章初稿以后，谈谈我对这本书修订的意见。这本书我们怎么修订呢？我提三点建议：

第一，修订这本书的基本原则或基本理念。根据什么原则或理念来修订呢？我认为以下四个理念十分重要。我们怎样理解大学生呢？现实中的大学生是一个个活生生的人，他们的心理是一个整体。虽然我们在书中从动机、情绪、体格、爱情等方面分析对大学生的心理健康的影响，其实大学生的心理是一个整体。大学生的种种心理现象都不是孤立的，是密切联系的整体，他是一个活生生的人。所以我们的第一个理念是大学生的心理是一个整体。第二个理念，大学生是一个普遍联系的人。现实生活中的大学生有着种种联系：同学之间有联系、师生之间有联系、文化之间有联系，还有网络之间也有联系。其中他的心理与生理、与行为也有着各种联系和交互作用。这两个理念是心理学界普遍认可的。第三个理念，大学生是一个积极向上的人，是德智体美劳全面发展的人。大学生在我们社会里面应当算是精英社群，应当算是好中又好的人物了。他们中绝大多数是积极向上的。我们不能把我们的学生写成毫无作为的人，他们是大有作为的人，是幸福的进取者。第四个理念，大学生是受中华文化影响的人，是传承中华文化的人。中华文化，包括我国古代的传统文化和现当代的社会主义文化。起码大学生是集体主义文化的人，而不是个人主义文化的人。关于这个问题，大家可以看一看有关的著作，例如陈来的《中华文明的核心价值：国学流变与传统价值观》、汪凤炎《中国心理学思想史》的部分章节。这是我要讲的第一点，就是说我们的研究对象是一个什么样的人，这不是一般的问题，这是一个原则性的问题。只有用这样的原则或理念观察人、描述人、解释人，我们才能把《大学生心理健康与咨询》这本书修订好。我们必须牢记我们的研究对象到底是一群什么人，毛主席讲我们要培养德、智、体全面发展的人。后来讲培养德、智、体、美全面发展。现在提德、智、体、美、劳全面发展。不管怎么说大学生就是我们国家里的精英社群。当然精英社群也可以分为不同的层次。

第二，修订这本书要符合国家教材的基本要求。《大学生心理健康与咨询》是国家教材，不是论文集。我们修订国家教材更应显示它的特点，我认为主要有三个特点。

教材的第一个特点是知识性。什么是知识？按词典上的说法，知识是指人们在社会实践中所获得的认识和经验的总和。从科学方法论的角度看，知识必须符合观察和逻辑。这就是说要言之有据，论之成理，这就叫知识。毫无根据，胡说八道，这不叫知识。盲目崇拜也不叫知识。怎样使我们的教材言之有据，论之成理呢？我觉得我们写的书稿就要引证那些高级别的期刊上发表的论文，或者是经典的著作；而且书里面引用的资料必须注明出处，正文中引证他人的资料应注明姓氏（或中国人姓名）和年份，不必加注头衔、国籍（以APA的方式给出）；第一次出现核心概念和重要概念应给出英文术语并给出界定；作者自己未发表的研究结果不能上我们的教材；我们所引证的资料应是被学者认可的，尽量用最近三年刊出的。另外我们的教材后面应该有摘要、关键词、推荐读物、思考题。就是说教材就应该像个教材的样子。我为什么要讲这个话呢？这对大家是个锻炼，这对大家很有好处的。还有别人的东西不能抄到自己的书稿里，这是剽窃，是不允许的。但是我可以把他人的话加以归纳写成自己的话来讲，这是可以的。大家注意，我们可以把别人的话加以概括和总结。比如说爱情有各种各样的观点。但是我们认为爱情是什么？爱情是两性吸引的一方为了另一方的幸福与发展的行为。这样的界定或许可行，这里还应当加以解释。例如什么叫两性吸引？如果是家庭成员呢？如果是师生关系呢？定义一定要自圆其说，符合法律和伦理要求。爱情有各种各样的解释都可以放在里头，但是我们只主张这种爱才叫爱情，其他的都不叫爱情。所以我认为写教材也是一种需要创造性的劳动。我写过不少教材，但是也只有四本教材获奖。我希望大家不要小看写教材这件事。写论文是创造性的劳动，写教材、写好教材也照样是创造性的劳动。大家记住不可以抄袭别人的东西。

教材的第二个特点是系统性。什么叫作系统性？系统是一个完整的东西。各个成分之间是一个完整的东西，就叫系统性。全书应该有系统性，各章也有系统性。我们知道系统可以进行系统分析。系统分析有四个原则。第一个原则是维度，系统可以从各种不同的角度进行分析。我们可以从各种不同的角度分析大学生，比如大学生的爱情、人际关系，等等。我们也可以从另一个角度分析大学生，比如学生的创业，等等。第二个原则是各维度又可以分析为各种不同的等级水平。比如说我们大学生有心理健康和不健康两个维度。但是健康和不健康又有不同的等级水平。健康可以分为不同的等级,有亚健康、健康、很健康。很健康,我认为是健全人格的人,马斯洛(Maslow, 1970)认为是自我实现的人。第三个原则是动态和静态的关系。动态和静态都有一个发展的过程。大学生的爱情也有一个发展的过程,不同的过程当中也有不同的特点。向好的方面也有发展,向坏的方面也有发展。比如打架、斗殴、剽窃,这些都是不好的。第四个原则是与其他系统的交互作用。很明显大学生的心理健康系统与其生理系统、行为系统、环境系统等都有交互作用。因此我们应当尽量在书里头反映系统分析的观点。

第三个特点,应用性。应用性好理解吧?应用性可以从两个方面来看,一是激发他们向好的、更好的方面努力。二是预防他们产生心理问题或心理障碍。如果出现心理问题或障碍后,我们应该怎样办:提出建议和解决办法。这两个方面我们的书都应有所反映。

我们怎样来安排每一章之中的三节呢?我的意见是第一节叫作概述。概述主要是讲这一章的主题或核心概念是什么,我们是怎样界定的,别人是怎么认为的,哪些不属于核心概念的范畴,比如说什么叫爱情?爱情应该具备哪些特点?哪些行为不叫爱情?这些都可以在第一节里面讲得清清楚楚。第一节讲的是这一章的主题或核心概念是什么,为什么,我们应该注意什么,哪些是必要的,哪些不是必要的,和我们的定义有关的就是必要的,和定义无关的恐怕就不那么必要了。这就是我们论证的方法。第二节写本章核心概念在大学期间发展过程与特点以及它对大学生心理健康发展的积极促进作用。就是从正面的、积极向上的、积极进取的方面来写,就是激励大学生向更好方面努力。第三节主要讲本主题可能需要预防的,预防大学生心理健康有关问题;然后我们给出一些自己的设想,怎样预防?怎样矫正?我想用这样三节内容来讲,就蛮有系统性的。就是本书总的有一个系统,每章中的三节内容也是一个系统。我们在写的时候每一节按照下列层次来表述:一级层次是"一、二、三……",二级层次是"(一)(二)(三)……",三级层次是"1.2.3……",四级层次是"(1)(2)(3)……"。我希望大家按这个层次写出来。还有一点,我要求各章都有1至2个专栏。一个专栏也好,两个专栏也好,让大学生们觉得应该向这个方向努力,应该预防哪些方面的问题。咨询就是让他们知道要预防什么,发生了问题怎样化解。我是搞理论的,但是我也做过两个咨询,觉得是很光彩的。有一年一对夫妻两人带着孩子来找我,那位女的是教师说她自己很痛苦,见不得人了,一见到人就脸通红、全身发抖。我问是什么事情,她说他们夫妻闹假离婚。办了离婚证明,两人都分到了一套房子。自那以后,她说看到人就觉得别人看她的眼神不对,觉得别人都说她是坏人,还说她跟隔壁的男老师勾搭上了。了解到这个情况后我又询问了与她一起来的那个男老师,让他如实告诉我他们的关系怎样。他说没有那回事,他们的关系还是很好的,那是她胡思乱想。最后我对那个女教师说,既然你相信我能治好你的病，我确实能治好你的病，你必须严格地按我的要求去做！凡是你遇到人恐惧的时候你不要后退，要走近那个(那些)人。两个月以后他们又来找我，说她的病果然就好了！这就是说心理咨询的效果，咨询师的人品、威望很重要。还有一个例子西南师大有一个数学系大学生，他数学是很好的，但是有一次考试考差了，产生了数学恐惧症。他很苦恼，课听不进去，作业无法完成。他的辅导员找我，说这个学生想转系，想学历史，问怎么办。我说很简单，同意他转系转到历史系去，为此我还亲自去找了教务处长。后来据我的了解他在历史系学习正常，学习上的恐惧都没有了。这说明了什么？咨询师的威望很重要！你的威望高，你说出来的话校领导才会听你的，否则领导不听你的。这两件是真人真事。我经常说，心理辅导老师威望是很重要的，自己的人品好威望高，咨询效果自然会好。

第三，我们怎样才能修订好这本教材？我认为要修订好这本书，关键就在于理念的问题。你理念对了，写出来的东西就是不一样。怎样写好这本书？修订这本书应当说任务艰巨，责任重大。因为是国家一等奖的教材，是"十一五"国家规划教材。而且是给我们学部争面子的教材，也是给你们应用心理学专业争面子的教材。我们怎样修订好这本教材呢？我提三点建议。第一点，要树立信心，要有高度的责任感投入这项工作，这是有关集体荣誉的事情。大家都是搞咨询的，困难都是被人克服的。心理咨询就是鼓励别人克服困难。所以我们树立信心经得起考验。第二点，要学习，要不断地学习。我最近看了一些东西，使我感受很深。比如说爱情，什么叫爱情？又比如说压力，有哪些人格的人更容易遇到种种压力？这些都有专门的研究，心理学家做过很多研究。我们要抓紧时间学习、再学习。要努力地学习，没有其他方法，只有很努力地学习才能长知识。第三点，多思考、多交流。不能把别人的东西搬过来就完了。一定要多思考、多交流。努力按这三点建议做，我相信你们会修订得更好。我们2000年出版的那本教材基本上是我的学生参加写的。你们现在是老师了，有相当多的咨询经验，我相信你们一定能够修订好这本教材，不辜负学部老师们对你们的厚爱！

黄希庭，郑涌主编《大学心理健康与咨询》，北京：高等教育出版社2000年第1版。

专题二 研究情怀

研究就是探求事物的真相、性质、规律等,如心理学的学术研究、心理学的调查研究。大学教师的另一职责是从事本学科的研究,学生掌握知识和成才的研究,研究的价值是发现。心理学的研究有多种路径:特殊规律研究和一般规律研究、归纳研究和演绎研究、质性研究和量化研究、微观研究和宏观研究、理论研究和应用研究、纵向研究和横向研究,等等。通过合适的两种或两种以上的研究路径往往比一种研究路径会有更多的发现。专题二包括两部分:一是我的部分书稿及其序言和访谈录,其中也包含不同时间我对一些问题研究的见解;二是我为青年心理学家的著作写的序,以表达我对他们创新研究的鼓励、支持和厚望。

一、部分书稿及其序言和访谈录

从中国的实际出发,研究中国人的心理和行为,同时吸收前人的研究成果,发展出具有中国特色的心理学,为中国的经济和社会发展服务,也为全人类的心理学贡献中国人的智慧;这是心理学研究中国化的基本含义。专题二这一部分反映了我在不同时期对心理学研究中国化的理解。

《当代中国青年价值观与教育》序

心理学研究与人才培养

大学生心理研究的三个问题

心理学与西部大开发

时间心理学的若干研究

健全人格养成教育探索

《当代中国青年价值观研究》序

《时间与人格心理学探索》序

自我与健全人格的养成

压力、应对与幸福进取者

理解人性,回报社会——写在直辖十周年之际

改革开放30年中国心理学的发展

《探究人格奥秘》序

《探究心理时间》序

要研究中国的社区心理学

要加强心理学社区服务的实践

点燃心灵:心理学研究与教学的契合——黄希庭教授专访

发展具有中国特色的心理学

肩负起新时代赋予我们的责任

努力把我国的社区心理学建设好

《社区心理学研究》第一卷前言

社区心理学的对象、方法和任务

《做幸福进取者》序

为建设海南特色的教育学科而努力

社区心理学是一门人文学科的心理学

《当代中国青年价值观与教育》序

青年是我们民族的未来，是我们事业的希望。青年心理和教育问题，是我一直关注的研究课题。从1982年起，我协助著名心理学家张增杰教授（已故）与徐凤姝同志一起主持中国社会科学院"六五"科研规划项目"大学生心理研究"。在完成该研究课题期间，我阅读了大量关于青年心理的资料，深深地感到价值观在青年心理中的重要地位。价值观是人区分对错、好坏、美丑的观念系统。它是青年个性心理的核心成分，支配着青年的行为并渗透在整个个性之中。出于对青年问题的关切，1985年我申报了国家教委博士点基金项目"体制改革与当代中国青年价值观"并获得批准。从接受这项任务起，我们课题组就确定了完成该课题的三条原则：一是以马克思主义、毛泽东思想为指导，考察有关价值观的已有文献，从理论上探讨价值观在人的心理和行为中的作用和地位，即把价值观纳入心理学的概念体系。二是紧密联系改革开放的实际，反映时代脉搏，用实证材料阐述当代我国青年价值观的特点。三是根据青年价值观的特点和社会主义现代化事业发展趋势，提出关于青年教育的某些合理建议。6年来，我们根据上述原则对我国青年价值观的各个方面，包括人生价值观、政治价值观、道德价值观、人际价值观、职业价值观、审美价值观、宗教价值观以及自我观、婚恋观和幸福观进行了深入、系统、全面的研究。限于经费和时间，我们的研究对象主要是大学生，包括理、工、农、医、师范各种类型近30所高校的大学生，他们分布于祖国的东、南、西、北、中各个地区。在大量调查研究的基础上，课题组成员先后完成论文共20多篇，这就为本专著的撰写奠定了基础。

特别值得提到的是，1988年元月在国家教委的领导下，我们来自不同地区、不同高校、不同学科被列入全国高校哲学社会科学"七五"科研规划的六个课题组负责人组成的"当代青年价值观变化调查组"到广州、深圳、东莞、珠海等地作了实地调查。在短短的12天中，我们从高校到工厂、农村，从机关到街头，同大学生、青年工人、青年农民、青年企业家和个体户、青年教师和青年党政干部进行了座谈。这次调查时间虽短，却给我留下了强烈的印象，感受到时代变化的气息——深圳等开放地区青年的社会生活方式发生了深刻的变化，社会价值观念受到前所未有的冲击。这使我们更加坚定了紧密联系改革开放实际，把握时代脉搏去研究青年价值观的信心。

对青年价值观的研究，以往通常采用问卷法或量表法。我们开始研究时也采用西方的测量工具探索中国青年价值观的特点。但我们很快就发现，由于中国人的价值观与西方人的价值观在本质上有很大差异，探讨中国青年价值观的特点是不能搬用西方的测量工具的。因为西方“价值观”的测试题所包含的是西方价值观的内容，用西方价值观的测量工具只能测出中国青年对西方“价值观”中所包含内容的“反应”，而不能测出中国青年价值观中真正包含了哪些内容。这就要求我们摸索出适合于测量中国青年价值观的测量工具和研究方法。因此，研究方法问题，便成了我们课题组的一项重要研究内容。这也是本课题的一个难点。我们一方面通过翻译修订国外的问卷，同时在吸取国外有用经验的基础上更多地自编问卷，另一方面还采用投射法、文献分析法、个案法等研究青年价值观。我们认为，对我国青年价值观的研究必须采用适合于我们研究对象的测量工具和方法，只有这样，才能积累起反映实际的资料，建立起具有我国特色的青年心理学。为了提高研究结果的信度和效度，我们还采用多特质—多方法分析检验我们的研究结果。应当说，我们对研究结果的信度和效度是十分重视的。

社会的价值观是借助文化机制透过社会化过程灌输给个体的。有证据表明，青年期是价值观形成并逐步定型的时期，但它的形成并非一蹴而就。价值观是人们在日常生活中逐渐形成，并不断变化或得到增强的。因此，教育对青年树立正确的价值观具有巨大的作用。在本书中我们没有着重在理论上论证教育对青年价值观形成的作用，而是根据青年价值观各方面的具体特点，从教育的角度对青年正确价值观的形成，提出了一些合理的建议，这或许对青年工作者更有实用价值。

本书是我们课题组6年来科研成果的总结，同时也吸取了国内外的一些研究成果。各章的撰稿人按章次顺序排列如下：第一章黄希庭，第二章李国军，第三章张进辅，第四章张庆林，第五章李红，第六章黄蓓，第七章冯维，第八章郑涌，第九章张晶燕、李红，第十章谢华均、李国军、张进辅，第十一章黄利，第十二章柳学智、李红。全书由我统稿、定稿。在我统稿期间，张进辅和李红同志参加了统稿工作。

本书完稿后，我们聘请我国著名的心理学家林传鼎教授（首都师范大学，博士生导师），刘兆吉教授（西南师范大学），车文博教授（吉林大学，博士生导师），林崇德教授（北京师范大学，博士生导师），沈德立教授（天津师范大学，博士生导师），杨治良教授（华东师范大学，博士生导师）进行通讯评审。他们一致认为，这是一项高水平的科研成果，在国内处于领先地位，其质量已达到国家教委博士点人文社会科学基金项目的要求，可以结题。爱因斯坦曾说：“世间最美好的东西，莫过于有几个头脑和心地都很正直的严正的朋友。”我们十分珍惜学界的友谊，衷心感谢他们对我们的爱护、鼓励和支持。

青年价值观的研究内容十分丰富而著者的学识和时间都很有限。虽废寝忘食而犹感日不暇给。经几度修改，直至付梓之前，仍感到各章尚有不足。敬希专家和读者批评指教。我们决心在这一研究领域再继续努力，使之更加完善。

1992年12月于西南师范大学心理所

原文载于黄希庭，张进辅，李红等著《当代中国青年价值观与教育》，成都：四川教育出版社1994年版。

心理学研究与人才培养

第十届美国心理学会(American Psychological Society,简称APS)学术年会于1998年5月21日至24日在华盛顿举行。会议执行主席是威斯康星—麦迪逊大学的Morton A. Gernsbacher。除开幕式和多学科前沿问题报告会是大会外,其余均为专业分会,包括应用实验心理学、行为基因学、临床心理学、认知心理学、咨询心理学、跨文化心理学、神经心理学、体系与方法、教育心理学、发展心理学(儿童与青少年)、毕生发展心理学、心理学教学等69个小型会议。在1000多名与会者中除心理学家外,还有其他学科(神经科学、医学、社会学、语言学、人类学、人工智能、数学等)的专家学者。

一、心理生理机制的研究

在开幕式上,印第安纳大学的Joseph Steinmetz作了"记忆、失语症和脑系统"的主题报告。他对猴子和人的大量研究发现,大脑的中颞叶解剖结构对有意识回忆具有十分重要的意义。无论是猴子或是人类中颞叶都具有有意识的回忆功能,而无意识回忆(记忆)则依赖于大脑的其他系统。也就是说,有意识回忆和无意识回忆,其脑组织结构是不同的。认知老化的神经机制是近年来心理学家所关注的一个问题。David Schretlen(约翰·霍普金斯大学医学院)在报告中介绍了他的课题组提出的认知老化神经解剖组织模型。研究表明,与年龄有关的认知功能下降的重要原因是认知加工速度、工作记忆以及额叶执行功能的衰退。此项研究以正常成人为被试,研究者对年龄、加工速度、执行功能以及额叶容量等因素进行了回归分析,结果显示这些因素中液态能力(fluid ability)在与年龄有关的认知功能衰退中起着特别重要的作用。马里兰大学Bernard Brown等人从遗传与环境交互作用的角度报告了他们对脑发育的研究成果,认为虽然人类的共同基因导致了脑的最初发育,但脑的结构则是在生物的和心理环境的交互作用,基因、自组织和关键期事件的交互作用中发展起来的。研究者认为,压力、营养、健康状况、激素水平以及心理环境对儿童发展的人类共同基因的优化,对大脑发育的速度和程度,对认知的加工和储存都起着重要的作用。东北伊利诺伊大学Linda Ruekert作了"持续性注意的个体差异:与胼胝体效能的相关"的报告,通过对临床被试和正常被试的研究发现,胼胝体对持续性注意具有十分重要的意义,前胼胝体(anterior callosum)和后胼胝体(posterior callosum)对注意的不同方面具有不同的影响,并且从对多动症儿童的研究中得到证实。匹兹堡大学医学中心的B. J. Caset用“Go/Nogo”范式及功能核磁共振图像(functional magnetic resonance imaging简称fMRI)技术对大脑激活与加工靶的概率的关系进行研究,发现腹侧与背侧前额叶的活动水平是加工靶概率的函数:当加工靶概率减少时,背侧前额叶活动水平显著增加;当加工靶概率增多时,腹侧前额叶活动水平显著增加。

二、以脑科学为中心,多学科交叉与渗透

会上有一系列多学科交叉前沿问题报告会,内容大多以脑科学或行为基因学为中心。在一个跨学科专题报告会上有3位应用正电子发射断层扫描图(position emission tomogram简称PET)和功能核磁共振成像(fMRI)技术的专家就脑科学研究进展和研究技术作了报告。应用PET和fMRI研究大脑工作的神经行为的成果日益增多,但对研究结果的信效度有不少争论,例如,如何应用这些技术对假设进行检验,应用这些技术研究神经活动会有哪些缺点,神经图像解释的主观性有多大,等等。印第安纳大学医学院的Mark Lowe是应用机能神经图像技术对假设进行检验的专家,在讲座中他对不同类型数据的生理学基础进行了讨论,并介绍了最新的数据处理方法和神经回路活动的图像特点。加利福尼亚—洛杉矶大学Stephen Engel是研究视觉系统神经图像的专家,斯坦福大学的John Gabrieli是学习、记忆脑神经图像方面的专家,他们就这些具体研究领域如何应用PET和fMRI技术做了详细的介绍。还有4位专家就记忆与海马结构密切相关的3个脑区(entorhinal cortex, perirhinal cortex, parahippocampal cortex)的研究进展作了报告。布朗大学的Rebecca Burwell就鼠、猴子和人类的前述3个脑区的组织结构的特点作了介绍。美国健康研究所的Elizabeth Murray就猴子的鼻侧脑结构对刺激记忆和空间记忆的影响作了报告,Rutgers大学的Tim Otto就猴的大脑皮质的记忆系统以及鼠的泛海马区域的记忆系统研究作了报告。密执安大学的Edward E. Smith作了“人类工作记忆的神经基础”的报告,用PET和fMRI对工作记忆进行研究表明,言语文字工作记忆的神经网络对不同的认知功能具有不同的作用:后顶叶的功能是控制被动储存的系统,额叶的言语区控制着复述系统,大脑前额叶控制着记忆的加工系统。从前述的研究报告会上,可以强烈地感受到,以脑科学为中心,认知心理学、计算机科学、生物学和高级统计学等多科交叉渗透是当今美国心理学发展的一个新趋向。

另一个值得注意的倾向是美国心理学家对某些社会问题的跨学科联合研究。美国酒精滥用与酗酒研究所、美国健康研究所与美国心理学会搞了一个专题报告会,题为“酒精的行为基因学:酗酒与酒精成瘾的研究新前沿”。许多知名学者报告了这一领域

的成果，重点是基因对酗酒的影响、行为基因学研究以及生物因素与环境因素对酗酒行为的影响。据称，某个特殊基因，某一基因组对酗酒行为的影响已有相当清楚的了解。在该领域所运用的方法是双生子法、收养的纵向研究以及动物模型等，目的是确定DNA这一重要变量。主要探讨两个问题：1.某些个体是否生来就具有酗酒的社会行为倾向？2.某些个体是否生来就更容易接受不良的社会行为？美国药物滥用研究所、美国健康研究所与美国心理学会(APS)在5月22日联合召开第二个专题报告会，题目是“认知与情绪：关于药物滥用的研究”。会上研究者以大量的数据指出，戒毒后重新吸毒在很大程度上是由情绪(心境)、强烈的需求、认知期望、对过去吸毒的记忆以及唤醒水平等而引起的。这类研究反映出把认知科学、认知决策以及认知—情绪理论运用于戒毒的新趋势。

三、美国心理学会注重年轻学者的培养

我感受到，美国心理学会很注重年轻心理学家的培养。美国心理学会对年轻学者的培养除了鼓励他们参加跨学科专题研讨会外，还采取了三项措施。一是向学生颁发研究成果奖，在本届年会上有4名硕士研究生的论文获此奖项，获奖面虽然很小，却有相当的激励作用。二是由学有专长的学者如《心理科学》杂志主编举办讲座，向年轻的研究生讲解如何撰写科研报告，鼓励他们投稿，出研究成果。三是举办教学工作研讨会以提高教学质量。自美国心理学会成立以来，其下属分会已召开过五届心理学教学研讨会，讨论如何提高如心理学导论、实验心理学、临床心理学、发展心理学、心理学史等课程的教学质量。据我所知，美国高校中各门心理学课程大都有教材、教师教学参考书、学生学习指导书和题库。配套完善的教材对于大学生系统地掌握心理学知识，促进年轻心理学家的成长是有好处的。

原文载于《国际学术动态》1998年第10期。

大学生心理研究的三个问题

大学生一度被称为“时代骄子”，大学校园也成了“象牙塔”。这些年来，我国的高等教育事业虽然得到了迅速的发展，但大学生在社会中仍旧是少数，他们仍然是令同龄人羡慕的群体。在很多人看来，他们聪明、自信，过着无忧无虑的生活。然而，当我们真正走入大学校园，深入大学生的生活实际，就会发现情况远比我们想象的复杂，有些甚至出乎人们的意料。一副出现在大学生宿舍门口的对联写道：“攻读托福，进退维谷，试问大地，路在何方；知识金钱，冰炭在怀，敢啸苍天，谁主沉浮？”一种不甘寂寞、不安现状的心态溢于言表。今天的大学生究竟怎么了？本章开宗明义，所要阐述的问题是：如何研究大学生心理？如何从理论上对大学生心理的发展加以解释？如何看待当代大学生心理的基本走向？对这些问题的回答，也是本书首要的任务。

一、大学生心理研究概述

（一）大学生心理的丰富内容

大学生所表现出来的心理现象是多种多样的。当然，与一般个体心理现象一样，大学生的心理现象也可以划分为心理过程、心理状态、心理特征、心理倾向性以及心理构成物等形态。为了要体现出专门对正在高等学校就读的大学生的心理加以研究的特色，本书采用了如下观点。

发展观。从中学考入大学，大学生显然进入了一个新的发展阶段。发展观（developmental view）强调个体的心理发展变化与其年龄的关系。大学生入学大多在十八九岁，或者更大一些，整个大学四年大致处在青年晚期。因此，从发展心理学的角度而言，大学生心理属于青年心理学（adolescent psychology）的研究范畴。从已有的研究看，处在这一时期的青年，不仅继续其认知发展、社会发展及道德发展，而且，一个重要的内容是解决自我统合的问题，如此才能真正完成从儿童期向成年期之间的过渡。本书第九章将专门讨论大学生的自我统合状态；在此之前，从第二到第八章，先分别涉及大学生在认知、道德、社会、审美等方面的心理发展。

社会观。生活在大学校园这个特殊的社会环境，是大学生不同于同龄人的一个显著特点。社会观（social view）强调个体心理受团体的影响以及团体里个体间彼此的影响。对大学生而言，学校的规章制度，学校的舆论、习俗及时尚，以及大学里建立起来的同学关系、朋友关系、师生关系等,都对其心理发展和心态产生重要影响。从这个角度而言,大学生心理也属于学校心理学(school psychology)的研究范畴。本书第六、七章专门对大学生的人际关系及爱情问题作了研究。此外,大学生最终面临的择业与就业问题,也是其社会化的一个重要历程,本书第十一章作了讨论。

应用观。本书对当代大学生心理特点的研究,始终着眼于提出相应的教育对策,为此,本书运用了教育心理学(educational psychology)、管理心理学(managerial psy-cho1ogy)、咨询心理学(counseling psychology)等学科的知识、原理和技术,充分体现了本书的应用观(practical view)。其中,教育心理学研究的是教育情境中师生间的交感互动行为,因其系统的理论与技术在本书具有普遍的指导、借鉴意义,因而在本书各章都有体现;管理心理学研究的主题是团体组织中的人与事,从对成员的个别差异研究到团体效能的探讨,其促进组织发展、提升工作绩效的做法,在本书的第二、三、五、十二等章有充分的体现;咨询心理学旨在帮助生活适应困难或心理异常者,从了解自己到认识环境,澄清观念,解除困惑,重建积极的人生。本书对心理咨询的理解重在发展性咨询,而不是障碍性咨询,因而不仅在第十章涉及大学生心理健康问题时引入了心理咨询,而且在第九章关于自我观察的调整、第十一章关于就业的心理准备等问题上,或多或少都具有心理咨询的色彩。

(二)研究大学生心理的方法

研究大学生心理的方法论原则

研究大学生心理,必须以辩证唯物主义和历史唯物主义的方法论作指导。对于大学生心理研究来说,下列原则特别重要。

1.客观性原则

任何科学都必须遵循客观性原则。在对大学生心理的研究过程中,客观性原则要求从大学生心理的本来面貌出发,具体地、实事求是地分析影响大学生心理的外部条件、行为反应及其内心体验,不把研究者自己的主观设想掺杂进去。这里,特别要强调对当代大学生的心理现状作出恰如其分的评价,切忌妄下断言、草率结论的做法。

2.发展性原则

对大学生心理的研究,必须坚持发展性原则,分析影响大学生心理发展的诸因素,研究大学生心理发展的趋势,确定选取哪些质和量的指标界定大学生心理发展的阶段性,密切注意在大学生心理发展的过程中哪些是新的积极的心理特点,哪些是需要预防的消极的心理特点,等等。目前而言,运用以下三类研究方法所获得的资料,对于以发展的观点研究大学生心理是十分有用的:

（1）纵贯法（longitudinal method），就是按照一定的计划，沿着一定的时间线索对同一个受试者或同一个团体进行连续性的研究。例如，持续地追踪某个人从小学到中学以至大学的发展历程，或持续地追踪考察大学的某个班级从一年级至四年级发展变化的特点。从理论上说，纵贯法对于发现心理发展变化的前因后果是最适当的研究方法。但在实际使用时，仍有耗时太长、测量工具标准难定、因时代变迁等因素难作普遍推论等缺点与限制。

（2）横断法（cross-sectional method），是以不同年龄的个体或团体为对象，就同一问题，在同一时间，使用类似的观测工具，从而获得不同年龄组的同类资料。在对大学生心理的发展性研究中，最常见的是比较以横断法所获得的不同年级大学生的资料，此外，也经常与较低年龄段的中学生和较高年龄段的成人的资料作比较。从发展研究的目的而言，横断法只具有使用方便的优点，并不具备从研究结果建立发展模式的学理价值。因为，根据横断法研究所得资料，只能分析比较不同年龄之间的差异，而不能从此项差异论断是否由于发展因素所致。

（3）后续法（sequential method），也称横断后续法（cross-sequential method），是一种以横断法开始，后续纵贯法的一种综合性研究法。显然，后续法的目的是要将纵贯与横断两种方法合而为一，使之兼具两种方法的优点，避免单单采用其中一种的不足。但是，后续法的实施有较大的难度。

3.社会制约性原则

大学生的心理特点固然有其生理上、年龄上的原因，但它主要是在社会的经济、政治、思想、文化等关系中，在学校、家庭、社会的影响下形成和发展起来的。特别是大学生的心理倾向性，如理想、信念、抱负水平、价值观、人生观和自我概念等，更是受社会历史条件的制约。因此，在研究大学生心理的过程中，必须遵循人的心理的社会制约性原则，注意分析其时代的、校际的、班级的等方方面面的差异。

4.系统性原则

所谓系统（system），是指由许多相互联系和相互作用的部分或要素按照一定的层次和结构所组成的、具有特定功能的有机整体。科学认识的系统性原则，就是运用系统方法，即按照事物本身的系统性，把对象放在系统的形式中加以考察。首先，要求我们把大学生的个体心理作为一个有机的整体，一个多层次、有结构的系统。例如，它包括了相互联系、相互作用的多种子系统（如心理过程、心理状态、心理特征、心理倾向性和心理构成物等）和次级子系统（如认识、情感、意志等）；同时又从属于更大的系统，并与其他的系统如物理系统、社会系统和生理系统等密切联系。因此，在研究大学生心理时，必须综合地考察心理现象的各个层次、各个方面以及各种因素；不仅要对大学生的心理现象本身进行考察,还要把它作为更大整体的一部分来考察,并将它作为许多相互作用着的子系统的总和来考察。其次,要求我们不仅要研究个体的某种心理现象,而且更应着重探讨个体各种心理现象的联系和结构。例如,需要研究大学生的各种心理现象是通过什么联系和结构相互作用并综合地决定其个性,以及个性又是通过什么样的联系和结构影响他的各种心理现象的。最后,还要求我们对心理现象进行动态的考察。大学生的心理是一个动态的开放系统,它与周围环境不断地发生相互作用,同时其内部各子系统、各因素之间在结构和机能上也是经常发生相互作用的。正是这种相互作用,推动了大学生心理的发展。

研究大学生心理的主要方法

当代心理学的一般方法,本书都有运用。下面,将按照各种研究方法所具有的控制程度,依次介绍五种。

1.档案法

档案法(archives method)也称内容分析(content analysis),主要是通过搜集和分析相关文件资料(或人为的作品)阐述心理特点的方法。这是控制程度最小的方法。

文件资料可分为统计资料和文字资料。有助于说明大学生的某些心理特点的统计资料,如大学生入学年龄和性别的比率,考取硕士生、升留级的百分比,大学生在各部门就业的百分比等;文字资料正式的如国家机关、中央统计管理部门的文件,高等学校党政部门及学生社团的总结报告,某些新闻报道等,非正式的如个人的日记、自传、信件、思想小结等。要指出的是,上述这些文件资料都不是专门为研究大学生的心理而撰写的,它们只能间接地提供与研究题目有关的信息。因此,在用档案法研究大学生的心理特点时,一方面要核实所获得的文件资料的可靠性、可信性和准确性,另一方面还需按照研究题目的要求,确定标准,对既有的材料进行必要的加工、分类和选择。

档案法的主要优点是:(1)它不像直接研究法那样,被试者因知道自己被观察而产生不自然的反应。(2)它可以研究涉及广大时空范围的问题。例如,我们可以搜集"文革"前后大学生的日记或自传,分析不同时代大学生的思想倾向性;也可以搜集世界各国有关研究课题的文件资料进行研究。但是,档案法也有不少缺点,主要是:(1)难以搜集到研究所需要的资料。例如,日记是研究大学生心理有价值的资料,但日记的私密性使得大多数人不愿意提供出来。(2)不少资料真假难分,影响研究结果的可靠性。例如,大学生的日记、思想总结等资料,虽然其中可能反映了他们的真实思想,但也往往混杂有自我夸大、自我歪曲等虚假的内容。(3)由于没有明确的客观标准,研究者对资料的分析往往易带主观性。

2.观察法

由研究者有计划地观察记录个体或团体的行为活动,从而分析判断其内在心理的一种方法,称为观察法(observational method)。观察法是在科学研究上最原始,也是应用最广的一种方法,几乎从事任何研究都离不开观察法。

观察的内容一般包括:(1)情境,这是被试活动和事件出现的舞台和背景;(2)人物,包括被试的角色、身份、数目、相互间的关系、团体情况等;(3)事件,包括事件的性质、发生时间、出现频率、持续时间、重复次数等;(4)行为活动,包括行为活动的性质、动因、发展趋势和影响等。

在实际进行观察时,观察者可以有两种不同的身份:参与观察者(participant observer)和非参与观察者(non-participant observer)。参与观察的特点是观察者在一定的时间里活动在被观察者的团体之中,观察和记录该团体或某一个体的行为。由于观察者活动于被观察者的团体之中,成为该团体的成员,被观察者就不会有不自然的反应,这就为广泛有效地搜集资料创造了良好的机会。但这种观察形式也有缺点。如果观察者过分卷入被观察者的活动之中,并且已经习惯化了,这就有可能造成对应当观察的内容视而不见,或失去客观评定的尺度。非参与观察,就是研究者没有介入被观察者的团体之中所进行的观察。这种观察形式有助于研究者保持必要的视域广度,保持评定的客观性。其缺点是被观察者往往容易产生不自然的反应,难以获得较深入的资料。

在实际运用观察法时,有时是在自然情境中直接对行为进行观察、记录,这称为自然观察法(naturalistic observation);有时是在预先设置的情境中进行,这称为控制观察法(controlled observation)。自然观察是传统的旧方法,控制观察是改良的新方法。

观察法的主要优点是:(1)它可以观察到被观察者在自然状态下的行为表现,而不像实验法那样,被试的行为是在人为条件下的表现。(2)它可以在当时实地观察到现象和行为的发生,可以把握当时的全面情况、特殊气氛和情境,不像调查法那样,靠被试的回忆,而回忆往往是不准确的。观察法的主要缺点是:(1)观察时研究者处于被动地位,因而按照研究目的所要观察的行为有时往往很难获得,用这种方法搜集资料通常要花费很多时间。(2)观察时间过长,观察情况就会发生变化,因而观察任务也有可能更加复杂化。(3)能用观察法的人数相当有限,因而其结果的推广可能受到限制。

由观察法所得的资料,必须具有真实性和代表性。在对大学生心理的研究过程中,科学观察最主要的条件是:

(1)必须明确限定观察对象。观察对象是根据大学生心理学研究题目的要求确定的。它可以是负有一定职能的某个大学生的行为,也可以是某个大学生团体的行为。如果是确定几个观察对象进行观察,则应当预先检查一下,这几个观察对象是否具有共同的特征(学校类型、校风班风、年龄、年级、知识水平,等等)。这样才能对观察结果加以比较,作出各个体或各团体的有关结论。

(2)必须确定所要观察的主要特征。观察对象确定之后,还必须确定所要观察的主要特征。因为在大学生心理学研究中,无论哪一类观察对象的行为表现都是极其多样化的。因此,还必须根据研究题目的要求,确定对哪些主要的行为特征加以观察。被确定的主要行为特征应尽量是能够计量化的。这样才有可能使获得的结果具有可比性。

(3)必须确定观察的方法。观察的具体方法很多,例如,可以对若干同类对象作一次性观察,也可以对同一对象进行多次观察,还可以将这两种方法结合起来使用。如果能做到多次地进行观察,并且在同一时间或不同时间对几个观察者加以观察,其结果的可靠性就会明显提高。

(4)必须客观地做好记录。这里,最重要的是,必须严格地把"观察"与"传闻""描述"与"解释"区分开来。有时当场无法记录,可用作记号的方式帮助记忆,事后必须及时补好记录。如果观察时能用录音、录像加以记录,其效果就更佳。

3.调查法

调查法(survey method)是以提问的方式要求被调查者对某个或某些问题自由表达其态度或意见的一种方法。这在本书的研究中,几乎每章都有,可以说是使用最多的一种方法。

调查法可采用两种不同的方式进行:一是访问调查(interview survey),一是问卷调查(questionnaire survey)。访问调查也称晤谈法(interview method),是研究者同被调查者面对面进行的,因而可以获得必要的信息。要使晤谈富有成效,首先应当创造坦率和信任的良好气氛,使被调查者做到知无不言;其次,研究者应当有良好的准备和训练,预先拟好问题,尽量使谈话标准化,与记录指标的含义保持一致。这样才有可能对结果进行分析和概括。问卷调查也称问卷法(questionnaire method),是研究者根据研究课题的要求,设计好问题表格,让被调查者回答问题,从而得以搜集资料的一种方法。这种方法的优点是可以对许多人同时搜集同样的资料,节省时间,获得大量的数据。其缺点是对调查进程难以做出必要的调整,发出的问卷也难以全部收回,只能得到相对完整的资料。其实,无论是访问或问卷,都是以预先拟就的问题为调查范围的,两者似乎都可视为问卷调查,只是调查时被调查者回答的方式有所不同。

问卷调查除了必需的指导语之外,一般还包括两部分:一部分要填答的是个人资料,在对大学生的调查中经常涉及性别、年级、学校、系科、家庭背景等。为了提高调查结果的真实性,一般不填写姓名,而个人资料的项目,则视研究目的而定。另一部分要填答的是对各题目的反应。答题方式因问题性质可设为是非法、选择法、排序法、等级评定法以及简答法等。问卷调查的主要目的，就是要分析这两部分变量之间的关系。一份良好的问卷，在进行设计时应当遵循下列基本原则：

（1）目的性原则。任何一种问卷调查都是有目的的，或证实或证伪某个假设。因此，目的明确是问卷设计的首要要求。在明确目的的基础上应着手做好两件事：一是选择合适的问卷形式，探索性研究以开放式问卷为佳，正式研究以封闭式问卷为佳。在使用封闭式问卷时，应安排几个开放式问题，给被调查者的回答留有余地，这样可以获得预想不到的资料。二是根据目的设计好能探测主要行为特征的问题。

（2）问题的适当性原则。这是指提出的问题在性质上应切合研究假设的需要，不能"走题"；提出的问题在数量上要适当，不宜太多；问题的表述应尽量简明等。

（3）处理结果的经济性原则。在设计问卷时应考虑到对结果的处理问题。目前一项大型的调查通常是用计算机处理结果的，在打孔或转到磁带上的时候，就要把问题和答案编成代码。因此，在设计问卷时应做好编码工作。如果编码工作在调查之后进行，就会浪费很多时间，付出许多额外的劳动，这是很不经济的。

4.测验法

测验法（test method）是指以心理测验为主要工具，测量个体的能力或人格等方面的特征，从而分析其各因素之间的关系的方法。本书第三章对智力、第九章对自我概念、第十章对心理健康等，就采用了测验法。

测验法与问卷法之不同，就在于它使用的是标准化测验（standardized test）。而所谓标准化测验是指具备了信度（reliability）、效度（validity）、常模（norm）等基本条件的心理测验。对一个测验来说，所谓信度，是指经该测验所测得的分数的可靠性或稳定性的程度；效度则是指该测验欲测量某种心理特征的准确性程度。在心理学上，任何通行的测验都必须达到一定的信度与效度水平。再就是常模，它是个人接受该测验所得分数的参照系，从而赋予测验分数一定的意义。如此，一个具备了信度、效度、常模等条件的心理测验工具，通常也称作量表（scale）。

用标准化量表测量大学生的心理特征时应注意以下几点：

（1）选用的测验题目应适合研究目的和任务。

（2）主持测验的人应具备使用测验的基本条件。

（3）应严格按测验手册上载明的方法记分和处理结果。

（4）测验分数的解释须以常模为依据。

测验法与前述档案法、观察法、调查法一样，都属于研究心理学问题的相关方法。凭借它们，可以了解事实"是什么"，但却不能进而解释"为什么"。当然，这并不排除研究者作出必要的推论。事实上，在社会心理学和教育心理学这些领域，这样的研究仍然占据主要位置。然而，在严格的科学意义上，要想回答“为什么”的因果关系问题，还必须借助于实验法。

5. 实验法

在科学方法的等级上，实验法（experimental method）是公认的最严谨的方法。采用实验法从事科学研究时，其目的是要在控制的情境下，系统地操纵某种变量的变化，来研究此种变量的变化对另一变量所产生的影响。其中，由实验者操纵变化的变量称为自变量（independent variable），而由实验变量引起的某种特定反应称为因变量（dependent variable）。实验需要在控制的情境下进行，以排除自变量以外可能影响实验结果的因素。这些因素通常称为无关变量（irrelevant variable），或控制变量（controlled variable）。实验研究旨在探究自变量与因变量之间“纯粹”的因果关系。

实验法在自然科学的应用上，为方便实验条件的严格控制，多限于实验室内，称之为实验室实验（laboratory experiment）。这种方法的最大优点是精确度高，其结果具有可重复性。但应用于社会与教育心理学的研究，尤其关乎人的心理的社会性时，很受局限。这是因为，一则影响人的心理的因素往往十分复杂，难以作有效的控制，二则实验室研究具有情境的人为性，很难将研究结果推广到现实生活中。一种弥补的方法是除实验室实验外，也采用延伸到实际生活情境中的所谓现场实验（field experiment）。实验法在本书运用不多，但在第二、八、九等章，仍有一些实验研究，包括实验室实验和现场实验。

二、大学生心理发展的理论

（一）西方心理学家关于青年心理发展的理论

青年心理学产生于20世纪初，被誉为“青年心理学之父”的霍尔（G.S.Hall，1844—1924）发行了他的两大卷著作《青年期：它的心理学及其与生理学、人类学、社会学、性、犯罪、宗教和教育的关系》（Hall，1904）。在这部书中，霍尔以所谓生物发展的重演律（recapitulation law）解释心理的发展。他认为，个体的婴幼期重演着动物时代，童年期重演着原始人的渔猎时代，少年期重演着人类的蒙昧时代末期和文明时代初期，而青年期则重演着人类的浪漫主义时代。霍尔认为，处于蒙昧时代向文明时代演化的青年期，其特点是动摇、起伏的，出现了一些非常显著的相互对立的冲动，他称之为狂风暴雨（storm-and-stress）的时期；正是经历种种内部冲突，才使青年最终重演成为人类文明的一员。霍尔对青年期这个特殊阶段的关注为以后的研究作了铺垫。自霍尔之后，力图揭示青年心理发展奥秘的西方心理学家们，已构想出不少青年心理发展的理论模型。

精神分析论

精神分析论(psychoanalysis)为弗洛伊德(S.Freud,1856—1939)创立。精神分析论不但是现代心理学中影响最大的理论之一,而且也是对20世纪内人类文化影响最大的理论之一。精神分析论的内容极其复杂,在此只摘取弗洛伊德有关青年期心理发展的看法。

弗洛伊德认为,每个个体都有与生俱来的一种强烈的内驱力,他称之为力必多(libido),其本质就是追求性欲的满足;然而,社会不容许其随意地发泄,这之间的矛盾就决定了整个人生的重要经历。在弗洛伊德看来,身体上的绝大多数部位都能够成为性感带,人格的发展就是满足性冲动的部位依次为口腔、肛门、性器和生殖器的过程,并表现为相应的心理性欲阶段(Psychosexual stage)(Freud,1935/1960)。其中,儿童自进入青春期之后,也相应地进入了所谓生殖器期(genital stage)。在弗洛伊德的人格理论中,并不重视这一时期,但他也赞成霍尔的观点,认为青年期是一个动荡不安的时期。他解释说,在这之前,大多数儿童的主要关系是与父母或同性朋友的,由于在这种关系中不存在为社会所接受的性关系,儿童的性欲是潜抑的。进入青春期之后,不仅青春期的身体变化增强了性的渴求,而且找寻合适的性目标已成为一种必需。这种骤然的变化使得这一时期极不稳定。他认为,年轻人只有通过发展,学会应对青春期强烈的性别感受方式,同时学会在家庭与同伴间保持适当的、社会可接受的平衡模式,才可能控制这个狂风暴雨的时期。

其后的不少精神分析理论家也认为,青春期荷尔蒙的改变和性兴奋的增强,使得青少年控制其冲动非常困难。他们大多强调改变儿童期与父母的关系为父母与越发自主的小大人之间的关系的重要性。当然,也不是所有的精神分析理论家都强调因强烈的青春期冲动所致的激荡情绪。例如,新精神分析学家埃里克森(Erikson,1968)就认为,青年期最主要的问题是自我统合问题。他关注的不是控制冲动,而是面对接连不断的变化能发现自己的位置,并因此感到舒适。

文化人类学的见解

青年期的动荡性观点为许多人所接受,像弗洛伊德和霍尔这样的成熟论者所持有的狂风暴雨式的假设也似乎不可避免。然而,一些持有文化人类学(cultural anthropology)观点的学者,通过观察不同文化中的青少年的特点,对此提出了质疑。他们发现,在另一些文化中,从儿童期向成人期的过渡可以是平顺的,而不是动荡的。

例如,米德(Mead,1928)通过对沙摩岛上青少年的研究,认为青年期是可以舒适、愉快地度过的。她发现,在沙摩文化中,生活中的一些主要事件,包括出生、死亡、性都是堂而皇之地进行的。孩子们很小的时候,便开始承担一些必要的责任。对于人际间的冲突,也有其传统的解决办法。结果,沙摩文化的青年期与狂风暴雨式的青年期大相径庭。不过,弗雷曼(Freeman,1983)对米德的观点提出了异议。他曾两次到沙摩地区共花了六年时间进行观察研究。通过自己的观察,他认为,在人类行为的文化与生物的因素中,米德过分强调了文化的作用,而忽视了沙摩文化中的侵犯和性冲动的成分。另外,有人(Levine & Levine,1966)通过对肯亚部落的研究,发现其文化中,从儿童向成人的过渡非常突然,或许就是创伤性的。

比较沙摩文化与肯亚文化,确实为文化人类学家提供了好的例证。那么,导致青年较多或较少困难经历的文化差异的实质究竟是什么?为了回答这个问题,人类学家本尼迪克(Benedict,1938)做了大量调查,结果认为,一定社会中青年期的困难程度主要取决于学会成人的行为、角色及态度的社会化进程的不连续性(discontinuity)程度。比较沙摩文化与肯亚文化,前者的这种不连续性程度显然大于后者。本尼迪克还进一步指出了三个重要的不连续性维度:责任—非责任维度、自主—服从维度、性活动—抑制维度。在她看来,如果要求青少年在短时期内就成为负责任的、自主的和性活动的个体,尤其在儿童期又施以完全相对立的教育的话,青年期就是困难而充满压力的时期。

因此,青年期是否充满压力和动荡,不仅依赖于个体的成熟性,也有赖于个体所生存的社会文化的期望和要求。

社会学习观

社会学习(social learning)的基本假设是,个体的行为是通过经验习得的。在情境和环境(刺激)与行为、态度和价值观(反应)之间的联结是通过奖赏、惩罚以及观察而逐渐建立起来的。因此,在青年期心理发展问题上,社会学习也就是压力和困难何以发生在青少年身上的基础。

最著名的社会学习论者之一班杜拉曾对反社会攻击性问题感兴趣。他认为,反社会行为是一种习得的模式,可能源于儿童早期的家庭与社区经验。一旦儿童到了青春期,问题就显得严重了,而这仅仅是因为这个孩子有了成人般的身材和力量。他们的反社会侵犯性对周围的人而言更为吓人,人们感到了被这些更强壮、更高大的年轻人所制服的潜在威胁。班杜拉认为,这种实际并不存在的变化影响到了成人社会对青少年的反应,以及对青年期性质的认识,进而变成对青年行为的一种暗示。在班杜拉看来,青年的行为正是这种交互作用(reciprocal determinism)的结果。即青年的行为会影响别人,而别人的行为反过来也影响青年。青年之所以会这样做而不那样做,是因为他们从自身经历以及对他人的观察中发现,这样做会带来好处,而那样做不会(Bandura,1977)。

班杜拉还认为，青年期的行为与其他时期一样，也部分地受到个体对自己达到目标的能力的评价，即所谓自我效能（self-efficacy）的影响。一个人若自知有成功完成某项任务的能力，则可能无需他人强化，本身即足以使其完成这项任务。因此，社会赋予青年期何种任务，是否在年轻人看来力所能及，对于青年期能否顺利度过有重要影响（Bandura，1982）。

可见，与文化人类学家一样，班杜拉也不把青年期看作是不可避免的动荡时期；无论这一时期多么困难，都应看作环境经验和个体对其自身的知觉的结果。

认知发展观

以上，成熟论者与文化条件论者提出了西方学者解释青年期性质的两极观点。另有一些观点则走中间路线，即既看重成熟的作用，也看重经验的作用，并试图把两者结合起来。其中，最有影响的即是认知发展观（cognitive development view）。

认知发展论者的基本立场是心理或认知过程提供了行为、人际关系以及思维的发展变化的基础。他们假定，整个人类都在积极地进行体验，因为人们拥有思维、反应、思考及推理的能力，这就意味着人们有着从经验中获取意义的强烈要求；而个体反应、思考及推理的特征，都可以用一个术语来描述，即阶段（stage）。所谓阶段，是人的既相对独立，又具有整体一致性的功能系统。前一阶段与后一阶段是具有质的区别的，而不仅仅是量的区别。阶段之间是相互联系的，每一阶段都建立在前一阶段之上。从阶段到阶段的发展并不是自动的，而是有赖于生理成熟及其与环境的适当的相互作用。认知发展论最著名的代表人物是皮亚杰（J.Piaget，1896—1980）。他用同化（assimilation）和顺应（accommodation）这对概念解释心理的发展。前者是指个体以其既有的图式或认知结构为基础去吸收新经验的历程；后者则是个体主动改变认知结构以求其内在认知与外在环境经常保持平衡的历程。他按照认知结构及其发展水平，把儿童的心理发展划分为四个阶段。其中，青少年在十一二岁时就已进入了思维发展的最高阶段形式运算阶段（formal operation stage）。

以上，简略介绍了西方心理学家关于青年心理发展的一些有影响的理论。显然，这些理论在青年期的提出、青年期的动荡性、青年期的过渡性以及影响青年期心理发展的因素等问题上都有争议，但从总的趋势看，这些理论是从分散走向综合的。这里再介绍Hill（1980）提出的理解青年期心理发展的一种综合的框架。见表2-1。该模型并不着眼于青少年的特性，而是强调青少年与其家庭、学校、社会的相互作用，以及在青少年心理发展过程中这种作用的连接点。

表2-1　一种综合的发展模型

基础变化	→ 发生并作用于	背景
社会的定义		家庭
身体的		伙伴
认知的		学校
次级变化	及围绕青年期变化的心理问题	
问题	变化	
依附	把儿童期与父母的社会纽带转变为父母与小大人之间的可接受的纽带	
自主	扩大自主活动的范围,并从中取得自信	
统合	改变自我意象以适应最初与次级的变化;协调自我意象与自我理论以整合随时间变化的独特性和连续性	
成就	把勤奋和抱负汇集于充满希望的、现实的途径中	
亲密	把相识转化为友谊;加深和扩大自我表露、感情交流、利他主义的能力	

引自希尔(Hill,1980)

(二)中国心理学家关于心理发展的理论

潘菽的发展心理学观点

我国著名心理学家潘菽(1897—1988)十分重视发展心理学问题。在他接触到马列主义之后,就努力用辩证唯物主义思想指导这项工作。他认为:“儿童发展,尤其思维发展的科学研究,应当是一个必须采用唯物辩证法的观点予以重视的部门。”(潘菽,1984,第94-95页)

在人的思想、意识怎样形成这个问题上,潘菽特别看重人所生活于其中的环境以及他的实践活动。他始终认为,实践是心理发展的主要条件和动力。潘菽在对中国发展心理思想的性善性恶观的研究中,对心理的发展问题进行过比较深入的阐述。他把“性”分为“生性”和“习性”。“生性”主要是由于身体的生长发展而形成的;“习性”则主要是在生活、实践中由于学习或受到社会的影响或其他的影响的习染而形成的。“生性”和“习性”具有这样的关系:“所有的‘习性’,其实都是在一定的‘生性’的前提下发展形成起来的。没有一定的‘生性’作为内因,就不会有某种‘习性’的发展。”而发展的性质和水平“主要取决于学习、教育或习染”(同上,第101-103页)。潘菽的这一思想,代表着中国整个心理学界对发展动力和条件的认识。

潘菽认为,心理是具有发展过程的现象,当然也就可以转变。引起转变的动力和条件就是环境、学习、教育或习染以及实践。他说:“无论‘生性’还是‘习性’既然都是因一定的发展进程而形成,也就都可以因一定的发展进程而转变,只是这种转变过程的产生有的较容易,有的较困难而要经过较大的努力的。”(同上,第103-104页)

潘菽认为,人的意识的发展主要就是思维的发展。他对于通过现象研究儿童是非常赞赏的。通过对观察材料的研究,他认为:“人们的思维,无论哪种形式,都不是一生下来就有的,而是从无到有,经过一定的发展过程而形成的。”他指出:“儿童的思维显然是比较直接决定于现实事物的,没有成人的那种教条主义或经验主义的僵化倾向;同时,因为儿童缺乏经验,接触事物有限,因此,他们对事物的理解无疑比成人会有较大的片面性和表面性。”(同上,第95页)

朱智贤的发展心理学观点

我国著名心理学家朱智贤(1908—1991)把自己的毕生精力奉献给了儿童教育心理学的创建和发展。

对于儿童心理发展的动力问题,朱智贤首先说明了心理现象的特殊矛盾,即“在实践中,由于主客观矛盾而在人脑中产生的客观过程的反映和主观内部状态之间的矛盾是人的心理现象中的内部矛盾或特殊矛盾”(朱智贤,1961)。这个矛盾既是人的心理内部特殊矛盾,也就成为心理不断向前发展的根据或动力。相对于这一内因或动力,教育就成为外部条件或外因。至于儿童心理发展的动力究竟是什么,朱智贤认为,在儿童主体和客观事物相互作用的过程中,亦即在儿童不断积极活动的过程中,社会和教育向儿童提出的要求所引起的新的需要和儿童已有的心理水平或心理状态之间的矛盾,是儿童心理发展的内因或内部矛盾。这个内因或内部矛盾也就是儿童心理不断向前发展的动力。(朱智贤,1979,第72页)

根据上述对儿童心理发展动力问题的解释,朱智贤在说明思维、环境、教育与发展的关系问题时,必须回答一系列诘问:“把教育说成儿童心理发展的外因或条件,是不是降低了教育在儿童心理发展上的主导作用呢?”“既然说教育在儿童心理发展上起决定作用,为什么又说内因是发展的根据?”“如果教育这个外因能够适合于儿童的内因,是不是儿童心理就能立刻得到发展呢?”在回答这些诘问中,朱智贤进一步说明了儿童心理发展的内因与外因的关系。他指出:“儿童心理如何发展,向哪里发展,不是由外因机械决定的,也不是由内因孤立决定的,而是由适合于内因的一定外因决定的,也就是说,儿童心理发展主要是由适合于儿童心理内因的那些教育条件决定的。”(同上,第75-76页)

关于实践活动是心理发展的基础和源泉的命题,是我国发展心理学研究的一项重要成果。朱智贤对儿童心理的一系列观察和研究证明了:第一,儿童心理并不是外界事物的直观的、刻板的、机械的反映，而是在儿童自己的积极活动中，在儿童和周围事物的积极交往中能动的反映。第二，儿童的心理也不是儿童活动的消极的、可有可无的副产品，而是始终积极地参与在儿童活动中的，它作为活动的前提，参与在活动的计划、执行的全部过程中。同时，它又作为活动的结果，在儿童改变外界事物时也改变和发展着自己的心理。由于我国儿童广泛参加社会生活实践，其心理发展显示出某种活跃性和充分性的特征。这一事实，充分证明了我国心理学界关于实践在心理发展中的作用的认识的正确性。

关于心理发展的年龄阶段问题，朱智贤（1962）根据辩证唯物主义关于发展过程中的由量变到质变的规律，提出了描述儿童心理发展的年龄阶段的一系列重要见解。儿童心理年龄特征的这些阶段性的变化，乃是事物不断发展和发展又具有阶段性这一普遍的辩证规律在儿童心理发展上的具体体现。儿童年龄特征指的是年龄阶段特征。这种特征是儿童心理在一定年龄阶段中的那些一般的、典型的、本质的特征。他根据教育工作的经验和心理学的研究材料，把儿童心理发展划分为如下几个主要阶段：乳儿期（从出生到满一岁），婴儿期（从一岁到三岁），学龄前期（从三岁到六七岁），学龄初期（从六七岁到十一二岁），少年期或学龄中期（从十一二岁到十四五岁），青年初期或学龄晚期（从十四五岁到十七八岁），青年晚期（从十八岁到二十五岁）。整个青年期是一个人朝气蓬勃、走向独立生活的时期，是一个人开始独立决定自己的生活道路的时期。

总之，在青年心理发展的基本理论方面，以潘菽、朱智贤为代表的中国心理学家，以辩证唯物主义和历史唯物主义为指导，进行了许多创造性的工作，为研究大学生心理奠定了良好基础。

（三）张增杰关于大学生心理一般特点的论述

我国著名的发展与教育心理学家张增杰（1913—1986）在生前的最后一段时间，花了相当多的精力研究大学生心理问题。他认为，我国大学生的心理面貌可以从其心理发展所达到的水平、主要心理特点的两面性以及内心矛盾三个基本方面来加以考察。（张增杰，1983，1985）

大学生心理发展所达到的水平

界定大学生心理发展所达到的水平，是张增杰开展大学生心理特点研究的逻辑起点。他认为，大学生主要处于青年中期，从其来说，最一般的情况是：正在走向成熟而又未真正完全成熟，目前在校的大学生平均年龄为十九到二十岁左右，高年级大学生平均年龄为二十至二十二岁。他们的生理发展有些方面虽然还继续有所增长，但基本上已经成熟。即使其中低年级的且属小年龄的学生，在目前世界性的生理成熟期普遍提前的情况下(在我国约提前一年多),至少也已接近成熟。当然生理上的成熟在某些方面也会促使心理发展加速(如青年对于与异性交往的要求和恋爱等),但是即使这些受生理成熟直接影响的方面,从其心理发展来说却未见得也达到真正完全成熟的水平,许多青年大学生不善于对待和处理与异性关系的问题就是明证。如果更全面地仔细分析其他方面的心理发展,则更可明白他们的心理发展远未真正完全成熟。但是,尽管如此,青年的心理发展,在各个方面都是十分迅速的。大学生由于他们已达到公民法定年龄,又进入了大学,因此他们便自以为已经成人,说话和行事都力求带有成人味道。可是如果从心理发展——特别是对社会问题的认识方面说,他们只能算是“准成人”。尤其应该指出:大学生主要的活动是学习,而且在生活的各个方面都不再像中学生那样经常直接处于家长和老师的约束之下,而是比较“自由”和“开放”的,在处于这样的走向社会的过渡期中,他们往往不易深刻体会社会的准则以及他人的思想感情,总以为别人对一切都应该和自己设想的一样,因而在思想感情上往往容易与学校及社会的要求不一致。如果我们以人生观的形成作为心理发展成熟的主要标志,青年大学生也正处于形成人生观的关键时期,只有到了青年中后期末,其人生观方较稳定。所以从心理发展说,大学生也只是处在迅速走向成熟而又未真正完全成熟的阶段。处于过渡期的大学生,其心理成分充满着特殊的矛盾现象。这种矛盾现象是该发展过程中特定的内部状态,为进一步发展提供了依据,同时,也显示出明显的积极心理与消极心理并存,以及相互制约和转化的状态。

大学生主要心理特点的两面性——积极面和消极面

有些研究者和实际工作者,对青年大学生的评论容易产生偏向。张增杰以自己大半生所积累的经验和学识,对大学生问题提出了一整套见解。他认为:人的心理是不可分割的整体,只能在完整的意识活动中才能了解其真实面貌。但在研究过程中却不能不在考虑其整体性的前提下,从分析的角度着眼,分别考察青年大学生心理各个方面的主要特点。

1.大学生心理发展的积极特点

大学生心理发展正处于迅速走向成熟的阶段。这些成熟的方面表现出积极的特点,其中主要有:

(1)精力充沛,朝气蓬勃,具有勇往直前的气魄。

(2)出现大量类似成人的新需要,并渴望获得充分满足,从而激起对生活的美好愿望。

(3)情绪强烈,但比青年初期善于控制;情绪丰富,热情高涨;高尚情操日益发展。

(4)抽象逻辑思维高度发展,辩证性日益提高,发散性思维有新发展。加上想象丰富，所以善于独立思考，思想活跃，求知欲强而好争辩，迫切希望能有新的发明创造与成就，对社会、对人类作出贡献。

(5)自我意识有新的发展，对自己各方面的认识大大提高，主动性增强，同时自尊心特别强。

(6)人际关系进一步扩大，比青年初期更善于与他人交往，对友谊和爱情十分重视。

(7)富有理想，积极向上，向往真理。

2.大学生心理发展的消极特点

处于发展过渡期的大学生，虽然由于迅速走向成熟而具有许多积极面，但往往就在这些积极面中也包含着没有达到真正成熟的方面，因此某些本来属于积极的特点，当他们不善于考虑当时客观条件或情境时，或所发挥的作用超过一定限度时，往往易于导向某些消极的表现，甚至是有害的特点。

(1)滥用充沛的精力与蛮干。

(2)在客观条件未具备时，急于谋求需要的满足，导致失败或误入歧途。

(3)对情绪、情感缺乏控制时，易成为情感的奴隶。

(4)过分凭借想象与间接思维，不善于将集中思维与发散思维巧妙地结合起来，容易导致脱离现实，坚持片面性结论，甚至因导致怀疑或不满现实，以致削弱进取心。

(5)自我意识强，情绪体验深，在外界的不良影响下，易陶醉于低级情绪。

(6)在未掌握正确的社会准则时，在开放、自由的交往中，容易走入歧途。

(7)在缺乏正确理想指导时，求知欲与敏感性易导致迷信错误的、自以为是的“新知识”或“新思潮”。

大学生的内心矛盾

大学生心理发展过程中，存在着明显的两面性，而且其各方面的发展也很不平衡，往往易引起各种各样的冲突与矛盾。与此同时，他们又处于自我意识发展的新阶段，从眼光朝外着重认识外部世界，转而朝向内部认识自己。因而，他们经常强烈地意识到内心所发生的种种矛盾。这些内心矛盾主要有：

(1)锁闭性所导致的孤独感与强烈交往需要的矛盾。

(2)独立性与依赖性的矛盾。

(3)强烈求知欲与识别力低的矛盾。

(4)情绪与理智之间的矛盾。

(5)愿望、幻想与当前现实的矛盾。

(6)强烈的性意识与正确处理异性关系之间的矛盾。

张增杰认为，所有这些矛盾并非偶然，而是发展过程中的正常现象，是迅速走向成熟与尚未完全真正成熟的集中表现。张增杰深刻地指出了这些矛盾的意义,并提出了教育上的忠告。他说,如果我们不了解大学生有什么内外矛盾,或者无视它,在出现问题时惊慌失措;或仅仅根据主观推测进行空洞的说教,那就非但无助于他们消除内心矛盾,相反的还会使他们感到委屈甚至产生反感,结果是加深矛盾,以至使他们认为无法克服而自暴自弃。这就会使内心矛盾体验成为心理健康发展的阻力。要化阻力为动力,应从肯定其走向成熟的积极面入手,又指出其不成熟的消极面有待改善。既然是同一特点的两面性,只要使已走向成熟的一面更加完善,其不成熟的一面相对地就会逐渐减少。

三、改革开放以来我国大学生的心理轨迹

在本书的相关著作《大学生心理学》(黄希庭、徐凤姝,1988)中,已充分展示了20世纪80年代大学生的心理特点;作为该书的姊妹著作,本书则力图及时反映当代大学生的心理风貌。这里,有必要对我国大学生从20世纪80到90年代,也就是改革开放以来的心理变化轨迹有一个大致的把握。已有不少文献(王正忠,1988;刘德寰等,1992;刘擎,1988;彭晓新、黄茂均,1996;詹灶福,1994;樊新民,1997)从纵向的角度对青年及大学生的这一变化走势作了探讨。总体来看,自改革开放以来我国大学生的基本心态大致经历了三个时期:

(一)20世纪80年代上半期:震动反思与自我追寻

改革开放的20世纪80年代开始了一个新的历史时期。刚从"文革"的思想禁锢中走出来,大学生们面对骤然打开的国门,面对与发达国家的经济物质水平的巨大差距,心理上产生了强烈的震动。在思想解放运动的推动下,大学生也开始了一系列的反思,包括对红卫兵运动的反思,对知识价值的反思,对婚姻家庭的反思,最后则以对人生价值的反思形成高潮。1982年10月《中国青年报》报道了第四军医大学学生张华为救一名落入粪池的老农而献身的事迹后,许多大学生提出了"一个风华正茂的大学生,为救一个年逾花甲的老农而牺牲是否有价值"的问题。他们开始摒弃教条的、空洞的东西,注重实在的、具体的价值。类似这样的人生价值大讨论引发了大学生"自我奋斗、自我完善、自我实现"的价值观念的形成与发展。

随着改革的逐步深入,当农村经济体制改革获得成功催动城市体制改革的时候,当我国体育健儿为祖国捧回金杯的时候,当张海迪——一个敢于同命运抗争的形象传播开来以后,大学生的人生观又开始出现了自我与社会并重的局面,他们开始把自我价值

实现的前提既诉诸自身又诉诸社会。首先,高考制度的恢复,各级各类学校的迅速发展激发了青年学业上进的欲望。此起彼伏的文凭热、高考热、自学热等让大学生耳濡目染。其次,改革初始,各级各类部门急需人才,为大学生提供了施展才华的广阔舞台。特别是大批大学生被直接吸纳进入党政职能部门,大大强化了大学生的社会参与意识。加上社会在意识形态、文化艺术、行为方式等许多方面的宽容程度大大增加,相对宽松的社会环境有利于大学生个性和创造性的发挥。因此,在改革中确定自己的位置,在振兴中华的实践中实现人生价值的增值,成了这一时期多数大学生的价值选择。

(二)从20世纪80年代中后期到90年代初:价值多元与自我徘徊

20世纪80年代中后期,随着改革开放的进一步深入,刚迈步的社会主义商品经济在新旧体制交替和激烈的撞击下出现了严峻的形势,诸如供需矛盾扩大、通货膨胀、物价上涨等,经济体制改革进入了艰难时期。这一时期,大学生的各种思想热点不断出现:以探讨中国传统文化与西方文化对中国社会发展进程之利弊为主要内容的大学生“文化热”,以政治体制改革的必要性、内容、方向为主要内容的大学生“参与热”,以民主意识、民主权利、民主制度及校园民主实践为主要内容的大学生“民主热”。

但是,事实证明,这一阶段的大学生还不懂得中国的过去和未来,还太不了解中国的国情。这一阶段的大学生,面对思想文化的多元环境,虽有积极参与社会的愿望,但由于自我价值与社会价值的现实结合点不当,伴随而来的便是内心的焦躁与困惑,表现为自我与社会间的徘徊,一度还陷入了抽象自我的泥潭。

(三)20世纪90年代中后期:实用倾向与自我凸现

1992年邓小平南方谈话和党的十四大提出建立社会主义市场经济体制以后,我国经济又进入了一个新的高速增长的阶段,城市经济改革和体制改革的步伐加快,经济形势好转。所有这些都增强了大学生对国家前途的信心和社会内部的凝聚力。经济搞活对大学生的最直接影响是分配体制的改变,由“统包统分”转为“双向选择”,大学生寻求个人发展的途径增多。随之,追求个人事业成功和生活美满成了大学生最现实的人生理想。有人(董霞、郭佳,1995)以“上山读书热”和“下海赚钱热”总结了当代大学生在求知和闲暇行为上的实用倾向;1993年《大学生》杂志曾连续开展“上山与下海”再塑大学生讨论,《中国青年报》则连版刊出“先读书还是先赚钱”的专题;还有人(黄志坚,1993)揭示了90年代大学生的六大“热点”(崇尚自我、热心参与、学习求知、成才成名、校园经商、潇洒人生),认为如今校园中盛行的是“讲实际,求实惠,不听虚,不玩空”的风气。学者们一致认为,价值取向的自我化和价值标准的实用化成了当代大学生的真实写照。

与此同时,大学生们的心态也表现得比上一阶段更为成熟:一些传统价值观念逐渐被大学生重新认识和确立,传统文化中的"信义观""义利观""善恶观"等价值准则,为大学生重新肯定和接纳;国家、集体、社会的观念有所增强,对党和政府的政策支持拥护,对党和政府的舆论宣传也由过去的逆反心理转为理解接受;关心社会生活,积极投身于改革开放的大潮,勇于在社会主义现代化建设事业中实现自己的人生价值。

总之,改革开放的主旋律使一度陷入抽象自我的大学生们获得了精神上的解脱。从抽象的人生思辨走向具体的人生实践,从追求自我价值走向自我价值与社会价值的统一。这说明,现代化事业的进程紧紧维系着大学生们的思想和命运,改革每前进一步,大学生的观念和行为就前进一步。

参考文献:

Freud, S. (1935/1960). A general introduction to psychoanalysis. New York: Washington Square Press.

Bandura, A. (1969). Principles of behavior modification. New York: Holt, Rinehart, & Winston.

Bandura, A. (1977). Social learning theory. NJ: Prentice-Hall.

Bandura, A. (1982). Self-efficacy mechanism in human agency. American Psychologist, 37(2), 122-147.

Freeman, D. (1983). Margaret Mead and Samoa. Cambridge, Mass: Harvard University Press.

Mead, M. (1928). Coming of Age in Samoa. New York: William Morrow and CO.

董霞,郭佳(1994).当代大学生的行为"实用性"浅析·青年探索,(3):7-9,12.

樊新民.(1997).改革开放以来青年价值观的演变.青年研究,(4):1-5.

黄希庭,徐凤姝.(1988).大学生心理学.上海:上海人民出版社.

黄志坚(1993).九十年代大学生价值取向的"热点"现象透析.青年探索,(4):2-6.

刘德寰,杨力伟.(1992).改革开放对大学生价值观念的影响.青年研究,(1):1-8,14.

刘擎.(1988).颤动的象牙塔——当代大学生的精神世界(1978-1988).当代青年研究,(11-12):26-32.

吕静,张增杰,陈安福.(1985).5~11岁儿童面积等分概念的发展——儿童认知发展研究(Ⅳ).心理科学通讯,(4):8-14,64.

潘菽.(1984).心理学简札(下册).北京:人民教育出版社.

彭晓新,黄茂军.(1996).1978~1995大学生人生观嬗变的轨迹.青年探索,(3):34-37.

王正忠(1988).大学生心态录——全国万名大学生抽样调查追踪.人民日报.1988-11-01.

詹灶福.(1994).论大学生价值观取向的嬗变.青年探索,(5):30-35.

张增杰,邱曼君.(1983).4~6岁幼儿认知发展过程中具体与抽象的相互转化.西南师范学报(自然科学版),(2):55-65.

朱智贤.(1962).有关儿童年龄特征的几个问题.人民日报.1962-03-13.

朱智贤.(1980).儿童心理学(上册).北京:人民教育出版社.

朱智贤.(1981).有关儿童智力发展的几个问题.北京师范大学学报,(1):39-46.

朱智贤.(1961).儿童心理的发展.心理学报,(1):20-32.

原文载于黄希庭、郑涌等著《当代中国大学生心理特点与教育》,上海教育出版社1999年版。

心理学与西部大开发

实施西部大开发，是党中央总揽全局，面向未来作出的重要战略构想，具有深远的经济意义和政治意义。它是缩小地区差距，增进民族团结，保障边疆安全的重要举措，也是促进经济结构调整，扩大国内需求，保持国民经济持续快速健康发展的重大部署。心理学是研究人的科学，它是基础科学也是应用科学。心理学，既可以为祖国西部大开发服务，也将在服务西部大开发中得到发展。

西部大开发有许多工作要做，如基础设施建设、生态环境保护、产业结构调整、科技教育发展等。这里最关键的一条是培养和使用好人才，很明显心理学能在西部大开发的人才培养、使用、评价和选拔方面发挥其重要的作用。例如我们心理学系(所)在四川成都武侯高级中学，根据中低分学生的知识、能力上的差异，对他们进行自尊、自信、自立、自强的个性化成才教育所取得的显著成绩，《中国教育报》《光明日报》《教育导报》都刊登过该校与我系联合办学实行个性化成才教育取得成绩的经验。这也充分说明心理学知识能很好地服务于人才培养。缩小西部与东部的差距，必须更新观念，这样才能抓住机遇进行超常规的发展。要更新观念就必须先要了解西部人的价值观念，从1985年起，我们心理所的科研人员就着手对中国青年价值观进行广泛调查，其研究结果于1998年获得教育部普通高校人文社会科学研究成果一等奖。显然对西部人价值观念的调查研究方面，我们心理学中对价值观的分类和实证方法能发挥其积极的作用。此外心理学还能在西部大开发的其他领域发挥作用。可以毫不夸大地说，在西部大开发中，凡是涉及人的活动领域，心理学的知识都能发挥其积极的作用。

在服务西部大开发的过程中，心理学也必将得到大的发展。我国西部是少数民族聚居区，据1996年《中国统计年鉴》，在中国西部大部分省区的少数民族人口占自治地方总人口半数以上。在西部大开发中必然会遇到一系列的汉族文化和少数民族文化、少数民族文化之间的相互冲突、相互融合。对西部少数民族的自我观念、价值观、成就动机以及少数民族个体社会化等问题的研究，不仅有助于维护祖国各民族团结，为党和国家制定民族政策提供依据；同时也可以为我国民族心理学的创建积累资料。我们可以很有信心地说，在不远的将来具有中国特色的民族心理学将会建立起来。

原文载于《西南师范大学学报(人文社会科学版)》，2000年第5期。

时间心理学的若干研究

一、儿童时间认知发展研究

儿童时间认知的发展依存于许多条件。黄希庭、张增杰曾对5至8岁儿童的时间知觉做过一项实验研究(黄希庭,张增杰,1979),以先后按两次马表的响声之间的时间作为呈现时距(3秒、5秒、15秒、30秒),实验情境分有或无节拍器提供时间标尺两种,每次呈现时距后要求被试使用同样的方法再现时距,实验后向被试询问:用什么方法感知和再现时距?节拍器对确定时距是否有帮助?是怎么利用的?利用节拍器确定时距是否比没有节拍器要准确些?结果表明,5岁儿童不会使用时间标尺,时间知觉极不准确、极不稳定;6岁儿童一般不会使用时间标尺,再现长时间不确定、不稳定,基本上与5岁儿童相似;7岁儿童开始使用时间标尺,但大多数使用外部时间标尺,只有极少数人有时使用内部时间标尺;8岁儿童大多能主动使用时间标尺,时间知觉准确度和稳定性有开始接近成人的倾向。儿童的时间知觉有显著的个别差异。黄希庭、杨宗义、刘中华(1980)的一项研究中,改变自变量中的时间、空间距离和速度三者的关系以考察5至9岁儿童时间认知的特点。此项研究有两个实验。在实验1中,主试用尼龙线牵引两辆纸制的红、绿小汽车在两个行车道上作直线行驶。行车道的起点和终点设有木制的小车站,以便于儿童识别。向儿童呈现四个课题:课题1和课题2两车同时开出,驶过4米的路程,课题1两车历时20秒同时到站;课题2红车行驶10秒到站,绿车行驶20秒到站;课题3和课题4绿车在始发站、红车在行车道中点同时开出,课题3红车以10秒行驶2米到站,绿车以20秒行驶到站;课题4红车的速度比绿车慢,两车行驶20秒一起到站。每个课题演示后向儿童询问:这两个小汽车是否走得一样快,或哪个走得快些?它们是否同时到达,或哪一个先到站?接着向儿童提出假定的时间估计问题:假如红车从那个车站走到这个车站花了一分钟(一小时、一天),那么绿车从那个车站走到这个车站要花多长时间?假定红车从那个车站开到这个车站刚好是吃午饭的时候,那么绿车开到这个车站是什么时候?在实验2中,主试只牵引一辆红色的小汽车,从一个车站行驶到另一个车站,以此时间作为呈现时距。呈现时距有两种:车子行驶4米或2米历时20秒,行驶4米或2米历时10秒。要求被试以“预备起”“到”这两个口令再现所感知到的视觉,而不牵动小汽车行驶。主试用马表记下被试的再现时距。结果表明,5岁儿童基本上不会用“一分钟”“一小时”“一天”等时间概念作假定的时间估计,仅有少数儿童(占总人次的

40%)能正确使用“吃午饭时”做假定的时间估计；多数6岁儿童(占总人次的66%~86%)已能正确使用“吃午饭时”和“一天”这些时间概念做假定的时间估计；7岁儿童大多(占总人次的70%以上)能正确使用“一分钟”“一小时”“一天”“吃午饭时”等时间概念做假定的时间估计。5岁儿童往往分不清事件的空间和时间关系，用小车行驶路程长短估计时间，Kappa效应最大，随着年龄的增长，儿童的Kappa效应逐渐减少，到8至9岁时60%~75%的儿童都能主动地使用时间标尺，已能把小车行驶的空间距离与时间关系区分开来，再现时距的准确度显著提高。儿童再现时距的Kappa效应与其能否主动使用时间标尺密切相关。

周榕、黄希庭(2000)用故事句子完成法，考察了小学一年级至初一7个年级组儿童(各组平均年龄为7.3、8.3、9.4、10.3、11.3、12.2、13.1岁)时间隐喻表征能力的发展以及使用不同概念隐喻来喻指时间的先后次序。此项研究根据对成人被试研究得出的11个时间概念隐喻，即“时间是空间”“时间是有价物”“时间是状态”“时间是易逝物”“时间是效应”“时间是改变者”“时间是检验者”“时间是动体”“时间是媒介”“时间是人”“时间是主宰—被主宰”，编写了11个有关时间的通俗易懂的小故事。一个故事体现一个概念隐喻，但故事最后一个句子不完整，要求被试根据故事内容说出一个他们自己认为最恰当的词完成该故事，如：“小明在学校非常努力，他总是抓紧一切时间认真学习，因为他知道时间非常宝贵，就像……一样。”结果发现，儿童时间隐喻能力随年龄的增长而提高，但小学一二年级儿童还不具备用别的语义域概念隐喻性地表征时间的能力，小学三年级是基本形成时间隐喻表征能力的转折时期，到六年级这种能力趋于成熟；儿童时间隐喻表征能力的发展无性别差异；“空间”和“人”两种范畴是儿童最早用来喻指时间的隐喻。

二、时间认知分段综合模型探讨

人类是怎么认知时距的？心理学家曾提出过三个认知模型：存储容量模型、加工时间模型和变化/分割模型。黄希庭(1993)在一篇文献综述中曾用前人的实验材料分析过它们的预测效应和尚需进一步探讨的问题。存储容量模型(storage size model，简称SS模型)认为，人们估计时距与存储的信息量或复杂度呈正相关；但也有研究发现时距估计长短与所获得的信息数量或复杂度呈负相关。加工时间模型(processing-time model，简称PT模型)认为，人类信息加工中存在着一个认知计时器，专门负责加工和编码时间信息，还存在着一个刺激加工器，专门负责对刺激进行加工和编码；注意分配于这两个加工器之间，如果对事件信息投入的注意资源较多，那么注意资源投入于认知计时器的便少,因而对时距的估计就较短,反之,时距估计便较长。变化/分割模型(change/segmentation model,简称CS模型)认为,对时距的认知是以心理变化为依据的,时距估计就是把心理上所经历的变化分割为可记忆的片段,然后再根据所分割出的变化段数的多少估计时距。人类对时间的认知,其时距的幅度是很悬殊的:从毫秒、秒、分、小时、日、月、年直至数十年。上述三个模型是否适合于解释人类经历的所有时距?个人的心理时间是否具有分段性?其认知特点是否有差异?基于此,我们用39个未来时间修饰词和40个过去时间修饰词(这些词是日常生活常用的,不是专业用词、方言和口语,不是固定时间词,而是不定时间词)(黄希庭,孙承惠,1991;黄希庭,1994;黄希庭,孙承惠,胡维芳,1998)要求大学生被试用秒、分、小时、日、星期、月、年7个时间单位对这些时间修饰词进行复制,并向被试呈现从0到100的数轴,要求他们依据参考数轴及对每个时间修饰词时间属性的理解进行模糊统计赋值。结果发现,心理时间具有分段性;不同的心理时间,其认知有不同的特点。这两项研究结果表明,过去时间和未来时间在心理结构上是对称的,分为三个心理时间段,即以秒和分为计时单位的"较近的过去"和"较近的未来",以小时、日、月为计时单位的"近的过去"和"近的未来",以年为计时单位的"远的过去"和"远的未来"。随着时间修饰词词义离现在由近至远,其词义的模糊度趋于变大,评量的把握度变小。很少有被试以星期为计时单位对时间修饰词进行赋值的。

虽然CS模型实际上是SS模型和PT模型的综合,较之于SS模型或PT模型具有较高的预测效度,但是人类对时间的认知并不是CS模型都能理解的。例如我们的研究发现,活动的性质和量会影响对短时距的认知(黄希庭,张庆林,张小真,1987),刺激物的面积大小会影响短时距知觉(张蜀林,黄希庭,1995),短时距认知既有自动加工又有控制加工(郭召良,黄希庭,1997),不同感觉道的时间信息输入会影响时距认知(胡湘明,黄希庭,1992;黄希庭,郑云,1993);加工方式和提取机制不同会影响时距认知(Huang, Xie, 1993;黄希庭,邓铸,1997),甚至时间连续知觉的阈限也受刺激的性质、通道的个数、判断标准等多种因素的影响(柳学智,1992)。基于上述研究,黄希庭、徐光国设计了4个实验对变化/分割模型进行了系统的检验;实验1控制目标时距和该时距内的填充数字系列,操纵数字系列的分割段数;实验2控制目标时距内的填充数字间距和个数,操纵目标时距及其中填充数字系列的分割段数;实验3控制目标时距和该时距内的填充数字系列的分割段数和段的持续时间,操纵段内的项目数;实验4控制目标时距和该时距内的填充数字系列的分割段数和段内的项目数,操纵段的持续时间,要求被试用再现法和参数估计法分别复制目标时距,并进行立即估计和延迟估计。结果表明,变化/分割模型具有较高的预测效度,但也有不足之处,主要是因为人类对时间的认知受多种因素的影响。因此,我们提出了时间认知的分段综合模型。所谓时间认知的分段综合模型是指人类对时间的认知具有分段性,不同时距具有不同的表征,个体无论对哪一种时距的认知均受多种因素,例如事件的数量与结构、通道的性质和特点、时序和时点的性质、注意资源、编码方式、分段和提取策略、实验指标,以及个体的时间信念、情绪、疾病等的影响。综合上述诸种因素才能对时间认知做出科学的解释。我们的一些研究已对该模型做出了论证(王振勇,黄希庭,1999;王振勇,李宏翰,1999;Huang, 1999)。

三、时间维度上的人格差异

时间倾向于所有的人,给每个人以相同的机会;但每个人的时间紧迫感是不同的。Friedman 和 Rosenman(1974)的临床观察发现,易患冠心病者的 A 型人格与 B 型人格在时间紧迫感上有很大的差异。A 型人格者对于较长目标时距(40 秒和 60 秒),无论及时再现、剥夺使用内部时间标尺再现或口头言语估计都显著地短于 B 型人格者;对于短时距(3 秒和 16 秒),在剥夺使用内部时间标尺和口头言语估计的条件下,A 型人格者再现和估计均显著短于 B 型人格者(梅传强,1991)。黄希庭、张增杰(1979)对 5 至 8 岁儿童时间知觉的研究发现,有的儿童不论对哪一种时距(3 秒、5 秒、15 秒、30 秒)的再现绝大多数均作提前反应;而另一些儿童恰好相反,不论对哪种时距绝大多数均作错后反应。这些个别差异提示,人们在时间认知上可能存在着气质差异。

时间维度上的人格差异不仅表现在时间紧迫感上,还表现在时间态度、价值观和监控管理上。时间是一种重要的资源,它具有不变性、无存贮性和无替代性,但却可以对其进行有效的管理和使用。黄希庭、张志杰(2001)参照国外文献并结合我国的社会文化背景编制出一份具有较高信度和效度的青少年时间管理倾向量表,该量表由三个分量表(时间价值感量表、时间监控观量表和时间效能感量表)构成。时间价值感由社会取向和个人取向两个维度构成;时间监控观由设置目标、计划、优先级、时间分配和反馈性五个维度构成;时间效能感由时间管理效能和时间管理行为效能两个维度构成。该量表的理论构想已得到一些研究的证实(黄希庭,郑涌,2000;郑涌,黄希庭,2000)。

时间管理倾向与人生处境有着密切的相关性。可以想见,高分时间管理倾向者看起来总是悠闲自得但业绩却出类拔萃,而低分时间管理倾向者总是忙忙碌碌但业绩较少;高分时间管理倾向者不仅学习期间成绩优秀,而且在工作岗位上职务晋升也远早于低分时间管理倾向者;高分时间管理倾向者的工资、奖金领先于低分时间管理倾向者;高分时间管理倾向者由于有时间关心其孩子的成长和家人的情感需求,家庭圆满;低分时间管理倾向者无暇顾及孩子的成长,易导致家庭不和,甚至家庭破裂;高分时间管理倾向者的生活丰富多彩、社交范围广;低分时间管理倾向者的生活单调乏味,甚至连最基本的社会关系网都难以建立起来。只要我们留心观察周围的人们,处处都可以看到,成功的人士大多是有效时间管理者。从日常观察到实证研究,我们将以更多的证据论证时间维度上的人格差异。

参考文献

Friedman M, Meyer.(1974) Type A behavior and your heart. New York: Knopf.

Huang W. (1999) Reasoning about conventional time as a function of conventional time systems. Memory & Cognition, 27(6): 1080-1086.

Huang X T, Xie H L. (1993) Characteristic of short time duration detection. In: S. Wang, Proceedings of the second Afro-Asian Psychological Congress, Beijing: Peking University Press. 64-69.

郭召良,黄希庭.(1997)短时距加工方式实验研究.西南师范大学学报(自然科学版),22(3):330-334.

胡湘明,黄希庭.(1992)短时距知觉的视听通道效应的初步研究.心理科学,15(1):6-10.

黄希庭,顾铸.(1997)分时距认知特点的研究.心理科学,20(3):193-196,286.

黄希庭,孙承惠,胡维芳.(1998)过去时间的心理结构.心理科学,21(1):1-4.

黄希庭,孙承惠.(1991)时间词义赋值特征的分析.心理学报,23(3):243-249.

黄希庭,徐光国.(1999)对变化/分割模型的检验(II).心理学报,31(2):135-141.

黄希庭,徐光国.(1997)对变化/分割模型的检验(I).心理学报,29(3):326-334.

黄希庭,杨宗义,刘中华.(1980)5至9岁儿童时间观念发展的实验研究.西南师范大学学报(自然科学版),(1):67-76.

黄希庭,张庆林,张小真.(1987)活动对短时距知觉影响的初步研究.心理学杂志,(3).

黄希庭,张增杰.(1979)5至8岁儿童时间知觉的实验研究.心理学报,12(2):166-174.

黄希庭,张志杰.(2001)青少年时间管理倾向量表的编制.心理学报,33(4):338-343.

黄希庭,郑涌.(2000)时间透视的自我整合:I.心理结构方式的投射测验.心理学报,32(1):30-35.

黄希庭,郑云.(1993)时间判断的视听通道效应的实验研究.心理学报,25(3):225-231.

黄希庭.(1993)时距信息加工的认知研究.西南师范大学学报(自然科学版),18(2):207-215.

黄希庭.(1994)未来时间的心理结构.心理学报,26(2):121-126.

柳学智.(1993)多种因素对时间连续阈限的影响.心理科学,26(4):378-385.

梅传强.(1991)A型和B型行为类型大学生的时间认知特点的研究.心理科学,13(4):52-53.

王振勇,黄希庭.(1999)时点、时距和时序信息加工之间的相关性研究.心理科学,22(5):398-402.

王振勇,李宏翰,黄希庭.(1999)时间记忆层次网络模型的实验检验.心理学报,31(4):383-389.

张蜀林,黄希庭.(1995)短时距知觉中的面积效应.心理科学,18(1):6-9.

郑涌,黄希庭.(2000)时间透视的自我整合:II.心理功能机制的实验研究.心理学报,32(1):36-39.

周榕,黄希庭.(2000)时间隐喻表征的跨文化研究.心理科学,23(2):141-145.

原文载于中国心理学会编《当代中国心理学》,北京:人民教育出版社2001版。

健全人格养成教育探索

我从1982年开始承担中国社会科学院“六五”科研规划项目“大学生心理研究”起，一直在探索学生健全人格的养成教育问题。20年来，大致做了以下四方面的工作。

一、人格及其决定因素的研究

（一）人格的概念

人格是一个极为抽象的模糊概念。从字源上看，我国古代汉语中没有“人格”这个词，但是有“人性”“人品”“品格”等词。例如，最早讲到“人性”的孔子曾说过：“性相近也，习相远也”（《论语·阳货》）。人性、人品、品格等词虽然与人格一词在内容上有联系，但它们毕竟是不同的术语。中文中的“人格”这个术语是对英文“personality”一词的意译。而英语中的“personality”一词源于拉丁文的“persona”，本意是指面具。把面具指义为人格，实际上包含着两层意思：一是指个人在生活舞台上表演出的各种行为，表现于外给人以印象的特点或公开的自我；二是指个人蕴藏于内、外部未露的特点，即被遮蔽起来的真实的自我。因此，从字源上来看，人格就是我国古代学者所说的“蕴藏于中，形诸于外”。

人格是一个有着颇多歧义，颇多界说的概念。不同的研究者对人格理解不同，对人格所下的定义也很不相同。奥尔波特最早对人格的定义做过综述，考察了50个定义。自奥尔波特之后还有不少心理学家综述或分析过人格的定义，又提出了不少新的定义。其实，人格是一个复杂的系统。任何系统都可以作多种描述。人格定义的不同，反映了心理学家从不同的侧面对人格系统所作的描述，反映了他们对人格研究的侧重点的不同以及他们所采用的研究方法的不同。

在历史上，心理学家们对人格的众多探讨与盲人摸象颇为相似，抓住尾巴的说大象和绳子一样，摸着腿的说大象像棵树。见仁见智，莫衷一是。心理学家们正是从各个不同的方位向人格这一领域靠拢，按照自己的一孔之见给人格下定义。因此，所有各家的见解对于我们认识人格都是有益的。虽然，目前在人格研究领域中仍然存在着各种研究范型或研究取向，一时难以统一；但是各种观点走向融合的趋势同样是存在的。心理学家毕竟不同于摸象的盲人，他们的眼睛是明亮的并力求以科学方法论作为指导。我认为，只有把人格视为一个复杂的开放系统（open system），对这个系统进行全方位的认识，才能对人格这个概念下一个科学的定义。

综合各家的定义，我认为，人格是个体在行为上的内部倾向，它表现为个体适应环境时在能力、情绪、需要、动机、兴趣、态度、价值观、气质、性格和体质等方面的整合，是具有动力一致性和连续性的自我，是个体在社会化过程中形成的给人以特色的心身组织。人格心理学就是研究现实的人，探求、描述和解释个人的思想、情绪及行为的独特模式，并综合诸多足以影响个人的各种与环境交互作用的过程，包括与生物学的、发展的、认知的、情绪的、动机的和社会的交互作用，进而对现实生活中的个人作整体性解释的一个心理学分支学科（黄希庭，1998）。

要深入理解人格的含义，有必要澄清人格与个性、气质、性格之间的区别与联系。在我国的心理学文献中往往把个性理解为一个人区别于他人的稳定的、独特的整体特性，把个性与人格作为同义词使用。造成这种混同的原因，除了两者在词义上的接近外，翻译上的问题也是一个原因。1949年以来，我国心理学界从俄文中翻译了大量的心理学文献，都把“личностъ”译为“个性”。其实该词即为英语中的“personality”。个性（individuality）与人格是有区别的。其区别主要表现在：（1）个性是指人的个别差异，从差别的角度来看一个人不同于他人的特点。人格则是对一个人的总的描述或本质的描述，既表现这个人，又力图解释这个人的行为倾向。个性仅表达了人格的个别差异，而人格还包含个性之外的其他属性。（2）个性是相对于共性（generality）而言的。世界上的万事万物都有个性。但人格只是对人而言的，对其他事物和动物显然不能用人格来描述。因此个性与人格有联系，但并不等同。

气质是个人生来就具有的心理活动的动力特征，也就是我们平常所说的“禀性”“脾气”。气质这种人格特征，依赖于生理素质。气质与人格有密切的联系，因为它是人格的先天禀赋、是人格形成的原始材料之一，人格的形成不可能离开气质。气质与人格的区别在于，人格的形成除了气质、体质等先天禀赋作基础外，社会环境的影响也起着重要的作用；而气质仅属于人格中的先天倾向。

性格或品格（character），是指个人的品行道德和风格。它是人格结构的一个重要组成部分，是个人有关社会规范、伦理道德方面的各种习性的总称。英语“character”一词源于希腊语“Kharaktēr”，意为“印记”“雕刻”或“雕成之物”。后来转意为“绘图”“标志”和“特征”，意指由外界环境所造成的、深层的、固定的人格结构。我国古代思想家对于性格有过不少描述。如孔子曰：“质胜文则野，文胜质则史；文质彬彬，然后君子。”（《论语·雍也》）“君子怀德，小人怀土；君子怀刑，小人怀惠。”（《论语·里仁》）性格与人格是两个不同的概念：性格包含于人格之中，它是人格结构的一个主要成分。但在日常生活中，人们常常把性格与人格混同起来，如说“他天生是个懦夫和坏蛋”，或说“阴险刻薄是他的天性”。这种说法是把性格视为天生的了。

总之，个性是指人格的独特性，气质是人格发展的先天基础，性格是人格的道德行为特征。这些术语是有区别的，个性、气质、性格都属于人格所包含的内容。

（二）人格的决定因素

人格的发展必定有其遗传基础。用来确定遗传对人格发展影响的研究方法有两种：孪生子研究和收养研究（珀文著，周榕等译，2001）。表2-2中比较了一起抚养和分开抚养的同卵孪生子和异卵孪生子的智商，比较一起抚养和分开抚养的亲生（非同卵）子女，养子女、亲生子女与父母，养子女与其亲生父母和养父母的智商，数据表明随着遗传一致性的增加，其智商的相关系数也增大。Loehin研究过遗传对人格大五因素的作用，发现遗传率约为40%，即人格上约40%的个体差异可由遗传加以解释。遗传率估计是一个范围。智商的遗传率估计是从0.30到0.80（占总变异的30%到80%），外倾的是从0.32到0.65（占总变异的32%到65%）。态度的遗传率估计因所研究的不同态度而异。应当注意，遗传率估计是指一种特征受遗传决定的程度。它只是对一种特征的变异比率的估计，是以特定的方法在特定的人群中得到的可以归因为遗传变异的估计。人格特质有遗传成分，所以它是不能改变的。个体生来具有某种气质，但也不等于这种气质会终生不变；身高在很大程度上由遗传决定，但仍受后天可获得的营养的影响。行为遗传学的数据表明大约40%的人格特征的变异和人格整体的变异是由遗传决定的，那么剩余的个体和群体变异应该是环境影响和测量误差的共同作用。

表2-2 家庭智商的平均相关

关系	平均相关系数	配对的数目
一起抚养，有血缘关系		
同卵孪生	0.86	4 672
异卵孪生	0.60	5 533
兄弟姐妹	0.47	26 473
父母与子女	0.42	8 433
只同父或同母的子女	0.35	200
侄儿或侄女	0.15	1 176
分开抚养，有血缘关系		
同卵孪生	0.72	65
兄弟姐妹	0.24	203

续表

关系	平均相关系数	配对的数目
父母与子女	0.24	720
一起抚养,没有血缘关系		
兄弟姐妹	0.32	714
养父母与子女	0.24	720

(来源:T.J.Bouchard,M.McGue,1981,p.1056)

人格的发展离不开环境的重要影响。这种影响包括胎内环境、家庭教养环境、学校及社会文化等的影响。我们曾做过家庭环境对儿童人格发展的文献综述,不少研究表明,体贴、温暖的家庭环境能促进儿童成熟、独立、友好、自控和自主等特征的发展(黄希庭,赵伶俐,1988)。家庭气氛近乎无形,却能从各种不同角度向儿童传递信息,对儿童的人格发展起着潜移默化的作用(黄希庭,1992)。父母的教养方式对儿童人格的影响不可低估。研究表明,过度焦虑的孩子常有过度保护、对子女反应十分幼稚化的母亲。只要不惹麻烦,父母便漠不关心的孩子,其成就动机和自我价值感都较低。受父母溺爱的孩子常缺乏爱心、耐性和挫折容忍力。经常受到体罚的孩子,会变得难以管教、会发生更多的攻击行为(黄希庭,1998)。

学校教育在学生人格发展中的作用。我们在一项研究中用了三年多的时间,就校风、班风对学生人格发展的影响做过调查研究。在这项研究的开始阶段,我们以校园文化(如校训深入人心的程度)、教师素质(如教风的特点)、学生素质三个指标从现实和历史两方面对成都市的中学进行综合考察,从中选择出三所不同校风的代表性中学:优秀校风的中学(现已为"全国校风示范校"),良好校风的中学("市级校风示范校"),另一所为一般中学。然后,从这三所中学里以年级为单位随机挑选出1至2个班,用"青少年时间管理倾向量表""青少年自我价值感量表""中学生应对方式问卷""症状自评量表SCL-90"对初一至高三的学生加以测试。结果发现,三所不同校风下的学生在时间管理倾向、自我价值感、应对方式以及心理健康等方面有着显著的差异;优良校风对中学生健全人格特征的养成有显著的促进作用(黄希庭,赵伶俐,1988)。在另一项研究中,我们用观察记录和问卷调查法对成都市锦江中学的三个班风不同的班级(优、中、差)的学生进行了研究,结果发现,优良班风对学生的自我价值感、自我控制、自信心、时间管理倾向及创造性等人格特点的发展有显著的促进作用(黄希庭,1992)。

教师是学生的一面镜子,是学生经常学习的榜样。学生往往以各种情感和猜测,盯着教师。教师的言行对学生人格的形成会产生潜移默化的作用。我们的一项调查研究表明，中学生最喜爱的教师人格特质前六位是真诚的、讲理的、守信的、善良的、亲切的、幽默的。我们的另一项研究还发现，“后进生”与“优生”在喜爱教师人格特质上有差异：较之于优生，后进生更喜爱教师的人格特质有情绪稳定、心平气和、乐群外向、安详沉着、富有爱心等（成都市石室中学课题组，2001）。具有上述这些人格特质的教师，在学生中威信高，他们的言行对学生健全人格的发展会产生深刻的影响。

民族文化陶冶着一个人的民族性。民族文化传统使我们的民族性或国民性有别于其他民族或其他国民。我们的一项研究表明，古代中国人的人格结构由仁、智、勇、隐四个因素构成，其中以仁为核心。当代中国人的人格结构由勤勉性、评价性、外倾性、神经质和恭顺性五个因素组成，其中勤勉性、恭顺性、评价性体现了我们民族的独特性（成都市石室中学课题组，2002）。

为什么同样的文化传统、同样的家庭环境、同样的学校影响，人们之间会有这么多的个体差异呢？这里的原因是遗传与环境交互作用的不同。虽然心理学家对这个问题的研究还刚刚开始，但他们已区分出三种不同的交互作用形式。即个体随着遗传与经验作用的展现，先后产生出反应的交互作用、唤起的交互作用和超前的交互作用。相同的环境影响对具有不同遗传基础的个体会有不同的反应。面对同样的环境，不同的个体会以不同的方式感受、体验和解释加以反应。敏感的、神经质的孩子与和顺的、适应性强的孩子对于父母的体贴关怀，其反应是不同的。处于同样的人际环境中，外倾的孩子比内倾的孩子与周围的人和事的联系更多、反应更频繁。这种交互作用称为反应的交互作用（reactive interaction）。孩子对环境的不同反应会引起周围人们对他的不同反应。易哄、爱笑的婴儿比烦躁不安、大哭大叫的婴儿自然会得到父母和周围人们更多的关怀。温顺的孩子比惹是生非的孩子自然会受到父母较少的限制和训斥。此种交互作用称为唤起的交互作用（evocative interaction）。父母的教养方式往往是由孩子的人格特征和行为所唤起的。有人说父母的某种教养方式塑造了儿童的某种人格特征，例如说，父母民主、宽容的教养方式造就了有领导能力的儿童或权威的父母塑造了自我肯定的儿童。这种说法欠全面。因为实际上，儿童的人格特征也在形成父母的教养方式，而这种教养方式又塑造了儿童的人格。反应的交互作用和唤起的交互作用，自始至终贯穿于人格发展的全部过程。随着孩子的长大，有了一定的主动性之后，便会选择和建构自己所喜爱的环境，而这些环境反过来又进一步塑造其人格。此种交互作用称为超前的交互作用（proactive interaction）。在人格发展的过程中，上述三种个体与环境交互作用方式在不同阶段其表现强度是不同的。幼小儿童仅限于在父母所提供的环境中活动的时候，其基因型与环境的内在相关性最强。随着儿童的成长，开始选择和建构他们自己的环境时，基因型与环境的最初相关逐渐为超前的交互作用所代替。此时个人的三种交互作用在生活中经常起作用。环境不会满足人，人能够有意识有目的地选择和创造环境，以满足自己的需要。总之，人格的形成与发展是遗传与环境交互作用的结果。

二、当代中国青年价值观与教育研究

树立正确的价值观是形成健全人格的必要条件。1985年起我承担国家教委博士点专项基金项目"体制改革与当代中国青年价值观"，开始了对当代中国青年价值观与教育的研究。

价值观是一种非常复杂的心理现象。它与欲求、需要、兴趣、态度、信仰有着密切的联系，往往很难对它们作严格的区分。或许可以把欲求、需要、兴趣、态度、信仰看作是价值观的不同表现形式。但是，价值观比兴趣、态度的概括化程度更高，价值观通常是指相当概括化的态度。从人们对某事、某物、某人的赞成和反对态度，直到对知识价值、政治价值、经济价值、道德价值、宗教价值、审美价值等高度概括化的价值观念，其间具有密切联系。由于价值观比兴趣、态度等的概括性更广，因而它对人格的影响更具根本性。它不仅是态度的决定因素，也是自我观念和行为的决定因素。价值观对行为具有导向作用，这就有助于我们了解行为的意义，也使人们可以了解彼此间的行为。价值观是一个复杂的系统，可以从不同的维度对它进行分析。从形成和发展的维度来看，价值观是社会文化的产物，是人在社会化过程中逐渐形成的；已经形成的价值观具有持久性，但也会在一定条件下改变。我们可以把价值观定义为人区分好坏、美丑、益损、正确与错误、符合或违背自己意愿等的观念系统，它通常是充满情感的，并为人的正当行为提供充分的理由。基于上述看法，我认为要了解活生生的人的心理规律和机制，心理学就必须要研究个人的价值观（成都市中和中学课题组，2000）。

要对当代中国青年价值观教育提出切合实际的建议，就必须对当时我国青年价值观的现状进行调查。如何开展调查呢？怎样从各种不同的维度对价值观这个复杂的心理系统进行调查呢？历史上最早对价值观进行分类的是佩里（Perry，1950），他把价值观分为六类，即认知的、道德的、经济的、政治的、审美的和宗教的。这种分类法曾被不少学者修改后加以采用。例如，斯普兰格（Spranger，见林方，1987）去掉其中的认知的和道德的，增加了理论的和社会的，即分为经济的、理论的、审美的、社会的、政治的和宗教的六类价值观。弗思（Firth，1965）则将其分为经济的、道德的、审美的、工艺的、仪式的和社团的六类价值观（参见黄希庭，张进辅，李红，1994）。雷斯奇（Rescher，1968）将价值观分为十类，即经济的、道德的、社会的、政治的、审美的、宗教的、物质的、知识的、专业的和情操的（参见黄希庭，张进辅，李红，1994）。文崇一（1986）将价值观分为七种，即认知的、经济的、政治的、社会的、宗教的、道德的、成就的(参见黄希庭,张进辅,李红,1994)。我们参照前人的分类法并结合我们研究的需要,把价值观分为人生价值观、政治价值观、道德价值观、职业价值观、人际价值观、审美价值观、婚恋价值观、宗教价值观、自我价值观和幸福价值观十类,对我国1985—1991年大学生的价值观进行了调查(黄希庭,张进辅,李红,1994)。在调查中,我们除了使用经我们修订的"Rokeach价值调查表""Morris生活方式问卷""Supper职业价值观量表"(黄希庭,张进辅,张蜀林,1989;谢华均,1990;宁维卫,1990)外,其余的价值观问卷都是我们自编的。我们调查了理、工、农、医、师范各类近30所高校的大学生,涉及我国东、南、西、北、中各地区。根据调查结果,我们对我国青年价值观的教育提出了一些合理建议。此项研究成果于1998年获教育部普通高校第三届人文社会科学研究成果一等奖。

1992年我承担的国家哲学社会科学"八五"规划重点课题"当代大学生心理特点与教育对策研究",是我所完成的《大学生心理学》与《当代中国青年价值观与教育》两项研究成果的继续。这个课题共分11个子课题,我们坚持理论研究与实证研究相结合,采用多种研究方法探讨大学生的心理特点,努力提高研究结果的信度和效度,最后形成的研究成果共有12章。该书对大学生的人生价值观、人际价值观、婚恋价值观、审美价值观和自我价值观又做了较深入的研究(黄希庭,郑涌等,1999)。

三、自立、自信、自尊、自强的心理学研究

自立、自信、自尊、自强是健全人格的基础。只有人格健全,学生的德、智、体才能得到全面发展;只有人格健全,学生今后才能适应社会激烈的竞争并立于不败之地。虽然,人们对自立、自信、自尊、自强对健全人格发展的重要性已相当重视,但迄今很少见有这方面的心理学研究。自立、自信、自尊、自强是颇具我国文化传统性的人格特征,我们有必要从心理学的角度对其进行研究。从1994年起我开始了对自立、自信、自尊、自强的心理学研究。

在这个领域,我们最早是从对自尊的研究开始的。心理学家对自尊(self-esteem)的研究很多。但英文文献中的"self-esteem"是指个人评价自己的程度,包括高低价值在内,与中文的"自尊"即尊重自己似不完全一致。于是我们开始对自我价值感(self-worth)的研究,并根据我们的实际调查提出了多维度多层次的自我价值感模型(黄希庭,余华,2002)。该模型包括总体自我价值感、一般自我价值感和特殊自我价值感三个层次;总体自我价值感抽象程度最高,其次是一般自我价值感,一般自我价值感包含社会取向和个人取向两种,抽象程度最低的是特殊自我价值感,表现为生理的、心理的、人际的、道德的和家

庭的自我价值感五个具体方面,同时也表现为社会取向和个人取向两种。我们对我国大学生自我价值感的特点曾做过较系统的研究(杨雄,黄希庭,1999;陈高山,1999)。

国外对独立性、依赖性有不少研究,但对自立(self-supporting)却未见有研究。我们把自立定义为个体从自己过去依赖的事物那里独立出来,自己行动、自己作主、自己判断、对自己的承诺和行为负起责任的过程。自立贯穿于我们的整个人生,可以把自立区分为身体自立、行动自立、心理自立、经济自立和社会自立五种。身体自立和行动自立主要是幼儿期的发展任务。而心理自立、经济自立和社会自立则是学生时期的发展任务(黄希庭,李媛,2001)。我们对大学生的自立意识做过初步的研究(李媛,2002),其中一项研究发现,大学生们回忆其自立意识的发生主要在中学时期并延续至大学阶段,自立意识发生的心理背景往往与个人欲摆脱挫折和战胜困难有关。

自信(self-confidence)是个人对自己的信任。虽然国外对自我效能(self-efficacy)、自尊(self-esteem)、自我概念(self-concept)、自我意识(self-consciousness)、自我觉知(self-awareness)有不少研究,但对自信的研究却甚少见到。我们以4个维度13个因素的构成模型,即整体自信(综合确认、总体肯定、否定自我),学业自信(动手创造、专业信心、外语信心),社交自信(家人老师、同学他人)与身体自信(体育运动、健康素质、动作身材、仪表表情、长相身高)。对大学生自信特点做过调查研究,获得了对健全人格养成教育有一定启示的研究成果(车丽萍,2002)。

虽然自强与成就动机(achievement motivation)、自我实现的动机(motivation of self-actualization)有密切的联系。但从我们对成就动机的研究来看(黄希庭,1989),自强的心理结构要丰富得多。对于自强的心理结构,目前我们正在研究之中。虽然我们对自立、自信、自尊做了一些研究,但我们觉得在这个领域还有许多问题值得探讨。

四、人格测量工具及心理健康辅导教材的研究

对人格特征的评定通常用量表测量。开始研究时我们也采用西方的人格测量工具来探讨我国儿童、青少年的人格特点。但我们很快就发现,由于中国人的人格特征特别是价值观与西方人有很大的差异,探讨中国人的人格特征和价值观是不能搬用西方的测量工具的。于是我们开始设计测量中国青年人的人格特征和价值观特点的测量工具(黄希庭,张进辅,李红等,1994)。其中信效度较高的测量工具有:大学生需要结构调查(黄希庭,张进辅,张蜀林,1988)、562个人格特质形容词好恶度、意义度、熟悉度的测定(黄希庭,张蜀林,1992)、青少年学生自我价值感量表(黄希庭,杨雄,1998)、青少年时间管理倾向量表(黄希庭,张志杰,2001)等。

20世纪90年代初因大众对心理健康读物的迫切需求，我们以人的一生为主线，对各个年龄阶段（胎儿期、新生儿期、婴儿期、幼儿期、儿童期、少年期、青年期、成年期和老年期）所遇到的主要心理问题进行解答，编写了一本《人生心理咨询手册》，从此开始了我对心理健康辅导教材的研究。以后我又主编过两套中学生心理健康辅导教材：一套为中学生心理健康读本（包括学生读本、教师读本、家长读本），另一套为中等职业学校心理健康教育读本（包括学生读本、教师读本——含家长读本）。我认为，要编写好中学生心理健康教材应坚持以下几点：(1)内容要有针对性，要切合中学生的实际并符合咨询心理学原理，以培养学生的自立、自信、自尊、自强的健全人格；(2)写作风格应力求做到科学性与实用性相结合，教育性与可读性相结合，通俗易懂，引人入胜；(3)中学生心理健康教育是一项系统工程，要靠学生的自我修养，更需要教师和家长对学生的关心和辅导。参照上述精神，我们还编写了一本《大学生心理健康与咨询》。从使用单位的反映来看，这些书是受欢迎的。学生心理健康教育的教材建设是一项很难的新工作，我们将继续努力进一步做好此项工作。

参考文献

车丽萍.(2002)当代大学生自信特点研究[D].重庆:西南师范大学.

陈高山.(1999)当代中国大学生自我价值感系统研究[D].重庆:西南师范大学.

成都市锦江中学课题组编著(黄希庭总主编).(2002).班风与中学生人格养成.北京:新华出版社.

成都市石室中学课题组编著(黄希庭总主编).(2001).校风、班风与人格教育.北京:新华出版社.

成都市中和中学课题组编著(黄希庭总主编).(2000).塑造教师人格魅力.北京:新华出版社.

黄希庭，余华.(2002).青少年自我价值感量表构念效度的验证性因素分析.心理学报，34(5)：511-516.

黄希庭，李媛.(2001).大学生自立意识的探索性研究.心理科学，24(4)：389-392

黄希庭，杨雄.(1998).青年学生自我价值感量表的编制.心理科学，21(4)：289-292，382.

黄希庭，张进辅，李红等著.(1994).当代中国青年价值观与教育.成都：四川教育出版社.

黄希庭，张进辅，张蜀林.(1988).我国大学生需要结构的调查.心理科学通讯，(2)：7-12.

黄希庭,张进辅,张蜀林.(1989).我国五城市青少年学生价值观的调查.心理学报,21(3):274-283.

黄希庭,张蜀林.(1992).562个人格特质形容词的好恶度、意义度和熟悉度的测定.心理科学,(5):17-22,63.

黄希庭,张志杰.(2001).青少年时间管理倾向量表的编制.心理学报,33(4):338-343.

黄希庭,赵伶俐.(1988).家庭教育和儿童的性格.四川教育学院学报,(3):4-8.

黄希庭,郑涌等著.(1999).当代大学生心理特点与教育.上海:上海教育出版社.

黄希庭.(1989).用AMSC对重庆中学生成就动机的测量和分析.心理学杂志,(1).

黄希庭主编.(1992).家庭教育艺术——论家庭教育思想和方法的改革.北京:科学技术出版社.

黄希庭,张进辅,李红.(1994).当代中国青年价值观与教育.成都:四川教育出版社,10-11.

李媛.(2002).大学生自立意识的初步研究[D].重庆:西南师范大学.

宁维卫.(1990).我国两城市青年职业价值观的研究[D].重庆:西南师范大学.

珀文著,周榕等译.(2001)黄希庭审校.人格科学.上海:华东师范大学出版社.

谢华均.(1990).大学生人生价值观的定量比较研究[D].重庆:西南师范大学.

杨雄,黄希庭.(1999).青少年学生自我价值感特点的初步研究.心理科学,22(6):484-487,573.

原文载于中国教育学会编《中国教育科学》,北京:人民教育出版社2003年版。

《当代中国青年价值观研究》序

很长时间以来，价值观研究在心理学界并未受到足够的重视。但是，价值观在人的心理结构和功能中却扮演着十分重要的角色。尤其在价值取向多元化的现代，这种重要性显得越发突出。

当代中国青年的价值观，是我二十多年来一直关注并进行追踪研究的课题。从1982年起，我协助已故的著名心理学家张增杰教授，与徐风姝同志一起主持中国社会科学院“六五”科研规划项目“大学生心理研究”。在完成该课题研究期间，我阅读了大量关于青年心理的资料，深深感到价值观在青年心理中的重要性。价值观是人区分好坏、美丑、益损、正确与错误、符合或违背自己意愿等的观念系统，它通常是充满情感的，并为人的正当行为提供充分的理由。它是青年个性心理的核心成分，支配着青年的行为并渗透在整个个性之中。出于对青年价值观问题的关切，1985年我申报了国家教委博士点基金项目“体制改革与当代中国青年价值观”并获得批准。历经6年全国范围的大规模的调查研究，我们完成了20多篇论文和结题专著《当代中国青年价值观与教育》（黄希庭、张进辅、李红等著，四川教育出版社1994年版）。该书被认为是国内首次全方位、实证性、系统化探讨青年价值观问题的专著，获教育部普通高等学校第三届人文社会科学研究成果一等奖。早在1991年出版的拙著《心理学导论》（人民教育出版社出版，获国家教委高校优秀教材二等奖）中，我在国内率先将价值观引入了心理学教材，在学界引起了较大反响。最近，我又获准主持全国哲学社会科学规划2003年国家社会科学基金项目“改革开放以来中国社会价值观变迁研究”。眼前的这本《当代中国青年价值观研究》，既是我目前正主持的这个项目的前期成果，又是我们多年来对青年价值观研究的延续，是《当代中国青年价值观与教育》一书的姊妹篇。

价值观是文化的核心要素，也是个体社会化的重要内容。在我国，价值观研究长期以来被看作哲学、伦理学、品德学的范畴，没有在心理学中形成自己独立的概念、理论和方法学体系。近年来，随着心理学学科的迅猛发展以及社会转型期青年价值观问题的日益突出，对价值观的心理学研究受到越来越广泛的关注，并在社会转型、文化差异、传统性与现代性、全球化与本土化等方面形成了研究热点。这些研究不仅在理论上深化和丰富了价值观问题，而且在实践上对于克服价值观教育的泛道德化倾向、建立价值观教育体系意义重大。本书就是要及时追踪当代中国青年价值观的变化轨迹，并充分反映国内这方面的研究成果。因此，我们强调两“新”：一是创新性，在理论和方法上有所创新；二是新近性，价值观问题具有很强的时代性，在本书中我们力求反映最新的、最具代表性的研究结果。

价值观是一个多维度、多层次的信念系统，并与认知、情绪、动机、自我等心理成分关系密切。参照前人的分类方法，并结合研究的需要，我们把价值观分为人生价值观、政治价值观、道德价值观、知识价值观、职业价值观、人际价值观、婚恋价值观、审美价值观、宗教价值观和自我观等十类，对当代中国青年的价值观加以考察和研究。本书第1章概述价值观的概念、理论和研究方法，并对心理学视野中的当代中国青年价值观作一般描述；第2章概述作为价值观的心理基础的需要，包括需要理论及当代中国青年的需要结构；第3到12章则是针对当代中国青年的价值观，分别就上述十类价值观从一般概述、表现特点和教育思考三个方面进行较深入的探讨。本书由西南师范大学国家重点学科基础心理学教学科研人员撰写。各章撰稿者如下：第1章黄希庭教授，第2章凤四海博士、李伯约教授，第3章徐展博士，第4章张庆林教授，第5章李红教授、冯廷勇博士，第6章赵玉芳博士，第7章吕厚超博士，第8章杨东博士，第9章陈红教授，第10章赵伶俐教授，第11章曹贵康博士，第12章郑涌教授。全书由我统稿、定稿，郑涌教授协助我做了一些统稿工作。青年价值观问题十分复杂，我们力求在理论上有所创新，在方法上有所突破，并将会把这个研究课题持续不断地深入下去。

价值观研究具有重要的应用价值。观念指导行动，有正确的价值观才会有正确的人生道路，有科学的价值观才会有幸福的生活，有先进的价值观才能立于时代的前列。价值观的改变往往意味着人生的巨大变化，我们今后还将对处境不利的青少年的价值观进行研究，使他们树立起正确的价值观，以改变他们的人生道路。总之，我们进行价值观研究的目的，就是要帮助青少年选择和养成正确、科学、先进的价值观，使他们成为自立、自信、自尊、自强、幸福的进取者。

原文载于黄希庭，郑涌等著《当代中国青年价值观研究》，北京：人民教育出版社2005年版。

《时间与人格心理学探索》序

这本文集收录了我对时间心理学和人格心理学的一些学术论文，还收录了我对心理学方法学探讨的四篇论文。

我对时间心理现象的兴趣始于大学时期。大学毕业后我便开始做儿童时间知觉的研究，从那时算起，迄今已有44个年头了。时间现象纷繁复杂，它既是物的存在方式，也是人的存在方式。物理学、化学、地质学、生物学等学科从物的存在方式对时间进行研究，而心理学、社会学、历史学、文化学等则从人的存在方式对时间加以研究。把时间作为人的存在方式加以研究的诸学科中，心理学家对时间的探讨尤具特殊性。我们所研究的时间与物理时间虽有联系但却是很不相同的。物理时间具有不可逆性和方向性，它总是从过去指向现在再面向未来地在流逝；而心理时间具有可逆性，我们既可以觉知时间在消逝，也可以回忆过去，想象和预期未来。物理时间具有均匀性；而心理时间却具有可变性，我们有时觉得度日如年，时而又觉得光阴似箭、日月如梭。

那么，我们是怎样认知时间的呢？国外心理学中最流行的有三个认知模型：存储容量模型（storage size model）认为，人们估计时距与储存的信息量或复杂度呈正相关；加工时间模型（processing-time model）认为，人类信息加工系统中有一个专门加工时间信息的认知计时器和一个专门加工刺激的刺激加工器，认知时距的长短取决于注意资源投入认知计时器的多少；变化／分割模型（change / segmentation model）认为，对认知时间的长短取决于在心理上把经历的变化分割为段的数量多少。这些模型强调的是注意、记忆在时间认知中所扮演的角色。它们能对我们的时间认知进行预测和解释吗？我们的研究表明，除了注意、记忆之外，刺激物的面积与数量，刺激物出现的次序与时点，不同的感觉道、情绪、疾病、思维方式、年龄、人格特征以及实验方法和实验指标等都会影响时间认知。个人的心理时间所经历的时距幅度很大：从毫秒、秒、分、小时、日、月、年直至数十年，我们的研究还发现，心理时间具有分段性；不同的心理时间，其认知有不同的特点。基于上述，我们发展出了一个时间认知分段综合模型，该模型具有较好的解释力。

时间无处不在，它不仅是基本心理过程的存在方式，而且也是人格特征的存在方式。时间给每个人以相同的机会，但每个人对待时间的态度、看待时间的价值、管理和规划时间的方式却是不同的。人们在时间上的人格差异，我们称之为时间人格。时间人格有多种表现，例如，时间管理倾向是一种时间人格特征，主要表现在相当稳定的时间价值感、时间监控能力和时间效能感上。又如,时间洞察力(在我们的研究早期称为时间透视)也是一种时间人格特征,主要表现在人们对待过去、现在和未来时间洞察力的稳定差异上。时间人格对于个人的事业与成功的人生都具有重要的意义。

我对人格的研究始于1982年。那时我主持中国社会科学院“六五”科研规划“大学生心理研究”的课题,力求从一个完整的人的角度研究大学生心理。人格就是一个现实的完整的人。人格有其自然性的一面,但它却是社会化的产物。人格取决于个人在社会中扮演什么角色,取决于其所处的特定文化模式。从1985年起我承担国家教委博士点基金项目“体制改革与当代中国青年价值观”的研究。在这一课题的研究过程中,我深切地体会到:由于中国人的价值观与西方人的价值观在本质上有差异,探讨中国青年价值观的特点是不能搬用西方的测量工具的。因为西方“价值观”的测试题所包含的是西方价值观的内容,用西方价值观的测量工具只能测出中国青年对西方“价值观”中所包含内容的“反应”,而不能测出中国青年价值观中真正包含了哪些内容。基于这样的认识,我们在研究中国人的人格时总是力求挖掘和发展华夏文化的心理学概念、理论和评鉴工具,努力推进人格研究的中国化。

价值观是人区分好坏、美丑、益损、正确与错误及符合或违背自己意愿等的观念系统,它通常是充满情感的,并为个人认为的正当行为提供充分的理由。这是人们的一种重要心理倾向。已往的心理学教科书都不涉及这个主题。在1991年出版的《心理学导论》中,我把价值观引入了这本教科书,得到了学者们的认同。我们把价值观分为人生价值观、政治价值观、道德价值观、人际价值观、职业价值观、审美价值观、宗教价值观以及自我观、婚恋观和幸福观进行实证研究,此外还研究过青少年的需要、成就动机和自我价值感,从而使我们加深了对行为动力机制的认识。

自我在人格中处于核心的地位。探讨中国人的人格就不能不对中国人的自我结构与特点加以研究。我们研究中国人人格的一个重要目标是培养健全人格者,提高中华民族的心理素质。根据我们的研究,健全人格者应具有以下特征:对世界抱开放态度,乐于学习和工作,不断汲取新经验;以正面的眼光看待他人,有良好的人际关系和团队精神;以正面的态度看待自己,能自知、自尊、自我悦纳;以正面的态度看待过去、现在和未来,追求现实而高尚的生活目标;以正面的态度对待挫折,能调控情绪,心境良好。总之,一个健全人格者应能以辩证的态度看待世界、他人、自己,过去现在和未来,顺境与逆境,是一个自立、自信、自尊、自强、幸福的进取者。

做任何工作都要讲究方法。方法对头,事半功倍。科学研究工作也是如此。我在心理学研究中特别留意心理学方法学的研究,注重用系统分析的科学方法来探究心理现象。心理学之所以成为一门科学,最根本的是其研究方法的科学性。科学研究成果的基本特征是，它的可操作性、可证伪性、可重复性和可争辩性。用这个标准来看，我对时间与人格心理的研究，大多尚不成熟，应当说，都只是刚刚开始。“路漫漫其修远兮，吾将上下而求索。”

是为序。

黄希庭 谨识

2005年10月于西南大学窥渊斋

原文载于黄希庭著《时间与人格心理学探索》，北京：北京师范大学出版社2006年版。

自我与健全人格的养成

一、人格与健全人格

从词源上看，我国古代汉语中没有“人格”一词。人格是英文“personality”的意译。Personality一词源于拉丁文“persona”，意指戏剧演员所戴的面具。这就暗示了一个人有两面——公开可见的一面和隐藏其后不为人知的一面。对人格的定义就是从外内两个方面来界定的。外在的人格是一个人被他人知觉和描述的方式；内在的人格是用来解释为什么一个人被他人知觉为是这样的。人格心理学中的最大争议就在于研究者们对这些内在因素的理解上。因此不同的研究者对人格的定义常常很不相同。其实，人格就是一个现实的人，是一个开放的系统，只有对这个系统进行全方位的研究才能较全面地了解现实的人。

人格是一个系统。所谓系统是指由相互作用和相互依赖的若干组成部分结合而成的、具有特定功能的有机整体，而系统本身又是它所从属的一个更大系统的组成部分。任何系统都可以做多种描述，因此可以从不同的维度对人格进行描述，例如从特质维度、认知维度、动机维度、时间维度等进行描述。无论从哪一个维度进行描述，自我在人格中都处于核心地位，同时也是个体维持心理健康、形成健全人格的核心问题。

我们可以把人们的心理健康理解为一个连续体。连续体的一端是最差的心理健康行为（心理疾病或心理障碍），另一端是最佳的心理健康行为——即健全人格（perfect personality）。根据我的调查研究，健全人格具有以下的特点：

（1）对世界抱开放态度，乐于学习和工作，不断汲取新经验；

（2）以正面的眼光看待他人，有良好的人际关系和团队精神；

（3）以正面的态度看待自己，能自知、自尊、自我悦纳；

（4）以正面的态度看待现在和未来，追求现实而高尚的生活目标；

（5）以正面的态度对待顺境和逆境，能调控情绪，心境良好。

总之，健全人格的人能以辩证的态度对待世界、他人、自己，过去、现在和未来，顺境和逆境，是一个自立、自信、自尊、自强、幸福的进取者。

二、对自我的系统分析

心理学中的“自我”译自“ego”和“self”。“ego”是拉丁文词汇,原意为一切精神活动都围绕其转的核心,在精神分析论中是人格结构三个成分之一(其余是id即本我和super-ego即超我)。“self”是一个纯英语词汇,原意为“同样的”或“同等的”;当用于人类时,意指一个独特的、持久的同一性身份。James把自我视为心理学中“最难解的谜题”,并将自我分为经验客体的我(me)和在环境中主动行动者的我(I)以及将前者划分为物质自我(material self)、社会自我(social self)、精神的我(spiritual self)和纯自我(pure ego)。其实,自我也是一个开放系统,也可以作多种描述。至少可以从以下八个维度对自我进行描述:①从主—客关系维度可将自我作为主体自我(self-as-perceiver)和客体自我(self-as-object of perception)进行分析。主体自我是主动的我,如自我指导(self-direction)、自我监控(self-monitoring)、自我批评(self-criticism)、自我实现(self-actualization)、自我图式(self-schema)和自我决定(self-determination)等;客体自我是被认知的我、被体验的我,如自我知觉(self-perception)、自我概念(self-concept)等。②从与人的关系维度可将自我作为个体自我(individual self)、关系自我(relational self)和集体自我(collective self)进行分析。个体自我是一个人对自己属性的认知和评价;关系自我是个体对人际关系中自己的角色、地位等属性的认知和评价;集体自我是个体对自己在集体中具有的属性如合作、社会认同等的认知和评价。③从时间关系维度可将自我作为过去自我(past self)、现在自我(present self)和将来自我(future self)来进行分析。过去自我是个体对自己过去的特性的认知和评价,现在自我是个体对自己当前属性的认知和评价,将来自我是个体对未来自己的认知和评价;现在自我即是现实自我(real self),将来自我即是可能自我(possible self)或理想自我(ideal self)。④从发展的维度可将自我作为身体自我(body self)、物质自我(material self)、心理自我(mental self)和社会自我(social self)进行分析。个体最先获得的自我是身体自我(即个体对自己身体的认知),尔后发展起来的是对“我的”各种东西的认知和“我的”各种心理属性及“我的”各种社会属性的认知。⑤从个人活动领域维度可将自我作为家庭自我(family self)、工作自我(working self)、学校自我(school self)、学业自我(academic self)、数理自我(logic-mathematical self)等进行分析。⑥从评价维度可将自我作为好我(good self)和坏我(bad self)进行分析。好我是个体把自己评价为好的,因而形成如自尊、自信、自大等;坏我是个体把自己评价为坏的,因而形成如自卑、自责、自贬等。⑦从个体意识关注方向的维度可将自我作为私我意识(private self-consciousness)和公我意识(public self-consciousness)进行分析。前者是指个体关注自己的感受、自己的评价标准,后者是指个体关注别人如何看自己以及他人的评价标准。⑧从中国传统文化特别重视的自我维度可突出地分析自立(self-supporting)、自信(self-confident)、自尊(self-esteem)和自强 (self-stronging)等。

总之,自我是一个复杂的系统。早在20世纪70年代谢维尔森等人就提出一个多维度多层次的自我概念模型。在该模型中,一般自我概念位于最顶层,这之下分为学业自我概念和非学业自我概念。学业自我概念又可细分为具体学科的自我概念,如数学自我概念、语文自我概念、英语自我概念等;非学业自我概念又可细分为社会的(同伴、重要他人……)、情绪的、身体的自我概念等。

我们的一项对我国大学生自我概念的研究也得出一个层次结构模型(郑涌,黄希庭, 1998),该模型由内在品质和外在表现两个维度构成;内在品质由教养和学业两个维度构成,外在表现由魅力和乐群两个维度构成。其中,教养分为友善、家庭、信义三个维度,学业分为学业、志向两个维度,魅力分为容貌、成熟两个维度,乐群分为自纳和交际两个维度。

既然自我是一个复杂的系统,那么我们只有从不同的维度对它做全面的系统分析,才能深入地认识自我,认识这个被称之为多样性的自我家族(family of self)。在探讨健全人格的养成教育中,我们特别重视自我家族中的自立、自信、自尊和自强四个维度。

三、自立与健全人格的养成

"自立"一词最早出现在《礼记·儒行》"儒有席上之珍以待聘,夙夜强学以待问,怀忠信以待举,力行以待取。其自立有如此者"的语句中。《儒行》一篇记述的是孔子与鲁哀公的谈话,源于鲁哀公问孔子什么是儒行(即什么是儒者的品行),孔子的回答涉及了十五项内容,其中第一项就是上述涉及"自立"的内容。此外,第七项也涉及自立,原文是:"儒有忠信以为甲胄,礼义以为干橹;戴仁而行,抱义而处;虽有暴政,不更其所。其自立有如此者。"这两个"自立"的意思,主要涉及成就、修身、品格、处世等几个方面。

从心理学的角度来看,自立(self-supporting)是个体从自己过去依赖的事物那里独立出来,自己行动、自己做主、自己判断、对自己的承诺和行为负起责任的过程(黄希庭、李媛, 2001)。可以把自立视为一种能力特质。自立贯穿于个体整个人生,大致可以区分为身体自立、行动自立、心理自立、经济自立和社会自立五种。所谓身体自立是指个体无须扶助而能直立行走,从学会言语到学会自己站立及与站立有关的如蹲、跑、跳等的自律能力;行动自立就是个体的生活自理能力,如洗脸、刷牙、吃饭、上厕所等日常生活习惯的形成。身体自立和行动自立主要是幼儿期的发展任务。而心理自立、经济自立和社会自立则主要是大学时代的发展任务。

我们对大学生自立意识的一项研究表明,公众的自立观可分为素质与结果两个维度。素质维度是指个体要求自立时对自身的要求,即应具有哪些能力;结果维度是指自立的个体应达到什么标准,即其经济状况和社会地位。学生的自立意识结构可分为心理自立意识、经济自立意识、社会自立意识三个维度。心理自立指摆脱对父母、老师的依赖,按自己的意见、观点判断和分析问题,可分为独立思考、独立性、自我效能评价、情绪体验、情绪调节、自我控制、坚定性七个因素;经济自立指经济上脱离对父母的依赖,具有自我谋生的能力,可分为勤工助学、金钱观、资源分配、就业准备和职业预测五个因素;社会自立指成为独立的社会成员,具有承担社会义务和社会责任的能力,包括理想、人际关系、责任感和角色意识等因素(李媛, 2002)。用开放式问卷,对215名被试对文学作品中典型自立者的研究表明(夏凌翔,黄希庭, 2004):独立性、主动性、责任性、开放性与灵活性是典型自立者的基本人格特征。

自立可以区分为特质自立和情境自立。从特质角度对大学生自立的研究表明(夏凌翔, 2003),大学生的自立可以划分为“核心特质”“基本特质”两个层次,核心特质层次包含“自主性”“自控—社会性”两个维度,基本特质层次包括“自我坚信”“自我负责”“目标管理”“自我抚慰”“开放包容”“自我认识”“自我做主”七个维度。自主性指个体在面对问题时能主动做出自己的决策,能相信并坚持自己的决定;自控—社会性是指个体通过对自己的认知、思想、行为、情感等的调控,使自己在适应社会的基本要求、扮演好自己的社会角色与发挥、表现个人的主观能动性、独特性两个方面达到和谐统一,并使自己能充分利用自我的和社会的两种资源发展自己;自我做主指个体遇到问题时主要依靠自己来决策和处理,表现出独立进行选择、判断的能力与勇气;自我主动指个体在面对问题时有以我为主、自我促动、自我依靠的积极态度;自我坚信指个体对自己的思想、行为、决策的可靠性有信心,不会随便改变,并能有意识地支持、坚定自己;自我抚慰指坚强、乐观,能承受各种压力、打击,善于自己调节自己的情绪、排解烦恼;目标管理指有自我发展的计划、目标,善于协调不同的目标,既能坚持目标、执行计划又善于总结、评价、调整自己的目标和计划;自我认识指善于依靠自己思考、认识自己和外部世界,有自己的学习目的。自我负责指遇事有责任意识,敢于担负自己应尽的责任;开放包容指有开放、包容的胸怀,不唯我独尊,表现为人际融洽、具有合作精神。

我们的另一项对高中生自立的初步研究表明,高中生的自立结构可分为四个维度:行为自立、心理自立、社会自立、经济自立倾向(钟慧, 2003)。行为自立指个体在日常生活中不依赖他人,靠自己独立行为生活的能力;心理自立指在心理上摆脱对父母、老师、同伴等他人的依赖,按照自己的意见、想法、观点思考问题,能自己调节情绪的能力;社会自立指作为独立的个体,能够对自己所做的事情负责,具有承担责任、义务的能力,以及良好的人际关系和协作能力;经济自立倾向主要表现在其消费意识和职业意识两方面,如零花钱一般是自己打工所得,对于零花钱合理使用,留有剩余储蓄,不主动索要压岁钱,并能自觉储蓄,对于自己的将来已有一个蓝图,并准备开始实施,对于自己将来要做什么,自己已有一个想法等。其中,行为自立可分为四个因素:生活自理、卫生习惯、应对紧急事件技能、生活习惯;心理自立可分为学会学习(创造性学习、有效学习、目标管理、成果评定)和情绪自主(情绪控制、情绪调节);社会自立可分为责任感(个人责任感、社会责任感)和人际关系(合群、利他行为);经济自立倾向可分为消费意识(金钱分配、金钱来源)和职业意识(职业准备、发展预测)等。

我们对自立结构的实证研究目前尚处于探索阶段,今后将采用多方法多维度进行较深入的研究,进一步完善已有的研究成果。

四、自信与健全人格的养成

在汉语中自信有两层含义:一是相信自己,源于《墨子·亲士》:“虽杂庸民,终无怨心,彼有自信者也。”二是自表诚意,源于三国曹操的《举贤勿拘品行令》:“吴起贪将,杀妻自信,散金求官,母死不归。”在英语中,confidence 一词源于拉丁文的“confidentia”,意谓“信赖、相信”“感到有把握的状态”。自信是个人对自己的信任,即对自己的身体、心理和社会性的信任,表现为有信心、不怀疑。

可以从不同的维度对自信进行分析,例如,可以把自信分为能力自信、品德自信、身体自信等。我们对大学生自信特点的一项研究将自信视为一个多维整合复杂的系统,包含自我认知与评价,将大学生的自信分为四个维度:①整体自信,其包括综合确认、总体肯定、否定自我3个子维度;②学业自信,其又包括专业自信、外语自信、动手操作3个子维度;③社交自信,其包括同学、他人、家人、老师等子维度;④身体自信,其包括体育运动、健康素质、动作身材、仪表表情、长相身高等子维度(车丽萍,2002)。

身体自我是自信的一个重要基础。它影响着个人的自信。我们对青少年学生身体自我的一项研究表明:我国当代青少年学生的理想身体注重健康、性感和头发;但对男性的理想身体更强调力量、强壮和高大,对女性的理想身体则更注重苗条、匀称。不同性别青少年学生对理想身体的看法不一致,对理想的男性身体,女性更看重性感和眼部特征,而男性则更看重力量;对理想的女性身体,男女均强调匀称健康和苗条飘逸特征,但男性更强调性感和丰满;理想身体自我有年龄差异,随年龄增加更强调性魅力,男性更强调力量,女性更关注相貌。青少年学生的负面身体自我的基本维度分整体身体自卑和特殊身体自卑(对相貌的自卑、对矮的自卑、对胖的自卑和对瘦的自卑)(陈红,

2004)。青少年学生对自己身体的整体不满意相当普遍,按程度依次是:矮、相貌、瘦和胖,除矮维度外有明显的性别差异。女生在相貌、胖方面比男生更不满意,男生对瘦更不满意;青少年负面身体自我有年龄差异,发展有波动,15、16岁和18、19岁是不满意的高峰期,女生更看重别人如何看待自己的身体。

自信是一种具有正面情绪色彩的人格特质。自信的人肯定自己的价值,有积极乐观的情绪,有健康的心态。自信与学习、任务完成、比赛等方面的高绩效有密切联系。缺乏自信会导致学生学习困难,而自信的人往往更容易获得成功。Tuckman的实验表明:"不论在竞争或独自情景下,对于相同任务,自我怀疑者完成度糟糕得多,而自我不确定者在竞争情景中比独自完成任务时完成得要好,自信者在两种情景下都完成得更好。"(Tuckman,2003)自信也是社会技能发展、应用的基础和保证。只有当个体对自己和他人充满信心、感到安全时,才更加接纳和信任对方,与他人关系也更亲近,有较多的人际关系。而身体自卑的人在人际交往过程中,行为表现退缩、不自在、压抑、焦虑、内向,不太喜欢与他人亲近,人际关系敏感,容易猜疑,受到伤害情绪波动较大。自信对个体在竞赛、成就、归因、就业等心理和行为有不同程度的影响。过分自信谓之自负,近年来有不少研究认为,人类有过分自信的偏向。

五、自尊与学生健全人格的养成

在我国,自尊一词来自《韩非子·诡使》中的"重厚自尊谓之长者,私学成群谓之师徒"。在汉语中其含义一般是指自我尊重,尊重自己,不向别人卑躬屈膝,也不容许别人歧视、侮辱(《现代汉语词典》,商务印书馆1983年版)。在英语中,"esteem"一词,源于拉丁语"aestimare",是指个体对自己自身价值的估计。在德语中,自尊使用"seldswertgefuhl"一词,指人们对自己(seldsr)价值(wdrt)的感受(gefuhl)。在西方,自尊常涉及自我价值的评价和体验等内容,因而有西方学者提出用"self-worth"一词来表示自尊。"self-worth"一般被译为自我价值感,可以认为自我价值感与自尊的含义是一致的。

可以从不同的维度对自尊进行研究。从是否被意识到的维度可将自尊划分为内隐自尊(implicit self-esteem)和外显自尊(explicit self-esteem)。内隐自尊是个体通过内省无法识别出(或不能正确识别出)的自我态度效应,这种效应会对与自我有关和无关的事物产生评价上的影响;外显自尊是自我能意识了解到、能以自我报告方式所测出的自尊。从涉及范围的维度可将自尊划分为整体自尊(global self-esteem)和具体自尊(specific self-esteem)。整体自尊是个体对待自我的总的态度;具体自尊是个体对待自我的局部或部分的态度,例如社交、外貌等方面。从时间维度上可将自尊划分为理想自尊(ideal self-esteem)和现实自尊(real self-esteem)。理想自尊是个体期望达到的目标和抱负;现实自尊是个人已成功和已实现的那部分所带来的自尊。从来源上可将自尊划分为内源性自尊和外源性自尊。前者指个人自己的能力感或效能感,后者指受到他人赞扬之自豪感。从个人的活动领域上可将自尊分析为社交自尊、学业自尊、身体自尊等,而学业自尊又可以分为语文、数学等具体学科上的自尊。

我们通过对青少年的研究发展出了一个多层次多维度的自我价值感模型(黄希庭、杨雄,1988)。该模型包括总体自我价值感、一般自我价值感和特殊自我价值感三个层次,一般自我价值感层次又分为社会取向和个人取向两个维度,而特殊自我价值感层次又分为人际价值感、心理价值感、道德价值感、生理价值感和家庭价值感五个维度。总体自我价值感抽象程度最高,是指个体在社会生活中,认知和评价作为客体的自我,对社会主体(包括群体和他人)以及对作为主体的自我的正向的、抽象概括的自我情感体验。一般自我价值感的抽象程度次之,它包括社会取向和个人取向两方面,社会取向的一般自我价值感是指在社会或他人认可的影响下的正向自我情感体验,个人取向的一般自我价值感是指在自身潜能的发挥和完善影响下的正向自我情感体验。特殊自我价值感的抽象程度最低,也包括个人取向和社会取向两方面,两个取向的特殊自我价值感又分别体现在人际价值感、心理价值感、道德价值感、生理价值感、家庭价值感五个方面。个人取向的人际价值感是指个体在人际关系方面能以个人意愿为原动力而体验到的一种价值感;个人取向的心理价值感是指个体在自身潜能得到了发挥、个性得到了充分发展而体验到的一种价值感;个人取向的道德价值感是指个体因在道德评价上的自由、独立而体验到的一种价值感;个人取向的生理价值感是指个体因自己的生理状况、身体技能能满足个人发展和个人兴趣、爱好而体验到的一种价值感;个人取向的家庭价值感是指父母对个人自由发展的支持而使个人体验到的一种价值感。社会取向的人际自我价值感是指个人因在团体中具有一定的重要性和影响力而产生的一种价值感;社会取向的心理自我价值感是指个体因能力、性格受到社会或他人的肯定而产生的一种价值感;社会取向的道德自我价值感是指个体因遵循社会道德标准、帮助他人或在品行方面受到他人好评而产生的一种价值感;社会取向的生理自我价值感是指个体因自己的容貌、体态等生理特点受到他人的赞赏,自己的身体状况能满足自己服务社会的愿望而产生的一种价值感;社会取向的家庭自我价值感是个体因受到父母的关怀和器重而产生的一种价值感。我们有一项研究对我国大学生的自我价值感做了较系统的探索(陈高山,1999)。

自尊(或自我价值感)在健全人格的养成中起着重要的作用。自我价值感高的人乐观、自信、主动、热情、乐于助人、有成就、少焦虑、无破坏性、感到充实和有力量;自我价值感低的人则表现为自卑、失望、抑郁、无助、孤立、不可爱、怕惹人生气、怕别人注意自己。

辛向采用黄希庭等编制的“青少年学生自我价值感量表”探讨了中学生自我价值感与学业成绩之间的关系(辛向, 2001),结果表明较差的学业成绩对中学生自我价值感各方面的影响范围尤其广,作用尤其大。学习成绩较差的学生对与自己有关的很多方面的正向情感体验的得分都很低,如总体自我价值感、一般自我价值感、个人取向的特殊自我价值感(心理、家庭)和社会取向的特殊自我价值感(心理、道德、家庭)。较差的学业成绩很容易使学生对自己的能力产生否定的定式,从而造成心理价值感低于常态。

陈红的研究表明,自我价值感与中学生应对方式有显著相关(陈红、黄希庭, 2001)。高自我价值感的中学生更多使用问题解决和求助这两种应对方式,低自我价值感的中学生则更多使用幻想这种应对方式。卢秀琼的研究结果表明:在面对压力时,高自我价值感者一般更自信自己的能力,更自信自己的努力会获得成功,他们倾向于采取积极的措施解决问题;而低自我价值感者由于对自己缺乏信心,在面对压力时缺乏挑战困难的勇气,而采取发泄、幻想、忍耐这类情绪性应对方式(卢秀琼, 2002)。

刘明对高中学生自尊水平与学业、人际成败归因方式关系的研究表明(刘明, 1998),高自尊水平的学生更多地将学业成败归因为自己内在能力和努力程度的结果,将人际成败更多地归因为自己努力的结果;而低自尊水平学生更多地将学业成败归因为自己缺乏能力的结果,将人际成败归因为外在、不可控制的结果。

自尊调节大量社会行为,是心理健康重要的决定因素。对中学生自我价值感与心理健康的相关研究表明(范蔚,陈红, 2002),中学生自我价值感量表中的许多因子与心理健康量表中的许多因子之间存在相关关系。心理健康量表中的孤独倾向与自我价值感量表中的多个因子之间存在负相关关系。中学生自我价值感量表上的得分高,其焦虑水平就低,其心理健康状况就比较好。对自我价值感和心理健康的关系的研究结果表明:被试在自我价值感各维度的得分与SCL-90各维度的得分均呈极显著负相关(卢秀琼, 2002)。我们的研究也表明初中生自我价值感水平越高,其心理症状就越少,心理健康状况就越好(钟慧,黄希庭, 2003)。

对低自我价值感者的成就动机特点的研究发现,低自我价值感者的成就水平低,倾向于避免失败以求自我保护(张焰,黄希庭, 1999)。对大中学生自我价值感和自我评价关系的研究表明:高自我价值感者不论是在生理自我、心理自我还是家庭自我、自我行动等各个方面上对自己的看法和评价都高于低自我价值感者,二者在自我评价上的差异是明显的、广泛的(于海霞, 1998)。低自我价值感者的自我评价略低于一般的受试者,高自我价值感者的自我评价则比一般的受试者高得多。

总之，自尊反应一个人的机能状态，它是效率和快乐的基础，也是健全人格的一个重要基础，要造就人格健全的人就必须培养其自尊。

六、自强与健全人格的养成

“自强”一词最早出现在《易经》的乾卦中“天行健，君子以自强不息”的论述，指人要像天的运行那样刚健有力、生生不息、奋斗不止。强调自强是君子的内在特点，具有自然性或自发性。孔子则把自强作为“君子”的人格特征，如《孔子家语·五仪解》中有：“所谓君子者，言必忠信而心不怨，仁义在身而色无伐，思虑通明而辞不专。笃行信道，自强不息，油然若将可越而终不可及者，君子也。”

我们的一项研究从心理学角度对自强进行了初步探讨得到了以下结果（郑剑虹，2003）：

第一，当代公众的自强观主要指持久的意志力，其心理结构涉及个人取向与社会取向的内容。自强既是一种综合性人格特征，又是一种动力特质。

第二，意志品质是现当代自强式人物所共有的最重要的人格特征。某些人格特征对某一行业领域的自强式人物特别重要，可以看出，这些人格特征是与其行业特点相吻合的。

第三，自强是一个多层次多维度的系统。包括总体自强意识和一般自强意识两个层次。前者包含总体肯定和总体否定两个维度，后者分社会取向和个人取向两种。从总体上看，当代大学生的社会取向自强意识显著地高于个人取向自强意识。不同学校类型、不同性别的大学生在自强意识水平上差异显著。但重点大学的学生普遍优于一般大学的学生，男生普遍高于女生。

第四，父母抚养方式、家庭环境、成就动机与自强意识四者之间存在不同程度的正相关。温暖型的父母抚养方式与自强意识之间存在极显著的正相关，而惩罚严厉型、拒绝否认型和干涉保护型的父母抚养方式与自强意识之间则呈负相关。大学生的自强意识与亲密型、成功型、知识型和娱乐型的家庭环境之间存在显著或十分显著的正相关，而与矛盾型的家庭环境之间则存在负相关。

第五，成就动机、家庭环境和性别变量对大学生的自强意识具有显著的预测作用，其中，成就动机的预测力最好，其次为家庭环境，再次为性别。成就动机、家庭环境和父母抚养方式是影响大学生自强意识的三个因素，其中成就动机可对自强意识产生直接影响，父母抚养方式则产生间接影响，而家庭环境对自强意识既有直接影响也有间接影响。

第六，实验者在场的情况下，高低自强被试在完成困难性任务的坚持性上不存在显著差异；但在独立性上差异显著，高自强被试的独立性显著高于低自强被试。实验者不在场的情况下，高低自强被试在成功和失败反馈后从事困难性任务的持久性上存在显著的差异，高自强被试的坚持性显著地高于低自强被试。

第七，实验者在场的情况下，从完成难度性作业的平均持续时间来看，高社会取向自强意识的被试长于高个人取向自强意识的被试。实验者不在场的情况下，高个人取向自强意识的被试在成功和失败反馈后从事难度性任务的持久性上好于高社会取向自强意识的被试。

第八，无论是高自强被试还是低自强被试，在获得成功反馈后完成难度性任务上的坚持性均比失败反馈来得长。但高自强被试在获得成功反馈后与在获得失败反馈后完成困难性任务的持久性上相差不大，而低自强被试在获得成功反馈后与在获得失败反馈后从事后续难度性作业的持久性上相差较大。

七、进一步研究设想

学生健全人格的养成教育是一项系统工程，这方面的研究也较为复杂，需要我们不断深化、充实。我们即将启动或已经开始进行以下研究：家庭与学生健全人格的养成，教学改革与学生健全人格的养成，教师人格与学生健全人格的养成，校风班风与学生健全人格的养成，社区文化与学生健全人格的养成，人际（伙伴）关系与学生健全人格的养成，大众传媒与学生健全人格的养成，自我观念与学生健全人格的养成，学生人格障碍现状调查等。我们以广阔的视野，用实证的方法进行研究，并希望我们的工作能对健全人格养成做出一份贡献。

参考文献

Shavelson R J, Hubner J J, Stanton G C. Self-concept: Validation of construct interpretation. (1976). Review of Educational Research, 46: 407-441.

Tuckman B W. (2003). A performance comparison of motivational self-believers and self-doubters in competitive and individualistic goal situations. Personality & Individual Differences, 34(5): 845-854.

车丽萍.(2002).当代大学生自信特点研究[D].重庆：西南师范大学.

陈高山.(1999).当代中国大学生自我价值感系统研究[D].重庆：西南师范大学.

陈红，黄希庭.(2001).A型人格、自我价值感对中学生不同情境应对方式的影响.

心理科学，24(3)：350-351.

陈红.(2003).青少年身体自我的理论与实证研究[D].重庆：西南师范大学.

范蔚，陈红.(2002).中学生自我价值感与心理健康的相关研究.心理科学，25(3)：352-353.

黄希庭，李媛.(2001).大学生自立意识的探索性研究.心理科学，24(4)：389-392.

黄希庭，杨雄.(1998).青年学生自我价值感量表的编制.心理科学，21(4)：289-292，382.

李媛.(2002).大学生自立意识的初步研究[D].重庆：西南师范大学.

刘明.(1998).高中学生自尊水平与学业、人际成败归因方式关系研究.心理科学，21(3)：281-282.

卢秀琼.(2002).高中学生自我价值感与应对方式、心理健康的相关研究.中国临床心理学杂志，10(3)：195-196，194.

夏凌翔，黄希庭.(2004).典型自立者人格特征初探.心理科学，27(5)：1065-1068.

夏凌翔.(2003).当代大学生心理自立问卷的初步编制[D].重庆：西南师范大学.

辛向.(2001).中学生自我价值感与学业成绩的关系研究.健康心理学杂志，(9)5：335-336.

于海霞.(1998).在校大中学生自我价值感和自我评价关系的初步研究.心理发展与教育，(4)：45-49.

张焰，黄希庭.(1999).试论低自我价值感者成就动机的特点.西南师范大学学报(哲学社会科学版)，25(4)：77-81.

郑剑虹.(2004).自强的心理学研究：理论与实证[D].重庆：西南师范大学.

郑涌，黄希庭.(1998).自我概念的结构：Ⅱ.大学生自我概念维度的因素探析.西南师范大学学报(哲学社会科学版)，(5)：51-56.

钟慧，黄希庭.(2003).初中生的自我价值感与心理健康的相关研究.中国临床心理学杂志，11(1)：31-33，14.

钟慧.(2003).高中生自立结构问卷的初步编制[D].重庆：西南师范大学.

原文载于中国教育学会编《中国教育科学》，北京：人民教育出版社2005年版。

压力、应对与幸福进取者

一、应对的本质与结构

人活在世界上遇到压力(stress)是无可避免的。无论是少年儿童、青壮年和老年人,无论在家庭里或是在学校和工作场所,人们都会遇到压力。有压力,就会有对压力的应对(coping)。人们对压力的应对十分复杂。不同的心理学家所给出的定义也不同。例如,Stone 和 Neale 把应对视为对付压力要求的有意识努力(Stone & Neale, 1984)。这个定义反映了学院派心理学家的主张——应对是一种自觉处理压力的过程,不包含潜意识的防御机制。但是应对与防御同属于人类心理适应的方式,它们是紧密联系的,很难分开的,况且当代心理学已经证明潜意识加工是存在的,潜意识的防御在消解情感冲突、提高自尊中扮演着重要的角色。看来,这种定义不够全面。Lazarus 和 Folkman 关于应对的定义很有影响力。他们认为应对是持续的认知和行为努力,以处理被个体认为超出了其个人资源的内部或外部任务,或者说,应对是包括认知和行为的努力,用来管理心理压力的过程(Lazarus, Folkman, 1984)。Matheny 认为应对是任何预防、消除或减弱压力源的努力,无论是健康的或是不健康的、有意识的或潜意识的,这种努力也可能是以最小的痛苦方式对压力的影响加以忍受(Matheny, Aycock, Pugh, Curlette, Silva Cannella, 1986)。Skinner 和 Wellborn 从动机的角度来加以界定,把应对定义为在心理压力状态下,人们如何控制其行为、情绪和动机的定向(Skinner, wellbom, 1995)。该定义与 Lazarus, Folkman(1984)的定义不同,在 Skinner 和 Wellborn 看来,应对应包括控制威胁以获得能力自主的有意反应和自发反应。Eisenberg 及其同事将应对定义为自我调节的一个方面,即应对特指个体面对压力时的自我调节,包括情绪调节和行为调节。他们认为应对不仅包含有意识的努力,也包括潜意识反应(Eisenberg, Fabes, Guthrie, 1997)。Compas 等人把应对视为个体在面对压力事件和情境时,调节情绪、认知和行为的有意识的意志努力,而这些调节过程又依存于个体的生理、认知、社会和情绪的发展,并受它们的限制(Compas, Connor-Smith, Saltzman, Thomsen, Wadsworth, 2001)。看来,应对是一个很宽泛的概念。从本质上看,应对是个人在压力状态下的自我调节努力,包括认知的、情绪的和动机的行为反应。这种自我调节的努力既可以是有意识的也可以是潜意识的,既有动态的也有静态的,既有健康的也有不健康的,既有现实的也有非现实的,既有有效的也有无效的。

压力不是一种全或无的现象。应对在本质上与其他行为没有什么区别。我们可以把应对看作是一个反应系统对它进行分析，即可以从多个维度对它进行分析。例如，Lazarus和Folkman(1984)把应对分为问题取向应对和情绪取向应对，前者着眼于解决问题而后者则着重于缓解负面情绪。Weisz等把应对分为原发控制应对(primary control coping)和继发控制应对(secondary control coping)，前者系直接指向产生影响的客观事件，或情境(如解决问题)，或直接控制个人情绪(如调节情绪表达)的应对努力，而后者则包括适应环境的努力，主要包括接受或认知重构。Ebata和Moos把应对分为趋向应对和回避应对，前者包括指向压力情境的认知(积极评估)和行为(直接行动)反应，而后者则包括不考虑压力源或努力回避面对压力情境的认知或逃避行为。还有把应对分为：自我取向应对和外部取向应对，认知应对和行为应对，主动应对和被动应对，有效应对和无效应对等。

除了二分法之外还有三分法。例如，将应对方式划分为评估取向(逻辑分析)、问题取向和情绪取向三个维度，或分为情绪取向、任务取向和回避取向，或分为原发控制应对、继发控制应对和不应对(回避压力源和无情绪反应)等。也有根据因素分析得出的结果加以归类的。例如，把应对方式归类为面对问题，自我控制，寻求信息支持，接受责任，认知重构，计划解决，灾难化，情绪宣泄，体育运动，接受，转移，远离，回避，自责，责备他人，愿望思维，幽默，压抑，退缩，听天由命，否认，使用酒精或药物，寻求社会支持，积聚资源，预先谋划，忍耐，祈求宗教等。

其实，我们研究压力与应对并对应对方式进行系统分析，目的是为了深入认识应对的本质，寻求怎样有效应对压力的策略，使人们过上健康、幸福的生活。我们研究大学生的应对方式，其目的是帮助大学生学习和成才，使他们实现其精彩人生。

二、对大学生应对方式的调查

2002年我们曾对一些教师(主要是大学辅导员)做过访谈，结果发现，困扰大学生的主要问题是个人前途/就业、学习压力、经济问题、恋爱问题、人际关系问题。大一新生的入学适应是一个重要的问题。在应对方式上，低年级的学生比高年级的学生欠成熟，易走极端。他们在遇到困难时一般不会向教师求助。对学生的访谈发现，大学生们普遍认为生活中有很多不如意的事，但自认为大多能理智应对，很少采用极端的应对方式。根据对大学师生们的访谈和以往文献的分析，我们依据心理测量学原理编制了一个含9

个因素（问题解决、求助、转移、忍耐、逃避、幻想、抱怨、压抑、退缩）共64个项目的大学生应对方式量表（见表2-3），并对976名大学生（中国青年政治学院、南京师范大学、河海大学、原西南师范大学、重庆大学、山东经济学院、河南大学、福建师范大学等高校学生）进行调查，要求他们用5个等级对自己进行评定。记分方法是“基本上都采用这种方式”记1分，“较多采用这种方式”记2分，“有时采用这种方式”记3分，“很少采用这种方式”记4分，“没有采用这种方式”记5分。也就是说，高分是表示较少采用该应对方式的，低分是表示较多采用该应对方式的。表2-3列出的是对这次调查数据的因素分析结果。

表2-3 大学生应对方式问卷的探索性因素分析结果

题号	项目	共同度	因素负荷
因素1 抱怨（特征值为8.408，贡献率为14.497%）			
8	常想“这是真的就好了”	0.415	0.347
20	责备自己	0.449	0.408
24	向引起困难的人和事发脾气	0.402	0.542
29	埋怨命运不好	0.592	0.606
32	感到运气不好	0.478	0.571
36	责怪他人做得不好	0.438	0.597
44	认为这是生活对自己不公平的表现	0.516	0.640
52	抱怨外部环境不好	0.516	0.595
因素2 转移（特征值5.681，贡献率为9.795%）			
7	想些高兴的事自我安慰	0.441	0.374
25	勤奋学习使我感觉会好些	0.403	0.350
31	把注意力转移到其他方面	0.538	0.717
37	做另一件有意义的事来忘掉它	0.527	0.715
47	做另一些自己喜欢做的事	0.379	0.532
53	投身其他活动寻找新寄托	0.434	0.607
因素3 求助（特征值为3.458，贡献率为5.961%）			
2	找知心朋友倾诉	0.486	0.612
3	尽量和与此问题有关的人讨论解决	0.344	0.522
9	向亲友求教解决问题的办法	0.390	0.573
26	请求他人帮助自己克服困难	0.417	0.603
33	与朋友一起讨论解决问题的办法	0.565	0.677
39	找他人征询意见	0.526	0.683
43	向有经验的师长求教解决问题的办法	0.435	0.512
63	从有相同经历的人那里寻求安慰	0.361	0.316

续表

题号	项目	共同度	因素负荷
因素4 问题解决(特征值为2.279,贡献率为3.929%)			
1	冷静思考好好对待	0.423	0.664
5	努力寻找解决问题的办法	0.389	0.520
6	相信失败只是暂时的	0.414	0.401
10	敢于承担自己的责任	0.350	0.496
12	吸取经验应付困难	0.487	0.699
14	以理智的方式解决问题	0.532	0.714
15	善于从失败中吸取教训	0.528	0.716
17	用平常心态面对解决	0.441	0.473
19	把挫折视为磨炼自己的良师	0.382	0.522
23	仔细分析问题,以便更好地认识它	0.506	0.672
28	反省自己的不足并努力改正	0.464	0.525
38	常想某个方面的失败并不等于人生的失败	0.370	0.322
46	采取切实可行的办法努力改变现状	0.498	0.522
因素5 退缩(特征值为1.609,贡献率为2.773%)			
40	蜷缩在床上睡大觉	0.366	0.427
42	自我惩罚	0.368	0.360
54	自我封闭	0.470	0.494
57	破罐子破摔	0.572	0.644
60	一蹶不振	0.616	0.698
62	根本就不想它	0.462	0.490
64	自我虐待	0.474	0.624
因素6 忍耐(特征值为1.410,贡献率为2.432%)			
48	自己会尽量忍一时之气	0.469	0.437
51	只有接受,自己加以调节	0.387	0.540
55	会从长远打算,暂时忍耐一下	0.454	0.524
34	不相信那些对自己不利的事	0.402	0.376
因素7 逃避/妥协因素(特征值为1.396,贡献率为2.407%)			
16	以无所谓的态度掩饰内心的感受	0.395	0.432
21	常想到顺其自然	0.404	0.600
27	得过且过,拖一天算一天	0.434	0.346
49	常想听天由命吧	0.431	0.420

续表

题号	项目	共同度	因素负荷
因素8 幻想(特征值为1.345,贡献率为2.319%)			
11	爱幻想一些不现实的事消除烦恼	0.489	0.539
56	想一些不切实际的想法	0.552	0.545
59	想象自己有克服困难的超人本领	0.569	0.772
61	幻想自己已经解决了面临的困难	0.620	0.736
因素9 压抑(特征值为1.245,贡献率为2.147%)			
4	一个人默默地忍受着心中的烦恼	0.589	0.689
18	压抑内心的愤怒与不满	0.501	0.653
22	从不向别人说,自己压抑在心中	0.547	0.601
35	不愿让人知道自己的遭遇	0.415	0.514

976名大学生应对方式各维度的平均分与标准差的结果如表2-4所示。从表2-4可以看出,各维度平均数由小到大的顺序依次为:问题解决、忍耐、转移、求助、压抑、逃避、幻想、抱怨、退缩。表明当代大学生在应对压力时,主要以问题解决、忍耐、转移、求助等积极的应对方式为主,相对较少采用压抑、逃避、幻想等消极的应对方式(刘凤娥,2002)。

表2-4 976名大学生应对方式各维度的平均分及标准差

	问题解决	忍耐	转移	求助	压抑	逃避	幻想	抱怨	退缩
平均数	2.0804	2.7325	2.5500	2.0910	3.0931	3.2305	3.3248	3.5085	4.0946
标准差	0.5574	0.6352	0.6314	0.6432	0.8067	0.7087	0.8725	0.6500	0.6551

最近我们对大学生应对方式量表进行了修订。修订后的量表含8个因素共49个项目,对490名大学生的测试结果表明,大学生使用8种应对方式的次序依次为:问题解决(2.20),升华(2.47),合理化(2.64),求助(2.89),压抑(3.20),推卸责任(3.64)、发泄(3.75)、逃避(4.07)。

上述两项调查结果与其他研究者得到的结果基本上一致(Li & Lin, 2003; 张林,车文博,黎兵,2005),似乎都可以归纳为问题取向应对、情绪取向应对以及逃避应对三大类。

三、幸福进取者会怎样应对压力

2003年我的一项调查结果表明,我国当代大学生对心理健康的要求很高;他们渴望能以辩证的态度对待世界、他人、自己,过去、现在和未来,顺境与逆境,自立、自信、自尊、自强，成为幸福进取者（车丽萍，2003）。幸福进取者会怎样应对压力呢？关键是幸福进取者有一个好的自我调节机制，明显表现在努力与放弃、乐观与悲观两个应对维度上的良好自我调节。

每个人都有一个自我调节系统。这个自我调节系统是围绕着人们营造和维持自己所希望的生活环境而组织起来的。每个人都有自己的追求目标，目标的实现过程就是一个自我调节的过程。而个人的目标追求总是与其自我紧密联系在一起的。自我的各个成分影响着人们从事什么样的活动，成长为什么样的人。例如，可能自我是未来导向的。它涉及一个人如何思考尚未实现的、潜在的，他可能成为的那种人。可能自我往往可以不受外界因素或个人缺点的阻碍而运行。自立、自信、自尊、自强也是自我的重要成分，这些成分对于人们应对压力、实现目标都具有重要的意义。

人们追求的目标有长期的和短期的，有重要的和不那么重要的，有紧迫的和可以暂缓的，有抽象的和具体的，有趋向性的和回避性的，等等。在人们向着目标进行努力而遇到挫折时，往往会暂时中断自己的努力，以较审慎的态度评估达成目标的可能性。这种情况可能发生一次，也可能经常发生；可能是短暂的，也可能持续很久。可以想见，一个有成熟可能自我的人在遇到挫折时会依据其以往类似的经验，并运用这些经验解决当前的问题，考虑如何坚持努力去追求目标；而不会放弃对目标的追求，例如采取逃避、做白日梦、愿望思维等应对方式。

面对压力，幸福进取者由于具有自立、自信、自尊、自强等人格特征，会以正面的乐观心态坚持努力，设法寻求有效的方法应对逆境，通过逆境的考验和磨炼最终达成理想目标，成就事业。这样的例子，古今中外都有。正如王国维在《人间词话》中所说："古今之成大事业、大学问者，必经过三种之境界：'昨夜西风凋碧树，独上高楼，望尽天涯路'，此第一境也。'衣带渐宽终不悔，为伊消得人憔悴'，此第二境也。'众里寻他千百度，蓦然回首，那人却在灯火阑珊处'，此第三境也。"

压力是一种特殊的体验，即对威胁、丧失或挑战的觉知；威胁是觉知到某件坏事或有害的事将要发生，丧失是觉知到某件坏事或有害的事已经发生。应对就是对这些体验的反应。当人们觉得在实现目标的过程中会遇到障碍或在实现目标的努力过程中遇到障碍时就会产生压力。应对就是创造条件使个人对目标的追求得以进行和继续，或认识到目标不可能实现时而加以放弃。幸福进取者自我中的自立、自信、自尊、自强特征会使人能以正面的态度对待威胁、丧失或挑战，即以正面的乐观心态权衡各种选择，考虑这些选择的后果，然后再行动；以正面的乐观心态思考障碍是否可以克服，问题是否可以通过努力加以解决，采取哪些措施加以解决。当他们预期会取得成功（如有进一步努力的机会）时，就会继续努力，并提高努力的程度。而当他们认为没有成功的可能性时，可能会放弃努力，甚至完全放弃朝向目标的尝试。

许多研究表明，正面的乐观心态与问题取向应对及正面的认知重构呈正相关，特别是当认识到压力情境可控时更是如此，人们会主动地想方设法克服困难，针对问题有计划地加以解决，而不是逃避压力源；当认识到压力情境不可控时，则倾向于接受现实情境。乐观的心态与使用否认及逃避问题呈负相关（Scheier & Carver, 1992）。有研究表明，困难和挫折可以培养人的意志，培养人的品性，提高人的能力。以正面的乐观心态解释个人遭遇到的困难和挫折，能化解因挫折等困苦事件所产生的心理冲突、压力感和沮丧，有助于维护身心健康（景怀斌, 2006）。

为什么自立、自信、自尊、自强等人格特征会使人面临困难和逆境时以乐观的心态采用问题取向应对呢？这很可能是自验预言在起作用。所谓自验预言（self-fulfilling prophecy）是指个人事先预期什么，事后将会得到什么；也就是说，自己的行为将验证自己的预言。医学上早已发现，患者预期自己（或相信医生的告知）的病情轻，在治疗（或疗养）的过程中容易康复。教育实践上也已证实，如果学生自己认为某门功课学不好，其学业成绩将会不断下降。自立、自信、自尊、自强使人形成自验正面预言，因而在面临压力时，倾向于以乐观的心态采用问题取向应对。当问题取向应对使用无效时，可能会转向适应性的情绪取向应对，如接受、利用幽默和正面的认知重构。这些应对方式都与自验正面预言有关，从而使个人在生活中继续努力，不断进取。

严重缺乏自立、自信、自尊、自强的人生活在自验负面预言的怪圈中，他们悲观失望，看不清自己当前所处情境的真实情况。由于坚信自己的任何努力都将以失败而告终，他们倾向于把很小甚至很容易解决的困难看成是不可逾越的障碍，把小挫折“灾难化”，从而放弃努力或降低目标。而这种放弃对目标的追求又加强了自我怀疑，加强了自验负面预言，造成恶性循环；最后这种人一遇困难就会放弃，就采用否认、逃避的方式，甚至滥用药物。这种人不可能实现任何有益的人生目标。他们的自我调节机制有严重的障碍。还有一种缺乏自立、自信、自尊、自强的人遇到困难就放弃，总是不断地放弃，不断地从事其他的事情。这种人不断地循环于目标之间，可能有严重的问题，但他们可能不会感到有严重的压力。也就是说，这种人可能真的把失败抛在一边去继续寻找新的目标，这时他们的失败压力应是短暂的；而只有当他们把不断放弃归因于自我，导致对自己不满时，才会感到抑郁和挫败感。

人们在行动上放弃对目标的努力，其情况是很复杂的。例如，有时行动上在放弃努力，但心里却惦念着目标。这时他可能有如下的应对：离开任务、分心、沉思、寻找社会支持、寻找信息、暂时离开工作场所、重新定义问题等。看起来这些活动与目标无关，其实与目标有关。这时向目标所做的努力可能是零星的，想放弃、想抛开当前的目标任务。这往往是由于遇到的困难太大而可能自我又尚不成熟所致:犹豫不决,行动上放弃,心里却没有放弃;经常想到目标,但又不能接近目标。这时很容易产生抑郁。

上例中的目标是有可能达成的。但是对那些确实达不到的目标却顽固地坚持要做下去,也同样是有害的。幸福进取者有一个成熟的可能自我,能以辩证的态度权衡目标,善于坚持也善于放弃。因为顽固地坚持一个确实达不到的目标不仅徒劳浪费资源,而且还会堵塞对新机遇的注意并及时作出反应。这种既不能前进又不能抛开的情境,很折磨人,容易使人产生抑郁,影响身心健康。幸福进取者的自我调节机制能接受自己无法改变的现实,有这种重要的适应能力。

放弃目标之所以困难,是因为目标具有很强的吸引力。但是目标是有不同等级的。有的目标对个人来说具有核心意义、很重要的,有些是具体的、不那么重要的。具有核心意义的很重要的目标总是令人很难放弃,因为对它的放弃就意味着放弃自我中的核心要素。具体目标可能较容易被放弃,但是如果具体目标与具有核心意义的很重要目标有着十分紧密的联系,这些具体目标也是难以被放弃的。因为放弃这些具体目标不仅意味着放弃了当前的努力,还意味着为追求具有核心意义的很重要目标设置了障碍。这一事实表明,个人有一个成熟的可能自我是多么的重要。成熟的可能自我使个人具有核心意义的很重要的目标。

通过前面的讨论,我们可以看到,无论应对方式有多少种类型,这些应对方式背后的原因都与个人的自我调节机制有关,其中可能自我、自立、自信、自尊、自强都扮演着重要的角色。因此,要想有效地应对压力,除了学会管理压力的技能外,更重要的是应当加强自我修养,特别是加强对可能自我、自立、自信、自尊、自强的修养。这样,大学生们在学习、成才、实践成功人生的道路上才能有效地应对困难,成为幸福的进取者。

参考文献

Compas, B. E., Connor-Smith, J. K., Saltzman, H., Thomsen, A. H., & Wadsworth, M. E. (2001). Coping with stress during childhood and adolescence: problems, progress, and potential in theory and research. Psychological Bulletin, 127(1), 87-127.

Eisenberg, N., Fabes, R. A., & Guthrie, I. K. (1997). Coping with stress. In Handbook of children's coping (pp. 41 - 70). N. Y.: Springer.

Lazarus, R. S., & Folkman, S. (1984). Stress, appraisal, and coping. N. Y.: Springer publishing company.

Li, H., & Lin, C. (2003). College stress and psychological well-being of Chinese college students. Acta Psychologica Sinica, 35(2), 220 - 230.

Matheny, K. B., Aycock, D. W., Pugh, J. L., Curlette, W. L., & Silva Cannella, K. A.

(1986). Stress coping: A qualitative and quantitative synthesis with implications for treatment. The Counseling Psychologist, 14(4), 499 - 549.

Scheier, M. F., & Carver, C. S. (1992). Effects of optimism on psychological and physical well-being: Theoretical overview and empirical update. Cognitive Therapy and Research, 16(2), 201 - 228.

Skinner, E. A. (1995). Perceived control, motivation, & coping (Vol. 8). Sage.

Stone, A. A., & Neale, J. M. (1984). New measure of daily coping: development and preliminary results. Journal of Personality and Social Psychology, 46(4), 892.

刘凤娥.(2002).大学生应对方式问卷的初步编制[D].重庆:西南师范大学.

张林,车文博,黎兵.(2005).大学生心理压力应对方式特点的研究.心理科学,28(1),36-41.

景怀斌.(2006).儒家式应对思想及其对心理健康的影响.心理学报,38(1),126-134.

车丽萍.(2004).自信心及其培养.北京:新华出版社.

原文载于《西南师范大学学报(人文社会科学版)》,2006年第3期;又载于中国教育学会编.《中国教育科学》,北京:人民教育出版社,2007年版。

理解人性，回报社会

——写在直辖十周年之际

一、我喜爱教师这一崇高职业

1961年7月大学毕业时，我是主动要求到祖国最需要、最艰苦的地方工作的，当时的四川饥荒全国闻名。8月我告别母校北京大学，来到了西南师范学院工作。当了三年助教后，我又考回了母校攻读普通心理学专业研究生，1967年毕业，次年回到西南师范学院工作，1979年升为讲师，1983年升为副教授，1986年晋升为教授。自任教以来，我为本科生讲授过自然辩证法、公共课心理学、普通心理学、实验心理学、现代心理学流派、认知心理学、人格心理学、心理学教学法等十一门课程。自1986年起我开始指导硕士研究生，1993年我开始指导博士研究生。教书育人是世界上最神圣的事业，我深感自己责任重大。

大学生是我们国家未来的栋梁之材，立志教育十分重要。高尔基说过："我常常重复这一句话：一个人追求的目标越高，他的才力就发展得越快，对社会就越有益，我确信这也是一个真理。"孟子曰："故天将降大任于斯人也，必先苦其心志，劳其筋骨，饿其体肤，空乏其身，行拂乱其所为，所以动心忍性，曾益其所不能。"(《孟子·告子下》)。立志教育，渗透于我讲授的各门课程的教学中，言传身教使学生明确立志的重要性，并见诸行动，对自己高标准严要求。

在本科生教学中我十分重视教学的每一个环节，努力在夯实基础、培养能力、激发创新上下功夫。夯实基础很重要，每一门课程都有它的基本概念、基本原理和基本理论，我坚持把原创者的观点与生活实例结合起来加以阐述，深入浅出，明了易懂。在讲授公共课心理学和专业基础课时，我还重视学生良好学习习惯的养成，常常教学生怎样用心理学的知识学会学习，怎样阅读教科书和教学参考书，怎样主动地有重点地记笔记，怎样有效地管理好时间以提高生活质量。

古人云"授人以鱼"不如"授人以渔"。讲授一门课程不能只传授知识，还应教给学生获取知识的方法，在培养能力上下功夫。我鼓励学生与我对话，提出与教材内容不同的观点，使他们养成用不同的视角思考问题的习惯。例如，在讲人格这个概念时，我讲了从词源的角度教科书是如何定义"人格"的，又讲了一些人格心理学家是如何定义"人格"的，让学生们思考为什么人格心理学家对人格的定义会如此的不同。最后学生们发现，人格问题的复杂性以及心理学家从不同的角度研究人格，才导致人格定义的多样性。这就是说，对于人格，我们可以从生物的、发展的、认知的、社会文化的、行为的等维度对它进行研究，同样地，对于自我、对于思维、对于自信心的探讨，我们也可以从各种不同的维度进行研究。为了拓宽学生的视野，我还组织翻译了多种国外最新的优秀教材和教学参考书，已出版的如Myers著的《心理学（第七版）》（人民邮电出版社，2006年）、Solso著的《认知心理学》（台北市五南图书出版公司，1992年；北京市教育科学出版社，1990年8月）、Best著的《认知心理学》（中国轻工业出版社，2000年）、Sternberg著的《认知心理学》（中国轻工业出版社，2006年）、Pervin著的《人格科学》（华东师范大学出版社，2001年）、Pervin和John主编的《人格手册：理论与研究（第二版）》（华东师范大学出版社，2003年）等。让学生多阅读参考书，扩大知识面，有助于学生养成独立思考、批判性思考的习惯。

我讲每一堂课，无论是新课或是老课，都要备课。我喜欢用自己写的教材讲义授课，同时鼓励学生阅读其他教材。从1977年讲授自然辩证法算起，我已写过20多种讲义，后来经过整理补充有十一本教材已由人民教育出版社、高等教育出版社等出版社出版。在这些教材中有两本教材获教育部普通高等学校优秀教材一等奖，两本教材获教育部普通高等学校优秀教材二等奖，三项教学科研成果获国家级和省级教学成果一、二等奖。

目前我正在抓紧把自己的教学理念渗透于我所主持的国家精品课程《普通心理学》的建设中。这是一项系统工程。它包括：①《心理学导论（修订版）》；②《心理学导论（修订版）：实验与研究》，阐述心理学知识是如何用科学方法而获得的，使学生较深入地理解心理学的科学性质；③《心理学导论（修订版）：批判思维训练》，引领学生多取向地思考心理学导论各章中的一些问题，以培养学生独立思考的能力和发现问题、分析问题和解决问题的能力；④《心理学导论（修订版）：学习指导》，阐述各章的要点，指导学生掌握本教材的基本概念、基本原理和基本理论，并学会自主学习。

在研究生教学中，我的做法是让研究生们参加我所主持的国家级和省部级研究课题，承担主研的角色，通过博学、审问、慎思、明辨、笃行的各个阶段，使他们养成勤奋、严谨、创新、求实的学风。从1982年我主持第一个中国社会科学院"六五"规划算起，在研究生们的参与下我已完成了10个国家级研究课题，18个省部级研究课题。在我的指导下有120多位学生获得硕士学位、53位获得博士学位，还与12位博士后合作研究，并指导过15位国内高级访问学者。他们中的许多人已成名成家，其中不少人硕果累累，正是"青出于蓝而胜于蓝"！

二、我对人性的点滴理解

在大学里任教,教学与科研是相辅相成、互相促进的。用心从教可以发现教科书中存在的问题,这是我们进行科研的开端。而通过科学研究,我们才有可能不断掌握学科前沿的信息以更新教材内容,体会到创新观念和创新思维对于学生的重要性,着力培养他们的创新能力和实践能力。我在高校任教一直坚持科学研究。心理学是理解人性的一门学问,涉及的范围很广。而我只是研究人类心理中的时间心理和人格心理,因而对人性有了点滴的理解。

我对时间心理现象的兴趣始于大学时期。大学毕业后我便开始做儿童时间知觉的研究,从那时算起,迄今已有44个年头了。时间现象纷繁复杂,它既是物的存在方式,也是人的存在方式。物理学、化学、地质学、生物学等学科从物的存在方式对时间进行研究,而心理学、社会学、历史学、文化学等则从人的存在方式对时间加以研究。把时间作为人的存在方式加以研究的诸学科中,心理学家对时间的探讨尤具特殊性。我们所研究的心理时间与物理时间虽有联系但却是很不相同的。物理时间具有不可逆性和方向性,它总是从过去指向现在再面向未来地在流逝;而心理时间具有可逆性,我们既可以觉知时间在消逝,也可以回忆过去,想象和预期未来。物理时间具有均匀性;而心理时间却具有可变性,我们有时觉得度日如年,时而又觉得光阴似箭、日月如梭。

那么,我们是怎样认知时间的呢?国外心理学中最流行的有三个认知模型:存储容量模型(storage size model)认为,人们估计时距与储存的信息量或复杂度呈正相关;加工时间模型(processing-time model)认为,人类信息加工系统中有一个专门加工时间信息的认知计时器和一个专门加工刺激的刺激加工器,认知时距的长短取决于注意资源投入认知计时器的多少;变化/分割模型(change/segmentation model)认为,对认知时间的长短取决于在心理上把经历的变化分割为段的数量多少。这些模型强调的是注意、记忆在时间认知中所扮演的角色。它们能对我们的时间认知进行预测和解释吗?我们的研究表明,除了注意、记忆之外,刺激物的面积与数量、刺激物出现的次序与时点、不同的感觉道、情绪、疾病、思维方式、年龄、人格特征以及实验方法和实验指标等都会影响时间认知。个人的心理时间所经历的时距幅度很大:从毫秒、秒、分、小时、日、月、年直至数十年,我们的研究还发现,心理时间具有分段性;不同的心理时间,其认知有不同的特点。基于上述,我们发展出了一个时间认知分段综合模型(range synthetic model)。该模型对此具有较好的解释力。

时间无处不在,它不仅是基本心理过程的存在方式,而且也是人格特征的存在方式。时间给每个人以相同的机会,但每个人对待时间的态度、看待时间的价值、管理和规划时间却是不同的。人们在时间上的人格差异,我们称之为时间人格。时间人格有多种表现。例如,时间管理倾向是一种时间人格特征,主要表现在相当稳定的时间价值感、时间监控能力和时间效能感上。又如,时间洞察力(在我们的研究早期称为时间透视)也是一种时间人格特征,主要表现在人们对待过去、现在和未来时间洞察力的稳定差异上。时间人格对于个人的事业与成功的人生都具有重要的意义。

我对人格的研究始于1982年。那时我主持中国社会科学院"六五"科研规划"大学生心理研究"的课题,力求从一个完整的人的角度研究大学生心理。人格就是一个现实的完整的人。人格有其自然性的一面,但它却是社会化的产物。人格取决于个人在社会中扮演什么角色,取决于其所处的特定文化模式。从1985年起我承担国家教委博士点基金项目"体制改革与当代中国青年价值观"的研究。在这一课题的研究过程中,我深切地体会到:由于中国人的价值观与西方人的价值观在本质上有差异,探讨中国青年价值观的特点是不能搬用西方的测量工具的。因为西方"价值观"的测试题所包含的是西方价值观的内容,用西方价值观的测量工具只能测出中国青年对西方"价值观"中所包含内容的"反应",而不能测出中国青年价值观中真正包含了哪些内容。基于这样的认识,我们在研究中国人的人格时总是力求挖掘和发展华夏文化的心理学概念、理论和评鉴工具,努力推进人格研究的中国化。

价值观是人区分好坏、美丑、益损、正确与错误,及符合或违背自己意愿等的信念系统,它通常是充满情感的,并为个人认为的正当行为提供充分的理由。这是人们的一种重要心理倾向。已往的心理学教科书都不涉及这个主题。在1991年出版的《心理学导论》中,我把价值观引入了这本教科书,得到了学者们的认同。我们把价值观分为人生价值观、政治价值观、道德价值观、人际价值观、职业价值观、审美价值观、宗教价值观以及自我观、婚恋观和幸福观进行实证研究,此外还研究过青少年的需要、成就动机和自我价值感,从而使我们加深了对行为动力机制的认识。我对青年价值观的研究成果,集中反映在《当代中国青年价值观与教育》(1998年获教育部普通高校第三届人文社会科学研究一等奖)和《当代中国青年价值观研究》(2006年获重庆市人民政府哲学社会科学研究一等奖)两本专著中。

自我在人格中处于核心的地位。探讨中国人的人格就不能不对中国人的自我结构与特点加以研究。我们研究中国人人格的一个重要目标是培养健全人格者,提高中华民族的心理素质。根据我们的研究,健全人格者应具有以下特征:对世界抱开放态度,乐于学习和工作,不断吸取新经验;以正面的眼光看待他人,有良好的人际关系和团队精神;以正面的态度看待自己,能自知、自尊、自我悦纳;以正面的态度看待过去、现在和未来,追求现实而高尚的生活目标;以正面的态度对待挫折,能调控情绪,心境良好。总之，一个健全人格者应能以辩证的态度看待世界、他人、自己，过去、现在和未来，顺境与逆境，是一个自立、自信、自尊、自强、幸福的进取者。我对时间和人格的研究成果主要反映在《时间与人格心理学探索》这一本论文集中。

做任何工作都要讲究方法。方法对头，事半功倍。科学研究工作也是如此。我在心理学研究中特别留意心理学方法学的研究，注重用系统分析的科学方法探究心理现象。心理学之所以成为一门科学，最根本的是其研究方法的科学性。科学研究成果的基本特征是，它的可操作性、可证伪性、可重复性和可争辩性。用这个标准来看，我对时间与人格心理的研究，大多尚不成熟，应当说，都只是刚刚开始。“路漫漫其修远兮，吾将上下而求索。”

三、我对心理学应用的探索

今天的心理学是一个充满活力、成果丰实的学科体系，可分为主要承担学术研究任务和主要承担应用任务的两大类。中国心理学要想得到进一步的发展就必须大力推进应用研究，要使我们的研究为我国的经济建设和社会发展服务。我在心理学应用研究方面做过以下的探索。

对大中学生健全人格养成教育的探索。青少年是我们祖国的未来，是我们民族的希望。我们研究人格的一个重要目标是培养健全人格者，提升中华民族的心理素质。我主持了全国教育科学“十五”规划重点课题“学生健全人格的养成教育研究”、教育部人文社会科学重点研究基地重大项目“儿童青少年健全人格养成教育研究”，以及重庆市哲学社会科学规划项目“大学生健全人格的养成教育研究”。其主要成果反映在《当代中国大学生心理特点与教育》《走向成功的人生》《个性品质的形成：理论与探索》等著作中。

对心理健康问题的探索。心理健康与不健康是相对的，而不是绝对的。可以把心理健康看作是一个连续体，连续体的一端是最佳的心理健康状态，另一端是最差的心理健康状态，这中间有不适应环境的心理与行为。从1991年我主编《人生心理咨询手册》一书开始，此后我主编出版了《中学生心理健康读本》丛书（包括学生读本、教师读本和家长读本）（1999）、《小学生心理健康读本》丛书（包括高年级读本和低年级读本）（2000）、《大学生心理健康与咨询》（2000）、《中等职业学校心理健康教育读本》丛书（包括学生读本和教师读本）（2001）、《心理健康教育》书系（包括小学一年级至高中三年级共十二本）（2002）、《大学生心理健康教育》（2004）以及《校风班风与人格教育》（2001）、《班风与中学生人格养成》（2002）及《塑造教师人格魅力》（2000）等图书。我们工作的基点是养成学生的健全人格,即在他们面临各种心理压力时从心理上善加引导,使他们能以辩证的观点看待世界、他人、自己,过去、现在与未来,困难与逆境,做一个自立、自信、自尊、自强、幸福的进取者。

对中国心理健康服务体系现状和对策的研究。2006年我申报教育部哲学社会科学研究重大攻关项目“中国心理健康服务体系现状及对策研究”获得批准。心理健康服务体系是指政府和社会通过投资和监管手段,由专业人员和机构遵循向社会成员所提供的心理促进服务,以及围绕此服务的教育培训、管理监督所组成的系统。这一服务体系有助于提高公众心理健康水平、防治精神障碍和疾病,使人们能够积极和健康地适应社会生活,其建立和完善构建和谐社会是社会成员生活安康必不可少的重要保证。该项目要对中国心理健康服务体系的理论与应用体系进行全面深入研究,涉及中国心理健康服务的目标现状及对策研究、中国心理健康服务的理论架构及对策研究、中国心理健康服务的方法学现状及对策研究、中国心理健康服务的教育培训现状及对策研究、中国心理健康服务体系的管理监督现状及对策研究。从学术价值看,其成果将丰富健康心理学、临床心理学、心理咨询与治疗和人格心理学等多个心理学学科门类的知识积累,对相关的邻近学科,如社会学、人口学、管理学、教育学、伦理学等学科也具有积累知识的作用。从实践价值看,宏观层面上将有助于和谐社会的建构,微观层面上将有助于人性尊严的提升,人口素质的提高和人才的成长。这对于我来说又是一个巨大的挑战!

原文载于《重庆社会科学》,2007年第2期。

改革开放30年中国心理学的发展

2008年4月我收到教育部社会科学司的一份公函，让我担任《中国高校哲学社会科学发展报告（1978—2008）心理学》一书的主编。这份公函指出，为了系统回顾中国高校哲学社会科学的发展历程和成就，总结经验，发扬成绩，探索规律，谋划未来，推进高校哲学社会科学的繁荣发展，教育部社会科学司决定组织编写《中国高校哲学社会科学发展报告（1978—2008）》丛书，共18卷，心理学卷是其中之一。这项工作，意义非凡。我深感责任重大，非个人之力所能完成，于是便邀请心理学各分支学科的著名专家参加本卷编写。各位参加编写专家热情支持，鼎力相助，在承担有繁重的教学科研任务的情况下高质量地完成了这一艰巨任务。经过六个月的工作，《中国高校哲学社会科学发展报告（1978—2008）心理学》已付梓面世。该书共16个部分，即总论、理论心理学与心理学史研究、基础心理学研究、生理心理学研究、发展心理学研究、人格心理学研究、社会心理学研究、教育心理学研究、学校心理学研究、临床与咨询心理学研究、工业心理学研究、运动心理学研究、军事心理学研究、法制心理学研究、心理测量学研究、总结与展望。通过这六个月写作，看了不少文献，特别是学习了各章专家撰写的专题，使我对改革开放30年中国心理学的发展有了新的认识。下面谈三点心得体会，以求教于国内同行。

一、改革开放30年中国心理学的发展阶段

对于20世纪90年代中期之前的中国心理学发展，王甦将其划分为两个阶段，即恢复阶段和顺利发展阶段（王甦，1997）。显然，20世纪90年代后期，特别是进入21世纪初期，随着我国经济社会体制的巨大变化和综合国力的显著增强，我国心理学也进入了快速发展阶段，因此我们将改革开放30年中国心理学的发展划分为三个阶段：即1978年至20世纪80年代后期为重建期，20世纪80年代后期到20世纪90年代后期为稳步成长期，20世纪90年代后期至今为快速发展期。

（一）重建期

重建期的首要任务是心理学家学习党的十一届三中会议文件，是用科学事实批判“四人帮”强加给心理学的政治帽子，除去其发展的政治禁锢。在党的十一届三中全会召开之前，1978年5月和10月中国心理学会连续召开学术会议，学习邓小平同志关于

“科学技术是生产力”“知识分子是工人阶级的一部分”“四个现代化关键是科学技术的现代化”等指示，批判“四人帮”强加给心理学的污蔑与不实之词，决定恢复教育心理专业委员会，筹备组建医学心理专业委员会和体育运动心理专业委员会，还制订了编写心理学各科教材的计划。党的十一届三中全会的召开从政治上为心理学恢复了名誉，迎来了心理学发展的春天。

重建期的诸多工作都是启动性的。1978年北京大学率先成立了心理学系，后来，华东师范大学、北京师范大学、杭州大学、华南师范大学等校也相继成立了心理学系。1979年《心理学报》复刊，后来《心理科学通讯》也恢复出刊。中科院心理所恢复研究机构，到1980年扩建为六个研究室。科学研究工作开始启动，中科院心理所的研究主要集中在发展心理、感知觉、生理心理和病理心理、心理学基本理论、工程心理；高校主要开展普通心理、教育心理和发展心理方面的研究。从总体上看，这一时期的科学研究规模小，自主的研究少，模仿引进的多。

重建期的很多举措都带有补习的时代特征，例如，为了满足教学科研队伍建设的迫切需求，通过举办“研究生进修班”等方式培养心理学专门人才；为了迅速补习与时代相脱节的心理学知识，专业杂志如《心理科学通讯》《外国心理学》《心理学探新》等刊登了很多介绍性、动态性的文章；心理学家举办了教育心理学、组织管理心理学、实验心理学、认知心理学等专门讲习班或培训班。这些措施对于迅速恢复心理学的教学科研工作起到了极其有益的作用。

随着改革开放，我国心理学家开始走出国门进行学术访问和进修，开始去国外攻读心理学学位。1980年7月，国际心理科学联合会在德国莱比锡举行的第22届国际心理学大会中，讨论并一致通过接纳中国心理学会加入国际心理科学联合会。

（二）稳步成长期

这一时期，我国心理学各分支学科的科学研究像雨后春笋般开展起来。例如，在基础心理学领域，开展了关于中国人眼光谱相对视亮度函数研究、中国人肤色色度和记忆色宽容度等问题研究以及听觉、触觉和汉语信息加工以及视觉拓扑特征等的研究。在理论与心理学史领域，开展了心理学与辩证唯物主义的关系以及我国古代和近代一些著名思想家的心理学思想的探讨。在发展与教育心理学领域，开展了儿童认知、情绪、语言及道德观念发展研究，中小学数学语文教学心理及道德品质教育心理研究、独生子女及特殊儿童教育心理等研究。还有如在工程心理学、管理心理学、变态心理学、心理测量学、生理心理学、比较心理学、体育运动心理学、法制心理学及社会心理学等领域也开展了不少有特色的研究。总之，这一时期我国心理学各主要分支的研究在广度和深度上有明显的变化，基础研究的水平有了较大提高，已形成一些有意义的创新性的中心研究课题，开展了较系统的研究，直接为我国社会发展服务的应用研究也开展起来了（王甦，林仲贤，荆其诚，1997）。

这个时期中出现了陈霖领导的拓扑知觉课题组的研究工作，朱智贤领导的中国儿童和青少年心理发展与教育全国协作组的研究工作（朱智贤，1990）。《中国大百科全书·心理学》（潘菽、荆其诚担任心理学编辑委员会主任，1991年）、《心理学大词典》（朱智贤主编，1989年）、《简明心理学百科全书》（荆其诚主编，1991年）等工具书出版。我国成功获得第28届国际心理学大会的主办权。中国心理学会心理学教学工作委员会的建立和心理学国家理科基础科学研究和教学人才培养基地的建设对今后中国心理学的发展产生了重要影响。

（三）快速发展期

这一时期，我国心理学在学科建设、学术研究和社会服务等方面都得到空前的提升。

在教学与学科建设方面，到2008年，心理学本科专业已发展到260多所高校，108个单位拥有心理学硕士学位授予权，24个单位拥有心理学博士学位授予权。心理学专业的硕士生招生规模，2003年已经突破了1000人（中国教育考试网，2008）。各学科教材建设呈现出百花齐放的局面。不少心理学课程如普通心理学、实验心理学、社会心理学、发展心理学、医学心理学、变态心理学、心理学史、体育心理学、教育心理学、管理心理学、心理健康教育等已被列入国家精品课程建设，出版了各学科心理学的“十一五”国家级规划教材，大量国外优秀的心理学教材被翻译或影印出版，本科教学国家创新团队的建设正有序地进行。

在学术研究与影响力方面，科研基地建设日趋完善，形成了国家重点实验室、中国科学院重点实验室、教育部重点实验室，以及各省（市）级重点实验室或研究中心共同发展的格局。有四个心理学研究单位被批准为教育部人文社会科学重点研究基地，及与企业联合组建（资助）的研究基地。承担的科研项目，关系到国家全面和长远发展的基础性、前瞻性的研究课题，如国家“863”计划项目和“211”工程项目，也有省部级以及教育、企业、工商、军队、卫生等领域的应用研究课题。研究报告空前增多，像拓扑知觉理论（Chen, 1982）、智力的三棱结构理论（Lin &Li, 2003）等原创性的基础研究成果受到国际同行的关注。

在服务社会与社会影响力方面有了很大提升。这一时期，我国心理学家服务于国家经济建设和社会发展的热情空前高涨。他们积极投入我国教育、经济、社会、法制、工程、管理、医疗、保健、体育、军事、商贸等领域的心理学问题研究,为我国的社会发展作出了贡献。

2004年国际心理学大会在北京举行,充分体现我国心理学的学术成就和国际影响。此次大会在国际心理学大会史上创造了许多新纪录:出席人数、收到或接收的摘要、安排交流最多,是我国迄今最大规模的国际学术会议;第一次有诺贝尔奖获得者出席并演讲;我国心理学家在国际同行面前首次大规模集体亮相;国内媒体首次对心理学相关信息进行集中报道,公众影响广泛(大会秘书处,2004)。

二、改革开放30年中国心理学发展的基本经验

我国的心理学来自西方。从1889年颜永京翻译的第一部汉译心理学著作《心灵学》在中国出版至今已有119年的历史。改革开放30年,是我国心理学历史中发展最好最快的时期,在学科建设、学术研究和服务社会等方面都取得了骄人的成就。究其原因,最主要的是以下四点。

(一)学术自由与国家的支持

改革开放打破了束缚我国心理学家的精神枷锁,创造了学术自由的氛围,他们可以在学术自由的环境里去求知,去从事学术活动。学术自由,激发了同时也保护了心理学家们的好奇心和想象力,使他们能够以巨大的热情投入我国心理学事业的发展之中。如果没有改革开放,没有学术自由,我国心理学能取得如此丰硕成果是不可想象的。

国家对心理学事业发展的支持,是我国心理学事业空前繁荣的重要条件。国家对心理学发展的支持首先表现在国家政策上的支持。继1999年国家科技部将心理学确定为18个优先发展的基础学科之一后,2000年国务院学位委员会又将心理学确定为国家一级学科,2006年《国务院中长期科学与技术发展纲要(2006—2020年)》中将“脑科学与认知科学”列入国家8个“科学前沿问题”之一。由于国家政策和资金上的支持,为心理学的发展提供了保障,我国心理学家才有可能取得多项国际前沿的研究成果。其次,我们的党和国家还有意识地引导和支持心理学家为建设小康社会的发展目标作贡献而开展学术研究。科学发展观的核心是以人为本。党中央国务院及部委的许多文件都提出了需要研究的心理学问题,改革开放30年我国心理学家积极响应党和国家的召唤进行研究,把自己的聪明才智投入建设小康社会的总体目标之中,从而促进了我国心理学事业的发展。

(二)自然科学研究取向与人文科学研究取向并举

心理学是研究心理与行为的科学。从研究对象——人的心理与行为的角度看,它兼具生物性与社会性的特点。这决定了心理学研究有两种研究取向,即自然科学研究取向和人文社会科学研究取向。自然科学研究取向,强调研究结论的可操作性、可重复性和可证伪性。改革开放30年,《心理学报》和《心理科学》上发表的不少研究报告就是这种研究取向的成果。这类研究成果有助于提升心理学的科学性,有助于我们认识人类个别心理与行为的性质。然而人类的心理和行为是很复杂的。例如像自我、人格、理想、信念、价值观等与人性有关的问题,大多不能用真实验进行研究,而只能用准实验、相关分析、个案研究等方法研究。这些方法虽然不具备真实验的特征,但有其存在的合理性,因为这类研究有助于我们了解人性及其社会性。正因为如此,我们把它们称之为人文科学研究取向。改革开放30年,我国不少心理学研究是按人文科学研究取向进行的,并且也取得了可喜的成果。但遗憾的是,我国至今没有一个公开出版的学术刊物是专门刊登有关人格与社会心理学的研究成果的。

改革开放30年,我国心理学研究既包含自然科学研究取向,也包含人文科学研究取向。这是符合心理学学科性质(介于自然科学与人文社会科学的中间学科)的。

(三)人才培养与科学研究并重

心理学恢复以来,所面临的最迫切的问题是人才,教学与研究人才的稀缺是制约心理学发展的瓶颈之一。1978年各单位依据邓小平同志"尊重知识、尊重人才"的指示,落实知识分子政策,按照学有所用原则,使大批心理学工作者归队。改革开放后国家采取一系列措施,如向国外派遣访问学者和留学生,招收硕士和博士研究生,恢复专业技术职称评审和晋升,评定跨世纪优秀人才,在承担教学和科研的工作中,一大批年轻的心理学家脱颖而出,顺利地完成了人才队伍的代际更替。

其实,教学和科学研究与人才成长是相互促进的。没有高水平的教学与科学研究,不可能培养出高水平的优秀人才。高水平的研究成果既可提高心理学的学术声誉和社会影响,同时又能促进优秀的教学与科研心理学人才的成长。

(四)国际化与中国化相互促进

新中国成立前,我国心理学主要是译介西方心理学著作;新中国建立之后,开始转向学习苏联的心理学教科书和文献;改革开放后,又重新掀起了介绍西方心理学著作和理论的高潮。自从1980年中国心理学会加入国际心理学联合会以来,中国心理学工作者与国外心理学界的交流日益频繁，在这一过程中大量国外前沿的心理学研究成果被介绍到中国来，通过心理学工作者的重复和模仿发现了新的问题，同时中国学者在心理学领域的研究成果也被国外的研究者所了解。例如内隐学习和内隐记忆的研究就经历了这样一个从学习到发展的过程。日益密切的国际交流使一些跨国家、跨文化的研究成为可能，中国的研究者在其中也受益匪浅，无论从眼界开阔、协作精神以及能力的提高都得到很好的锻炼。国际合作已使中国的心理学研究进入了一个崭新的研究时期，中国心理学研究已经开始从被动接受、跟踪国外研究转向着手原创性的工作。

当代心理学的发展是以西方学术思潮为主轴演进的，对人的心理和行为的研究主要是沿着自然学科的范式而进行的。但是人的心理与行为必然受其所处的社会和文化环境制约。不研究社会文化条件下的心理现象，就不可能正确理解人类的心理。改革开放30年，我国心理学家对心理学研究的中国化问题更为重视。对于心理学研究的中国化，不同的学者从不同的背景出发，作了不同的理解。例如，有的认为心理学研究的中国化主要分四个层次：验证、修正和补充国外的研究发现，研究国人特有而重要的现象如孝道、面子等，修改旧理论与创立新理论以及改变旧方法与设计新方法。另有学者认为，心理学的中国化问题，要以中国人的视野研究中国人的人格问题，要研究与中国经济社会发展密切相关的心理学问题以及要采用多取向多方法的研究；相当多的学者认为心理学研究的中国化应当集中解决中国经济社会发展中提出的问题，学习西方心理学理论、概念、工具，和中国文化、和社会相结合以及既要重视中国心理学的理论建设又要关注中国的实际问题。心理学研究的中国化其实也是对国际心理学发展的贡献。

三、中国心理学的未来

丰硕的成果是新征程的起点，成功的经验是前进的方向。展望未来，新时代新机遇新起点，我国心理学家豪情满怀，迎接伟大社会主义现代化创新实践的呼唤，为中国心理学的发展作出新的更大成绩。

心理学基础研究的目的是揭示心理活动的规律。它直接关系到心理学理论的建设与发展。因此，必须更加扎实地加强基础研究。但是，由于历史上的各种原因，我国心理学家和心理学工作者习惯于跟在他人之后亦步亦趋，不敢独立思考，致使我国的心理学一直处于引进、消化和吸收的状态，没有走上独立发展的道路。

要提升我国心理学基础研究的原创性，首先要进一步解放思想，更新观念。我们的心理学研究再也不能跟在他人之后亦步亦趋，只停留在对西方心理学理论的验证上，而应当充满自信，面向世界心理科学前沿，选择重点实现跨越进而带动我国心理学的整体发展，形成有中国特色的心理学。跨学科协同研究有助于更新观念。探究人类的心理活动规律涉及诸多学科，例如脑科学、心理学、计算机科学、语言学、人类学、遗传学、习性学、神经生理学、社会学和哲学等。多学科协同研究，将会产生重大的原创性成果。研究方法上的更新，掌握先进的仪器和数据处理手段将有助于基础研究的创新。其次，要加强国际学术交流。国际学术交流为中国学者们提供了开展科学研究的思路，也为自己的研究成果的衡量和评价提供了一个参照系。加强国际学术交流，特别是开展双向的学术交流将使我国心理学基础研究更富有活力。可以预期，我国心理学基础研究将会有重大的原创性成果涌现，我们对人类心理活动规律的认识将更加深入。

当前，我国正在深入贯彻落实科学发展观，全面建设小康社会，构建社会主义和谐社会。党和国家提出了许多亟待研究的心理学问题。我们的心理学研究要更自觉主动地为我国经济建设、和谐社会发展、人民健康幸福服务。这样，我国的心理学就会有更大的发展。可以预期，中国心理学的未来将会对我国的社会发展以及人类的睿智、健康、幸福作出新的更大贡献。

参考文献

1. 王甦.（1997）. 中华人民共和国成立40年来的心理学发展. 王甦，林仲贤，荆其诚. 中国心理科学. 长春：吉林教育出版社，1-18.

2. 王甦，林仲贤，荆其诚.（1997）. 中国心理科学. 长春：吉林教育出版社.

3. 朱智贤.（1990）. 中国儿童青少年心理发展与教育. 北京：中国卓越出版公司.

4. Chen, L.（1982）.Topological structure in visual perception. Science,（218）: 699-700.

5. Lin C, Li T.（2003）.Multiple Intelligence and the Structure of Thinking. Theory & Psychology, 13（6）:829-845.

6. 大会秘书处.（2004）. 第28届国际心理学大会总结. 心理学报，36（6）:633-636.

原文载于《心理科学》，2009年第1期。

《探究人格奥秘》序

在北京大学当研究生期间，我的研究方向是感知过程；自1964至1967年期间“文化大革命”已经开始，但我却把武德沃斯和施洛斯贝格著的《实验心理学》通读了一遍，那时我对实验很感兴趣。进入高校当教师，1977年我讲授的第一门课程是自然辩证法；那时我对恩格斯的《自然辩证法》十分着迷。是什么原因导致我研究人格的呢？回想起来，大致有三方面的原因。

首先，是理解人性的需要。1982年我主持中国社会科学院“六五”重点科研规划项目“大学生心理研究”。要完成这个课题，必须从全人的角度加以研究。虽然心理学是一门研究人性的学问，但是在心理学的各个分支学科中，无论是普通心理学和认知心理学，或是发展心理学和社会心理学……都是分门别类地研究感知、记忆、思维、欲求、爱情、抑郁、焦虑、依从、从众、合作、竞争、自我、幸福、创造等人性的构成要素。只有人格心理学是从整体的视角研究人性的。因为人格心理学研究现实的人，探求、描述和解释个人的思想、情绪和行为的独特模式，并综合诸多足以影响个人的各种与环境交互作用的过程，包括与生物学的、发展的、认知的、情绪的、动机的和社会的种种交互作用，进而对现实生活中的个人作出整体性的解释。要完整地理解人性，使我对人格心理学的各种问题越来越感兴趣。

其次，是当一名好教师的需要。我们都有这样的经验，即使过去了许多年还能记起对自己影响最大的老师。一位好老师的思想、价值观会唤起我们的思想和价值观，他或她是我们心目中的榜样——其行事风格、教学方式、所运用的教学策略至今都在影响着我们。好教师不仅是“经师”而且是“人师”。要为人师，就必须要对人有一个完整的认识和了解，不仅要懂得知识和知识教学，而且对培养健全人格要有清晰的了解。只有了解学生个性差异的表现及其来源，才能有效地实行因材施教。

再次，是优化个人性格的需要。每一个时代都会对人们的性格提出不同的要求，不同的职业对性格的要求也不同。改革开放的时代需要我们养成改革创新所必须具备的优良性格。通过研究人格会使我们了解到自己性格上的优缺点及其如何形成的；学以致用会让我选择合适的途径优化自己的性格，成为幸福的进取者，适应时代和职业对自己的要求，以实现人生的价值。

作为一名教师，我是如何教授人格心理学的呢？主要有三点体会：

一、教书育人，传道授业

无论向学生讲授普通心理学、实验心理学或人格心理学，我觉得首先要讲的是怎样做人，其次是怎样思考，最后是怎样掌握本课程的知识技能。这三者是相互联系、相互渗透的。例如，在第一章讲到“人格心理学也是舶来品”时，我向同学们讲了我们的祖国有五千年的文明历史，有极其丰富的古代人格心理学思想；正心、诚意、格物、致知、修身、齐家、治国、平天下，既是我们中国人安身立命、为人处世、成就事业的品格，又是中华民族进步、社会发展、国家稳定的精神支柱。当前，我国十三亿人民正在中国特色社会主义道路上实现中华民族伟大复兴。我们要有志气，用中国人的观点研究中国人的人格，发展出具有中国特色的人格心理学，为我国的人才培养和社会发展服务。又如，在讲到被称为是人格心理学中“一场静悄悄革命”的“大五模型”时，我向同学们提出如下的问题：“大五模型”的具体内容是什么？它是怎样产生的？它是否适合我们中国人？我们最好用什么方法检验这个模型？使同学们掌握“大五模型”的内涵和研究方法，还让他们去寻求我国学者针对“大五模型”的几种研究。再如在讲授“第十三章利他行为”时，我向同学们提出的问题如，什么是利他行为？利他行为是先天的还是后天的？什么样的情境容易使人产生利他行为？个体的哪些心理活动容易产生利他行为？如果把利他行为视为人性善的表现，那么我国古代思想家的哪些言论可以启发我们对利他行为的研究？我一向喜欢以提出问题、分析问题、解答问题的方式进行授课。因为这有助于激发学生在课堂上积极思考，同时还能经常让他们带着问题离开教室。要培养出创新人才，就必须教给学生批判性思维、怎样从不同的角度去思考。如果一个人在头脑里从来没有新问题，那他肯定是不会有科学创新精神的。除了教给学生怎样思考外，我还教学生怎样阅读参考文献、怎样记笔记、怎样有效地管理好自己的时间，使他们德智体都得到发展，成为幸福的进取者，为祖国的繁荣强盛建功立业。

二、学以致用，服务社会

在大学里讲授人格心理学是很幸运的。我们生活在社会里，天天与人们打交道：社会管理、产品营销、教育教学、带兵作战……都需要了解人、认识人。人格心理学的知识有助于我们认识人的内心世界，有助于我们对他人行为的评鉴和预测，使我们更容易与他人打交道，避免人与人之间的误会，从而使我们的社会更加和谐。社会上的不少工种需要特殊的素质和能力，例如飞行员、宇航员、深水潜水员以及幼儿教师、心理咨询师、公务员都需要某些特殊的素质和能力才能胜任。我们根据我国的实际情况和有关的人格测评知识可以编制出筛选某一工种胜任特征的测量工具。通过这种测评工具可以筛选出最适合某些工种特点的人从事相应的工作,以达到人尽其才,才尽其用。

我自己体会最深的是人格心理学知识在教育实践中的应用。1988年3月23日经学校党委批准成立了西南师大心理学研究所时,我们就了解到重庆市三线内迁厂多,这些学校地处山沟,交通不便,信息闭塞,很少有教研活动,教学质量差;学生学习动机低下,情绪波动性大,对学习缺乏自信,专注于学习以外的事情。当时子弟学校又面临从企业中“剥离”出去一时又难以剥离,不少教师无心教书。出于对子弟学校孩子们的前途关心,新成立的心理学研究所把工作重点放在提高子弟学校教育教学质量的研究课题上。经重庆市民政局批准,1989年6月15日我们成立了重庆市厂矿子弟学校教育研究会。根据人格心理学的有关知识,我们当时提出以个性化成才教育理念(根据学生的个性特点,让每一个学生都能成才)密切联系子弟学校教育实际开展科研工作;经过近三年的努力,重庆地区的子弟学校教学质量有了明显提高。后来云、贵、川的一些子弟学校也参加进来。以后来参加研究会活动的成都武侯高级中学为例。2002年该校刚参加科研时我曾在其高一年级两个班听过两堂课(语文、数学),令人吃惊的是这两个班上的老师讲课时竟有近一半的学生在睡觉。学生学习动机十分低落!据任课教师估计:大概不到五成的学生达到高中水平,三成是初中水平,两成只有小学水平。通过我们与该校教师根据个性化成才教育理念进行一系列的教学改革,这个学校的学风、校风发生了很大的变化,2007年该校被评上成都市重点中学。这个实例说明联系实际、灵活运用人格心理学知识的重要价值。

学以致用,联系实际也是我们检验西方人格理论和研究成果是否符合我国实际的试金石。例如,许多西方人格心理学家都用“集体主义和个人主义”这个维度划分世界上的各种文化,中国人总是被认为是集体主义自我观的典型;然而只要我们联系中国实际、贴近中国人的生活,就会发现这种划分是有问题的:在现实生活中中国人的顾面子、讲关系、突出个人地位的例子比比皆是,怎能用集体主义自我观加以解释呢?由于中西方在社会、文化和历史上存在显著差异,因此对于西方的人格理论和研究成果,我们不能盲目照搬,而应当联系我国实际加以检验,吸收其中合理的因素。

学以致用,联系自己的实际,讲授人格心理学的教师可以从人格心理学知识中获得更大益处。因为人格心理学的知识有助于我们了解自己的优缺点,以便克服缺点,发扬优点,使自己得以提升。

三、教学与科研，相互促进

有人认为教学需要时间和精力的投入，会影响科研工作，其实，这是问题的一个方面，应当看到如果处理得当，教学是会促进科研的。虽然教材中的内容是相对稳定的，但其中的问题也不少，特别是人格心理学教材问题更多。教学中学生提出的问题，有时教材也无法给予回答。这些都能启发我们找到科研选题。我对青年价值观的研究，在很大程度上是我在教学中遇到的问题而一直探究至今的。

在大学里当教师必须要搞科研，搞科研能提高教学质量。因为只有通过科学研究，教师才有可能不断掌握学科前沿信息，更新教材内容；只有通过科学研究，才能充分体会到创新观念和创新思维对于学生的重要性，才会想方设法培养学生的创新精神；只有从事科学研究，才能看得出学生的创新苗头，为之提供发展机会，而不是压制或视而不见；只有从事科学研究，才能真正懂得怎样培养学生的实践能力和创新能力。

我一向重视科研，力求做到教学与科研相互促进，曾先后主持完成过多个有关人格的研究课题。这本论文选集收录了我们在国内学术期刊上发表的部分论文。全书分为五个专题。

专题一　人格中的价值观，有9篇论文。价值观处于人格的核心位置，是人们用来区分好坏、美丑、益损、正确与错误的信念系统，它通常是充满情感的，决定着生活中的各种选择，引导着行为去追寻自己的信念。价值观有正确与错误之区别。如果一个人具有正确的价值观，他才智越出众，对社会的贡献就越大；如果一个人具有扭曲、邪恶的价值观，他越有才华，对社会的危害就越大。《我国大学生需要结构的调查》一文用问卷法把我国大学生的基本需要分为18种6个大类，即发展的需要、尊重的需要、交往的需要、贡献的需要，安全的需要和生理的需要。有3篇论文报告了用修订过的Rokeach的“价值调查表”对我国青少年学生所做的调查结果，用离散选择模型方法对大学生的调查结果显示当代大学生的终极价值观为合家安宁、幸福、快乐、自由和自尊，工具性价值为诚实、有能力、负责任和胸怀宽广。有关青少年学生自我价值感的研究有4篇论文，报告了自我价值感多维度、多层次模型的量表编制过程、验证性因素分析对该模型的检验，以及建立青少年学生自我价值感全国常模的过程。《模糊偏序关系在心理学研究中的应用》一文首次给出建立模糊偏序关系矩阵的可行途径，希望能用于对价值观调查结果的分析。

专题二　人格中的自我，有15篇论文。《人格中的自我问题》一文论述了自我是一个开放的复杂系统，可以从不同的维度对其进行分析。“自我概念的结构：大学生‘我是谁’

反应的内容分析”和“自我概念的结构：大学生自我概念理论维度的因素探析”两篇论文通过文献综述和“我是谁”测验，探讨了大学生自我概念的因素结构即自我的交际、友善、信义、容貌、学业、志向、家庭、成熟和自纳等维度。有关自立的三篇实证研究报告分别探讨了自立意识的特点、青少年学生自立人格量表的编制以及6至12岁儿童自立发展的某些特点。有关自信的三篇实证研究报告分别探讨了自信的性质、理论维度以及用才智自信、人际自信、品质自信、应对自信和成就自信五因素编制量表的过程。有关自尊的论文阐述了自尊的中西方主要文化差异及我们该怎样研究中国人的自尊。有关自强的两篇论文阐述了儒家自强人格的主要内容及公众的自强观。有关青少年身体自我的三篇论文报告了我们对我国青少年身体自我量表和青少年理想身体自我量表的编制过程，论述了中国青少年身体自我的多维度结构。

专题三 心理健康服务与人格障碍，有7篇论文。《关于中国心理健康服务体系建设的若干问题》一文从我国心理健康服务的目标体系、理论构建、方法学、教育培训、管理监督等方面回顾了我国心理健康服务体系的现状和存在的问题。《心理健康服务需要：概念和评估方法》一文分析了心理健康服务需要和心理健康服务需求是两个不同的概念。《中国大学生心理健康服务需要调查与评估》一文报告了用自编的大学生心理健康服务需要问卷，对全国35所高校5058名大学生调查所获得的结果。《从心理学杂志相关文献看我国心理咨询与治疗方法的现状》一文从文献统计的角度探讨了我国心理咨询与治疗方法的现状及存在问题。《中国大学生网络成瘾倾向问卷的初步研究》一文报告了用自编的中国大学生网络成瘾倾向问卷对我国大学生网络成瘾倾向的测查结果。《罪犯精神病态的初步探索》一文报告了用修订过的精神病态量表对60名在押男性罪犯诊查得到的结果。《中国大学生人格障碍的现状调查》一文报告了用人格诊断问卷对全国26所高校4811名大学生的人格障碍进行筛查的结果。

专题四 健全人格养成教育，有13篇论文。《健全人格养成教育探索》《自我与健全人格的养成》及《学生健全人格养成教育的心理学观点》三篇论文阐述了我们在探索学生健全人格的养成教育研究的历程、健全人格的概念内涵以及自立、自信、自尊、自强在健全人格养成教育中的作用。《个性的系统分析》一文对个性结构进行了系统分析。《家庭教育和儿童的性格》一文论述了家庭包括家庭气氛、亲子关系等在儿童性格形成中的作用。《大学班集体人际关系的心理学研究》一文报告了用社会测量法所得到的大学班集体人际关系的特点。《中学生责任心的理论构建研究》报告了编制中学生责任心量表的经过。《中学生应对方式的初步研究》探讨了我国中学生面临挫折和烦恼的主要应对方式。《压力、应对与幸福进取者》一文分析了应对的本质和它的结构以及当代大学生面临压力时的应对方式，还探讨了面临压力时幸福进取者有效地应对困难的策略。“中学生适应取向的心理健康结构初探”报告了以生活幸福、乐于学习、人际和谐、考试镇静、情绪稳定五个维度所编制的中学生心理健康量表。“书法经验对心理健康及注意能力的影响”研究表明，不论是青年人还是老年人，练习书法对其心理健康都有明显的促进作用。“个性化成才教育探索”阐述了个性化成才教育的内涵和理据。“城市幸福指数之思考”一文论述了幸福和幸福指数的内涵以及如何测量城市幸福指数和增进个人的幸福感。

专题五　人格研究中国化，有7篇论文。《扎实推进人格研究的中国化》《再谈人格研究的中国化》及《构建和谐社会 呼唤中国化人格与社会心理学研究》三文论述了何谓人格研究中国化以及怎样进行中国化研究，即以中国人的观点研究中国人的人格，不盲目套用西方现成的人格和社会心理学理论、概念和方法，而是贴近中国人的生活实际，从中国人的社会文化和历史相关背景出发，创造性地进行概念分析、方法设计和理论构建，最后得出符合我国实际的结论。“从中国的实际出发研究中国人的人格”是我为“人格科学研究书系”写的序言，这套书系记录了我们这个学术团队对人格研究中国化的思考及对中国人人格特征的探索。“人格研究中的一些辩证关系”阐述了如何处理好人格研究方法学中的个案式评鉴与通则式评鉴、量化研究与质性研究、归纳推理与演绎推理、实证研究与理论研究、基础研究与应用研究的辩证关系。“关于中国人颜色情调的研究”用部分限制联想法对我国6646名大学生、工人和农民对红、橙、黄、绿、蓝、紫、黑七种颜色的情绪反应进行了调查，结果表明颜色情调既受文化传统的影响，也受个人心理结构的影响。“562个人格特质形容词好恶度、意义度、熟悉度的测定”报告了以每组约500名大学生为被试，对562个人格特质形容词的好恶度、意义度和熟悉度进行测评的结果。

人格之谜，令人神往。三十多年来我们一直在探究如何解开人格之谜，特别是中国人的人格之谜，现在我们可以说已经摸索到解开中国人的人格之谜的门道，并且也积累了一些成果，但离解开中国人的人格之谜还有很长的路要走而且困难重重。我认为目前最大的困难是当今流行的人格心理学是西方的人格心理学，主要是美国的人格心理学，它是在西方、主要是在美国的社会文化历史背景下发展出来的。由于它在心理学的发展过程中居于领先地位并引领着世界学术潮流，而我们在研究中国人的人格时却误以为美国的人格心理学就是全人类的人格心理学；再加上我国的一些单位和个人以不合理的标准（是否为SCI和SSCI收录）来衡量心理学研究成果的学术水平，从而导致我国的心理学工作者和研究生们总是围绕着西方人格心理学的理论、概念和研究热点团团转。实践是检验真理的标准。解开中国人的人格之谜必须用中国人的观点，即从中国的社会、文化和历史的背景出发贴近中国人的生活实际，研究中国人的人格；而不是把西方人格心理学的理论、概念和测量工具硬套在中国人的头上。沿着人格研究中国化的道路，我们才能创建具有中国特色的人格心理学，从而使它为人才强国和中华民族的伟大复兴服务。这是一项十分宏伟而艰巨的事业。但是我相信，这个方向是正确的，经过我们大家的不懈努力，我们这个目标一定能实现！

是为序。

黄希庭 谨识

2013年元月于西南大学有容斋

原文载于黄希庭著《探究人格奥秘》，北京：商务印书馆2014年版。

《探究心理时间》序

在读北大哲学系心理专业二年级的时候,我开始对心理时间的某些特点有了点滴了解。1957年上半年,程乃颐先生给我们班讲授普通心理学,他讲到人们对时间往往会产生错觉,产生时间错觉:一段充满要紧、有趣事情的时间好像很快就过去了,觉得时间短些,而一段充满不要紧、无聊事情的时间好像过得很慢,觉得时间长些;一段快乐、开心的时间好像很快过去了,而一段忧愁、苦闷、厌倦、无聊或期待的时间好像过得很长。他还用巴甫洛夫高级神经活动理论解释这种现象,认为时间之所以被低估是大脑皮质中兴奋过程比抑制过程占优势的结果,从而导致在神经细胞中发生着的那些同物质代谢相联系的过程加快;而单调或忧愁刺激是由于抑制过程占优势的结果。当时我觉得很新奇,心想能不能设计一个实验研究一下:测量一段时间里有趣事情或无聊事情的多少是怎样影响时间知觉的,是否符合兴奋过程和抑制过程的量。我的这个想法在大学毕业后参加工作时(1961年)才得以实现,实验设计是要求5至9岁儿童对纸做的小汽车行驶距离、速度与时间的长短进行评估。从那时起我一直对心理时间很感兴趣。为了弄清心理时间的性质,我阅读了有关阐述物理时间性质的一些著作,例如史蒂芬·霍金著的《时间简史》(湖南科学技术出版社,2002年)、伊戈尔·诺维科夫著的《时间之河》(上海科学技术出版社,2001年)等;从中了解到快速运动的物体能够减缓时间的运动,时间流还受到引力场的作用,时间和空间具有不可分割的联系;量子论宇宙学甚至还告诉我们,时间在特定宇宙空间的流动过程,我们的邻居中子星上的时间如何变慢,黑洞中的时间如何终止,时间如何在白洞边缘四处飞溅,以及时间和空间如何互相转换,等等。这些观点是物理学家对时间的看法。

在庆祝Science创刊125周年之际,该刊公布了125个最具挑战性的科学问题,其中第35个问题为"时间为何不同于其他维度"。时间是什么?这是哲学的基本问题之一,许多著名的哲学家都提出过关于时间的论述。亚里士多德(Aristotle,公元前384—公元前322)认为"时间是关于前和后的运动的数,并且是连续的"(亚里士多德著,张竹明译,1982)。奥古斯丁(Augustinus,354—430)问道:"那么时间究竟是什么?没有人问我,我倒清楚,有人问我,我想说明,便茫然不解了。"(奥古斯丁著,周士良译,1963)康德(Kant,1724—1804)对时间概念做了先验的阐明,强调时间的主观属性;认为时间是一种先验(a prior),是我们内部感觉的一种形式(康德著,邓晓芒等译,2004)。胡塞尔(Husserl,1859—1938)区分了客观时间与主观时间,提出内在时间意识起源于体验流的变化与流动,时间意识将不同的体验结合在一起(胡塞尔著,1997)。

世界范围内的三个时间计量系统分别为“格林尼治时间”“历书时”和“原子钟”。其中格林尼治时间和历书时来源于地理学和天文学的发展,原子钟则归功于物理学的研究。1884年华盛顿国际经度会议规定,将格林尼治的当地时间作为全世界的标准时间,即格林尼治时间(韩梁,2011)。各地的当地时间与格林尼治时间之差等于该地的地理经度。但是格林尼治时间受到地球自转速度变化的影响,不是一种均匀的时间系统。1958年国际天文学联合会通过决议,用历书时作为基本的时间计量系统(王昆杰,1963)。规定1900年初太阳几何平黄经为279°41′48″04的瞬间,作为历书时1900年1月0日12时正。历书时的“秒”定义为回归年长度的1/31,556,925.9747。由于较难准确地对星体的位置进行观测,历书时的准确性较差。1967年第十三届国际计量委员会决定,采用原子时作为国际时间计量系统。原子时的“秒”定义为,铯原子基态的两个超精细能级间在零磁场下跃迁辐射9,192,631,770周所持续的时间。从此,为满足人类社会对计时准确性的要求,时间计量标准正式由宏观的天文学过渡到了更为准确的微观物理学。为了协调全世界的时间工作,在法国巴黎设立了国际时间局。它收集和处理世界各国的测时和守时资料,为世界各国的授时中心提供准确的时间服务数据,并保持着国际原子时的尺度。从1972年开始,原子时已在全世界全面使用。

人类社会的历史是一部时间的历史。在史学研究中,时间无处不在。时间是历史的线索,将不同的历史事件在时间中进行排序,形成人类的编年史;时间也是理解历史的钥匙,可以通过时间背景理解历史事件的产生、发展以及终止的深层原因。法国历史学家勒高夫(Le Goff,1924—)从心理学、语言学、历史学等角度对过去与现在、古代与现代的概念进行分析,认为历史学是“时间的科学”(勒高夫著,方仁杰等译,2010)。中国社科院世界历史所俞金尧研究员也认同“历史学是时间的科学”这一命题。他认为“社会中的任何存在都是历史性的存在,这就为历史研究规定了时间的界限。历史时间承载着意义。历史演变的轨迹,体现了历史学家的时间观。时间可以作为理解历史和评判历史的重要因素。最后,从时间角度说,可以把人类历史看作一部人类从适应自然的时间到争取时间的历史”。

时间,是许多学科共同研究的对象,也是心理学家的研究对象。科学心理学的诞生源自对反应时(reaction time)的研究,而认知心理学研究更离不开反应时。心理学家研究心理时间,心理时间不同于物理时间。在日常生活中,物理时间是一维的、不可逆的、均匀而精确的,它均匀地由过去流向现在,再流向未来。虽然爱因斯坦的相对论预测宇宙中可能存在时光隧道“虫洞”,但是能够让人回到过去、穿越未来的时间机器还只存在于科学幻想中。心理时间既可以是一维的、不可逆的、均匀而精确的,也可以是多维的、可逆的、不均匀且模糊的。心理时间旅行是人类的一项重要能力，我们能够回忆过去、展望未来，有时觉得度日如年，有时又觉得光阴似箭。时间还是人生的动力，它贯穿于人的一生，以秒分日月年环环相连。只有把握住今天，才能赢得明天；只有环环都不松，才能达到光辉灿烂的顶峰。

这本论文选集收录了我以及我和我的课题组成员50年来合作完成在国内杂志上发表的一些研究报告和学术论文，内容包括时间的无意识加工、时间知觉、时间估计、时间记忆、时间推理、时间认知分段综合模型和时间人格等方面的研究。

专题一　时间的无意识加工（或内隐加工）研究，由四篇论文组成。该专题回顾了内隐时间认知加工的主要研究方法及其应用前景；采用表征动量范式论证了人类存在着时间信息的无意识认知的加工机制，表明内隐时间表征具有方向性、顺序性、连续性和认知不可渗透性；还探索了时间修饰词和汉字字组顺序所包含的时间信息在记忆中的内隐表征形式，发现时间修饰词的概念加工会自动激活相关的内隐时间属性表征，内隐时间顺序表征受知觉表征系统的支配、具有自动加工和提取的特点。

专题二　时间知觉研究，由六篇论文组成。该专题论证了知觉中注意分配机制会根据时间结构的不同调整对时间信息和非时间信息的资源分配，从而形成时间信息和非时间信息之间的不同关系；用两个实验考察了哪些因素会影响观察者判断运动物体到达某一特定点的碰撞时间（time-to-collision, TTC）的准确性；探讨了时序知觉中的重复启动效应的作用机制及其影响因素；还用事件相关电位初步探讨了时间知觉的神经加工进程和相关脑区的激活状况。

专题三　时间估计研究，由七篇论文组成。该专题回顾了时间估计的三个认知模型：存储容量模型、加工时间模型以及变化/分割模型的证据和预测效度；考察了3岁至9岁儿童对30秒内时距估计的特点，发现不同年龄段儿童时间估计准确性与会不会利用时间标尺有关，儿童越幼小，越倾向利用空间关系估计时间，Kappa效应越明显；还发现对时间的估计会随着活动的量和复杂度的增加而增加；时间判断视听通道效应源自记忆的特点而不是感觉储存的特点；变化/分割模型对时间估计具有较好的预测效度。

专题四　时间记忆研究，由十篇论文组成。该专题主要探究了回溯式时间记忆、预期式时间记忆以及时间性前瞻记忆的某些特点：用新闻片段和公众性新闻事件为实验材料，考察了回溯式时间记忆表征的特点，发现老年人回溯式时间记忆能力下降可能是信息加工速度减慢和情节记忆加工能力衰减之故。回顾了预期式时间记忆理论与实验模型；对预期式的时点、时距和时序信息在长时记忆中的表征特点进行了研究，发现它们的时间记忆既存在层次网络的特征也存在着线性结构的特征；还探讨了时间性前瞻记忆与事件性前瞻记忆具有不同的认知机制问题。

专题五 时间推理研究,由六篇论文组成。该专题综合考察了周期性时间现象(生肖年、季节、符号月、数字月)在词表表征和数字表征上的加工特点,证明数字表征是产生越界效应的必要条件,数值运算的加工方式是产生越界效应的关键因素;对层次网络结构的时间(由日构成月,由月构成年)推理,采用“顶层—底层”的加工方式,出现层次效应和越界效应;模糊分组的时间也存在主观的模糊层次网络结构;还发现个体在对时间事件进行推理时会使用多种模型,受多种因素的影响;时间贴现的分段性,大致可分为现在到未来2周,未来2周到未来10年,未来10年到未来50年三个时段。对不同生活事件解释水平效应的研究发现,不论该时间距离指向未来还是过去,高解释水平的事件同较远的心理时间距离相联系,低解释水平的事件同较近的心理时间距离相联系,负性事件被认为发生在更远的过去。

专题六 时间认知分段综合模型研究,由六篇论文组成。该专题用时间词义赋值特征的分析方法,系统地探讨了过去与未来两个时间段的分段性;论证了时间认知分段综合模型的合理性,并完整地阐述了该模型的理论要点:人类对时间的认知具有分段性、不同时距具有不同的表征,个体无论对哪一种时距的认知均受多种因素(例如事件的数量与结构、通道性质和特点、时序和时点的性质、注意资源、编码方式、分段和提取策略、实验指标,以及个体的时间信念、情绪、人格特征、疾病等)的影响;还阐述了时间心理学研究的三个值得注意的新方向:时间知觉与意识的关系、时间认知的脑机制问题以及时间人格等问题的研究。

专题七 时间人格研究,由十篇论文组成。该专题较系统地论证了时间管理倾向、时间洞察力和时间自我三个方面时间人格的特点。时间给每个人以相同的机会,但每个人对待时间的态度、看待时间的价值、管理和规划时间的能力却是不同的,人们在时间上的这些人格差异,我们称之为时间人格。研究表明,个人的时间管理倾向由时间价值感、时间监控观及时间效能感构成,所编制的青少年时间管理倾向量表具有较好的信效度。不同自我同一性的被试对其过去、现在和将来的时间体验存在质的差别;探讨了大学生过去时间洞察力和青少年未来取向的心理结构,所编制的大学生过去时间洞察力量表和青少年未来取向问卷具有一定的信效度。最后论述了时间自我评价的功能以及跨文化的普遍性和特异性。一个人一生的时间是一定的,然而,生活方式是可以由我们自己选择的,时间对于我们的意义也是可以由我们自己决定的,这里的关键是我们要懂得科学地管理时间。不懂得时间管理就会错失良机。与时间管理倾向相联系的时间洞察力时时刻刻都在影响着我们的决策与行为,正视今天,展望明天,未雨绸缪,人生会更加幸福、成功。这也表明时间人格上的优良品质其实就是健全人格的一种重要组成因素。

我们探究心理时间用了50年光阴，转瞬即逝。回想起来，今天我们对心理时间的性质已有了较多的了解，但仍然觉得有许许多多的问题需要我们深入探究。时间是物的存在方式，也是心理活动、心理状态和心理特征的存在方式。心理现象形式各样，瑰丽多姿，无论哪一个心理学问题都离不开时间。有的问题涉及心理学研究的核心理论，例如时间知觉和意识的关系，时间记忆、心理时间旅行可能是人类自我意识的源泉；有的问题则与我们每个人的日常生活息息相关，例如时间人格在健全人格和幸福人生中的作用。热爱心理学的年轻朋友们，让我们共同努力探究这令人神往的心理时间！

是为序。

参考文献

亚里士多德著，张竹明译.（1982）.物理学.北京：商务印书馆：127.

奥古斯丁著，周士良译.（1963）.忏悔录.北京：商务印书馆：242.

康德著，邓晓芒译，杨祖陶校.（2004）.纯粹理性批判.北京：人民出版社：34-41.

胡塞尔著.（1997）.内在时间意识的现象学讲座.见：胡塞尔选集（下）.倪梁康（选编）.上海：上海三联书店：540-555.

胡塞尔著.（1997）.现象学的时间意识和意象结构.见：胡塞尔选集（下）.倪梁康（选编）.上海：上海三联书店：556-574.

韩梁.（2011）."原子时"取代"世界时"？或将告别格林尼治时间.新华每日电讯，2011年11月5日：第3版.

王昆杰.（1963）.历书时简介.测绘通报.（S1）：3-7.

勒高夫著，方仁杰，倪复生译.（2010）.历史与记忆.北京：中国人民大学出版社.

黄希庭 谨识

2013年元月于西南大学有容斋

原文载于黄希庭著《探究心理时间》，北京：商务印书馆2014年版。

要研究中国的社区心理学

（2015年9月19日在苏州大学举行中国心理学会社区心理学专业委员会首届学术会议开幕式的致辞）

尊敬的王书记，尊敬的张副市长，各位专家各位同人，上午好！首先我十分感谢苏州大学、苏州市政府对我们这次会议的重视与支持，感谢以田晓明副校长为首的苏州大学心理学界同人所付出的辛勤劳动，衷心感谢你们！对于参加此次会议的各位专家和同人，我表示热烈的欢迎！

我们为什么要在中国心理学会里建立社区心理学专业委员会？成立社区心理学专业委员有什么意义？社区心理学研究一定区域里共同生活着的人们的心理和行为。社区是社会的基层单位，社区心理学要深入社区了解人们的所知所感所行。我们研究社区心理学问题就是急国家之所急，为创建和谐社区、文明社区、健康幸福的社区服务；为实现“两个一百年”奋斗目标、实现中华民族伟大复兴的“中国梦”贡献我们心理学家的聪明才智。建立社区心理学专业委员会对于我国心理学自身的发展也有重要的意义。社区，无论从地域上界定或是从人际关系上界定，中国社区里的人们都与西方社区里的人们有相当大的差异，我们总不能把西方社区心理学搬来硬套在中国社区人们身上吧！中国心理学界有一股歪风：盲目追随西方心理学，只要西方心理学家提出一个什么概念，一些人便不问是否适合于中国人的实际，立即跟进在中国人身上做“研究”。这股风如果流传下去，我国的心理学就很难具有自己的理论、自己的概念体系，而只有一直跟着西方心理学做着模仿工作。这是很不正常的现象。至今我国的心理学在国际上是没有话语权的。我们创建社区心理学就是为了服务于社区，同时希望在服务社区过程中研究社区心理学问题，建设有中国特色的社区心理学。这就是我们的初衷，那么我们怎样做才能使中国社区心理学得到发展呢？

我有三条建议：

第一条建议：必须坚持中国化。什么叫作中国化？中国化就是从中国的实际出发，服务于中国社区的建设和发展。社区建设是多方面的，社区心理学只是一个方面，不能包揽一切。心理学的学科性质告诉我们，心理学研究社区里人们的心理和行为，我们明白心理学能做什么不能做什么。心理学不可能解决社区中的所有问题。我们可以把社区心理学的研究分为理论探讨和应用研究。前者如探讨社区里个体的心理和行为，社区里小团体、组织和家庭的心理和行为，某个社区的氛围等；后者如社区心理健康服务，或心理问题疏导，或行为矫正，等等。开展社区心理研究，我们要争取党组织的支持，争取社区有关方面的支持。这样我们的研究和心理服务才能做得好。

为什么要进行中国化的研究？现在美国心理学会中的社区心理学分会是1962年成立的。美国的社区与中国的社区很不一样，相差太远了：区域不一样，人口不一样，社区组织不一样（我们是共产党领导，他们没有），还有文化传统也不一样，所以我们的社区心理学研究必须要进行中国化的研究。一切从中国实际出发，沉下心来到中国的社区做研究，这样才会做出有自己特色的研究成果。

中国化怎么做呢？第二条建议：科学研究与人文研究相结合。科学研究就是采用自然科学的逻辑实证主义的方法，就是实验、问卷调查那样的量化研究，就是老师教给我们的实验研究和问卷研究。我是普通心理和实验心理起家的，读研究生时做的是感知过程研究方向。我最拿手的就是搞实验设计，每次与研究生讨论实验设计时，我都能抠出很多问题。在心理学中用科学研究的方法很有用的。我们必须坚持但只用科学研究的方法还不够。社区心理学的建设和发展还需要人文研究方法。什么是人文研究方法？人文研究就是研究人文关怀、理想追求、人生态度、高尚情操等；这些需要质性研究方法，用语言文字加以描述，不把人的心理和行为变成数量化的东西。

第三条建议：社区心理学的研究要到社区寻求答案。关在实验室里面是找不到答案的。这三条对我们今后社区心理学的发展很重要，应牢牢把握。到社区寻求社区心理学的答案，是进行综合研究寻求社区心理学的答案。而不是关在实验室中，把所谓的无关因子控制住，只突出哪一个因子进行考察。大家知道，实验研究的结果往往是缺乏生态效度的。我国社区心理学的发展现在是创建初期，我们提倡这三条原则是非常重要的。如果我们按着这三条原则发展，即使慢些但发展道路是正确的。

我讲这些话实际上是反潮流，传统都不是这么说的，但我认为我的观点是对的，我毕竟为心理学付出了我的一生。这些都是我自己的切身体会，我相信我们如果真的到社区中去这样做研究，一定会做出有自己特色的成果。虽说社区心理学研究既有理论研究又有应用研究，但是理论研究和应用研究往往结合在一起，这两个方面我们都要做。如果不做理论探讨那一定采用外国人的理论进行研究，如果不做应用研究我们就提炼不出自己的理论。所以我建议理论研究和应用研究要并举，不要偏废哪一个方面。

最近我正在考虑撰写一本书《社区心理学导论》，分十章，也想在这里说说，让大家知道我的想法，我们一起努力完成这一开创性的任务。这本书准备探讨以下十章：第一章社区心理学的视角；第二章到社区寻求答案；第三章社区的上进心；第四章社区的乐观情绪;第五章社区的价值观;第六章社区的信任感;第七章社区的人际氛围(团结互助、和为贵的氛围);第八章社区的联结纽带(朋友、伙伴、恋人、夫妻家庭);第九章社区环境舒适感;第十章社区心理健康服务(阐述发展性服务、预防性服务、治疗性服务,主要是前两者)。我大胆提出了自己的想法,希望大家提出建设性的意见。让我们一起努力,持之以恒地建设我国的社区心理学,我相信我们一定能够做到。希望苏州大学的心理学家们在这方面起带头作用。最后,预祝大会圆满成功,谢谢!

要加强心理学社区服务的实践

（2015年9月20日于苏州大学在“社区工作者与专家面对面：心理学服务苏州社区的经验、困惑与解惑”开放讨论会上发言）

各位老师，上午好！

刚才听了大家的发言，我感触很多。首先非常感谢我们这些社工人员、咨询人员，是你们付出辛勤的劳动和爱心为我们的社区做了很有益的工作，为我们专业工作争得了荣誉，我非常感谢你们。

下面我想讲几点感想：

第一点感想：我们做的社区心理服务这项工作往往是既没有利又没有名，从某种角度讲，还不受人们重视，都是靠着自己的爱心才能够坚持下去。这项工作体现了我们的社会责任感，这是一项很有意义的工作。我衷心感谢你们的奉献精神！

第二点感想：我们心理学院的教学应当改革了，不改革不能适应社会需要。目前我们心理学院的教学基本是一种自然科学的范式，这种范式培养学生写文章，成为心理学家。培养出来的学生根本就不知道社会上还有这么多的问题需要我们心理学工作者去解决去服务，根本就想不到今天大家所做的事情。如果我们心理学院不改革，不讲授社区心理学，不培养学生社区服务的精神和社区心理服务的技能，那是很难适应社区服务需要的。对于这个经历，1988年我到厂矿子弟学校去过，很有感触。像刚才那位同志讲的对于这种吸毒的家庭，就应该将孩子与这个家庭分离开来，不能让其家长接回去。如果让其家长接回去，我们再去辅导，也是不起作用的。社区心理工作或叫社区心理辅导工作是一项系统工程。社区里的工作不是仅靠我们心理服务工作就能够做好的。我们的社区心理服务工作要与其他工作紧密联系、相互支持才能收到实效。在具体工作单位，很多工作往往是很难分开的，在这种情况之下，高校的心理学教学不改革不行，比如人文关怀、人文素质及实践工作能力都应该加强，而且还应该让学生了解一些法学、社会学、政治学和人际关系学方面的知识。否则他们到了社区之后，什么都不晓得，怎样开展社区心理服务啊？社区心理服务工作对于我们国家的社会稳定，实现“两个一百年”奋斗目标和实现中华民族伟大复兴的“中国梦”都有重要意义。我们开展社区心理学研究和教学是与国家富强、人民幸福相联系的。我们因此而感到自豪。

第三点感想:我们应该分清心理辅导能解决的问题和不能解决的问题。有些问题是心理辅导解决不了的,比如变态心理,心理辅导就不起作用。因此进行心理辅导首先应分清是正常心理还是变态心理。心理辅导是针对正常人的心理问题进行疏导,这有效果;而对变态心理(病态心理)是不起作用的,我们应送他到精神病院治疗,我们心理辅导不能解决他的心理疾病问题。从事社区心理辅导工作的同志应该学习变态心理学。不学变态心理学就可能犯错误,出差错。社区的工作千头万绪,例如,留守儿童教育、婆媳关系调解、老年人的保健与治疗、毒瘾的戒断、社区服刑人员的管理、精神病的治疗,等等。有的工作,社区心理辅导可以起主导作用;有的工作,社区心理辅导只能起辅助作用。同时我们应认识到我国的社区都有基层党组织的领导,我们不能把社区要解决的所有问题都包揽在社区心理辅导员身上。社区中的许多事情,我们应该依靠基层党组织,建议政府部门来管。中国的社区和西方的社区是不同的。我们不能把西方社区心理学的那套东西搬到我们社区里用。我看到有的老师把翻译国外的书讲给学生听,我建议还应当教学生联系实际独立思考。我国的社区与西方的社区在地域、房屋建筑、组织机构、人员、文化以及人际关系等都不同;相同的是社区这个概念,而概念里的内涵却不一样。所以我们不能完全照搬西方的。我们可以借鉴西方的做法,看看我们社区能不能这样做;如果不能这样做,就自己摸索着做,把经验积累起来,写到我们的教材里。刚才有一位同志讲的内容,这是很好的一个例子(吸毒家庭,奶奶和妈妈都吸毒的例子),像这种家庭作为案例反映在教材中,我们再提出教育建议,以此培养我们的学生。我非常感谢你们,你们做得很好。这里涉及怎样积累个案资料问题,我建议你们一定要重视个案经验的积累,把它写下来:要有名有姓,有时间、地点。个案中的人物说了什么话,发生了什么事情,我们是怎样做工作的,效果如何,最后的结果怎样,要如实地记录下来。个案积累到一定的数量,我们也许能归纳出社区心理学的某个原理。我们应该教学生如何写个案,由于今天时间有限,我就不细讲了。请大家留意学会写个案,很有用的。

最后,我还有两点建议:

第一,我们要把社区心理服务工作当成一项研究课题来做。心理服务工作要解决什么问题,我们采用了什么样的方法(做了哪些辅导工作),取得了什么效果。经常总结经验,在此基础上就会不断提高。1990年我们曾到成都市武侯高级中学进行教育改革试验,主要是指导教师如何做后进生的转化工作。经过我们两年的工作,有三名学生考取了高校。后来,经过这所学校教职工与我们的共同努力,成为四川省重点中学。1996年还出版了《企业基础教育综合改革研究》一书,反映了该校由弱变强的经验总结。

第二,我们要建立自己的学术团体。中国心理学会社区心理学专业委员会获得批准只是时间的问题。江苏省、苏州市也应该成立社区心理学的学术组织。有了这个学术组织可以互通信息,切磋学问,组织申请研究课题。单枪匹马往往是很难做好工作的。同做其他工作一样,做社区心理服务这项工作,也是万事开头难,有了开头,就要坚持下去,不断积累经验,必有好的收获。我希望江苏、苏州起很好的带头作用。预祝你们的工作更上一层楼,越来越受社区居民的欢迎!今天我就讲这些,讲得不一定对,大家可以批评,可以帮助我。

点燃心灵：心理学研究与教学的契合
——黄希庭教授专访

《苏州大学学报(教育科学版)》编者按：

自20世纪以来，我国心理学走过了不太长却颇为曲折坎坷的道路。改革开放以后，我国心理学全面发展，但是依然与欧美发达国家存在较大差距。黄希庭教授在心理学上的探索已达50多个年头，成果累累。他是国内进行人类时间认知研究的重要开创者与奠基人，也是进行时间记忆、时间隐喻研究的先行者，还是国内最早将时间认知与人格结合起来研究的学者之一。同时，黄教授一直致力于人格中国化的研究，编撰了高水平的教材，倡议创建了中国心理学会人格心理学专业委员会，是我国人格心理学研究领域的领军人物之一。不仅如此，他一直坚守讲台，指导研究生，将科学研究与教书育人实践相结合，为中国心理学的学科建设和人才培养作出了重大贡献。这次借《苏州大学学报(教育科学版)》之约，笔者(以下简称“陈”)就心理学研究与教学历程，对黄希庭教授(以下简称“黄”)进行了专访。

陈：黄老师，您好，您围绕大学生心理学展开了很多研究，而且您在西南大学执教50多年，有丰富的教学经验，获得了全国教书育人楷模、国家级教学名师奖等诸多荣誉。您认为，一名优秀的教师应当注重从哪些方面培养学生？

黄：这个问题提得好。把学生教懂，使教师讲授的知识变为学生的知识，这是当教师的一个起码条件。第一，教学生掌握“三基”。什么叫“三基”？就是基本概念、基本原理、基本理论。任何一门学科都有“三基”，因此，我们要教学生掌握这“三基”。第二，教学生树立该门学科的理念。如学习普通心理学，就要让学生们知道心理学到底是一门什么样的课，应该怎样对待它。第三，教学生怎样为学。为学就是指学习，做学问，学习知识，创造知识。第四，教学生怎样为人，成为什么样的人。做学问也是做人，我们应该教学生思考并实践应该成为什么样的人。一名好教师的职责是教书育人，教师在传授科学文化知识的同时，要培养学生优良的思想品德，使他们养成正确的价值观，学会独立思考，并具有把知识应用于实际的能力。

陈：我们知道，您最先把价值观引入心理学教材，把价值观划分为十大类，开创了对自爱、自立、自信、自省、自强的健全人格的养成教育研究。这些研究是否也体现了您的教学理念和贯穿于您的育人实践之中？

黄：是的，一个好教师首先应当在教学中指导学生形成正确的价值观。价值观是每个人判断是非善恶、得失的信念系统，它不仅引导人们追寻自己的理想，还决定着人生中的种种选择。从这种意义上说,价值观就是一个人的灵魂。无论是对大学生或是对研究生的培养,在教学中我们首先要关注的是学生的价值观是否正确。如果一个人具有正确的价值观,那么他的能力越强,在其他方面越优秀,他对社会的贡献就会越大;相反,如果他的价值观是邪恶的、错误的,那么他的能力越强,在其他方面越优秀,他对社会的危害就越大。因此,在一个人的成长和发展中,做父母的、做教师的都应当关注下一代正确价值观的形成。

价值观是一种非常复杂的心理现象。我们参照前人的分类方法并结合研究的需要,把价值观分为人生价值观、政治价值观、道德价值观、职业价值观、人际关系价值观、审美价值观、婚恋价值观、宗教价值观、自我价值观和幸福价值观十大类,并且对中国大学生现实的价值观进行了深入研究。这些研究的结果对我们了解当代大学生的心理状况并进行相应的教育都是很有意义的。

虽然价值观的培养应当从幼儿期开始,但即使到了大学生和研究生阶段我们当教师的仍然还有许多教育工作要做。例如,我们每个人都应当具备诚信价值观。在幼儿园里,老师教育我们的孩子要诚实守信,不能说假话,不能偷别人的东西,做了错事要向别人道歉等。在研究生培养过程中我们也会听说或发现个别学生抄袭、剽窃、伪造数据或弄虚作假等败坏学术道德的行为。为了随时给学生以警示,1988年我校心理科学研究所成立时,我就规定所有心理学研究的原始数据必须保存三年以备查核;并且还经常教育学生不要急功近利,要耐得住寂寞,老老实实做学问。研究生特别是博士研究生是正在接受国家最高学位教育的人,更应该勤奋、严谨、创新、求实,做一个正直、诚信、有社会责任感的人。在他们参与我主持的科研项目中,使他们懂得科学研究就是追求真理,是与追名逐利格格不入的。每一位好教师在教学中都应当以身作则,有助于学生正确价值观的形成。

陈:那么价值观对健全人格的养成有什么影响?

黄:我曾经提出,健全人格的结构可以用三个同心圆表示:最里层的是正确的价值观,这是健全人格的核心;第二层是积极的自我,自爱、自立、自信、自省、自强,这是健全人格的基础;第三层是追求未来梦想的优良品格,如热爱学习、追寻理想、仁德之心、人际交往能力、责任心、团队精神、心态平和等,是相对表层的要素。健全人格者就是能以辩证的态度看待世界、他人与自己,过去、现在和未来,顺境和逆境,是一个自爱、自立、自信、自省、自强的幸福进取者。价值观不仅是态度的决定因素,也是自我观念和行为的决定因素。树立正确的价值观是养成健全人格的必要条件。

陈:除了价值观的养成外,您还提到要培养学生独立思考。在心理学研究方法的教学方面,您有一些怎样的体会和建议?

黄:在教学中要培养学生独立思考和获取知识的方法。任何一个科学问题都可以用不同的视角、不同的方法加以解决。在心理学史上我们可以看到许多这样的事例。冯特从寻找意识的基本元素的视角,用实验内省法探究我们的意识活动,为科学心理学奠定了结构论的第一块基石;行为主义者从纯粹的客观性和实验性的自然科学的视角,用刺激—反应的方法探究我们的行为,丰富了心理学有关学习的研究内容,为科学心理学打下了量化方法的基础;精神分析论创始人弗洛伊德从能量守恒定律的视角,用诠释学的方法探究我们的精神活动,丰富了心理学有关潜意识的认知、情感和动机的研究内容,为科学心理学打下了质性研究方法的基础;人本主义者从自我实现和积极成长潜能的视角,用质性研究方法探究我们的精神世界,丰富了心理学有关能动性的研究内容。还有人把心理学与不同的学科联系起来、组织起来,建立起新的理论而取得成功的。例如,20世纪50年代,随着计算机科学的兴起,1967年奈瑟出版的第一本《认知心理学》就是从信息加工的视角研究心理活动,也可以说是信息加工论与心理学的有机整合的成果。还有进化心理学就是把进化论的观点应用于心理学研究。所有这些事例都说明,获得创造性成果的途径是极其多样化的。在科学研究的征途上没有什么一成不变的视角和方法。

当然心理学中的科学研究和人文研究也有一般的程序。在心理学研究中,如果缺乏正确的思考和良好的方法学功底,仅靠下苦功夫往往是难出好成果的。为了让学生健康成长和发展,就必须教学生如何独立思考:在阅读文献时怎样从选题的角度思考,在选题时怎样从新的角度思考,在收集资料和分析结果时怎样以不同的角度分析。总之,训练学生掌握活的知识,把思考和学习很好地结合起来,使他们既勤于学习又善于思考,使独立思考成为他们的习惯。

为了激发研究生独立思考、活用知识和研究方法,达到学习自立、无师自通的境界,我在指导研究生时还采用了两种教学方法。一种方法是请高年级的研究生给新入学的学生传授学习经验。比如说高年级学生会告诉新入学的学生数据库在哪里,哪个数据库更好,怎么查找文献,三年时间该怎样安排,怎样做文献综述,怎样做预实验,等等。如果新入学的研究生有悟性、肯努力,就会先走一步到达无师自通的境界。在研究生的教学中我不鼓励学生跟着我的思路走,我鼓励学生应当有自己的想法,按自己的主张学,根据自己的兴趣爱好有选择地学习。另一种方法是每周一个下午的研讨会,叫周二研讨会。在研讨会上,研究生们报告他们的读书报告(文献综述)、选题、研究设计、预研究等,同学们对报告提出质疑,有辩论,然后我对报告者陈述的研究设想、观点、进展等进行点评,着重在如何发展出新思路和新方法上提出建议。与我的研究生进行讨论时,我还经常告诫他们不要迷信我写的书,你可以不同意我的观点,甚至可以批判我的观点，我们在学术上是平等的。我提倡学术民主，对于那些不同意我的观点，跟我辩论的学生，我还特别喜欢。现在有些研究生特别迷信洋权威，外国专家提出某个心理学概念，也不考量一下是否符合中国人的实际便一窝蜂似的扑上去硬要把中国人当作外国人来做“研究”，结果完全不符合我国实际。还有一些研究生阅读外国文献时完全停留在别人的思路上，做着为外国人加脚注的“研究”。我经常提醒研究生要防止这些倾向，在阅读文献时不要停留在别人的思路上，而应该跳出来以更广阔的视野看问题，产生自己新的科研思路。这才是研究生最需要的学习境界。

陈：对西方研究的亦步亦趋，是我们在心理学研究特别是人格研究中常见的误区。您是如何指导学生进行人格的中国化研究的？

黄：我经常和学生说，开展人格的中国化研究要从中国的实际出发，以科学和人文相结合的方法研究中国人的人格现象。具体地讲，要注重以下三个方面。

第一，认真学习我国社会的历史和文化，努力提高理论思维能力。通常我们可以从三个水平上对人格进行考察：第一个水平是探究人类本性；第二个水平是探究个体与群体的同与异；第三个水平是探究个体的独特性。无论从哪个水平研究人格都必须从中国的实际出发，用中国人的视野研究中国人的人格现象。而想要具有中国人的视野，就必须了解和熟悉我国社会、文化和历史。要了解祖国的社会、文化和历史，就要多读书，读一些中国文化典籍，认真读书。例如，这些年我都在挤时间学习中国历史、中华文化史和中华文化典籍，如冯友兰的《中国哲学史新编》、钱穆的《中国文化史导论》等。我们一旦提高了自己的理论思维能力，有了研究思路，就会知道该看哪里，该寻找什么，并且还常常会找到我们所要找的东西。我常想起恩格斯的名言“一个民族想要站在科学的最高峰，就一刻也不能没有理论思维”，可以说当前发展基于中国文化的人格理论比开展实证研究显得更迫切。

第二，以科学与人文相结合的方法，研究中国人的人格。随着认知科学和认知神经科学的兴起和发展，当代科学心理学过于强调自然科学观和实证主义的研究范式。然而人格不是一个纯自然的范畴，而是个体遗传和环境交互作用的结果，是社会化的产物，属于人文社会现象。人格现象不仅具有自然物质世界的各种特性，还具有自然物质世界不具有的更高级、更复杂的特性。例如，人格现象不仅具有物质运动过程的性质，而且更主要的是具有主观能动性。人格现象不仅是一组纯粹的事实数据，更重要的是个人的精神面貌和生活方式，其核心是人生的价值和意义。人格现象不仅是纯粹的信息加工过程，更重要的是个人的理想、道德追求和审美情操等社会特性。人格具有整体性和复杂的社会关联性。所以，我们除了采用自然科学的实证方法研究人格外，还应当采用人文科学的方法，从中国的实际出发以科学性和人文性相结合的方法研究中国人的人格。

第三,对于人格应当采用多取向多方法进行研究。人格心理学是一门多取向的学科。不同的理论取向采用的研究方法也不同。研究人格就是探究现实生活中活生生的个人,我们应当采用多取向多方法加以研究,即针对一个研究主题综合使用不同的理论取向和不同的研究方法,有意识地融合不同取向的研究方法以超越人格研究中的常规做法。当前,量化研究是人格研究的通用范式,而多取向多方法研究强调在一个研究课题中既可以使用质性研究方法,也可以使用量化研究方法,关注多种方法之间的联系以及方法之间的取长补短。

多取向多方法的研究有四个优势:一是可以提高研究结果的准确性;二是可以为研究现象提供更完整的描述和解释;三是可以在方法上取长补短;四是可以为取样提供依据。但是,方法是为研究问题服务的,人格研究中国化的重点应该放在怎样寻找值得研究的问题上,在这一寻找的过程中我们必须在一些重要问题上作出决策。至于采用哪些具体方法,则应该依据问题的性质加以选择,尽量把量化研究和质性研究结合起来。

陈:您曾说过“应用价值是心理学研究的生命线”,要重视心理学研究的实践性。您是怎样将自己的研究成果应用到实践领域,又如何培养学生将知识运用于实践的能力?

黄:多年来,我的一个心愿就是让心理学走向大众,走进家庭,走进社区,走进学校,走进机关,走进军营,走进企业。我觉得心理学的知识是有益于人类的学问。我们学习心理学,研究心理和行为,其目的是点燃心灵的真善美,提高人们的生活质量。人格心理学恰好就是一门在生活中应用广泛的学科。比如,人格心理学的知识有助于我们认识人的内心世界,有助于我们对他人行为的评鉴和预测,使我们更容易与他人打交道,避免人际误会,从而使社会更加和谐。再如,社会上很多工种都需要特殊的素质和能力,我们可以根据我国的实际情况和有关的人格测评知识编制出所需的测量工具,以达到人尽其才,才尽其用。而我自己体会最深的是人格心理学知识在教育实践中的应用。例如,成都市武侯高中的转变。我们在该高中承担了“个性化成才教育研究”子课题后,探索出大面积提高中低分学生学习能力的有效方法和转化中低分学生的班级管理模式,学生的精神面貌发生了明显变化,提高了学习积极性。

因此,我反复强调研究生做学问要学以致用,把知识运用到实践中,看看我们哪些知识是正确的,哪些是有瑕疵的。为了使我们的研究更好地为我国的社会发展服务,在教学中要传授学以致用的理念,培养实际应用的能力。最近我倡导在我国开展社区心理学研究。社区心理学研究就必须联系我国社区实际,为我国的社区建设和发展服务。

怎样开展我国的社区心理学研究?我提出三个原则:一是从中国实际出发开展社

区心理学的研究，走中国化的研究道路，不盲目搬用西方社区心理学理论和成果；二是要以科学和人文相结合的方法研究；三是社区心理学的理论建设要在社区实践中寻找答案，要使社区心理学的研究立足于社区实际，研究成果能真正服务社会、服务社区。有些心理学问题可能在书本上能找到答案，但我国的社区心理学问题只有到中国社区中才能找到答案。

陈：在您的研究与教学生涯中，哪些老师对您的影响最深或是对您的帮助最大？

黄：师恩似海。许多老师都影响过我的学术生涯，其中影响最大的有四位老师。温岭中学高中毕业时我的班主任李子英老师对我填报升学志愿的建议使我走进了我终生热爱的心理学殿堂。当时我填报的第一志愿是北京医学院，第二志愿是北大生物系，第三志愿是北大心理专业。李老师看了我填报的志愿以后找我谈话，建议我学心理学，把北大心理专业填为第一志愿。我问为什么要学习心理学，李老师回答说心理学是研究人的心理，心理学家巴甫洛夫是获得诺贝尔奖的科学家，你应当向他学习。后来我听从他的建议更改了志愿，考取了北大心理专业。我的心理学人生之路是李老师给我指出的，我深深地怀念他。

1956年，我十分高兴地来到北京大学。考取北大的学生都觉得自己很优秀，也很骄傲，后来到我们哲学系心理专业一看，只有几间房，几位教授，它不像北大的数学系、物理系、外语系、中文系很有名气和人气，相比之下我很有失落感。当时北大哲学系心理专业主任孙国华教授在迎新会上专门以"不卑不亢"——既不自卑，也不高傲——教育我们。孙先生举止文雅、风度潇洒、仪容大方、说理透彻，深深地印刻在我心里。"不卑不亢"成了我为人处世的一项基本原则，也是我做学问的一项原则。后来我还用这四个字教育我的学生。人生无论遇到多大挫折、取得多大成绩，都应不卑不亢，满怀信心迎接挑战。

我1961年本科毕业后来到西南师院教育系，领导安排我做张增杰教授的助教。张先生的教学效果很好。我记得，听张增杰先生讲授普通心理学课程中"感觉"一章的第一节，其主要内容是基本概念。他讲得非常好，条理清晰，用一个个实例阐释基本概念与其他类似概念的异同，并且以不断提问的方式吸引学生的注意，使我深受教益。他是一位非常勤奋、严谨并富有创造性的学者。上课前我帮他做一些小事情，例如拿挂图或小黑板，他都不让我做，但每次我去找他请教问题，他都会很快把手上的事情放下来跟我交谈。我记得很清楚，有好几次，他正在用早餐，见我来了便把碗筷放下与我交谈。现在回想起来觉得很内疚。张先生的为学、为人及教学经验对我影响很大。

沈迺璋教授是我的研究生指导教师。他留学法国、精通四国外语，研究兴趣广泛，学识渊博，且推崇学术自由、民主。1964年，我报考他的感知过程研究方向。9月初我们第一次见面时，他给我一张读书目录，让我自己回去好好学习，并且说平时不要去找他，一个月后可以去找他。一个月后我向他汇报阅读情况，包括收获和问题。听后他对我的学习情况表示首肯，便告诉我：你提出的那些问题可以在哪本书、哪本杂志上找到答案，你回去认真阅读。大概只有半个小时，辅导便结束了。后面两次的辅导与这一次差不多。第四次我就没有再去找沈先生了。因为我悟出了沈先生的用意，他是要我学会自学，靠自己寻找答案。现今我十分感谢他的引路，逼迫我自学，无师自通。开始时我确实难以接受沈先生的教学方法，心里常有怨言。今天我由衷地感谢沈先生引导我无师自通，后来我才有逼自己搞好教学和科研的勇气。

以上四位教师对我的影响很大，还有很多好老师也对我有影响，在这里就不细说了。师恩难忘！现在我也经常以我的老师为榜样教育和影响我的学生和我的孩子。例如，怎样逼他们无师自通，而不是手把手地教，进行知识传输。

陈：结合您的自身发展和成长经历，关于教师的职业生涯发展，能否给现在的青年教师一些建议？

黄：首先我认为我们要热爱教师这份工作，爱岗敬业。因为教师所从事的是点燃心灵真善美的神圣工作，是我们党实现“两个一百年”奋斗目标、实现中华民族伟大复兴“中国梦”的奠基性工作。我们没有任何理由不爱岗敬业。怎样做好这份工作？我想就我的经验对青年教师提两点建议。

第一条建议是要努力学习并且树立起终身学习的信念。无论你是拿到了博士学位或有博士后的经历，目前你遇到的是一项全新的工作——教书育人。卢梭说过：“只有一门学科是必须要教给孩子的，这门学科就是做人的天职……我宁愿把拥有这种知识的老师称为导师而不是教师，他的工作是指导孩子怎样做人。”教书育人就是培养人才。对于青年教师来说，他们通常缺乏通过教学培养德、智、体、美、劳全面发展人才的经验。这方面经验的缺乏是青年教师首先应当抓紧努力学习弥补的。只有能够承担起既教书又育人的双重职责，这样的教师才称得上受欢迎的经师和人师。此外，还要努力学习本专业的知识。当今时代是信息、互联网+的时代，知识和技术日新月异。有人估计每5年发展出来的新技术可能会淘汰过去50年甚至100年积累的技术。就传授知识而言，教师也必须努力学习，才能跟上时代的步伐。有个形象的比喻，传送给学生一杯水的知识，你必须要有一桶水的知识储备。因此，我们教师必须热爱学习，坚持终身学习，树立起“活到老、学到老”的信念。学无止境，在教学中要耐得住寂寞，老老实实做学问，持之以恒地学习新知识和新技能，这样就会适应教师工作，并且会很快成为优秀教师；而那些急功近利，投机取巧，或只会抱着学校里跟着老师学到的知识而不思进取的人是当不好教师的。

第二要正确对待荣誉，把荣誉视为做好教学工作的新起点。青年教师经过努力在教学和科研上做出了成绩，国家和学校给予某种荣誉和奖励，这确实可喜可贺，值得珍惜，但千万不要骄傲，忘掉了教师要老老实实做学问的本分。这里我想讲点自己的体会。1979年我与张增杰先生的《5至8岁儿童时间知觉的实验研究》在《心理学报》上发表后，1981年该文被美国学者全文翻译刊载于《中国社会学与人类学》杂志上。1982年6月，我编写的第一本教材《普通心理学》在甘肃人民出版社出版，受到国内心理学界的欢迎，被许多高校采用为教材或教学参考书，1988年该书获国家教委第一届普通高等学校优秀教材二等奖。在此期间我还发表了一些学术论文。1988年，由我主编的三本教材和教参在人民教育出版社(《心理学实验指导》)、上海人民出版社(《大学生心理学》)和西南师大出版社(《心理学》)出版。大概是因为这些成果，学界都知道我在重庆西南师大工作，有点儿成绩了，还获得"拼命三郎"的美誉。不少学校想吸引我离开西南师大到他们学校工作：北有首都高校，南有天堂高校，还有西部著名高校。我也想到外校发展，向学校领导打过报告，时任校党委书记王长楷同志闻讯后两度登门与我促膝谈心，并答应解决我校心理学发展的实际困难，我也信守承诺。在学校党委和行政领导的支持下，经过同事们的努力，由我领衔，我校学位点建设从无到有，心理学学科建设有了较大的发展：建成了基础心理学博士学位授权点(1993)、心理学博士后科研流动站(1999)、国家重点学科基础心理学(2002)、心理学一级学科博士学位授权点(2003)、重庆市人文社科重点基地心理学与社会发展研究中心(2003)；还协助同事建成了西南民族教育与心理研究中心(2004)、人格与认知教育部重点实验室(2003)。回首往事，我感到特别庆幸！如果我被调到了其他高校，我便失去了这里良好的学术环境(对我知根知底了解并给予切实支持的校党委和行政领导，初具规模并有良好学风的学术团队，融洽的人际关系)，失去的是作为一位教师能够安心踏踏实实做学问的良好条件，得到的可能是搬家的折腾和大量的时间浪费。我珍惜时间，更珍惜自己的声誉，把声誉视为做好工作的新起点。

陈：作为高校教师，在您的职业生涯中，是如何协调教学与科研的关系的？

黄：我的经验是教学与科研是可以相互促进的。虽然时间是一个常数，但如果处理得当是能够既做好教学也做好科研的。要做好高校的教学工作，教师做科研是必要的，可以促进教学质量的提高。

教学是可以促进科研的。虽然教材内容是相对稳定的，但如果多问几个为什么，就会发现其中的问题也不少。例如，普通心理学课程中讲授"知觉"一章时，知觉被定义为"直接作用于感觉器官的信息被整合为一个整体并赋予意义的过程"；"知觉"一章中包含"时间知觉"。众所周知，时间无处不在，无时不在，但我们身上却没有专门的时间感受器(或时间感觉器官),那么时间知觉该怎样定义？虽然知觉离不开记忆,但把时间记忆、时间估计都放在时间知觉中讲授不加以区分是否合理?“在感到满足和快乐的时候,时间被估计得短些,而在体验着忧愁、苦闷、厌倦、无聊或期待的时候,时间就好像更长了。”这些现象也是时间知觉吗？教学中遇到的困惑,从现行的教科书中难以找到令人满意的答案。通过查阅心理学文献就会发现问题更多:时间知觉的脑机制是怎样的?听时间知觉和视时间知觉的脑机制是不同的吗？有潜意识的时间知觉吗？这些问题便是当前时间心理学领域中的热点问题。所以教材中存在的问题可以为教师提供科学研究选题的考虑,此外,教师还可以根据本学科教学的特点从提高教书育人质量的角度进行科学研究。例如,怎样的学习策略能够促进学生创新思维的发展,创建怎样的学习环境能促进学生的自主学习,等等。

科学研究是利用已知知识探索未知世界(包括人的主观世界)的工作,是探寻新知识的活动。这对于我们既搞教学又从事科研工作的人来说,其难度是很大的,需要我们付出艰辛的劳动。我建议青年教师要保持一个(最多两个)稳定的研究方向,切不可经常转换研究方向。只有这样才有可能产出高质量的研究成果。有了高质量的研究成果,才有可能申请到省部级或国家级的科研基金项目。现在有些单位要求博士学位获得者在四年内必须有一年的出国经历、发表6篇学术论文、主持一个省部级或国家级项目、主讲过一门基础课,还要有教学科研成果才有机会申请副教授。对于刚走上工作岗位的青年教师来说,这样的要求是太高了,可能会导致浮躁之风。

科研工作会促进教学质量的提高。我的深刻体会是以科研的精神对待教学,促进教学质量的提高。例如,以科研的精神,即以创新的精神进行教材建设,有助于编著出学术价值高、适用性强的高校教科书。我一向重视教材建设,把编著教材视为一项重要的教学科研任务,先后出版了24种高校教材和教学参考书,其中两本教材《心理学》(人民教育出版社,1984年,参编)、《大学生心理健康与咨询》(高等教育出版社,2000年)获教育部全国高等学校优秀教材一等奖,两本教材《普通心理学》(甘肃人民出版社,1982年)、《心理学导论》(人民教育出版社,1991年)获教育部全国高等学校优秀教材二等奖,《心理学》(上海教育出版社,1997年)获国家级优秀教学成果二等奖、重庆市优秀教学成果一等奖。其中以《心理学导论》为教材的西南大学“普通心理学”课程还被评为国家级精品课程。又如,以科研精神去从事教学工作,教师就比较容易发现学生的创新精神,更注重学生创新能力的培养。研究生导师的科研工作对于提高研究生的教学质量的作用更为重要。我指导研究生以来主持完成过30多项国家级和省部级科研项目,让研究生们参加我主持的科研项目,确实能增长他们的才干。我先后培养了155名硕士,80名博士,12名国内高级访问学者,其中有一人获得全国优秀博士学位论文奖,两人获得全国博士学位优秀论文提名奖，两人获重庆市博士学位优秀论文奖。不少学生已成为国内著名心理学家，大部分正在高校教学科研岗位上作贡献。

要做到教学与科研相互促进，需要勤奋、严谨、创新、求实的学风，需要爱岗敬业的精神，需要时间管理的能力。我期盼着我们的青年教师在教学和科研上获得双丰收。

陈：在研究和教学中，学生有没有对您产生作用？

黄：学生对我的教学有很大促进作用。教学相长，是教育学的一条基本原理。在教学中本科学生对我有不少帮助。例如，我对价值观问题的研究。我在讲授普通心理学课程的“动机”一章时，有学生提出为什么价值观是人生的一种动力，当代中国青年价值观都有哪些特点，用什么方法可以测量价值观等问题。对于这些问题，当时的教科书都找不到答案，只有到现实生活中去研究，才能找到答案，从而促进了我对它的研究。教学中学生们会提出很多问题，我鼓励他们独立思考，多次表示欢迎他们对我写的教材和讲授的内容提出批评或不同的看法。有一位学生不同意我讲义中“兴趣是一种认知倾向”的观点，认为“兴趣是一种情绪或情感”。我觉得这个意见有道理，建议他参考相关文献看是否可以把这两种观点结合起来。后来他写了一篇小论文，提出“兴趣是一种带有情绪色彩的认知倾向”。通过考试，这个学生后来被我录取为研究生。在教学中研究生对我的帮助更多。在他们的心目中，我不仅是他们的老师，还是他们的亲人和长辈。我鼓励他们在钻研本研究课题之外，要锻炼身体，尽可能扩大知识面，发展新的研究思路。我们经常切磋学术问题，也经常研讨时代要求与人格修养等人生问题。从中我常常了解到他们的新思想和看法、独到的判断力和学术自信心。教学相长凝结出深厚的师生情谊。学生们既怕我又爱我。我的学生有一些已经是教授、博导了，还有的已经退休了，但他们至今还怕我，据说怕的是我交给他们的事情做得不够好。但是他们又喜欢我，因为我对他们的严格要求使他们快速成长。毕业后，学生们在事业上取得成绩，甚至结婚、生子、孩子上学等都会写信告诉我或寄照片给我。有的学生迄今还保留着我对他们毕业论文修改过的初稿，作为教育学生、鞭策自己的纪念品。我在微信上发布自己的学术动态，他们都纷纷“点赞”鼓励。我由衷地感受到当教师的无比幸福！

陈：最后，历经55年的教学工作和研究生涯，您最大的感触是什么？

黄：我的最大感触是教学是为了育人。这个道理很浅显，但要做好却很不容易。另一个感触是，从事心理学研究与教书育人两者是完全契合的，其契合点就是探寻心迹，理解人生，点燃心灵的真善美。

原文载于《苏州大学学报（教育科学版）》，2016年第1期。

发展具有中国特色的心理学

（2016年4月17日上午在第七届心理学与中国发展论坛开幕式上的致辞）

崔副校长、各位专家、各位同人：

上午好！

2008年5月24日至25日以王登峰教授为首的六位心理学家发起，由武汉大学现代心理学研究中心与“‘万千心理’出版策划机构”合作主办的“首届心理学与中国发展论坛”在武汉大学举行，迄今已举办了六届，今天在西南大学组建10周年暨办学110周年校庆的大喜日子，迎来了“第七届心理学与中国发展论坛”在我校心理学部召开，我们表示热烈的欢迎！

论坛名为“心理学与中国发展”，既反映了我国心理学家对祖国的热爱和期盼，更反映了我国心理学家的责任和担当。中国心理学家继承了中华文化的优秀传统，继承了中国士大夫的优秀传统。例如早在春秋战国时期，孟子就说过“君子自任以天下为重”，屈原曰：“身既死兮神以灵，魂魄毅兮为鬼雄。”（《九歌·国殇》）到了汉代士大夫们已明确提出“以天下为己任”；到了宋代范仲淹提倡“先天下之忧而忧，后天下之乐而乐”；陆游提倡“平生铁石心，忘家思报国”；明清之际顾炎武的“天下兴亡，匹夫有责”；清代林则徐的“苟利国家生死以，岂因祸福趋避之”等都是我们大家所熟悉的中国士大夫们报效国家、敢于担当的责任胸襟。

当前我们的国家正在党中央倡导的创新、协调、绿色、开放、共享理念的指引下，步入发展的新常态，为把我们的祖国建设成为富强、民主、文明、和谐的社会主义强国，实现中华民族伟大复兴的中国梦而努力奋斗！国家要富强，离不开中国学术的繁荣强盛，也离不开中国化心理学的繁荣强盛。

要使我国的心理学繁荣强盛靠拿来主义行吗？

答案是拿一部分是可以的，但不能全部拿来。理由是我们中国人不同于西方人或美国人，我们中国人受五千年中华传统文化的熏陶，生于斯长于斯。据陈来先生研究中华文明和西方文明认为，中华文明确定地形成了自己的价值偏好，举其大者有四：责任先于自由，义务先于权利，群体高于个人，和谐高于冲突。人的心理和行为取决于特定的社会文化模式。显然我们不能把西方心理学全部拿来套在中国人的身上。当然中国人和西方人的生物性是相同的，这一部分是可以拿来用的。因此，我们需要发展具有中国特色的心理学或中国化的心理学。

这次会议的主题是“新常态‘心’正态:中国社会的心理预期研究”。我认为,发展具有中国特色的心理学或中国化的心理学——就是我国心理学家的“心”正态。

那么,怎样才能发展具有中国特色的心理学或中国化的心理学呢?我有三点建议:

一是要以积极的心态投身于中国发展的伟大事业中,投身于实现“两个一百年”奋斗目标、实现中华民族伟大复兴中国梦的伟大事业中。实现中国梦为我国心理学的发展提供了广阔的空间,同时也使我们报效祖国的抱负和担当得以实现。我们西南大学的心理学家已经行动起来为实现心理学的中国梦而努力。例如多年来我们一直潜心于健全人格的养成教育研究,并发展出“幸福进取者模型”,其目的是为“人才强国”和“教育兴国”服务,为此我们还撰写了一本科普读物。我们发起并与国内同行一起开展了社区心理学研究,力求贴近生活、贴近实际和发展中国社区心理学的理论和概念,建设中国化的社区心理学,为和谐社区、和谐中国服务。联系实际研究中华文化典籍为我们建构概念提供了许多新创意。例如,最近我们对人际责任感和勇气的研究都得益于我国优秀古典文献的启发。另外,我们还开展了对情绪生理反应计算模型的研究,力求为我国机器人制造提供依据。

二是要积极开展国际学术交流。以全球化的眼光实现我们学科中国化的历史命题。中国化的心理学研究,不能闭关自守,故步自封。中国化的心理学研究成果要让国际心理学界认可,并且有朝一日成为引领国际心理学界的理论取向和学术取向。

三是要破除自我设障。我国心理学界自我设障把自己禁锢起来,关在笼子里的表现相当多。下面我举几个例子:

(1)怕对外交流,怕外国期刊不认可。其实,这种顾虑是多余的。国外期刊的评审专家的评审绝大多数是客观、公正的,也会给出进一步的修改意见;很少像国内某些评审专家那样直接给予“枪毙”的。我们最近有两篇科研论文在国外期刊上发表,所用的测量工具就是中国化的问卷,这也表明国外专家、学术刊物也认可了我们中国化的问卷。

(2)以影响因子的多少衡量心理学研究成果学术水平之高低。以影响因子衡量心理生理方面的研究成果可能是合理的,但以此衡量所有的心理学研究成果就会把自己的发展禁锢起来了。

(3)对国内学者有创意的研究成果不引用,不支持,漠然处之。

(4)对新生的理论、概念过分严苛,鲜见对新生观念的扶植和鼓励。

(5)把国外的理论概念视为真理,不怀疑、也不教学生批判地思考。

(6)国内心理学界内部缺乏相互帮助,有相互压低的倾向。

中华文化追求多样性的和谐。习近平倡导人类命运共同体，中华民族共同体。我认为我国心理学家也应该有命运共同体的理想，互相切磋、互相帮助，共同进取！

各位专家、各位同人：中国梦，我们的梦！让我们共同努力，摆脱自我设障，在实现中华民族伟大复兴的中国梦进程中实现我国几代心理学家未曾实现的中国梦——中国化的心理学。这就是我们的期望！

预祝大会圆满成功！祝各位代表身体健康！

肩负起新时代赋予我们的责任

（2016年5月7日在中国心理学会普通心理与实验心理专委会
2016年度学术大会开幕式上的致辞）

靳副校长，各位专家，各位同行：

上午好！

中国心理学会普通心理与实验心理专业委员会2016年学术大会在我们这里召开，这是一件很大的事情。大家知道，中国心理学学会中第一个专业委员会就是普心和实心专业委员会。这一专业委员会的成果最优，影响力大，他们到我们这里开会，是对西南大学心理学事业强有力的支持，我代表西南大学心理学的老师们，对各位专家的到来表示热烈的欢迎，对会议的召开表示热烈的祝贺！

这次会议的主题是认识脑：心理学基础研究的贡献与使命。将在大会报告的研究论文有21篇，这里涉及的内容有意识层面和下意识层面，有学习、记忆、情绪、压力、认知控制、创造性活动、社会决策、语言方面的，还有敬畏感的前世今生，等等，内容非常丰富，但是遗憾的是没有时间认知的脑机制研究，而只有空间能力的脑机制研究。我们要加紧努力，推进我们在这方面的研究。这次会议的研究成果充分反映了我国心理学家对心理脑机制研究新进展的一个侧面。认识脑确实是我们心理学的基础研究，通过许多学者的努力我们知道了心理活动的许多脑机制，比如说感觉、知觉、注意、记忆、思维的脑机制。但是我们知道得愈来愈多，我们觉得问题好像也愈来愈多，知道的脑机制定位在这个地方，跟脑的哪个部位、哪种脑成像及哪种脑电活动有关，但是我们仍然不知道它是如何产生心理的。确实，如果我们再多问几个为什么，我们就会觉得愈研究问题就愈多。这是科学研究的必然规律。科学家探索世界的时候总是知道了一些，但是觉得问题却越来越多。

关于这个问题，使我想起了爱因斯坦的一段话，这段话就像是我们今天的感受一样。爱因斯坦在获奖致辞中说："用一个大圆圈代表我所学到的知识，但是圆圈之外是那么多空白，对我来说就意味着无知；而且圆圈越大，它的圆周长就越长，它与外界空白的接触面也就越大。由此可见，我感到不懂的地方还大得很呢！"现在我们遇到情况也是这样。我们对于宇宙当中最美丽的花朵——大脑，有了一定的了解，有了一定的认识，但是不懂的地方还大得很，还多得很呢！即使是我们用一个脑十年，两个脑十年，甚至于十个脑十年，我们还是会感到不懂的东西多得很，更不要说我们对心理学基础的认识了。

一讲到心理学基础的问题，我想讲讲心理学的性质。心理学是现代人认识自己心理与行为的一门学问。2005年我们在北京大学出版社出版的《心理学十五讲》当中，我把心理学视为探寻心迹、理解人生，点燃心灵真善美的一门学问。我认为这个提法是比较合适的。心理学是探寻心迹的，它探寻各种心理现象的性质、结构、机制、机能和规律。坦白地说，我们知道心理活动的规律是很少的，迄今为止我们探讨的差不多都是心理和行为的性质、结构、机制、机能。心理学是理解人生的一个重要的工具。人生有两大主题，一个主题是生与死，一个主题是苦与乐。心理学的研究对于我们理解人生是很重要的。心理学的目的不是为研究而研究，也不是为解释而解释。心理学的目的不仅是为了让人活得健康幸福，它还有更高的追求目标，那就是为了点燃心灵的真善美。心理学家的责任非常重大、无上光荣。这个追求目标与积极心理学讲的人要活得幸福、活得健康不一样。人总是要有追求的，追求真善美，这就是我对心理学性质的一种理解。

各位专家，各位同人：心理学的学科性质一直是一个争论不休的问题。心理学是自然科学吗？是社会科学吗？看起来好像都不是，又好像都是。我认为心理学是一门开放的学科，它既是自然科学又是社会人文科学，它是跨自然和社会的中间学科。心理学是研究人的，是研究我们自己的一门学问。那么人是什么？人是社会性的动物，人不仅是合群的动物，而且是在社会中承担角色、责任和义务，具有非常复杂人际关系网的社会性动物。人离开了社会就不能生存。社会性使我们人类的大脑发生了很大的变化。

500万年前我们人类祖先的大脑大概只有600立方厘米，到了现在，现代人的大脑1200立方厘米，整整增加了一倍。为什么会有那么大的发展呢？最主要的原因是人的社会性，社会关系的复杂化。社会关系的复杂化对大脑加工的促进作用是难以估量的。它促进了我们人类大脑的发展。既然人的心理和行为是受社会文化和历史因素所决定的，那么我们就应该想一想，中华文化和西方文化是不是有差异的？我们能不能把西方的研究成果拿来硬套在我们中国人身上？我想这显然是不行的。下面我想举几个例子加以说明。中华文化强调责任先于自由。也就是说中华文化强调个人对他人的责任、对社会的责任、对群体的责任、对国家的责任甚至强调对大自然的责任，强调个人在人际关系、在人与自然的关系当中要负起责任。而西方文化强调的是自我为中心，一种以自我为出发的人际关系。中华文化强调义务先于权利，而西方文化恰恰倒过来。人际关系当中中华文化强调的是先要承担义务，而西方文化强调的是个人的权利优先，以个人的本位为主，一切以个人的权利为出发点。中华文化强调群体高于个人，而西方文化强调个人高于群体。中华文化强调和谐高于冲突，主张和为贵，而西方文化强调的是以我为主，自我中心，总想用自己的力量战胜他人、压迫他人、宰割他人。习近平多次讲过要建立人类命运共同体，人类命运共同体就是要和为贵；和为贵，就会有世界大同了。中华文化有五千年的历史积淀，形成了与西方文化很不相同的价值取向。

我很赞同费孝通先生讲过的一句话。他说："各美其美，美人之美，美美与共，天下大同。"看看中国心理科学发展史，情况却是这样的：行为主义心理学兴起传入中国，我们便宣扬行为主义心理学；苏联心理学兴起传入中国，我们便宣扬苏联心理学；认知心理学兴起传入中国，我们便又宣传认知心理学。现在积极心理学、进化心理学兴起，我们又大力宣扬它们，我们学西方和苏联心理学，全是跟人家走，全是说别人的美。学习外国先进的东西有必要，但学习外国心理学必须要考虑它是否适合我国的实际情况，我们应不应该发展中国特色的心理学，这是我们心理学家必须严肃对待的问题。

我们首先要各美其美，西方的美好，中华的也美好；我们学习西方心理学先进的理论和方法，其目的是发展出具有中国特色的心理学理论和体系；各美其美，美人之美，美美与共，天下大同，到最后是建立全人类共同的心理学。普心和实心专业委员会在中国心理学会中是 number one 的专业委员会，你们应起带头作用，改变当下的这种风气，为发展具有中国特色的心理学而努力。应当说，改革开放以来，我们还是做了很多工作，取得了很多心理学的成就，但我们心理学的成就与我国的国际地位和社会发展是不相称的，当前我们国家从大国向强国转变，我们心理学应该有自己的发展，我们心理学也应该有大国的姿态与大国学者的风范，建立自己的理论和体系。这样才能与时代赋予我们承担的社会责任相称。让我们共同努力在实现中华民族伟大复兴的"中国梦"中发挥我们应有的作用。

最后，预祝我们大会圆满成功，祝各位专家同行身体健康、工作顺利！谢谢大家！

努力把我国的社区心理学建设好

（2016年10月22日在中国心理学会社区心理学专业委员会
2016年学术会议开幕式上讲话）

各位同人、各位领导：

上午好！非常欢迎大家到我们学校参加中国心理学会社区心理学专业委员会2016年学术年会，非常欢迎各位！

我要纠正一下刚才领导讲的话：第一点，我们不是排名第三，我们是第三世界，我们西南大学的心理学在国内的心理学界中不是领先，而是处于第三世界。第一世界是北师大、科学院心理所、北大，我们是排在很后头的，在华中师大、华东师大和其他大学之后的，不要乱说。第二点，在座的也不都是我的学生的学生，我的学生只是其中的一部分。刚才领导说错的我还是要纠正。

下面我讲两个事情。

一是3年来我们社区心理学的主要成绩。中国心理学会社区心理学专业委员会从筹备到现在已开了3次全国性的学术年会，一次比一次好，成果一次比一次多；我们出版了两期《社区心理学研究》集刊，今年的新成果又评了奖。我们还组织翻译了西方的社区心理学著作，至今已有三本初稿成形，即将出版一套“当代西方社区心理学著作译丛”；为了出好这一套书，我建议成立一个由陈红教授领头的翻译委员会，对这些著作的翻译质量把把关。这也表明我国的社区心理学是开放的学科不是封闭的学科。我们要借鉴国外社区心理学中合理的因素。我希望大家支持社区心理学的翻译工作。要做好这件事，首先必须要严谨。

二是社区心理服务的应用方面。本次学术年会有4个工作坊，下次年会也会有4~5个工作坊。我们会越来越重视社区心理服务工作。要做好社区心理服务工作就必须要了解我国社区的实际情况。我们要认真学习习总书记今年5月17日在哲学社会科学工作座谈会上的重要讲话。他说：“我国是哲学社会科学大国……但目前在学术命题、学术思想、学术观点、学术标准、学术话语上的能力和水平同我国综合国力和国际地位还不太相称。要按照立足中国、借鉴国外，挖掘历史、把握当代，关怀人类、面向未来的思路……在指导思想、学科体系、学术体系、话语体系等方面充分体现中国特色、中国风格、中国气派。"习近平的讲话对于我们社区心理学的发展具有很重要的指导意义。不仅对社区心理学的应用研究有指导意义,更重要的是对社区心理学的理论建设具有重要的指导意义。让我们共同努力把我国的社区心理学建设好,使它成为有中国特色的社区心理学。

我就讲到这里,谢谢大家!

《社区心理学研究》第一卷前言

社区心理学研究社区中人的心理与行为，探究个体、社区与社会交互作用的性质、结构、机制和功能，旨在促进个体、社区和社会的和谐发展，提升个体、社区和社会的生活质量。

社区是社会的基本单元，也是与我们日常生活息息相关的生存环境。自改革开放以来，党中央和国务院一直十分重视社区建设。在2012年11月召开的党的十八大上确定了全面建成小康社会和全面深化改革开放的目标，并对新的时代条件下推进中国特色社会主义事业作了全面的部署，十八大文件中又对社区建设提出了新的要求。我们加强社区心理学研究，就是响应国家的重大战略需求，急国家之所急，为我国全面建成小康社会服务。

社区包含四大要素：地域，人口，组织和文化心理，无论从哪个要素看，中国社区都不同于西方社区，其中文化差异尤为明显。中华文化强调人的本质是社会角色的担当者，是群体中的一分子，而不是孤立的个体；人是具有强烈的群体生存需要、有伦理道德的自觉的互助性个体，其命运与社会群体息息相关。西方文化则强调人的本质是个体潜能的自我实现，自我是一个有边界的、独特的、自主和自足的实现者；个人行动的原因不是承担社会责任和社会角色，而是自我决定。因此，我们在进行社区心理学研究时必须深入中国社区实际，为我国的社会发展服务，对西方有关的研究和实践合理地借鉴，切不可预设主流而盲目地追随西方。可以预期，中国社区心理学的理论将在中国自己的土壤中生长出来。

社区心理学是一门实践性很强的学科。社区建设不仅需要心理学知识为社区多样化人群的毕生积极发展服务，还需要社区心理学工作者以实际行动为居民中的特殊问题如慈善福利救助、恋爱婚姻家庭、计生优生优育、问题少年教育、心理卫生与治疗、残障诊断与康复、就业培训与帮扶、犯罪预防与矫治、人际纠纷调解、突发应急处置等方面提供个性化、多样化的心理服务。社区心理服务不仅能对化解社会问题、应对社会风险、促进社会和谐发展起到积极的作用，而且还会对中国社区心理学的理论建设作出积极的贡献。可以预期，将有更多的心理学工作者投身于社区心理服务和社会心理服务，从而将更有力地促进我国心理学事业的繁荣发展。因为一个学科是否有生命力，它的影响力大小，在很大程度上取决于该学科对社会的贡献大小。

《社区心理学研究》是一本学术性集刊,主要发表从中国实际出发研究中国社区中人的心理与行为的论文。本集刊的宗旨是联合各华人社区的心理学家、社会学家、教育家、精神病学家、心理辅导家、法学家以及其他学科科学家,共同推进中国社区中人的心理与行为研究,最终的目标是建立中国的社区心理学。因此,它的主要任务是:

1.探讨中国社区中人的心理与行为的主要研究方向和课题;

2.构建适合中国实际的社区心理学概念和理论;

3.设计适合中国实际的社区心理学的研究方法和研究策略;

4.提供学术交流和展示成果的平台,让世界各地学者可以交流和讨论中国社区中人的心理与行为的研究心得和见解,为持有各种研究取向的心理学家展示其对中国社区心理学的研究成果,彰显中国社区心理学对国际心理学的贡献。

集刊以发表中国社区心理学的学术论文为限,无论是理论性论文或是应用性论文,无论是实证性论文或是综述性论文,无论是定量的论文或是定性的论文,无论是通则式解释的论文或是个案式解释的论文,无论是心理学工作者的论文或是其他学科学者的论文,无论是中国学者的论文或是外国学者的论文,只要言之成理,行之有效,采取任何方法或理论的论文,我们都热忱欢迎。

探寻心迹,理解人生,点燃心灵的真善美,是心理学家的天职,也是我们社区心理学家的天职!让我们共同努力吧!

原文载于《社区心理学研究》第1卷,广州:暨南大学出版社2015年版。

社区心理学的对象、方法和任务

（2016年10月22日在中国心理学会社区心理学专委会2016年学术会议上的讲话）

各位同人：

我今天跟大家讨论的有三个问题。第一个问题是心理学研究对象到底是什么？第二个问题是我们应当怎样研究社区心理？第三个问题是我们的奋斗目标是什么？这也是我最近一段时间反复思考的问题，并在今年心理学与社会发展研究中心召开的第二期社区心理学研讨会上讲过的。

第一，要搞清楚社区心理学的研究对象是什么。先要搞清楚什么是社区，费孝通先生在谈到"社区"这个术语的翻译时认为，社会是人际关系的综合，每一个社区都是一个社会，而社会却不是社区；社区是指在一个地方共同生活的人，即一群聚集在一个地方分工合作的人，它是具体的，是社会的一个基层单位，它由共同的确定地域的群体构成，比如我们说陈家湾，某个城区，某个村庄。所以，社区具有地域的空间特征，一个确定地理区域的群体。此外，社区还具有共同特质和归属感，这来自对共同历史的信念或命运、共同价值观、利益和亲属关系等。后者强调的是社区中人的社会文化这一方面。

归纳起来，社区大致有以下这些特点：

1. 共同性：共同的联系纽带，有共同的利益，共同的文化，共同的历史，共同的价值观等。

2. 非正式组织：是指其中成员关系是松散的，更多是生活层面的，如家庭、邻里关系；具有一定的社会功能：如经济功能、政治功能、社会化、社会管理功能，等等。

3. 地域性：在一定地域范围。现在的互联网发达了，地域性就有些弱化了。

因此，社区心理学实际上就是研究社区这个小环境中的人的心理和行为。普通心理学或社会心理学通常是以抽象的人或一般的自然环境和社会环境中的人做研究。社区心理学是以具体的社区中的人作为研究对象。这种研究很接地气，也很有意义的。对于社区，我们可以从不同的角度对其进行分析，比如说前面我们讲的可以从地域角度，从自然环境的角度和人文环境的角度分析，也可以从经济的、社会化的、社区管理的和社区参与、社区支持以及社区的功能等方面进行分析。

那么，社区心理学的研究单位是什么？就是在社区里发生的人的心理与行为。我们有的同志调查了国内一些省份老年人的幸福观，写出论文说这是社区心理学研究，我认为这是另一种思路，不是从地域思考的，是从人群相似性思考的。我们应当针对社区范围里的人和事进行研究，社区心理学研究的分析单位，可以是个体、小群体、组织、制度、地域、文化、氛围，等等，其中以下三个分析单位很值得我们研究：社区中个人的心理与行为；社区中小团体的心理与行为，如家庭、团伙（青年团伙、街边团伙）的心理和行为；社区的心理氛围如是否友爱和谐，是否文明正义。社区与社会是紧密联系的，它是社会的一个基层单位。因此，社区心理学与社会心理学有联系，但又与社会心理学不同。社区心理学三个分析单位涉及的问题就很多了。当然我们也可以从人们生活共同体的某个角度，即从功能上来分析研究，如虚拟社区、大学生社区、老年人社区，这样的分析与地域社区是不同的，我们现在的研究有一条非常重要的就是社区里的，而不是泛泛的社会上的。这是我对社区心理学研究对象的一点粗浅认识。

第二，社区心理学的研究方法。首先要有一个好的方法论原则，我认为最好是用系统分析的原则。我们可以用系统分析的观点，对社区的个人、对社区的小团体或社区的整个氛围进行分析，比如对整个社区的分析可以将其分为文明的和不文明的、有活力的和没有活力的。系统分析的方法论原则我曾撰文论述过［见《西南师范大学学报（哲社版）》1987年第1期］，后被《新华文摘》全文转载。它包含四项基本原则。一是整体性原则，一个整体可从不同维度不同指标进行分析，不只是从一个维度一个指标进行分析。二是等级结构性原则，一个维度可以分为不同的等级，我们编量表都会有这种体会。三是静态与动态原则，动态是绝对的，静态是相对的。四是环境适应性原则，一个分析单位与其他单位、其他系统是交互作用的。这些原则很重要。我在自己的一些书中都不断地论述过。

关于社区心理学的具体研究方法，我认为，要到社区中去，把质性方法与量化方法结合起来进行研究。我们的研究应该到社区中去，不能只在书本中搞研究。到社区去会遇到各种困难，有一次我去社区，晚上下大雨，回家的路很远，这个地方既没有公交车也没有出租车，回不了家啦！后来保姆帮我拦车才安全返回住地。只有到社区中才能了解到一些问题。有的家庭富有，有的家庭就贫穷，为什么呢？这很值得研究。我认为社区心理学是心理学中最接地气的一门学问。就具体研究方法来说，可以分为质性方法和量化方法。目前我们的研究刚刚起步，质性方法可以说是最重要的。量化方法恐怕是很难做的，做出来也不一定符合社区的实际。总之，建议大家采用系统分析的方法论原则，采用质性方法和量化方法相结合，到社区中进行研究。

第三个问题是我们社区心理学的奋斗目标。我国的心理学没有自己的话语权，没有自己的理论体系，我从1956年开始读心理学，迄今为止已有60年，我们开始学的是苏联心理学，后来是美国的心理学，没有中国的心理学，实际上，你去看一看，中国人的心理和行为在很多方面跟苏联美国是不一样的。我最近在读陈来的《中华文明的核心价值——国学流变与传统价值观》一书，他说中华文明核心价值主要有四个方面：责任先于自由，义务先于权利，社群高于个人，和谐高于冲突。中国文化的四个信念确实不同于西方文化。我们中国人是先担当责任的，担当家里的、单位的、社会的、国家的责任，天下兴亡，匹夫有责。中国文化强调义务为先，父义当慈，子义当孝，兄之义友，弟之义恭，夫妇朋友乃至一切人际关系都有应尽之义；这与西方的个人本位主义很不相同。中国文化的以人为本，强调的是以群体为本，不主张以个人为本，群体价值高于个人，主张"四海之内皆兄弟"（《论语·颜渊》）。人类文化史里充满了冲突、斗争、流血，东西方都是如此。但与西方文化相比较，中国文化更强调人间的和谐，主张和为贵，追求多样性的和谐。例如，习总书记反复强调命运共同体，就反映了中国传统文化儒家仁的精神。西方强调社会达尔文主义，斗争、竞争。我们强调大家各有优点一起共同发展。因此，社区心理学研究一定要从中国实际出发，根据我国社会文化和历史背景来研究，我们的社区心理学不能抛弃自己的社会文化和历史，不能脱离自己的实际，不能藐视自己，更不能把西方社区心理学那套搬过来就算成功了。我不反对学习西方社区心理学中的好东西，但我们必须要有自己的立足点，这个立足点就是我们中华民族的文化根基，我们要有自己的话语权，要有自己的概念和理论体系。只有从中国的实际出发，我们才能有自己的概念和理论体系，所以我们不能专门做模仿的工作，不能以模仿代替自己的创造，也不能跟着外国人去追风。我们并不排斥外国的社区心理学研究，我们的中国文化是包容性的开放性的文化。我们已经开始组织翻译西方经典性的社区心理学书系，并且即将成立社区心理学专业委员会来提升这套书的质量。最后，我相信我们只要像红军长征那样，像航天英雄那样，持之以恒不断努力，中国化的社区心理学就一定能够实现！

《做幸福进取者》序

幸福进取者是健全人格养成教育的目标。健全人格(perfect personality)也称为理想人格或完美人格。早在2500年前,我国古代思想家、教育家、儒家学派的创始人孔子提倡的君子人生就是儒家的理想人格。当今是互联网和大数据时代,从现代心理健康的理论来看,心理健康是一个连续体。如果连续体的一端为最糟糕的心理障碍或心理疾病;连续体的另一端是最佳的心理和行为,我们将其称为健全人格。健全人格是个人最佳心理和行为的有机整合。

那么幸福进取者应当具备哪些心理素质呢?

幸福进取者首先应当具备正确的价值观。因为价值观是每个人区分好坏、美丑、益损、正确与错误、符合或违背自己意愿等的信念系统,它通常是充满情感的,不仅引导人们追求自己的理想,而且还决定着人生中的种种选择。价值观是生活的准绳,决定了我们选择怎样的生活方式。

幸福进取者应当具备积极的自我观,以正面的态度看待自己、自己与他人、自己与环境的关系;能够悦纳自己,自己的事自己做主不依赖他人,对自己的所知所能具有信心,能反省自己知错能改,自强不息勇于担当。

幸福进取者在追寻未来梦想的道路上还应具备热爱学习、追求理想、善于实干、仁德之心、人际和谐、团队合作和心境平和等品格。

在人的一生中,幸福进取者无论处在哪个年龄阶段,幸福与进取总是相辅而行的。即使是步入晚年,幸福进取者已经85岁甚至105岁,但由于对真理、理想和事业的不懈追求,把自己奉献给了爱与责任,奉献给了人类的创造事业,他依然会感到幸福。

研究健全人格使我们获益匪浅。人格与我们的生活方式息息相关,我们对人格理论有了更深刻的理解。我和我的学生们一起研究健全人格的养成教育,学生们认识到正确的价值观、积极的自我观和追寻未来梦想的优秀品格对于青年人健康成长的重要性,自觉地努力使自己成为幸福的进取者。本书从过去自我、现在自我和未来自我的角度探讨健全人格的养成教育,并且把重点放在把握现在自我和开创未来自我的分析上;还通过对可能自我、希望自我,目标设置、人生目标与时间管理、追求未来与心理和谐,以及自我教育与幸福进取的关系等问题的分析,说明健全人格的养成不是一蹴而就，而必须是经过持之以恒修养锻炼的，要从自己平时的一点一滴、一言一行做起。

我相信，这本书会有助于读者成为幸福进取者！

黄希庭 谨识

2015年12月于重庆

原文载于黄希庭，尹天子著《做幸福的进取者》，南京：江苏人民教育出版社2016年版。

为建设海南特色的教育学科而努力

（2017年1月11日在海南师范大学教育学科建设座谈会上的讲话）

尊敬的林强校长、李森副校长，各位领导、各位专家：

非常感谢林强校长聘请我为海南师范大学兼职教授。你们聘请我的目的是希望我协助李森教授为贵校教育学科建设提供服务。教育学科是专门研究人、培养人的一门学问，而师范大学是培养师资的高等学府，她理所当然地要把教育学科建设好。为了建设具有海南特色的教育学科，结合我们的学科建设经验，我想提三点建议，供各位专家参考。

第一点建议是，明确目标，以科研为基础，做好教学、科研、社会服务的达标工作。教育学科建设的目标可分为近期目标和长远目标。例如，我们的长远目标是建设有国际旅游岛特色的教育学科，而近期目标是创建博士学位授权点。有了这个定位，我们要把这两个奋斗目标结合起来，并落实到我们的教学、科研和社会服务中。教学是高等学校特别是师范大学的中心工作。我们要以科研的态度和科研的精神搞好教学。科研是为人类创造新知识的过程，以科研的精神搞好教学就是以创新精神搞好我们的教学，教学不仅是传授知识、技能，而是培养人的活动，不是照本宣科。对于大学里的教学工作，我着重抓了以下四件事。

1. 让学生熟练地掌握“三基”。心理学的每一门课程的每一章都有基本概念、基本原理和基本理论。我力求举出日常生活中的例子，深入浅出地讲解，把“三基”整合在一起，让学生熟练地掌握。

2. 要求学生学思结合、举一反三。孔子曰：“学而不思则罔，思而不学则殆。”我要求学生在理解基础上记忆，大胆怀疑，小心求证，学会求知的方法。

3. 让学生无师自通，学会学习自立。我要求学生多看书，不要只读一本教材，要多读几本教材和教学参考书；多听各种学术报告，听本专业的学术报告，也争取听非本专业的学术报告；广闻博见，无师自通，成为学习自立的人。

4. 要求学生学以致用，懂得做人做事的道理。我们研究、学习教育学和心理学，目的是点燃人类心灵的真善美。要点燃他人心灵的真善美，首先要点燃我们自己的心灵真善美，这是我们教学的精髓。

我一向重视大学本科教学，讲授过自然辩证法、普通心理学、当代心理学流派、认知心理学、心理学研究方法、青年心理学、心理学教学法等课程。为了体现上述教学理念，我通常不用现成的教科书，而是自己写教案、写讲义。为了使学生能阅读更多的参考书，我还组织同行翻译了多种教学参考书，已经出版了教材和教学参考书共27本，其中两本获教育部高等学校优秀教材一等奖，两本获教育部高等学校优秀教材二等奖，一项获省部级高等学校优秀教学科研成果一、二等奖。

我觉得教学就是科研，必须用创新的精神搞好教学。根据每一位学生的情况进行教育。例如，对于骄傲自大的学生，我的做法是批评多一些，表扬少一些，使他养成谦虚的品德；而对于学习差、基础差的学生则多表扬、多鼓励，培养他的自信心。我们一定要把教学作为一项科研来做，不要以为照本宣科就是教学工作。创造性地进行教学工作会出许多成果：人才是成果，教材是成果，教师积累的教学经验也是成果。师范大学教育学院的教师应当人人都成为教学科研的高手、教书育人的楷模。教学是大学的中心工作，我们必须用科研的态度去把工作做好。

从事科学研究是高校教师的另外一项重要工作。在高等学校，教学与科研是相互促进的。教学中遇到教科书表述上的知识缺陷，创造性教书育人时也会遇到各种问题，都可能成为我们科研的问题。有科研经验的教师善于发现和保护学生的好奇心和创造性，会及时更新教材内容。

我觉得作为大学教师，必须要搞科研。不搞科研，是教不好学生的。当然，每个专业都有自己的特点。老师搞科研，必须结合自己的专业特点，我建议，师范大学的科研最好是与培养人的工作结合起来，做化学的科研可能搞不过清华、同济，但如果我们与培养人的工作相结合，就可能超过人家。我们的科研一定要充分体现出师范性的特点。我们是师范大学，师范大学就是培养人的，培养创造性人才，这就是我们的任务。此外我还建议，每一位教师的科研方向不要太多，最多一个或者两个；三个四个研究方向绝对搞不好，因为人的精力是有限的。科学研究越往深处钻研，问题就越多。越深入，就越有可能在理论上和方法上有所创新，也可能更有实用价值。

在这方面学术带头人的带头作用很重要。在学术带头人的带领下大家一起干，做出创新性的成果，为建设海南特色的教育学科而努力。海南要建成国际旅游岛必须要有国际先进水平的教育事业，必须要有国际先进水平的教育学科，这要成为我们长远的奋斗目标。

我们不仅要搞好教学，搞好科研，还要搞好社会服务。社会服务也是高校教师的一项重要工作。你要在这个地方生根发展，必须为这个地方的经济和社会发展服务。承担国家项目是社会服务，承担省部委课题是社会服务，承担横向研究课题也是社会服务。“文革”以后，我们的社会服务工作是从为当地的厂矿子弟学校服务开始的。这些学校教学质量很差,老师不会教书,学生也不会学习。当时“三线”建设的四川、贵州、重庆都有这样的学校。有一所学校的领导请求我们,希望我们帮助他们提高教学质量。这所学校叫成都武侯高中,这是一所高级中学,但办学16多年来,没有一个学生考上大学。他们的老师不敢戴校徽,怕周围的老百姓骂他们。开始我们到该校搞科研时,我去听课,语文课和数学课我都去听了。从来没有见过有这样的学校,老师在上面讲课,学生在下面睡大觉,每个班都有一半的学生在睡觉。经过我们和这所学校的领导、任课教师的共同努力,像这样的学校,我们还是想办法把它搞好了。我们的做法是,相信学生都有一颗上进心,我们要努力发现他们的闪光点。上课睡大觉的学生大多是体育很好,精力旺盛。这样的学生还是有优点的。我们就鼓励他们打篮球、踢足球、跑步,为学校、为班级争光。每次他们代表学校争得荣誉后,我们就让学生们推荐他们为升旗手。每周一早晨,他们抬着五星红旗入场,高唱国歌,当升旗手。这是无上的光荣,现在你是标兵,还能在上课时睡觉吗?这些学生基础差,听不懂,我们就搞复式教学。补习小学的、初中的内容,结果这所学校就发展上去了,后来被评为成都市重点中学。只要我们用心做事,总能把社会服务的工作做好。此外我还做了其他社会服务工作,例如科普工作,我有两本这方面的书获奖。此外我们还开展社区心理学研究,为和谐的幸福社区服务。

总之,我们要处理好长远的奋斗目标和近期目标的关系,制订出近期为申请博士学位授权点在教学、科研和社会服务诸方面的具体指标,限期达标。海南师范大学教育学科为地方经济和社会发展服务,就是为建设国际旅游岛的事业服务,为提升海南省中小学师资的教育质量服务。如果我们在初等教育、中学教育、旅游教育的科研成果能为建设国际旅游岛的事业服务,这对海南教育事业的发展便是功德无量了。我觉得,学科建设的奋斗目标,包括长远目标和近期目标,都应该考虑为地方经济和社会发展的需要。

第二点建议是,以任务为中心,组织学术团队,将学风建设融入其中,始终把人才建设摆在首位。我前面讲的是创新,在教学、科研和社会服务上的创新。学科建设必须要有人才,没有人才便什么都做不成。培养一支很能干的人才队伍,我把他们称为幸福的进取者。为了幸福而进取,在进取中享受幸福。以任务为中心,所谓任务就是学科建设的任务,比如我们申请到一个国家或省级项目,还可以是某门课程的建设任务,还可以是科普任务,等等,都是学科建设的任务。组织学术梯队和队伍,不一定都是教育科学研究院的,也不一定都是初等教育学院的。它既可以是本校跨学科的,也可以是跨学校的,甚至可以是跨国别的。要用这样的思路组织学术队伍。这样任务就会完成得非常出色。在学术队伍的建设中,一定要加强优良学风建设。我提倡勤奋、严谨、创新、求实的学风。因为我研究过不少卓有成就的科学家、教育家的人格特点,在他们身上都有这四种优秀品格。当然,我们的学科建设也要有核心成员。在核心成员的基础上开展跨学科、跨学校、跨国别的协作研究，也就是打开大门吸引人才，进行学科建设。我们主张五湖四海，要培养和吸引一大批优秀人才。

总之，学位点建设说到底就是人才队伍建设。没有一支勤奋、严谨、创新、求实的学术队伍，便不可能建成一流的教育学科博士学位点。学校学科建设始终要把人才建设摆在首位。

第三点建议是，学科建设是一项艰辛长期的工作，一定要劳逸结合，一定要坚持锻炼身体。没有健康的身体，就无法完成学科建设的各项任务。我们一定要把建设美好生活和享受美好生活结合起来。有两件事情，使我很痛心。一件事情是2012年我夫人去世。她是2012年走的，其实2010年都发现有问题了，没有去检查，她还是一直在协助我。夫人去世，使我非常痛心。我没有照顾好她，感到很内疚。我只知道建设美好生活，不知道享受美好生活。第二件事情是，2015年我们学校引进了一个华裔专家，他担任心理学院院长。我曾经给他讲过，一定要注意身体，加强锻炼，一定要注意劳逸结合。他53岁，工作负荷很重，经常北京一趟，西安一趟，南京一趟，重庆一趟，美国一趟，每周参加各种会议，在天上飞来飞去，他是校长助理，又是心理学院院长，爱人在美国也没有过来。一天清晨脑溢血去世了，这对于他的家庭、事业都是巨大的损失。所以我们一定要注意身体，一定要坚持锻炼身体，不能长期超负荷工作。

我相信李森教授到这里负责教育学科建设，在书记、校长和各职能部门领导的支持下，是一定会把教育学科搞上去的，使它名列前茅，使它成为具有国际旅游岛特色的教育学科；同时，也会把我们的海南师范大学建设成名列前茅的师范大学。我相信这是可以做到的。

最后，向学校领导、老师们拜个年，春节快到了，祝大家新春快乐！

社区心理学是一门人文学科的心理学

（2019年9月25日在中国心理学会社区心理学专业委员会
第五届学术大会上的录像讲话）

各位代表、各位专家：

上午好！

中国心理学会社区心理学专业委员会第五届学术会议在我们伟大的祖国——中华人民共和国70周年诞辰前夕召开，具有十分重要的意义。

首先让我们一起祝福我们伟大的祖国更加繁荣昌盛，人民更加幸福安康！

祝到会代表、专家们身体健康、收获满满！

最近我对社区心理学的性质有新的思考，提出来希望引起同行专家的讨论，得到各位的认同或指正。

我认为，社区心理学是一门人文学科的心理学。首先社区心理学属于心理学大家庭中的一员，属于心理学的一个分支学科。因而我们可以用多种取向、多种方法研究社区中人的心理和行为，揭示社区中人的心理世界，探讨与社区有关心理现象的性质、结构、机制、机能和规律，即心理世界或心理与行为事实。同时，社区心理学也是一门多学科的交叉学科，它与政治学、经济学、社会学、文化学、教育学、生态学、生理学和医学都有交叉。我们曾经做过幸福的个体差异研究，用fMRI来研究，即是说跟脑科学有交叉。但是我们这些研究都没有考虑到人是生活在社区中的，而是一个抽象的人，或者说是一个孤立的自变量与因变量关系的人，并不是社区里的一个活生生的人。所以我认为社区心理学除了心理学的性质之外，它还有一个特性，即人文学科的性质。

社区心理学是一门人文学科。什么叫人文学科？人文学科的研究对象是什么？学者普遍认为人文学科的研究对象是人的"生活世界"。人的"生活世界"包不包括"心理世界"？我认为是包括"心理世界"的，但是这里的人不是孤立的人，不是抽象的人，不仅仅是自变量与因变量关系的人，而是生活在我们社区里活生生的人；也就是这些活生生的人的"生活世界"是我们社区心理学的研究对象。这个"生活世界"中的居民所生活的是一个具体的、历史的、现实的社区系统，与现实生活有着千丝万缕的联系。比如我们现在讲基层社会治理，基层社会治理就跟我们的现实生活紧密联系，社区心理学就必须要研究基层社会治理的问题。同时它也与社区的历史、现实、未来有着紧密的联系。这个“生活世界”不仅有传统意义上研究心理和行为的事实;更重要的是这个“生活世界”是具有意义性和价值追求的。大家想一想,我们研究社区中的人的“生活世界”是不是有意义性,是不是有价值追求?是有意义性,是有价值追求的。所以我认为社区心理学是一门人文学科或者说是一门人文学科性质的心理学,正因为它具有这样一个特性,所以社区心理学具有以下两个显著特点:

(1)社区心理学所研究的人是与其人生紧密联系的。社区心理学各个领域的研究都与人生有紧密的联系。这个人的“生活世界”是与人生追求、人生态度、人生智慧、人生修养密切联系在一起的。为什么是这样呢?因为社区心理学的使命是促进社区居民生活质量的提高,生活质量的提高当然包含着社区居民人生境界的提高。所以社区心理学不仅是探讨心理世界、心理和行为事实,更应探讨人的“生活世界”的意义性和价值追求。

(2)社区心理学所研究社区是与其社会文化和历史紧密联系的。我们研究人的“生活世界”必然要考虑其所处的社会文化和历史现实。我们当然会看到中国的社区与西方的社区(或者说东方的社区与西方的社区)有共同性。正因为有共同性,所以在中国心理学会社区心理学专委会成立初期,由陈红教授任主任就翻译出版了“社区心理学译丛”共10本书,杨莉萍教授也单独翻译出版了一些社区心理学著作。我认为这些工作是有必要做的。为什么呢?因为中国的社区与西方的社区可能有相同的地方,可能有些好的东西便于我们吸收、应用。但是我们不能只做翻译工作,不能以拿来主义对待我们的学术研究;我们更应该看到中国的社区与西方的社区的差异性,开展中国社区心理学的研究;这方面我们的工作才刚刚起步,做得很不够,却遇到不少困难。我们现在借基层社会治理这个机会,就是要结合我们中国的社区实际开展研究,也就是说我们要加大力度进行社区心理学的中国化研究。

中国的社区、中国的基层社区治理与西方的社区、西方的社区治理是完全不同的,不论从历史上看,现实看,和将来发展趋势看,都是不同的。正因为有一系列差异,我们就不能照搬西方的社区心理学,我们不能只做模仿工作,模仿不是创造,是缺乏生命力的。我们要重视自己的社会文化,不能轻视自己的社会文化,更不能藐视自己的社会文化,不能脱离中国现实社区情况建设社区心理学。我们必须有自己的立脚点,这个立脚点就是我们的中华优秀文化。也可以说我们就是要借中国的社会治理发展我们的社区心理学。

我相信,只要我们不断加强中华优秀文化的理论修养,不断深入我国社区进行研究,不断走向我国的社区治理,我国的社区心理学的研究就会蓬勃地发展起来。

预祝大会圆满成功!谢谢各位。

二、鼓励、支持与厚望

青年是祖国的未来,也是心理学事业发展的未来。我喜欢与青年人交往,他们才思敏捷、富有创新活力。有些青年学者把他们的专著拿来让我为其作序,从中我也学到了许多新知识。我鼓励、支持青年心理学家的创新研究,对于他们作出更大的创新研究寄予厚望。

为杨波著《中国人的人格结构》作序

为车丽萍著《自信心及其培养》作序

为郭永玉著《人格心理学:人性及其差异的研究》作序

为王登峰、崔红著《解读中国人的人格》作序

为杨玉辉著《道家人格研究》作序

为赵伶俐、汪宏等著《中国公民审美心理实证研究》作序

为陈红著《人格心理学笔记》作序

为郑剑虹、李文玫、丁兴祥主编《生命叙事与心理传记学》作序

为郭永玉主编《人格研究》作序——从个人幸福到世界和平

为毕重增著《自信与社会适应》作序

为尹可丽等著《云南青少年民族团结心理与教育》作序

为吕厚超等译著《时间洞察力的理论、回顾、研究和应用——致敬菲利普·G.津巴多》作序

为陈煦海著《跟情绪做朋友——教师情绪管理与成长》作序

为张锋著《时序知觉研究》作序

为杨波著《中国人的人格结构》作序

人格(Personality)是一个具有多种含义的概念。哲学家、伦理学家、法学家、教育家、文学家和心理学家都以各自的取向在研究人格。在心理学中,人格是指一个人的心理特质的综合体,而这些稳定的特质会在不同的情境、不同时间影响行为模式的特征。说得简单些,人格就是一个现实的人,就是一个"蕴蓄于中而形诸于外"具有特色的人。这种解说看似简洁,但其内涵却十分丰富。由于人格内涵的丰富性和复杂性以及从事研究的心理学家的视野不同,因而在人格心理学领域便形成了多种观点,其中主要有6种观点,即生物学观点、学习论观点、特质论观点、精神动力论观点、现象学观点和社会文化论观点。

人格研究的生物学观点(Biological perspective)着眼于探讨人格的遗传生物基础和生理机制。这种观点古已有之。例如古希腊医生希波克拉底(Hippocrates)就认为人们的气质是由其体内的4种体液(血液、粘液、黄胆汁、黑胆汁)的混合比例不同所决定的。后来巴甫洛夫(Ivan Patrovich Pavlov,1849—1936)认为气质是由个人的高级神经活动的基本过程(兴奋和抑制)的强度、均衡性和灵活性的不同所决定的。有一种人格特质叫攻击性,弗洛伊德(Sigmund Freud,1856—1939)认为这是由个人与生俱有的死亡本能所驱使的;也有人认为这是由脑的发育不正常,特别是额区两侧不对称所致。虽然生物学观点在人格研究方面已取得了一些进展。然而,现实生活中人格是丰富多彩的,我们对于人格的遗传基础和神经机制的知识还知之甚少,仅仅依据生物学的知识阐释人格,显然是不妥当的。

人格研究的学习论观点(Learning perspective)关注的焦点是人格如何从后天习得,强调人格和行为上的差异来自或主要来自个体在成长过程中所面临的学习经验的差异。这种观点通常用经典条件作用(Classical conditioning)、操作条件作用(Operate conditioning)以及社会和认知学习(Social and cognitive learning)等的实验结果解释人们在人格和行为上的差异。例如约瑟夫森(Josephson,1987)研究过小学二三年级的男孩,让他们6人为一小组观看暴力或非暴力电视片,结果发现观看暴力电视片组比观看非暴力电视片组攻击行为明显增多。儿童的攻击行为受到奖励比受到惩罚更容易表现出攻击行为。学习论心理学家主要关注客观的刺激和反应的记录,而对于介乎刺激和反应之间的心理机制不加以推测。不揭示个体行为的内部倾向,显然是不可能阐明人格形成的真正原因的。

人格研究的特质观点(Trait perspective)强调人的个别差异和个体的整体功能,以特质的概念假定行为的跨情境的一致性和跨时间的持续性;并认为存在着一些特质维度;人们之间的差异,就在于他们在这些特质维度上表现程度的不同所形成的不同构型。例如奥尔波特(Gordon W. Allport,1897—1967)把特质区分为共同特质和个人特质,以及首要特质、中心特质和次要特质;卡特尔(Raymond B. Cattell,1905—1998)用因素分析得出16种潜源特质,近年来许多特质论研究者的分析数据都得出5个特质维度,一般把这5个维度称为神经质、外倾性、开放性、宜人性和热诚性。对特质论观点的主要批评是认为其基本假设可能是不真实的,特质可能并不存在。虽然有不少证据表明,行为在跨时间、跨情境方面有相当大的差异,但我们的直觉似乎都觉得个人的行为确实具有跨情境的一致性。如何解决这一矛盾? 这正是当代人格心理学的主要课题。

人格研究的精神动力论观点(Psychodynamic perspective)也称精神分析论观点(Psychoanalytic perspective),是由弗洛伊德创立的,其内容十分庞杂。其基本点是强调潜意识、力比多理论和性动机在人格功能中的核心地位,并认为人类的人格是由与生俱来的本能冲动和出生后头5年的早期经验决定的。虽然精神分析论的后继者们对弗氏的观念做了不少修正,但精神动力论观点的许多概念仍是模棱两可的,无法加以客观的定义和测量。例如,由于无法测量力比多,因而我们便无法验证弗氏的心理能量守恒定律。但精神动力论观点也有不少合理的成分,例如弗氏的焦虑论和自我防卫机制理论已经受到了观察和研究的检验;而内隐记忆、内隐认知等的研究在一定程度上也在检验潜意识理论的部分合理性。因此,如果以更容易检验的概念修正弗氏的精神动力论,那么这种观点似乎有可能进一步被实验加以评鉴。

人格研究的现象学观点(Phenomenological perspective)关注人的主观经验、关注个人对世界的看法,通常不关心人的动机、特质、强化史或对行为的预测。现象学观点包括人本主义人格论、存在主义人格论和个人构念人格论。这些人格理论家既反对以精神疾患为基础的精神动力论,又反对以动物与幼儿简单行为研究基础的行为论。他们主张个体在解释和创造自己命运中自我的作用;认为人性是善的,个体是积极上进的,即努力达到成长和自我实现的。虽然现象学观点通过强调个体对外界事件的独特知觉和独特的解释,把自我概念的作用带回到人格的研究之中。但持现象学观点的学者对自我概念如何决定个体的行为以及个体特定的自我概念是如何形成的等问题仍需要做进一步的探讨。

人格研究的社会文化论观点(Sociocultural perspective)强调个体所处的文化、亚文化环境以及社会结构和社会制度对人格和社会行为的决定性影响,即获得一种社会文化人格。人们操着一种特殊的方言,欣赏或创作出不同的艺术品,实行特殊的礼仪,习惯于特定的仪态,抱有各自独特的信念和价值观念,表现出与自己所处的社会文化相一致的行为模式。所采用的主要研究方法是考察行为模式与个人所处的社会文化背景的关系。这就导致跨文化心理学(Cross-cultural psychology)和本土心理学研究的兴起。

由于理论观点的不同,人格理论家们对人性的看法、行为模式的主要决定因素以及所采用的研究方法也不同。杨波的博士学位论文《中国人人格结构的理论与实证研究》是我主持的"教育部'九五'人文社会科学研究规划项目——个性心理特征研究"的成果,其研究取向属于特质论和社会文化论的综合观点。虽然国人也曾有人以此种取向做过研究;但至今未见以词汇假设为出发点,从纵向和横向两个方面对中国人的人格结构做过系统的研究。这正是杨波这篇论文的创新之所在。在《中国人的人格结构》中,杨波同志以古代典籍《史记》为材料,按词汇构建出具有信效度的古代中国人人格问卷,让102名专家和研究生进行评定,经因素分析得出古代中国人人格结构的四个维度——仁、智、勇、隐;同时用现代汉语的265个人格特质词语所组成的当代中国人人格问卷,施测于各阶层(包括不同性别、年龄、学历、职业、民族)的2487名中国人,经因素分析后得出当代中国人人格结构的5个维度——勤勉性、评价性、外倾性、神经质和恭顺性;再经过对古代和当代中国人的人格结构的定量比较和定性分析后得出:儒家思想的核心理念"仁"是中国人人格结构形成的主要根源。应当说,对这些结论的分析是令人信服的,因而这些结构是相当有价值的——既有重要的理论意义也有实用意义。但是,人格问题毕竟是太复杂了,这篇博士学位论文也只是对中国人人格结构的一项有益的探索性研究。对中国人人格结构的探索要走的路还很长,还有许多工作需要我们去做。我相信,有了起步的有益探索,有志者面对今后的路,即使布满荆棘,定会勇往直前的。

黄希庭

1999年8月1日于西南师范大学窥渊斋

原文载于杨波著《中国人的人格结构》,北京:新华出版社1999年版。

为车丽萍著《自信心及其培养》作序

不久前,我曾在大学生中做过一个开放式问卷调查:“你认为什么样的行为是心理健康者的特征性行为?依据你的看法请写出5至10条。”收回问卷49份,提出的特征性行为共计393条,经内容分析可分为12类,按百分比多少依次排列如下:

1. 爱学习、乐于工作,积极上进,对生活充满希望(20.5%);

2. 尊重他人,帮助他人,人际关系好(15.7%);

3. 能正确认识自己,有自信心,不自卑(11.8%);

4. 能客观地看待事物,能适应新环境(11.5%);

5. 能调整自己的心态,情绪较稳定(11.4%);

6. 意志坚定,遇困难不退缩(10.2%);

7. 行为举止合乎情理(9.7%);

8. 有忠心、良心、爱憎分明(2.8%);

9. 无人格障碍、无精神病(2.6%);

10. 有理想、有抱负和责任心(1.4%);

11. 尊敬师长、团结同学、帮助弱小(1.4%);

12. 身体健康无疾病(1.0%)。

可以看出,大学生们的看法相当一致但也有不少差异。那么如何看待心理健康呢?与心理健康相对的概念是心理疾病或障碍(Mental disorder)。让我们先看看什么是心理疾病或障碍,心理疾病或障碍与心理健康的区分,通常是指在同一社会文化环境下,个体行为是否符合大家所期待的行为常规;大致符合大众视为常规的行为被视为心理健康,过分偏离常规者被视为心理疾病或障碍。据此,心理疾病或心理障碍大致可定义为个人思想和行为长期不同于正常人,同时生活适应困难,并伴有心理痛苦的复杂现象。所谓行为与思想不同于正常人,是指长期的多方面的行为和思想不同于正常人。因为不少有创造性的天才的行为与思想也往往不同于正常人,因此不能仅以此衡量心理健康与否。心理疾病或障碍者的行为与思想不同于正常人,主要是指行为表现怪异,如语无伦次、情绪反复无常;思想不同于正常人的主要特征是思维不合乎逻辑。心理疾病或障碍者的生活适应困难主要表现在人际关系及学习、工作态度方面。这种人不但不喜欢别人、不相信别人、也不喜欢自己,从而使自己陷入抑郁、恐惧、羞愧的孤独生活之中。他们对学习、工作不感兴趣,不能从学习和工作中获得乐趣和成就感。他们常伴有精神痛苦,主要表现为或无病呻吟的痛苦,或不满现状的痛苦。

很明显,大学生们所说的心理健康的特征性行为已超出了上述区分心理是否有疾病的标准。他们所追求的心理健康标准更高,其中有相当多的大学生所追求的心理健康标准是个人的潜能的充分发挥。我把大学生们对心理健康的高标准追求称为追求健全人格。在我看来,心理健康大致可分为心理疾病或障碍、心理机能正常和人格健全三个层次。那么什么是健全人格呢?健全人格的标准是什么呢?我以为下列几条是十分重要的:

1.对世界抱开放态度,乐于学习和工作,不断吸取新经验;

2.以正面的眼光看待他人,有良好的人际关系和团队精神;

3.以正面的态度看待自己,能自知、自尊、自我悦纳;

4.以正面的态度看待现在和未来,追求实现高尚的生活目标;

5.以正面的态度对待挫折,能调控情绪,心境良好。

总之,以正面的态度对待世界、他人、自己,过去、现在和未来,顺境与逆境,做一个自立、自信、自尊、自强、幸福的进取者。

自立、自信、自尊、自强是健全人格的基础。只有人格健全,学生的德、智、体、美、劳才能得到全面发展,只有人格健全,学生今后才能适应社会激烈的竞争并立于不败之地。虽然,人们对培养健全人格的重要性已相当重视,但却很少见到有我国学者从心理学的角度对自立、自信、自尊、自强及其与健全人格的关系进行过研究。从2001年和2002年起我主持的"儿童青少年健全人格养成教育研究"(全国教育科学"十五"规划重点课题,批准号DBA010161;教育部人文社会科学重点研究基地重大项目,批准号02JAZJDXLX001),就是以上述理念对学生健全人格的养成教育进行系统研究的。

车丽萍的专著《自信心及其培养》,是"儿童青少年健全人格养成教育研究"中的一项成果。这项研究成果在国内以心理学的视角对自信心及其培养研究领域中开了先河,具有相当高的学术价值与应用价值。在这本著作中,作者论述了自信与自我意识、自我概念、自尊、自我效能感、自我怀疑的关系,透过翔实的文献研究和问卷调查,建构了大学生自信系统的层次结构模型,用相关研究法考察了影响大学生自信心的若干因素,用实验法揭示了成败经验对大学生自信心的影响;用个案访谈法探讨了不同自信度的个体在自信现状、结构与发展的特点及制约因素。也就是说,把相关研究、实验研究及个案分析整合起来对大学生的自信心及其培养进行了系统的研究。在我看来,此项研究成果在方法和理论上均有创新,是一部优秀的学术论著。我很乐意向读者推荐。

黄希庭 谨识

2003年7月于西南师范大学窥渊斋

原文载于车丽萍著《自信心及其培养》,北京:新华出版社2004年版。

为郭永玉著
《人格心理学:人性及其差异的研究》作序

一年前,在武夷山召开的中国心理学会心理学教学工作委员会的学术研讨会上,郭永玉教授报告了他关于人格心理学学科体系的构想,激起了与会同行的浓厚兴趣。2005年5月初他把即将付梓的《人格心理学:人性及其差异的研究》一书书稿以电子文本的形式发给我,并请我为该书写序。我欣然地应允了。因为,在我看来,这是一部厚实而又拓新的著作,甚为难得。

人格是指一个现实的人。我们对现实生活中个人的认识,通常都包含其外在人格和内在人格两个方面。外在人格是指一个人在社会公开所扮演的角色,是人们看得见的外观;内在人格是人格的隐蔽部分,即我们用来解释决定外在人格的原因,用来阐明一个人为什么会被我们知觉为是这样的。现实生活中的人,林林总总;心理学家们观察个人的外在人格或内在人格的视角也各不同,因而他们对人格的定义往往不同。迄今为止尚没有一种人格定义是为所有心理学家所认同的。然而尽管如此,心理学家们对人格的理解,都是从个人的外在人格、内在人格及其交互作用的整体上来把握的,强调独特个人的心理与行为具有跨情境的一致性和跨时间的稳定性。

当代心理学有许多心理学分支学科研究着各种各样的心理与行为问题。人格心理学研究现实的个人,探寻、描述和解释个人的思想、情绪及行为的独特模式,并综合诸多足以影响个人的各种与环境交互作用的过程,包括与生物学的、发展的、认知的、情绪的、动机的和社会的种种交互作用,进而对现实生活中的个人作整体性的解释。虽然心理学所要探讨的问题很多,但人格心理学是心理学学科体系中唯一从整体的视角对一个现实的人的心理与行为进行研究的学科。

科学研究都是在一定分析单位(unit of analysis)的基础上进行的。所谓分析单位就是用来考察和概括同类事物特征,解释其中差异的单位。对心理和行为的分析单位可以有不同的层次;大致说来,可分为群体、个体和片段行为三个层次。在人格心理学研究中,对于研究什么、研究谁或分析单位并没有限制;但人格心理学家通常是把个人作为分析单位的。例如,我们可以对个人的一些特征如性别、年龄、健康状况、态度、价值观等加以研究,把这些特征整合起来描述一个人的整体形象。我们也可以群体为分析单位,而把群体所具有的特征赋予某个个体。例如,一个人可以被描述为出身于贫穷家庭或富裕家庭;也可以被描述为是出身于单亲家庭或双亲家庭。在这两个例子中人格心理学的分析单位是“个人”而不是家庭。我们还可以片段行为为分析单位，而对个人进行描述时寻求对其某种行为的解释。例如，对抑郁或躁狂这两种片段行为进行研究，结果发现，其脑中的两种化学信使（5-羟色胺和去甲肾上腺素）水平的降低，而这是与抑郁相联系的；这两种神经递质水平的提高是与躁狂相联系的。基于此，我们就有可能对某个人经常出现的情绪抑郁或躁狂作出解释（虽然导致抑郁或躁狂不只是与神经递质有关）。总之，人格心理学研究的分析单位是个人。

由于人格心理学研究的分析单位是现实生活中的个人，因此早期的（包括近期的）人格心理学著作一直沿袭霍尔和林赛（Hall & Lindzey）的以大的人格理论为结构框架，即阐述精神分析论、特质论、学习论和人本论对一个现实生活中的人是怎么理解的、怎样研究与评鉴的。这种结构框架的优点是让读者能够系统地理解这些理论是怎样探寻、描述和解释现实生活中的个人。但是随着人格心理学发展，以其他理论取向所获得的研究成果日益增多而又无法纳入这种结构框架之中，同时这些大的理论对人的描述和解释暴露出的破绽也越来越多。于是便产生了以各种人格研究专题如性别差别、年龄差异、攻击、利他、自我等专题为结构框架的人格心理学著作，以及以大的人格理论和人格研究专题相结合为结构框架的人格心理学著作。

本书以人格研究专题为结构框架展示了当代人格心理学的内容，系统地探讨了人格心理学中主要的6个专题，对每一个专题都从历史和现状、理论解释和实证发现的思路加以探讨；并有理论创新，举例如下。

例1，本书将大的人格理论与专题的研究成果整合成一种新的架构，形成了一种相对完整的理论体系。它既包含几种主要的大理论又有翔实的专题研究发现，而不像国外同类著作那样，完全抛弃大的理论，而是从大的理论开始叙述，只是这种叙述是高度概括的、简略的，以各大理论的开创者为主的，并在随后的专题探讨中再回到这些理论传统并对其加以展开。

例2，本书力求整合人格心理学领域的最新研究成果，打通各理论派别间的界限，沟通各个研究专题间的联系，将已有的理论和实证研究成果整合到一种新的框架中；将不同的理论派别视为不同心理学家对人格的不同层面的探讨，这样它们之间就不是互相冲突的，而是相互补充的关系。从全书的体系上来看，首先探讨人格是如何形成与发展的，分析人格形成与发展的条件以及这些条件之间的相互作用，进而从整体上揭示人格的认知、情绪、动机和自我四种功能，并将潜意识、攻击、利他和健康等视为认知、情绪、动机和自我这四种整体功能的具体方面，最后从性别和种族两个角度分析了人格的群体差异，特别值得称道的是总结了有关中国人人格的研究成果。全书的这种体系结构首先是以现有的理论和具体研究发现为基础和思想材料，然后再去寻求这些专题之间的内在联系,体现了心理学中的历史与逻辑的统一。

例3,本书揭示了人格心理学的一些具体研究专题之间的关系,使一些分散的研究领域和发现得到整合。作者将人格的生理、遗传和进化视为人格的生物学基础研究中的三个有着内在递进关系的范畴,阐释了它们之间是逐步还原的关系;在人格的生物学基础上,将生物学因素与社会文化因素统一到天性与教养的交互作用的范畴下分析了人格形成与发展的机制;将认知、情绪、动机和自我作为人格的整体功能、潜意识、攻击、利他等视为知、情、意及自我功能的具体方面加以论述,并揭示了它们之间的内在联系。

总之,在我看来,郭永玉教授著的《人格心理学:人性及其差异的研究》一书,结构自成一体,学理阐释公允,资料翔实近时,文字简明易懂。我相信,读者们一定会喜爱这本书。它将激起读者探索人格之谜的热情,有力地促进我国人格心理学教学和科研的发展。

是为序。

黄希庭 谨识

2005年6月于西南师范大学窥渊斋

原文载于郭永玉著《人格心理学:人性及其差异的研究》,北京:中国社会科学出版社2005年版。

为王登峰、崔红著《解读中国人的人格》作序

2004年12月,王登峰教授应邀到我校讲学。他报告的题目是“中国人人格的七因素模型”,内容包括为什么要研究中国人的人格结构,研究所遇到的问题和取得的成果。他的报告内容丰富,很有启发性,深受听众的欢迎。报告后他向我谈起,要把这些年来的研究成果写成一本书出版,并请我为他的书写序,我欣然答应。临走时他把已发表和尚未发表的10篇论文拷贝在我的计算机里,2005年5月中旬又把他与崔红同志合著的《解读中国人的人格》书稿发给我。我断断续续地阅读了这部书稿,常常为这本原创性的人格心理学专著即将面世而感到无比的喜悦。

人格是一个现实的人。汉语中“人格”这个词译自英语personality,来源于拉丁文的“persona”。它是指在戏剧中演员所戴的面具。这种面具代表演员在戏里的角色,于是便产生了一个问题:面具后面是谁?因此“人格”一词蕴含着一个人有两面——公开可见的一面,以及隐藏在它后面的不为人知的一面。公开可见的一面,即外在人格是一个人被他人知觉和描述的方式;隐藏其后的一面,即内在人格是这个人的内在因素如本能、需要、动机、自我、特质、价值观、认知方式、气质、性格等,这些用来解释为什么一个人被他人视为是这样的因素。人格的定义通常都包含上述这两个方面。虽然这两个方面彼此不同,但却都是重要的。例如阿尔波特把人格定义为个人内在的动力组织,它决定一个人对环境的独特适应;普汶把人格定义为认知、情感和行为的复杂组织,它赋予个人生活的倾向和模式;芬德认为人格是一个人的思维、情绪和行为的特征性模式以及这些模式背后的心理机制(或外显的,或内隐的);等等。

虽然心理学中迄今为止还没有一个普遍认同的人格定义,但人格心理学家对人格的理解基本上都包含了以下四个特点:一是人格的整体性,指虽然外在人格表现形式多种多样,内在人格有多种心理成分,但在一个现实的人身上这些心理成分和行为表现并不是孤立存在的,而是密切联系综合成一个有机的组织;个人的生活模式或倾向不是某种成分运作的结果,而总是与其他成分紧密联系、协调一致进行活动的结果。二是人格的稳定性,即人格具有跨时间的持续性和跨情境的一致性。例如,一个急性子的人不仅在学习中表现出急性子,在旅游、休闲活动中也表现出急性子,做事风风火火的;而且不仅在青少年时如此,在成年时,甚至老年时也是如此。三是人格的独特性,虽然人与人

之间的心理和行为有共同性,但人格研究关注的重点是个人生活模式或倾向的独特性,即人与人之间的差异性。四是人格的社会性,指人格是在社会化过程中形成,是社会的人所特有的。对于什么是人格,不同心理学家的说法不同,见仁见智,但人格或一个现实的人,都有其生理方面的基本因素即生物性,有其心理的内在或先天倾向,更有其社会成分(在社会生活中习得的)。这三者有机地结合为一个整体即是西方人格心理学家所说的人格内涵。

人格是社会化的产物。它不是一个纯自然的范畴,而是取决于一个人被视为什么,在社会中扮演何种角色,取决于特定的文化模式。心理学家早就认识到人的心理和行为没有哪一种是可以完全脱离社会文化背景而发生的。自20世纪60年代起,随着文化心理学在西方的兴起,许多研究发现,不仅人们在动机、兴趣、价值观、自我、国民性上打有明显的文化烙印,而且在一些基本心理过程如视错觉的感受性、记忆方式、情绪表达、思维、决策方式上也打有文化的烙印。文化对心理和行为的影响已受到西方心理学家越来越多的重视,但我国心理学研究起步较晚,许多研究领域至今仍停留在"拿来主义",即把西方文化下建立起来的理论、概念和评鉴工具直接应用于对中国人心理和行为的研究。例如,目前国内心理学的两大应用领域——心理咨询与治疗以及人力资源开发与管理都是主要依据西方人格心理学的理论、概念和评鉴工具。这就不得不迫使我国心理学家认真地思考:西方的人格理论、概念和评鉴工具能否直接拿来应用到对中国人的心理咨询与治疗和人力资源开发与管理上?

西方人格心理学中五因素模型(FFM)的出现被认为是"一场静悄悄的革命":外倾性、宜人性、责任感、神经质、开放性这五个因素,被认为是经过成百上千次用FFM测量研究所肯定了的。五因素模型适用于中国人吗?王登峰教授勇敢地承担起回答这个学术问题的重任,进行了长达二十多年的探索。这是一项难度大而且极具挑战性的研究课题。他们的这项研究经历了三个阶段。五因素模型首先是在使用自然语言提供特质词分类的词汇研究中发现的。作者开始研究的第一个阶段(1984—1994),即对中文人格特质形容词进行系统收集和整理,按照西方学者(Allport & Odbert, 1936)的做法,从《现代汉语词典》中,从报纸、杂志、小说和中小学语文课本中,以及从大学生用形容词描述他们所熟悉的目标人物的结果中收集人格特质形容词,组成探讨中国人人格结构的词库。第二个阶段(1995—1999年)将在大陆收集整理的中文人格特质形容词表与杨国枢先生在台湾采用类似方法收集的形容词表加以合并,重新分类、整理、评定,并从中抽取形容词,建立起无偏性的评鉴工具,对中国海峡两岸的被试进行评定,结果发现,海峡两岸的中国人有着完全相同的七因素人格结构,表明西方的"大五"人格模型不适合于中国人。而海峡两岸的中国人,同文同种,有着相同的人格结构。1999年之后的第三个阶段,王登峰、崔红同志进行了一系列研究,取得了丰硕的成果:反复验证了中国人人格的七因素结构,编制了完全本土化的中国人人格量表(QZPS及相关的测量工具,如七因素量表QZPS-SF,大学生人格量表CCSPS,以及性别角色量表等),澄清和探讨了中西方人格结构差异及其原因,此外还对人格与心理健康之间的关系等做了不少研究。摆在读者面前的《解读中国人的人格》一书记录了作者二十多年来对中国人人格结构的艰辛探索历程和所取得的成果。在这本书中既有精辟的理论分析又有翔实的实证资料,既有继承传统词汇法的研究程序又有论证中国人人格七因素模型的独到见解,既有基础理论的学术探讨又有密切联系我国实际的分析。这是一本论述证据充分、分析缜密严谨的人格研究中国化的优秀著作。

当前,摆在我国心理学家面前的一项任务是扎扎实实地进行人格中国化的研究。由于《解读中国人的人格》一书的面世,使我更加坚信,人格研究的中国化必须在以下三方面要多下功夫:

第一,要独立思考,不能盲从。中国的心理学是舶来品。它一直是在欧美(包括苏联)心理学的主导影响下发展起来的。已有的研究表明,西方人格心理学的概念、理论和评鉴工具不适宜于用来研究中国人的人格问题,而我们则往往习惯性地套用西方心理学的概念、理论和评鉴工具。因此要推进人格研究的中国化,要真正研究中国人的人格和社会行为,就必须破除迷信,转变观念,站在中国人的立场,用中国人的视野和思路研究中国人的人格和社会行为问题。我们要善于发现问题,关于这一点使我想起爱因斯坦讲过的一段话,他说"提出一个问题往往比解决一个问题更重要,因为解决一个问题也许仅仅是一个数学上的或实验上的技能而已。而提出新的问题,新的可能性,从新的角度看旧的问题,却需要有创造性的想象力,而且标志着科学的真正进步"。只有发现问题,才有独创性,才能推进人格研究中国化的进程。

第二,要到生活实践中研究与我国当前经济社会发展密切相关的人格心理学问题。目前我们正处于构建和谐社会,迎接民族复兴的重要时刻。我们要在构建和谐社会,培育和弘扬民族精神,加强物质文明、精神文明和政治文明的建设中去开拓前人未曾涉及过的人格心理学领域。只有这样,才有可能使我国的人格心理学得到快速的发展,并得到社会的认可。

第三,要用科学的方法研究人格并且要持之以恒地探索下去。心理学之所以成为科学是因为它是用科学的方法研究心理和行为,并且在把这些研究成果应用于实践时也是通过科学方法而达成的。我们对人格的研究,除了采用调查法之外,还应采用实验法和个案法，有条件的情况下还应对人格特点的脑机制和遗传基因进行研究。我们的人格理论必须经得起重复验证，必须具有高的可证伪性。用这样的标准要求我们的人格心理学研究，则更需要持之以恒、百折不回的探索精神。只要有恒心，我相信，我们对中国人的人格研究必定会有所收获。

黄希庭 谨识

2005年6月于西南师范大学窥渊斋

原文载于王登峰，崔红著《解读中国人的人格》，北京：社会科学文献出版社2005年版。

为杨玉辉著《道家人格研究》作序

人格(personality)是一个内涵非常丰富的模糊概念。从字源上看,我国古代汉语中没有“人格”这个词,但是有“人性”“人品”“品格”等相关的词。例如,最早提到“人性”的孔子曾说过“性相近也,习相远也”,认为素质是基础,个体差异来自环境和教育。人性、人品、品格虽与人格在内容上有联系,但却是不同的术语。

心理学中的“人格”一词译自英语中的“personality”,而“personality”一词则源自拉丁文的“persona”,其本意是指面具。面具即演戏时应剧情的需要所戴的脸谱,以表现剧中人物的角色和身份。因此,在心理学中人格曾被定义为“个体内在心理物理系统中的动力组织;它决定一个人对环境独特的适应方式”(Allport,1937)或“认知、情感和行为的复杂组织,它赋予个人生活的倾向和模式”(Pervin,1996),等等。

人格,是一个人的存在方式。它总是与特定的社会文化背景紧密联系的,依存于一个人被视为什么,承担何种社会角色。因此,人格是受个人所处的传统文化制约的。道家、儒家和佛家并称“三教”,是中国传统文化的三块基石。据研究,道家产生于春秋后期,创始人为老子。东汉末年,张道陵等人以道家思想为基础,吸收方仙家的理论和方法,并结合医学养生的理论和方法,创立出了道教。道教以尊道、崇道为根本,以神仙追求为目标。鲁迅曾说过“中国根柢全在道教”的话,虽然他的说法有些过,但也确实反映了道家在中国历史文化和整个社会生活中的巨大影响。道家人格就是道教所追求或推崇的个人的存在方式。研究道家人格,有助于我们了解中国传统文化对现代中国人的人格所产生的影响。

《道家人格研究》是杨玉辉博士在我校心理学专业所做的博士后课题。当时之所以选择这一题目,一是因为他在攻博期间的研究方向是道教,其博士学位论文是道教人学研究;二是人格研究是我多年来一直关注的一个重要领域,近年来我更关注中国传统文化对现代中国人的人格影响,于是就决定让他做这方面的研究。这是一个全新的研究课题,当时我真的十分担心他是否能够顺利完成!

经过两年的辛勤努力,杨玉辉博士带着丰硕的研究成果,博士后出站了。摆在面前的《道家人格研究》就是杨玉辉博士在博士后期间的主要研究成果。虽然这项成果不属于实证研究,但却是有许多闪亮思想火花的理论探讨。哲学社会科学研究成果既包含实证研究成果也包含理论研究成果。通观全书,我以为至少在以下三个方面所进行的探讨是值得我们关注的:

第一,中国人的人格结构由哪些维度构成？Casta和McCrae(1992)的研究认为人类的人格由外倾性、宜人性、责任感、神经质和经验开放性这五个维度构成,即所谓“大五”模型。我国心理学家的研究发现“大五”模型不能解释中国人的人格结构。王登峰的研究发现,中国人的人格结构包含七个基本因素,即外向性、善良、行事风格、才干、情绪性、人际关系、处世态度。而张建新等的研究发现中国人的人格结构包含六个基本因素,即领导性、可靠性、容纳性、人际关系、开放性、个人性。杨玉辉博士在其《道家人格研究》中对此做出了自己的理论探索,提出从人的本质存在概括和阐述人格的特征,并根据道家将人看成是命与性的统一体的观点,认为道家人格有五个基本维度,即命、性、性命关系、人天关系、人我关系;并认为这与我们今天所说的身、心、身心关系、人与自然关系、人与社会关系正好相一致。看来,人格是一个开放的系统,我们确实可以从不同的维度对其进行分析。

第二,道家人格的思想理论基础是什么？以往对这个问题的研究大多是零星的、局部的。本书作者根据自己的探索,提出了一个较系统的道家人格思想理论框架。在这个框架中,道的思想、世界观、人的本质观、人性观和价值观构成了道家人格的思想理论基础;其对人的性命及其相互关系以及对人天关系、人人关系的认识构成了道家人格特性的理论基础;其有关修道的积善修德、形气神并养、性命双修、虚静无为、后天返先天、和顺自然、人我和同的思想则构成了道家人格追求的理论基础;至于调神、服食、行气、导引、调摄、房中、外丹、内丹等养生修道方法则构成了道家人格的具体养成方法。

第三,道家追求的人格与儒家追求的人格和佛教追求的人格之间有哪些不同点和相同点？本书作者在这方面也有自己的探讨,将道家人格与儒家人格、佛教人格和基督教人格做了系统的比较,从中可以更清楚地看出道家人格与这几种基本的文化人格的不同点和相同点。

我国的人格研究,特别是人格与传统文化关系的研究,正处于起步阶段。俗话说:“始生之物,其形必丑。”但是我赞同庄子所说:“其作始也简,其将毕也巨。”(《庄子·人世间》)我盛赞初生之物的降生,更期盼在不久的将来,能看到我国人格心理学领域不断有这方面更加完善的专著出现。

是为序。

黄希庭

2009年1月于西南大学有容斋

原文载于杨玉辉著《道家人格研究》,北京:四川出版集团巴蜀书社2010年版。

为赵伶俐、汪宏等著《中国公民审美心理实证研究》作序

人类的天性是爱美的。日常生活中,我们经常可以听到:美食、美景、美意、美德、美妙诗句、美观陈设、美轮美奂、美貌女子、美满家庭等对世间美好的人、事、物的赞美言辞。欣赏美,向往美,创造美,乃人之常情。

对审美心理的研究可追溯至19世纪中期,在冯特(Wilhelm Wundt,1832—1920)1879年于德国莱比锡大学建立世界上第一个心理学实验室之前,费希纳(Gustav Theodor Fechner,1801—1887)从1865年开始并连续10年对审美经验进行实验研究,发现了13条著名审美定律,于1876年出版了《美学初探》(*Vorschule der Aesthetik*)。因此,费希纳也被称为实验美学的创始人。此后,在一段相当长的时间内,对于审美经验,大多停留在哲学层面上进行探讨。例如,1896年美国哈佛大学哲学教授乔治·桑塔亚那(George Santayana, 1863—1952)的《美感》论文用快乐主义术语分析美感的性质和成分,认为判定何物为美"几乎就是建立一种理想",而这种理想是与快乐联系在一起的。对审美心理学发展具有重要意义的是1945年在美国心理学会下建立了第10分会——美学(Esthetics)。那时对审美经验的研究,主要有三种取向:精神分析的快乐主义取向,弗洛伊德心理学对悲剧的解释也属于快乐主义的范畴;格式塔心理学的审美观则属于自然主义美学的延伸,认为审美活动是一种本能的、天赋的选择形式;以及实用主义的操作主义的研究取向。1965年美国心理学会第10分会更名为心理学与艺术(Psychology and the Arts),2002年又改名为美学、创造力和艺术心理学分会(Society for the Psychology of Aesthetics, Creativity and the Arts),据2008年公布的会员人数为464人,主要以实用主义的操作主义研究取向对创造力(包括创造力的发展、动机、情感和认知等问题),艺术(包括审美经验、价值和满足等问题)及艺术与创造力、艺术作为心理诊断和治疗工具等问题开展研究。

在国内,审美心理学研究一直是凤毛麟角。已故的著名心理学家、美育心理学创始人刘兆吉(1913-2001)先生是顽强坚守在这个领域进行探索的一位中国学者。赵伶俐教授曾在刘兆吉教授指导下攻读美育心理学方向的硕士学位。她继承导师的事业并坚持将这一事业推向前进,这种敢走新路和坚忍的学术精神与责任感,是我特别赞赏的。因此我支持并先后提议由赵伶俐教授作为方向带头人,在基础心理学博士点中设立"审美认知"研究方向,在应用心理学博士点中设立"应用审美心理学"博士方向,"服饰审美

与心理学”硕士方向，期待她和她的学生们在审美心理学研究领域坚持走下去，取得丰硕成果，为我国的社会发展和经济建设服务。赵伶俐教授和汪宏副教授是本书主要作者，也都是我的博士生，本书其他作者又都是他们的博士生和硕士生，而他们的博士硕士有的也已经开始招收相关方向的硕士生。在西南大学，在中国心理学界有这样一支独特的学术队伍的存在和成长，我深感欣慰和骄傲。

心理学的研究范围很广，研究课题很多。自科学心理学诞生以来，直至20世纪的前半叶，心理学大师们研究的课题大多关注于人类的消极心理（如焦虑、攻击性、犯罪、罪恶感等）以及动物的行为。到了1960年代，才有人本主义心理学家开始研究幸福、爱等积极心理。其实，在我国的传统文化中早就有修身养性、积极进取的心理学思想。仁、义、礼、智、信以及忠、孝、廉、耻、勇等中华传统美德，既是中国人安身立命、为人处世、成就事业的根基，也是中华民族进步、社会发展、国家稳定的精神支柱。中华传统文化不仅蕴含着丰富的积极心理学思想，还蕴含丰富的文学、音乐、书法和绘画等美学心理学思想。要研究积极心理学和美学心理学，就必须从我国传统文化中吸取丰富的资料。

人类是面向未来的，社会是不断进步的。我相信以赵伶俐教授为首的学术团队，把质的研究和量的研究结合起来，必会有更多更优秀的审美心理研究成果出现，在更加贴近生活实际的同时不断吸收中华传统文化养料，张扬中国的审美文化智慧；在加强国际交流，吸纳和参考各国新的研究成果与范式的同时，与世界分享我们中国的研究成果，为积极心理学和审美心理学学科建设，为中国的和谐社会建设，为人类的审美和审美心理学事业作出更大贡献。

是为序。

黄希庭 谨识

2010年7月10日于西南大学有容斋

原文载于赵伶俐，汪宏等著《中国公民审美心理实证研究》，北京：北京大学出版社2010年版。

为陈红著《人格心理学笔记》作序

性格决定命运。现代人十分看重人格心理学，把学习人格心理学知识视为修炼性格的一条途径。本书是我讲授《人格心理学》课程时陈红记录下的一本课堂笔记。以我撰写的《人格心理学》（台北：东华书局1998年版，杭州：浙江教育出版社2002年版）为教材框架，其中“潜意识”和“自我”两章因近年来的研究资料很丰富，陈红教授讲授过，是后加上去的。这本课堂笔记是我和陈红教授经过多次讨论才定稿的。现在看来，它有下列主要特色：

第一，结构体系完备。人格心理学的内容十分丰富，在教学中怎样把这些资料组织起来向读者呈现呢？当前西方人格心理学教材的结构体系有三种形式：第一种仍旧继承霍尔和林赛（Hall & Lindzey，1957）的传统框架，以人格研究范型（或人格大理论）为结构体系。第二种以人格研究专题，如人格与健康、人格与文化、人格与家庭、潜意识、自我概念等主题组织教材内容。第三种把人格研究范型与人格研究专题结合起来呈现教材内容。本书采取了第三种结构体系：第一编人格研究导言，第二编人格研究范型，第三编人格研究专题。这种结构体系既可以使读者了解到人格研究范型的产生有其时代精神，以及每一种人格研究范型对人格基本问题的诠释及其预测效度，也可以使读者了解到某些人格专题的现状和新近发展，可以从更宽广的研究视野探究人格问题，而不至于把自己的视角仅局限于人格研究范型或人格研究专题。

第二，学理方法并重。人格心理学的内容可分为基本理论和研究结果、研究方法和评鉴技术。本书不仅系统阐述了经典精神分析论、新精神分析论、特质论、学习论、现象学学派关于人格结构、人格动力、人格发展和人格适应的基本理论与研究结果及各自的人格研究方法与评鉴技术，而且还阐述了人格心理学家对能力、潜意识、自我、利他行为、攻击、性别与人格、人格与健康等研究专题的基本原理与研究结果及其研究方法与评鉴技术。学理与方法并重的论述不仅有助于读者客观地评价人格理论家们的学术观点的正确性，而且也有助于读者自己动手开展调查研究，对国外的理论和研究发现重新加工检验——或证实或证伪已有的理论与研究结果。

第三，评价公允，吸收本土成果。人格心理学是一门多范型的学科，无论哪一个研究范型都有其优点和缺点。无论是对整体人格的探讨或是对某项人格专题的论述，没有一个研究范型能统摄所有的层面且能为所有心理学家所赞同和肯定。对于各种理论观点，本书在评价上力求公允，肯定其合理因素，否定其不合理因素，尽量做到不偏不倚、恰到好处，使读者明白对于人格进行综合研究的必要性。在资料选取上，除了力求反映新近的研究成果，也收纳了若干国人的研究成果。我真诚地期盼在不久的将来能有中国特色的人格心理学著作面世。

第四，图文并茂，通俗易懂。人格是一个现实的人，本书以生动、风趣的语词描述了一个活生生的人的生存方式；还采用图、文结合的方式，将难以理解的内容以形象的方式加以呈现。这本笔记的内容十分全面，涉及整个人格心理学各重要方面，为了突出重点，便于记忆，还对人格理论家提出的重要原理，以及读者必须了解的内容以波浪线的形式标示出来。全书文字浅显易懂，具有一般文化水平的读者就能读懂。

衷心感谢李静婷编辑为本书的出版所付出的辛勤劳动；同时也感谢陈红教授和孟景同学以及曾经听过我讲授这门课的学生们，正是由于同人们的共同努力，才使这本笔记得以付梓。我期盼着读者能通过“看”这本笔记，“听”到我在大学讲授人格心理学的状况。需要说明的是，人格心理学中的理论和研究发现都不是凝固的，而是发展变化的，还需要我们在学以致用的过程中加以检验。这本笔记出版时间比较仓促，其中肯定会有缺点甚至错误，敬请读者不吝指教。

黄希庭 谨识

2012年9月于西南大学有容斋

原文载于陈红编著《人格心理学笔记》，北京：商务印书馆2013年版。

为郑剑虹、李文玫、丁兴祥主编《生命叙事与心理传记学》作序

1879年，冯特在德国莱比锡大学建立了世界上第一个心理学实验室，使心理学从哲学中分离出来，成为一门独立学科，突出了心理学研究的自然科学取向。晚年的冯特，花了近20年时间对人类学和历史学的资料进行了系统的心理学解释，完成了10卷本的巨著——《民族心理学》，提出了心理学的另一条研究路径——人文社会科学取向的心理学。心理学的科学传统，从行为主义、认知心理学到当代的认知神经科学研究，一直是心理学研究的主流。而心理学的人文传统，为精神分析、人本主义心理学所继承，但其力量难与主流心理学抗衡。特别是最近20多年来，随着脑成像技术在心理学研究中的应用，人文取向的心理学更显势单力薄。其实，人文传统与科学传统犹如心理学的两条腿，只有两条腿长短和粗细一致，心理学之路才能走得更稳健、更遥远。

心理学的叙事研究始于20世纪80年代，心理传记学作为采用心理学理论研究非凡人物的一门学问，其出现的时间更早，一般认为，弗洛伊德出版的《列奥纳多·达·芬奇与他童年的一个记忆》是第一本心理传记学著作，可看作心理传记学研究的开端。人格心理学的奠基人奥尔波特（Gordon Allport）和莫里（Henry Murray）对这种个体生命史研究也有浓厚的兴趣，将其作为人格心理学研究的重要方法给予提倡并亲力亲为，例如，莫里本人曾对美国小说家Herman Melville进行了个案分析，奥尔波特也曾出版了一部长篇个案研究《珍妮的信件》。但人格心理学的这种人文取向却因20世纪五六十年代的研究重点转向相关研究和实验研究，而被忽略和边缘化。直到1980年以后，在一批人格心理学家的努力下，心理传记学重新得到发展，并和叙事心理学一起，成了心理学人文取向研究的一支重要力量。

郑剑虹、李文玫、丁兴祥主编的《生命叙事与心理传记学》集刊刊载心理传记学和叙事心理学等领域的研究论文，在海峡两岸以繁体字和简体字两种版本出版，这是一件很有意义的工作。我一直认为心理学研究方法应该是多样化的、人性化的，方法的多元化和研究领域的拓展是繁荣心理科学和促进人类自身理解的重要途径，在研究那些复杂性的人物以及从整体层面对人的理解上，个案等质性研究对于产生新的心理学研究思

路和积累知识具有特殊的方法学优势。我相信，通过海峡两岸学术界的共同努力，《生命叙事与心理传记学》集刊将会越办越好，成为凝聚华人心理学人文取向研究队伍、发现和培养人才的一个重要阵地。

是为序。

黄希庭 谨识

2013年12月于西南大学

原文载于郑剑虹、李文玫、丁兴祥主编《生命叙事与心理传记学》，北京：中央编译出版社2014年版。

为郭永玉主编《人格研究》作序
——从个人幸福到世界和平

一年前，知悉郭永玉教授应杨玉芳教授之邀，在主持编写一部反映当代人格心理学研究成果的专著，我即对此大作很是期待。不久前，郭永玉教授把他即将付梓的《人格研究》一书电子稿发给我，并请我为该书写序。我断断续续地阅读了书稿，然后欣然应允了。因为在我看来，这部近百万字的著作既是郭永玉教授及其团队多年研究成果的一个阶段性汇集，也深刻反映了近年来国际和国内人格研究的新进展、新方向。

人格心理学研究现实的人，描述和解释个人的认知、情绪及行为的独特模式，并综合诸多足以影响个人的各种与环境交互作用的过程，包括与生物学的、发展的、认知的、情绪的、动机的和社会的种种交互作用，进而对现实生活中的个人进行整体性的揭示。正是这一特点，使得人格心理学与其他心理学分支不同，更加充满奥秘，更加令人神往。虽然心理学是一门研究人性的学科，但心理学的各分支基本上都是分门别类地探索人性的某些构成要素，只有人格心理学是将完整的人作为研究对象，并且囊括了最全面的视角和最充分的因素。它既关注内在动力，也关注外部表现；既探求生理基础，也探求文化烙印；既考虑进化共同性，也考虑个体独特性。因此从这一角度来说，人格研究的价值首先是深入而全面地理解人性的需要。

然而，人格研究又不仅限于对人性进行描述和解释，还要回应个人和社会的现实需要，为实现心理健康和人生幸福做出自己的贡献。心理健康是一个很复杂的问题，如果我们将其视为一个连续体，它最佳一端的心理健康水平，即健全人格。健全人格的人能以辩证的态度对待世界、他人和自己，过去、现在和未来，以及顺境和逆境，是一个自立、自信、自尊、自强、幸福的进取者。那么如何实现人格健全和个人幸福呢？对此，人格研究恰恰能有所贡献。比如我们过去一直强调多做自我批评，但人格研究表明，自我批评如果过度，过于苛刻，就会引发心理健康问题，而一定程度的自我宽恕反倒有助于更好的生活适应。通过研究人格，理解人性，我们会进一步了解到人性中的优势与弱点及其成因，选择合适的途径优化人格，使人们成为幸福的进取者。

人格研究还可以为实现社会和谐乃至世界和平发展贡献一分力量。《中共中央关于构建社会主义和谐社会若干重大问题的决定》明确指出，建设和谐文化、巩固社会和谐的思想道德基础，要“注重促进人的心理和谐，加强人文关怀和心理疏导”，“塑造自尊自信、理性平和、积极向上的社会心态”。可见，社会和谐归根到底是人的和谐；社会现实的矛盾、世界各地的冲突，很大程度上可以归结为人性的根源和人格的结构。例如作为偏见重要影响因素的权威主义人格，被认为是“二战”中德国人极端反犹主义、种族中心主义的心理基础；而近年来兴起的和平心理、和平人格的研究领域，为防止青少年暴力冲突、群体冲突，以至于化解种族、国际冲突，从而维护世界和平提供了有力的支持。总之，人格研究可以是基础性的，也可以是应用性的；其视野可以很细微，也可以很宏大；从个人幸福、社会和谐，直到世界和平，都可以成为人格研究的核心关切，而这些关切又都统一于对人性奥秘的揭示。

郭永玉教授主编的《人格研究》一书为我们提供了很好的启发，这本书充分体现了人格研究应有的如上所述的目标和价值。多年来，郭永玉教授及其团队在人格心理学领域辛勤耕耘，取得了丰富的令人瞩目的研究成果，为我国人格心理学的发展做出了突出的贡献。这本《人格研究》代表了他过去十多年的一些重要工作，既有翔实的内容，又有清晰的框架；既有广阔的人格研究视角，又有深邃的人性哲学思考。

具体来说，该书有如下创新与特色：

第一，结构严谨，层次分明。本书除第一章绪论外，由四部分构成，分别是人格特质、人格动力、人格发展、人格与社会文化，其中人格特质、人格动力、人格发展是人格专题研究架构的三个组成部分，而人格与社会文化则属于人格与社会心理学的交叉领域。因此从总体上，这四部分的结构体现了当代人格心理学的学科架构体系，也展示出了人格研究更宽广的视角。而具体到每一章节的组织层次，有的逻辑严密，按照内在的概念间联系展开；有的则独具匠心，将原本零散的一些内容按照一种心理生活上的递进关系加以组织，如人格发展部分，表现了作者力求整合人格心理学广阔领域的最新研究成果、沟通各个研究专题间的联系的努力和尝试，值得称道。

第二，科学性与人文性的结合。郭永玉教授认为，在这样一个全球化、多样化的时代，尤其是中国社会历史文化的巨大变革时代，心理学研究者若两耳不闻窗外事，一心只做所谓纯科学研究，不能对周遭的问题有所回应，虽然无可厚非，但是令人遗憾；他强调科学与人文的统一，理论与实际的统一，窗内（实验室）与窗外的统一。对于这些观点，我非常赞同。自然科学研究取向，强调研究变量的可操作性，结论的可重复性和可证伪性，这有助于我们认识心理与行为的一般规律性。然而人格又是社会化的产物，它不是一个纯自然的范畴，而是取决于一个人被视为什么，社会角色如何，取决于特定的文化模式。好的人格研究当然离不开自然科学的逻辑和方法，但也渗透着研究者深厚的人文素养和深切的人文关怀。此书的很多章节体现出作者深沉的社会责任感和时代关切感。例如第三编人格发展，作者选取典型研究专题，来回答青少年、成年、老年，以及人生整合中的人格心理问题，贯穿着对人生全程发展的深度思考与终极关怀；再如第四编涉及的中国的幸福悖论、社会阶层心理学等内容,深刻地揭示了当代中国社会的特征与矛盾,而这些内容又无不基于科学的研究设计和充分的实证数据,这是非常难得的。

第三,国际前沿领域与中国化研究相结合。我国人格心理学研究最大的困难是,人格心理学是在西方的社会历史文化的背景上发展出来的。不可否认,西方国家特别是美国在心理学研究上居于领先地位并引领着世界学术潮流。但如果一味地把西方的人格理论、概念和测量工具硬套在中国人头上,显然是不切实际的。因此,对于中国的人格研究,既要充分地了解西方心理学的理论和方法,又要深入地把握中国的社会历史文化,采取多取向多方法结合的态度,扎实做好人格中国化的研究。在这方面,本书有很多值得借鉴之处。例如对于马基雅弗利主义人格的研究,这本来是源于近代意大利的一个概念,逐渐发展为当今西方人格研究的前沿热点问题,然而,它又与中国传统的厚黑学文化不谋而合,异曲同工。作者在充分借鉴马基雅利主义研究的基础上,深入开展了本土厚黑人格的实证研究,得出中国厚黑人格的独特结构、形成机制及其心理行为后效。再如在"物质主义"一节中,作者在借鉴国外研究进展的基础上,结合物质主义与儒家传统价值观给当代中国大学生带来心理冲突的研究,将西方概念和方法与中国文化和社会现实巧妙地结合起来。

总之,在我看来,郭永玉教授主编的《人格研究》一书,围绕人格基础研究领域,贯穿着作者对个人健康、社会和谐直至世界和平的关怀,立意新颖深刻,学理严谨公允,资料翔实前沿,文字流畅通达,是一部严肃、厚重而又不失趣味性的学术著作。它定能使读者更有兴趣地站在更高的起点上探索人格的奥秘,进而推进我国人格心理学的研究事业。我相信,只要我们坚持用更丰富、更包容、更整合的世界观和方法论考察人性,持续不懈地推进人格研究的中国化,推进理论研究和实践的紧密结合,我国的人格心理学必将有更蓬勃的发展,也会为社会的进步作出更多的贡献。

原文载于郭永玉主编《人格研究》,上海:华东师范大学出版社2016年版。

为毕重增著《自信与社会适应》作序

自信是在了解自己的基础上相信自己能够成功的一种品格。自信是人生成功的关键,也是民族复兴的关键。

自信能够释放出巨大的潜能,其表现形式是多种多样的。自信的人相信自己的优势,将自己最大的潜能释放出来,即使遇到失败和挫折,也不认为自己能力差,而认为自己努力不够,从而激励自己更加努力,寻求新的对策,勇敢地面对前进道路上的任何艰难险阻。自信的人相信自己会成功,对成功的憧憬会使自己的潜能更多地释放出来,激发自己从成功走向更大的成功。自信的人心有主见,喜欢面对挑战,敢于做前人从未做过的事情,能够很快地调动起自己的潜能,更容易获得创新成果。自信的人是时间管理的高手,坚信自己对各项事情的时间安排不会出错,将自己的潜能合理地分配在工作、家庭、休闲生活上,使自己各方面都取得成功。自信的人相信自己能成功也相信别人能成功,他们重诺守约,善于在团队合作中发挥自我的价值,努力构建命运共同体,团结更多的人追求真善美。

与自信相对的是自卑。每个人都可能会有不同程度的自卑。自卑与自信也是可以转化的。如果因缺陷或失败而自卑,想要摆脱自卑的人就会力争上游,获得成功的自信成了进一步发展的动力;如果沉沦于自卑,这个人就会心灰意冷,甚至导致万念俱灰、万事皆休的境地。

个人自信与文化自信是相通的。中华文化丰富多彩、博大精深,其基本的要素主要有刚健有力、和合与中、崇德利用、天人合一。在认识中华民族优秀传统文化基础上所产生的文化自信会释放出民族复兴的巨大潜能,激励着我们为实现中华民族伟大复兴的中国梦而努力奋斗。

毕重增教授在这本专著中对于自信研究涉及三部分的内容:第一部分主要围绕自信的内涵,以理论研究和量化研究阐述自信的多重属性,打开自信概念更广泛的应用空间;第二部分介绍个人、社会与文化对于自信形成、发展及表现影响的量化研究和理论阐述,侧重自信的来源或影响因素;第三部分从个体积极适应社会和回馈社会两个角度,侧重通过量化研究阐释自信的社会适应表现。第一、二部分可以结合车丽萍、毕重增已出版的自信专著,融入对自信品格养成、健全人格养成的框架当中。

该书第三部分对于自信两种适应的划分是一个创新。进取和融合都是适应生活和创造美好生活的重要组成部分。美好的生活,不但要求个体求真务实,认识自己、社会和环境，发挥能动性、创造性，还要理解人类精神与社会生活的多元性和多样性，做到超越狭隘的个人主义和极端文化本质主义，与人为善、命运与共。这界定了自信始于能动性又受制于、服务于共同发展的内在属性，两者的对立与衔接价值成为理解个体自信发展和文化自信发展的一个新框架。

总之，毕重增教授这本专著是我国心理学界关于自信研究的一个里程碑，值得庆贺。我很高兴向读者推荐！

黄希庭 谨识

2016年12月于西南大学有容斋

原文载于毕重增著《自信与社会适应》，北京：科学出版社2017年版。

为尹可丽等著《云南青少年民族团结心理与教育》作序

民族问题自古以来是多民族国家治国理政的大事,牵系国家的长治久安和民族的繁荣昌盛。中国是一个统一的多民族国家,由于历史的积淀和选择,中国最终形成了各个民族你中有我、我中有你、谁也离不开谁的多元一体格局。党的十八大提出到2020年全面建成小康社会的宏伟目标。全面小康是中国56个民族共同的全面小康,全面小康宏伟目标的实现需要56个民族共同团结奋斗。党的十八大以来,习近平总书记对民族工作作出了一系列重要指示,充分体现了新的中央领导集体对于民族工作、对于民族心理与民族精神建设问题的高度重视。中央民族工作会议暨国务院第六次全国民族团结进步表彰大会指出,民族团结是我国各族人民的生命线。做好民族工作,最关键的是搞好民族团结,最管用的是争取人心。

国家对建设健康民族心理的需求,向心理学工作者提出了新的研究课题,我国心理学家积极响应。以尹可丽教授为首的云南民族地区的心理学家,以我国云南省少数民族聚集地的汉族、彝族、藏族、佤族、傈僳族、白族、傣族、壮族、哈尼族、苗族、纳西族等11个不同民族的10967名中小学生和1270名中小学教师为研究对象,采用量化和质性研究方法,取得了丰硕的研究成果,完成了《云南青少年民族团结心理与教育》一书。这本书对于当前我国探讨民族问题的理论和实践是相当有价值的。

《云南青少年民族团结心理与教育》是一项创新性的研究成果,其主要创新表现在以下四个方面:第一,从理论和操作层面上对民族团结心理概念做了界定。该项研究将民族团结心理定义为包括中华民族认同和本族认同的民族认同、民族团结知识、民族间友好交往行为等内容,突破了以往用某一个与民族团结有关的心理学概念解释民族团结问题的局限性。这一理论创新将有助于学者对我国民族团结心理的研究。第二,该项研究以云南省11个民族的青少年为样本对民族团结心理与教育问题做了深入的研究,为我国今后在学校开展民族团结教育,促进青少年心理健康发展提供了两个数据库。一个数据库包含了近年来云南省中小学开展民族团结教育的基本状况,包括中小学对此项教育的需求、实施情况,教育教学内容、活动内容与方式、考核方式等。另一个数据库包含了云南多个民族青少年对民族团结知识的认知水平、民族认同、民族间友好交往、民族间冲突行为表现等现状,可以满足有需要的教育工作者查阅研究所涉及的11个民族学生的情况。第三,该项研究对以宁洱民族团结碑签字代表方有福等人所做的心理传记学研究,描述了特定时期民族团结意识与态度的形成过程,为民族团结心理研究提供了一份宝贵的心理个案。第四,这项研究编制了一系列具有一定信效度的问卷,可供了解学校民族团结教育和学生民族团结心理的调查之用。

应当看到，民族心理与教育的研究在我国目前尚处于刚刚起步阶段，这是一个十分繁难的研究领域。要做好这个领域的研究，我有两点建议：

第一，要进一步加强基础理论学习的深度和广度。我们研究民族心理和教育，其最终目的是点燃心灵的真善美，提升民族的福祉。当今世界是走向全球化与互联网的时代。全球化包涵两层意思：一是市场的一体化，二是命运共同体。互联网加快了文化一体化的进程。快捷的交流方式把人们的距离拉近了，五大洲变成了一个“地球村”。经济的紧密联系、生态环境的紧密联系、文化交流日益频繁，使人类各地区各民族更加休戚相关了。因此，要想在民族心理学研究上取得成就，不仅应该在该专业范围内有深入的研究和造诣；而且还应有广博的知识，例如懂得一点儿文化学、考古学、语言学、经济学、政治学、社会学、宗教学、教育学等的知识。因为当今不少民族心理的研究课题往往是综合性的、复杂的，甚至涉及许多学科的问题，特别是像民族团结心理与教育这样的大课题，如果专业理论基础过于狭窄，同时又缺乏广博的知识，面对这样的问题，你就会感到束手无策。而跨学科的边缘科学问题通常是最有希望做出好成果的。

第二，要把量化研究与质性研究结合起来进行探讨。民族心理学家不只是在于描述该民族人们的心理和行为，而且还要说明各种心理和行为各方面的相互关系。如果只依靠量化研究方法如实验和问卷，不仅研究结果的效度存在问题，而且往往难以做深入的探讨。但是如果采用质性研究，例如通过参与观察（participant observation），即与该民族的人们同吃、同住、同劳动，说他们的语言，亲身体验他们的风俗习惯，我们就能够比较深入地了解他们的心理和行为是怎样与他们的文化体系中的社会、经济、教育、宗教以及历史的种种相互联系而表现出来的。尹可丽教授等的这项研究成果尝试综合采用了问卷、焦点小组访谈、心理传记、故事完成测验等各种量化和质性研究方法，对云南省青少年的民族团结及其教育做了深入细致的分析，取得了可喜的成绩。这也说明把量化研究与质性研究结合起来探讨民族心理和教育问题是可行的，我们今后应当坚持去做。

万事开始难。现在该项研究的作者已经有了一个好的开端，但是在学术研究的征途上还会遇到各种各样的困难。任何困难都有这样的特性，就是欺软怕硬。你软它就硬，你进取它就被战胜。只要养成幸福进取的品格，自信会取得好成果，坚毅有恒、百折不回地进取，踏踏实实地克服困难，今后一定会取得更多更好的成果。养成幸福进取的品格，将终身受益，不仅在学习和科研中，而且在工作和生活中，都会是有益处的。

黄希庭

2016年9月于西南大学有容斋

原文载于尹可丽等著《云南青少年民族团结心理与教育》，北京：中国社会科学出版社2018年版。

为吕厚超等译著《时间洞察力的理论、回顾、研究和应用——致敬菲利普·G. 津巴多》作序

时间是人人都具有的资源,但不是人人都理解它的价值。有的人在有限的时间里争分夺秒,刻苦学习,发奋工作,业绩永垂千古;而有的人在相同的时间里拖延再拖延,碌碌无为,最终虚度年华悲白发。人们对待时间上的个体差异称为时间人格。时间人格有各种表现形式。我们曾对时间人格中的时间管理倾向做过研究。研究发现,个人的时间管理倾向由时间价值观、时间监控观和时间效能感三个因素构成,还编制了具有较高信效度的"青少年时间管理倾向量表",受到学界的认可。时间洞察力与时间管理倾向有密切联系,它们都会影响我们对时机的选择和决策,影响着人生奋斗目标的实现。

时间洞察力是个体对时间的认知、情绪、态度和行为倾向上所表现出来的相对稳定的人格特征,是一个人的先天素质与环境交互作用而形成的。我们可以从不同的角度对时间洞察力进行分析。时间洞察力既是一种能力特质也是一种动力特质。说它是一种能力特质,因为人们对时间的感知、记忆、理解、推理以及对时机的把握和决策等,都存在着能力上的差异。说它是一种动力特质,因为人们对时间的价值观、对现在时间的把握、对未来的理想和追求、对自我的管理与监控、对时间的情操等都存在着动机上的差异。时间洞察力的能力特质和动力特质又是紧密联系在一起的。

时间总是从无限的"过去",经"现在",向着无限的"未来"。"过去""未来"的中间经过"现在",使时间成为无始无终的连续体。我们的时间洞察力离不开对过去—现在—未来的认知、情绪、态度和行为倾向。由于人们在过去、现在与未来所涉及的事件、情境和计划的时间信息不同,个体对于过去、现在和未来的认知、情绪、态度和行为倾向也不同,从而对人生的发展前途也不同。

能否有效地总结自己过去的经验与教训,是时间洞察力的一种表现。高时间洞察力者决不会因失败而哀号并丧失信心,而是能从过去的错误中吸取教训,乐观地寻求加以挽救的办法。对于过去,成功者与失败者之间的主要区别,常在于成功者能以高时间洞察力从过去的错误中吸取教益,并在今后的生活中以不同的方式进行再尝试。

能否抓住当前时机,是时间洞察力的另一种表现。高时间洞察力者正视现在,善于

创造时机，及时把握时机，不因循、不观望、不退缩、不犹豫，同时也会享受当下，为今后的努力做好准备。对于现在，成功者与失败者之间的主要区别，常在于成功者能及时把握稍纵即逝的时机，当机立断，不优柔寡断；同时也会享受生活，使现在的自己更加充实。

能否确定个人未来的目标并按计划有效地加以实现，也是时间洞察力的一种表现。生活是丰富多彩的，每个人的梦想也各不相同。观察周围的人们，我们可以发现，成功者有自己未来的梦想，既切合自己的实际又有一定的高度。对于未来，成功者与失败者之间的主要区别，常在于成功者敢于追求卓越的未来目标，采取具体措施，踏踏实实地从现在做起，以自己的努力创造未来；而不是安于现状的宿命态度和及时享乐的无所作为。

“人生天地间，若白驹之过隙，忽然而已。”（庄周《知北游》）。时间本无价，人生苦太短。我们对时间的洞察常以价值衡量：过去、现在、将来，哪个时间最值得珍惜？短期、中期、长期，哪个时段最宝贵？瞬间、即刻、不久，哪个片刻更重要？对于这些在生活中经常遇到的问题，我们所做出的种种决策都取决于内心的时间价值观。这种选择也有正确与错误之分。蹩脚的选择会使我们错失良机，而富有远见的选择会使我们从成功走向更大的成功。

吕厚超教授自1997年跟随我攻读硕士研究生开始，就对时间洞察力产生了浓厚的研究兴趣，数十年如一日坚持至今，取得了较为系统的研究成果。他所领导的研究团队对时间洞察力从过去、现在、未来三个维度进行了系统的实证研究，对时间洞察力的结构、功能、性质和机制做了详细阐述。这部译作是为庆祝美国斯坦福大学的著名心理学家菲利普·津巴多（Philip G. Zimbardo）教授80岁生日的时间洞察力学术著作，作者来自世界各国，均为时间洞察力领域的专家和学者。相信这部著作能为我国的时间心理学和时间人格研究提供有益的富有启发性的参考，为我国的时间心理学研究提供新的不同的视角。让我们共同努力探究这令人神往的心理时间吧！

是为序。

黄希庭 谨识

2019年10月5日于西南大学有容斋

原文载于吕厚超等译著《时间洞察力的理论、回顾、研究和应用——致敬菲利普·G.津巴多》，重庆：西南师大出版社2021年版。

为陈煦海著《跟情绪做朋友——教师情绪管理与成长》作序

这个月初，我收到煦海从西安寄来即将付梓的书稿《跟情绪做朋友——教师情绪管理与成长》，他希望我能为这本书写个序，我欣然应允了。通读了这本书稿之后，我觉得它有两个显著特点。

第一个特点是力求突出实用价值。“人非草木，孰能无情?”只要人是活着的，他/她就会生活在情绪的世界里，体念着各种各样的情绪。我国现代心理学家林传鼎对《说文》中描述情绪的词汇做过内容分析，结果表明，人类的情绪可分为18类，即安静、喜悦、恨怒、哀怜、悲痛、忧愁、忿急、烦闷、恐惧、惊骇、恭敬、抚爱、憎恶、贪欲、嫉妒、傲慢、惭愧、耻辱(林传鼎，1944)。20世纪80年代钱巍和倪文杰主编的《最佳心理描写词典》一书，汇集了古今中外文学作品中脍炙人口的心理描写片段，涉及185种心理活动，除去像专注、分心、感觉、想象、回忆、谋划、推测等18种属于认知活动外，其余167种均属于情绪活动(中国国际广播出版社，1988年)，而这些认知活动也不可能与情绪活动相分离。教师肩负着传道、授业、解惑，教书育人的重任，他们的情绪世界很值得我们关注，而市面上竟没有见到过有这样的书。煦海说：“19岁起我就开始做教师了，为人师的成就感和愉悦感是驱我前行的动力，而为人师的愤怒、沮丧乃至无聊又是阻我前行的障碍。所以，涉猎情绪基础研究的我逐渐意识到‘从情绪科学研究者的角度阐述一下教师情绪管理与成长’该是我能做的一点儿实事，更何况自己是教师，(我的)妻子是教师，周边的朋友很多也是教师。于是，我决定写作本书。”出于对教师情绪世界的关切，这本书的写作以当事人的视角去体验、去求索，并不只是简单罗列情绪管理的技巧，而是把情绪管理放到了“东西不够、生命有限”的人生修养里思考，力求通过对情绪的科学探讨，不图降服情绪，但求与情绪合作共赢。这充分体现了一位中国青年心理学者对教师情绪管理与成长的责任担当。我认为，这本书对教师情绪的管理与成长是很有实用价值的。

第二个特点是力求科学地加以论证。情绪对我们的生活质量具有决定性的意义。我们都希望自己过幸福的生活，最大限度地发挥情绪的积极作用，并且尽可能减少它的消极作用。煦海认为要和情绪做朋友有两个要诀：一是要在现实生活中积攒起和情绪做朋友的本钱；二是要修炼自身，练就和情绪做朋友的胸怀。为了阐述这两个问题，作者在本书安排了三部分内容：一是描述人类情绪的底层逻辑，说明情绪是什么、从哪里来、有什么用；二是阐述和情绪做朋友的务实方法，包括高效利用时间、深度工作、寻求心流和构建社会支持，让自己成为高效能人士，积攒和情绪做朋友的本钱；三是阐述和情绪做朋友的务虚技巧，包括接纳自我、善待他人、认知重构和合理宣泄，让自己内心笃定而澄明，练就与情绪做朋友的胸怀。在这样三部分内容的安排里，作者力求基于科学逻辑和实证证据，通过虚实相生、软硬结合，"此心不动，随机而动"的知行合一的训练，让读者掌握和情绪做朋友的技艺；此外作者还介绍了诸如社会比较、自我认知、时间管理、深度工作、博弈论和非暴力沟通等看似和情绪管理关联不大，却可能在底层牵引着我们情绪体验的前沿实证研究。因此作者认为，这样就可以心平气和地与情绪做朋友了。

情绪世界丰富多彩，情绪在教师的生活中无处不在，从而为我们的研究开辟了广阔的天地。我们可以研究教师的情绪体验、情绪行为、情绪表达、情绪识别、情绪唤醒等情绪世界，也可以研究情绪与教师社会生活的方方面面：情绪与教育、情绪与教学、情绪与运动、情绪与休闲、情绪与健康、情绪与家庭、情绪与人际关系，等等。在这些教师情绪心理研究课题中，最值得我们探究的是情绪与教师正确价值观的关系；因为教师只有树立起正确的价值观，才能积攒起和情绪做朋友的本钱和胸怀，才能点燃学生心灵的真善美，养成高尚情操，使他们成为幸福的进取者，这是我的期待。

黄希庭 谨识

2019年7月17日于西南大学

原文载于陈煦海著《跟情绪做朋友——教师情绪管理与成长》，上海：华东师大出版社2020年版。

为张锋著《时序知觉研究》作序

我们人类生活在时空之中，对于空间事件有专门的感受器，因而对空间心理学的问题比较熟悉；对于时间事件，人类没有专门的感受器，但我们借助于人脑的各种心智机能，对于像过去、现在、将来、刚才、不久、当下，以及争分夺秒、时乖运蹇、恍如隔世等也能自如把握。随着认知心理学的兴起，心理学家开始探讨时间心理学问题，之后逐渐深入对时间心理学的各个领域，如时间无意识加工、时间知觉、时间记忆、时间推理和决策以及时间管理、时间自我、时间洞察力等开展研究探讨它们的性质、结构、机制、功能及其形成规律。许多心理学家经过努力，在时间心理学领域也提出了一些理论模型。

时间知觉包括时距知觉和时序知觉。时序知觉就是人们对事件的同时性、继时性和先后性的觉知。张峰教授于2003年在西南大学（原西南师范大学）成为我的硕士生以来，开始从事时间心理（时间管理自我监控、时序知觉等）领域的研究工作。2009年博士毕业后，他仍坚持在该领域不断进取，并取得了一定的成果。看到《时序知觉研究》书稿，我感到由衷的高兴。张峰教授在这本专著中对于时序知觉的研究涉及三方面的内容：第一部分包括第一章至第三章，对时序知觉的内涵、实验范式、理论模型、影响因素与神经机制进行了详细阐释；第二部分包括第四章至第七章，对启动、反应偏向、情绪等时序知觉的影响因素进行了实证探究，并对有关的神经机制加以初步考察；第三部分是第八章，对聋人这个特殊人群的时序知觉研究进行了有益探索。专著中的成果，有些是在我指导下完成博士论文时取得的成果，还有一些是在博士毕业后他自主探索取得的成果。

勤奋、严谨、创新、求实是我们这个学术团队的学风，创新是心理学进步的灵魂。张峰教授首次提出了时序知觉启动效应的"双加工表征匹配调节模型"，并把时序知觉的研究创新拓展到聋人群体，该专著不仅有利于加深对时序知觉的理解，进一步探索时间的奥秘，也有助于聋人时序知觉干预并提升其生活质量。

时代在发展，社会在进步，科学研究是永无止境的。目前我们正在探寻时序知觉与核心价值观（core value）和核心自我（core self）的关系，我相信这本著作对破解这个难题可能有所帮助。

总之张峰教授的这本专著对于心理学界关于时序知觉的研究很有意义，值得庆贺。我很高兴，并向各位读者推荐！

黄希庭 谨识
2020年2月于西南大学有容斋
原文载于张锋著《时序知觉研究》，北京：科学出版社2020年版。

专题三　学界情怀

有一首歌唱道："千里难寻是朋友，朋友多了路好走……"歌词浅显易懂，却把友情对人生的意义讲述得很恰帖。俗话说"文人相轻"，这是陋习。其实，学界的友情是人生最宝贵的东西。我十分珍惜学界友谊，我的交友之道是公正、诚信和宽容。专题三"学界情怀"收录了我给学界同人的部分信函以及我在从教55周年座谈会上的讲话，我祝愿友情之花开遍中国心理学界。

一、祝贺学界同人

致武汉大学现代心理学研究中心贺信

致中国心理学会学校心理学专业委员会年会贺信

致“心理和谐与人才强国高层论坛”的贺信

致首届文化心理学论坛贺信

致章志光先生的贺信

致辽宁师范大学心理学院贺信

致第四届海峡两岸“生命叙事与心理传记学”学术研讨会的贺信

致西北师范大学心理学院成立五周年贺信

致武汉大学现代心理学研究中心贺信

武汉大学现代心理学研究中心：

欣闻武汉大学现代心理学研究中心成立，致力于研究社会心理学、文化心理学、人格心理学。特为祝贺！

武汉大学是一所历史悠久，享誉国内外的高等学府，拥有优良的学术传统、浓郁的文化底蕴和充满活力的创新机制，此次成立现代心理学研究中心，必将对我国心理学研究的发展起到重大的促进作用。祝贵中心成果璀璨，以科学发展观推动我国现代心理学研究的进步，为建设和谐社会作出贡献。

黄希庭 谨贺

2007年2月24日

致中国心理学会学校心理学专业委员会年会贺信

刘电芝教授并转中国心理学会学校心理学专业委员会2008年度学术年会的与会代表

各位代表,各位老师:

我本来是准备参加此次会议的,因遵医嘱不能与会,失去了一次重要的学习机会,深感遗憾。

学校心理学是心理科学与教育科学的一个共同分支科学,主要研究学生的心理和行为问题,是心理科学应用于和服务于教育实践的具体表现。随着我国教育事业的发展,近年来我国的学校心理学研究在学生心理素质的培养和学习能力的开发训练、对特殊群体和危机群体(如抗震救灾等)的心理援助与干预以及教师心理健康方面都取得了重要的成果,产生了很好的社会影响。苏州大学应用心理学专业的学校心理学研究方向也很有特色,特别是他们在中小学生的心理健康服务以及学习心理与教改方面成果颇佳。我相信通过这次会议的学术交流必将促进苏州大学应用心理学专业有一个大的发展!

一个学科是否有生命力,它的影响大小,在很大程度上取决于该学科对社会的贡献。我国的心理学工作者只要瞄准国家战略需求,不断满足构建和谐社会的新需求,我国的心理学事业(包括学校心理学)必将欣欣向荣、蓬勃发展,在中华民族的伟大复兴中大有作为!

最后,预祝中国心理学会学校心理学专业委员会2008年度学术年会取得圆满成功!祝同志们身体健康、学有所获!

黄希庭 贺

2008年8月17日

致"心理和谐与人才强国高层论坛"的贺信

沈德立教授、白学军教授及与会的同人们：

首先，我热烈祝贺"心理和谐与人才强国高层论坛"的召开！我因家中有事，不能够前来参会，失去了此次向大家学习的机会，深感遗憾。

心理学是研究心理与行为的科学，也是一门紧密联系实际，应用性很强的学科。自改革开放以来，我国心理学者对中国经济建设和社会发展过程中的不少问题和领域展开了实证研究，取得了许多有价值的应用研究成果。但是就学科的发展和知识的积累来看，我们在理论建设方面是落后了，许多心理学研究缺乏我们自己理论的支撑，过于重视西方理论的应用，使自己的研究成为只为西方理论提供经验支持和佐证，忽视了我国本土理论的构建。召开"心理和谐与人才强国高层论坛"，这个主题很好。它紧跟党中央的战略部署，针对全面建设小康社会、加快社会主义现代化建设中的重大理论和现实问题展开研讨，不仅对我国的经济、社会和文化文明的建设具有重要的意义，同时对于我国心理学发展也有重要意义。

科学地探讨心理和谐和人才强国的关系，必须要把深入的理论探究与严谨的实证研究紧密地结合起来，既要防止无实证数据的空洞逻辑推演，也要防止无理论指导的数据堆积，理论联系实际才有可能发展出具有中国特色的"心理和谐"理论模型，才有可能为人才强国战略的实施提出咨询报告或政策建议。我衷心地期盼着！

当今世界科学研究的学科分野越来越细，探讨的问题越来越专门化，而在经济全球化的背景下，我国现代化建设和人类社会共同面临的各种重大问题都不是某一两个具体学科的研究所能解决的，而是需要多个学科密切配合共同探讨才能达成。像探讨心理和谐与人才强国这样的重大问题，不仅涉及心理学，而且还涉及哲学、社会学、法学、医学、伦理学、教育学、宗教学、遗传学、神经科学等许多学科，如果能够邀请多学科的专家一起探讨，开展跨学科攻关研究，这既是破解这类重大问题之良策，也将给我国心理学的繁荣发展带来新的契机。我相信，通过大家的努力，此事定能办成。

最后，预祝"心理和谐与人才强国高层论坛"圆满成功！祝教育部人文社会科学重点研究基地天津师范大学心理与行为研究院越办越好！

祝与会同人身体健康，在新的一年里为我国的心理学事业发展作出更大贡献！

黄希庭 敬贺

2010年12月14日

致首届文化心理学论坛贺信

中国首届文化心理学论坛暨2013年中国社会心理学年会、湖北省心理学会年会

尊敬的钟年教授及与会的同人们:

首先,我热烈祝贺中国首届文化心理学论坛暨2013年中国社会心理学年会、湖北省心理学会年会的召开!我因家中有事,不能前来参加会议,失去了此次向大家学习的机会,深感遗憾!

文化与人的心理与行为是密切联系在一起的。文化具有共通性,但同时也具独特性。全世界人们的一生,都是接受文化、享受文化、传承文化、创新文化的一生。与此同时不论出生于哪个国家、哪个时代和哪个家庭的每一个人又是独特的。个体在一生中接受文化的熏陶也创造了自我。我们所有的感知、思维、梦想、欲望和行为,在本质上都是文化的。它既具有普遍性,但同时又是个人的、独特的。我们的研究应当既关注多样性中的一致性,同时也关注各种文化的独特性。

中华文化绵延五千年,生生不息,薪火相传。中华文化博大精深、丰富多彩,例如,自强不息,天下为公,和而不同,以德报怨,穷则独善其身、达则兼济天下,先天下之忧而忧、后天下之乐而乐,天下兴亡、匹夫有责等民族特质,都是我们文化心理学研究的丰富养料。早在二十世纪六十年代,潘菽先生曾多次指出,我国心理学必须走自己的路,建立我国特色的科学心理学体系,以便能更好地为我国社会主义建设服务,并为国际心理科学的发展作出我们应有的贡献。改革开放以来,我国许多心理学家在心理学中国化的实践中都作出了不少贡献。例如,2008年5月24日至25日,由“武汉大学现代心理学研究中心”与“万千心理”出版策划机构合作主办的“首届心理学与中国发展论坛”在武汉大学举行,论坛发起人王登峰、乐国安、石铁、许燕、金盛华、钟年、彭凯平等提出“迈向人民的心理学”指引我们推进心理学的中国化。此次“首届文化心理学论坛”应是上次论坛的继续和发展,我相信通过此次论坛必将进一步推进心理学为我国的经济建设和社会发展服务作出新的贡献,我国的文化心理学也必将有新的繁荣发展!

最后,预祝“首届文化心理学论坛”圆满成功,预祝2013年中国社会心理学年会、湖北省心理学年会圆满成功!祝与会同人快乐健康,在新的一年里为我国的心理学事业发展作出更大的贡献!

黄希庭 贺

2013年12月5日

致章志光先生的贺信

尊敬的章先生：

您好！欣闻先生90华诞即将来临，我谨代表重庆市心理学界的同人并以我个人的名义向先生拜寿，衷心祝愿您福如东海，寿比南山！众所周知，您是我国著名的心理学家，不仅在教育心理学和社会心理学领域颇有建树，而且在高师公共课心理学建设中也有卓越贡献。此时此刻我脑海里立刻浮现出您领导我们五人一起完成教育部下达的任务——编写高师公共课心理学的美好情景。先生多次指出心理学是一门介于自然科学和社会科学的中间科学，它有重要的应用价值；认为高师公共课心理学应是一门以普通心理学知识为基础，以教育心理学的主要内容为重点，适当包括社会心理学和青少年心理学材料的综合性课程；还强调这本教材要力求体现科学性与思想性的统一、理论联系教育实际、内容有所更新、反映我国研究成果、深入浅出等原则。在您的精心设计和领导下这本教材于1984年出版以来，深受教育界广大读者的欢迎，1988年获国家教委高校优秀教材一等奖荣誉证书，现已印刷80余万册。至今您还牵挂着这本教材第四版的修订！在您身上我看到了我国心理学家对事业精益求精的精神，至今鞭策着我努力上进，把工作做得更好一些。最令我感动的是您对青年学者的扶植和鼓励，这本教材刚交出版社之后您就提出到昆明和宁波举办讲习班。当时我相当焦虑，怕自己普通话讲不好、资历浅，当时我46岁，是这本书作者中唯一的副教授。您鼓励我，让我在全国性的讲习班上讲课。在这个讲习班中，我不仅从老先生们的讲课中学到了许多讲授技巧，在实践中也提高了我的讲授能力。这件事我至今记忆犹新，很感谢您的鼓励和帮助！

岁月无情，人生苦短，转瞬间，我也步入老年。我决心向您学习并以华罗庚的话勉励自己："树老易空，人老易松，科学之道，戒之以空，戒之以松，我愿一辈子以实而终。"

最后祝章先生健康、幸福、长寿！

黄希庭 贺

2014年12月19日

致辽宁师范大学心理学院贺信

辽宁师范大学心理学院：

欣闻贵校成立"儿童青少年健康人格评定与培养协同创新中心"，我和我的学术团队对中心的成立表示热烈的祝贺！

人格是一个现实的人，是一个完整的人，也就是我们日常所说的人品、品格。人为万物之灵。自古以来，人类始终孜孜以求地探索人格的形成，力图破解是什么导致人与人之间品格上的差异，又是什么导致个人内心世界的多样性。大家知道，即使生活在同样的文化、教育背景和家庭中，人与人之间在人格上的差异依然是十分明显的。当前，中国发展已进入创新的新时代，"创新驱动实质上是人才驱动"。在人才素质的诸要素中，健康人格显然是其中很重要的因素。2006年我们曾用"人格诊断问卷"（Personality Diagnostic Questionnaire-4，PDQ-4+）对全国东南西北中27个城市26所高校近5000名大学生的调查发现，人格障碍亚型的阳性检出率在1.2%~27.6%之间。这也从一个侧面说明成立"儿童青少年健康人格评定与培养协同创新中心"是十分必要的。

心理健康是一个连续体，如果一端是心理障碍，那么另一端便是健全人格。我们一直在研究健全人格。所谓健全人格（perfect personality）就是以正面的态度看待世界、他人、自己，过去、现在和未来，顺境与逆境，是一个自立、自信、自尊、自强、幸福的进取者。我们的研究力求为选拔和培养优秀品格的人才服务。让我们携起手来，努力钻研，为了实现中华民族伟大复兴的中国梦，为了全人类的健康幸福，采用多种研究方法，潜心探究人格奥秘吧！

最后预祝"儿童青少年健康人格评定与培养协同创新中心"在产学研的征途上取得骄人的成绩，为我国心理学事业的发展作出更大的贡献！

黄希庭 贺

2015年6月1日

致第四届海峡两岸“生命叙事与心理传记学”学术研讨会的贺信

尊敬的第四届海峡两岸“生命叙事与心理传记学”学术研讨会主席，尊敬的云南省台办主任，云南师范大学校长，各位专家：

大家上午好！

我因身体的原因，不能与会和各位专家进行面对面的交流，失去了此次学习机会我深感遗憾！

首先，以我个人的名义并代表我的学术团队向第四届海峡两岸“生命叙事与心理传记学”学术研讨会在云南师大召开表示热烈祝贺！

悠悠世界，人为万物之灵，心理学是一门研究人的心理和行为的学问。其研究十分广泛，从探讨个人内在的气质、人格特质、认知能力，对不同事物持有的态度、兴趣、情感以及个人的毕生心理发展和心理障碍，到研究不同类型的人际关系中人与人之间的相互影响、吸引力、影响力和满意度，到团体和组织之中的人际脉络、互动氛围和决策过程，甚至到社会文化、网络、舆论、风俗、时尚对人们心理及行为的影响。人类生活的各个领域都已被心理学所触及，从而形成了包罗万象的各种各样的心理学分支学科。心理学起源于哲学家的思想，发展于大学校园的实验里，最终将成为点燃人类心灵的真善美、造福于整个人类社会的一门学问。要达成这样的目标，需要我们以创新的思路采用各种研究方法，走出实验室，特别是采用比较人性化的质性研究方法探讨人类的心理和行为。

毋庸置疑，当今世界的主流心理学是美国心理学。从詹姆士出版《心理学原理》的1890年开始至今，经过125年的不断努力，美国心理学家取得了卓越的成就：形成了科学心理学的知识体系模式和科学心理学的求知研究方法。它采用逻辑实证主义的、线性的、决定论的研究方法，即按照自然科学研究的原则和步骤，根据理论指导对某种心理现象或行为给出操作性定义，并透过客观测量将其量化为不同的变量，以检验它们之间的可能互动或因果关系，并以具体的数字为证据佐证研究结论。这种对人类心理和行为的客观量化研究，追求的是普遍认同的“一般规律”，完全抛弃了人性。在主流的美国心理学中我们已经看不见人性的复杂性及其丰富的展现形式了。我们从事对人的心理和行为研究却抛弃了自己的人性，这既是不可能的，在道义上也是不可取的。我们应当用科学性和人文性统一的观点研究人的心理和行为。在心理学中要用科学研究与人文研究这两条腿走路，两者不可偏废。科学研究的任务是通过发现、思考、探索和创造，揭示心理和行为的客观（或一般）规律，并且是可以证实的和可以证伪的。人文研究的核心问题是探讨对人生意义的追求，即关注人的审美情操、道德理想、人格完美和终极关怀等文化价值。我们只有将科学研究与人文研究有机地结合起来，心理学才能够真正成为点燃人类心灵的真善美、造福于整个人类社会的学问。

我从事人格心理学研究已有30多个年头，生命叙事和心理传记学这两个研究领域与人格心理学都有密切的关系。美国西北大学的麦克亚当斯（McAdams）教授将生命故事作为人格心理学研究的三个领域之一，心理传记学也有其人格心理学的传统。我曾在多个会议场合以及通过发表文章呼吁包括人格心理学在内的心理学研究，除了采用科学研究之外，还应当采用人文研究。为了唤起读者对人的心理和行为的科学研究与人文研究的结合，在今年刚付梓的《心理学导论（第三版）》中，我还把质性研究放在心理学方法这一节之中加以阐述。我相信，通过大家的努力，对人类心理和行为的科学研究和人文研究相结合的研究取向是会开展起来的。我希望本次会议能成为凝聚海峡两岸人文心理学研究队伍，壮大质性心理学研究力量的一次盛会。

最后，预祝会议圆满成功；祝海峡两岸参会专家身体健康，万事顺意！谢谢大家！

黄希庭 敬贺

2015年6月28日

致西北师范大学心理学院成立五周年贺信

西北师范大学心理学院：

亲爱的老师们，亲爱的同学们！

喜逢贵校心理学专业招生35周年，心理学院成立5周年的喜庆日子，我谨代表西南大学心理学部师生，并以我个人的名义，热烈祝贺西北师范大学心理学院兴旺发达，蒸蒸日上，为我国的心理学事业发展作出更大的贡献！

西北师范大学前身是国立北平师范大学，发端于1902年12月17日成立的京师大学堂师范馆，有着悠久的文化传统。“文革”以前，西北师大的心理学教师如郭士豪教授、沈庆华教授、赵鸣九教授等在国内就相当有名气，“文革”以后，一批年轻的心理学教师如万明钢教授、周爱保教授、杨玲教授等在国内也相当有名气。我们西南大学和西北师范大学的心理学教师，有着深厚的友谊。我记得我曾两次到过西北师范大学，第二次到西北师大的时候，还被贵校聘为兼职教授。我们两个学校，地处祖国的西部，有着相似的处境和相似的发展机遇，我们要响应党中央的号召，在西部大开发和一带一路的建设中，作出我们心理学应有的贡献。

我们都处于祖国的西部，当今的时代为我国西部的心理学家提供了很多机遇。比如说，中小企业创新创业中的心理学问题，西部地区的小微企业创业中的心理学问题，贫困地区的人口脱贫致富心理学问题，西部地区世代贫困的脱贫致富的心理学问题，还有少数民族的心理健康教育问题。这些我们差不多是同样都会遇到的问题。举例来说，贫困地区世代贫穷问题，西方心理学家研究认为是由于人穷志短的结果，贫穷人群的跨期选择是短视的只看重短期效益，而没有长期打算，即贫困导致短视，短视又导致贫困，产生世代贫穷。这个研究结论是否合理呢？我认为是值得质疑的，为什么呢？因为这个结论是一个概率统计的结果，不注重其中的个别差异。事实上，西方心理学研究的结论都是概率统计的结果，注重的是一般情况而没有把个别差异包含进去，这样的研究结论确实是有问题的。我们在现实生活中可以看到，CCTV-7的“致富经”里头有许多人物非常贫穷但目光远大，脱贫致富后带动乡亲们一起脱贫致富。这种忽视个别差异的统计概率的结论，不一定是完全正确的。从实际出发，我们看到相当一部分贫困人口是短视的，但也有一部分人是目光远大、志存高远的。研究中国的脱贫致富问题，看来是不能用国外的研究结论解释的。

我多次强调，心理学研究要中国化，即从中国的实际出发，研究中国人社会生活中的心理学问题，为我国的社会发展和人民健康幸福服务。我们在研究心理学的时候，对于西方心理学的概念、原理和方法，不要生搬硬套把它套到我们中国人头上。我们并不排外，我们要吸收西方心理学中的合理因素，因为人与人之间，有共通的人性，他们的研究也有合理的因素。但是我们在对待外国的研究成果时要开动脑筋，看看它是否符合实际，我们应当努力从中国的实际情况出发进行研究。这样，我们的心理学才会有长足的发展。一门学科的社会影响力和发展前景，与这个学科对社会发展的贡献率是密切相关的。今天党中央十分重视心理学在社会发展中的作用，我们应当振奋精神、发愤图强、面向大众，为建设具有中国特色的心理学而努力奋斗。最后我衷心祝愿西北师范大学心理学院在实现“两个一百年”奋斗目标，实现中华民族伟大复兴的“中国梦”的进程中，充分发挥西部心理学的作用，取得更加辉煌的成绩。

祝西北师范大学心理学院前程似锦！

祝西北师大心理学院的老师们在教书育人工作中取得更大成绩！

祝西北师大心理学院的同学们幸福进取，为祖国的繁荣昌盛建功立业！

谢谢各位！

黄希庭 贺

2017年10月

二、感恩心愿和希望

感恩和心愿

（2016年10月23日上午在“黄希庭先生治学与教书育人理念研讨会暨黄希庭先生从教55周年座谈会”上的讲话）

各位同人，各位领导：

我先讲两句话，第一句话是我觉得我的一生就是想当一个好老师，所做的事情是我认为一个好老师应该做的，我尽力做好，但不一定做得很好。第二句话是我的缺点还很多。比如说各位拿到的《有容斋记忆》这本画册，有同事说很多珍贵的照片没有上，中国心理学会心理学教学工作委员会第一届学术会议的照片为什么不上呀？对《有容斋拾零》也有反映，好多人说我们没有接到要写文章的通知。这些错误都与我有关，我虚心接受，并加以改正。这两本书有缺点、有错误请各位多多包涵。

学校举行这样隆重的座谈会，我首先想到的是感谢感恩。

第一，我要感谢我们这个时代，感谢中国共产党给我们这样一个好的时代，如果像“文革”时期根本不可能在这里开这样的会。是共产党给了我们这个好的时代，这点是应该看到的，看不到是要犯错误的。时代对我们心理学提出了很多问题，需要我们解答。共产党是个好党，共产党给我们提供了很好的从事心理学教学和科研的条件。我虽然不是党员，但是我非常认同共产党，非常支持共产党。

第二，我要感谢我的母校。北大毕业后，我可以去很多地方。但是我要求到祖国最需要、条件最艰苦的地方工作。1961年四川确实很艰苦，天府之国发生大饥荒，饿死很多人。我们在北大读书，每个月36斤粮食定量还有蔬菜吃。到了重庆这里，立即减为每月21斤粮食定量还没有蔬菜，所谓蔬菜就是一杯盐开水。这21斤粮食定量也不是到位的，上面号召大家要为党中央分忧，每人再节约2斤支援首都，实际上每人每月只有19斤粮食定量供应。两三个月吃下来我就开始浮肿，北京的同学还给我寄过粮票。当时的西南师范学院四周是枯萎了的稻田，缙云山的开垦地一片焦黄，那真是受灾严重。当时我跟张增杰先生一起去一所工厂子弟校搞调研，亲眼看到一个小学生嘴巴乌黑全身浮肿倒下就死掉了，那个年代这里真的很艰苦。既然是我自己主动要求到祖国最需要、条件最艰苦的地方去，再大的困难我也要挺过来，这是我当时的想法。现在我们一定要记住当今这个时代是很好的时代。我要感谢我的母校北京大学。我在北大读本科，攻读研究生。我的心理学知识，做心理学实验研究都是北大老师启蒙的。北大的学风自由民主,鼓励创新,中西兼容,兼容并包的思想对我影响很深。北大的学生很聪明也很勤奋。我们在北大早上起来第一件事就是去图书馆抢位置,去晚了你就不能在图书馆看书了。同学们都把时间抓得很紧,不随便浪费,就是在打饭菜排队或入场看电影排队的等候时间都在看书或背外语单词。我的有容斋就取的是北大的兼容并蓄之意,我感谢北大对我的教育。我在北大听过很多课,兼容并蓄的理念对我有很深的影响。我跟杨治良在北大分别的时候讲过一句话,我们两个一个在长江头一个在长江尾,我们把心理学搞起来。我在北大读研究生是在1964年到1968年,我养成了学习自立、无师自通、努力探究的习惯。

第三,我要感谢心理学界同人。我国心理学界同人和善且乐于助人。我记得陈立教授、邹郊教授、荆其诚教授、匡培梓教授、刘范教授、张厚粲教授、林崇德教授、杨治良教授、章志光教授等都来过我们学校,给我们作学术报告,给我们以帮助,我们不会忘记。心理学界同人都是好人,心理学界的团队是一个很好的团队。我有一次参加全国跨学科的优秀博士学位论文评审会,会上有一位其他学科的评审专家谈到他们这个学科,北方很有名的大学的一篇优秀博士学位论文,南方学校的一位专家只给打25分,矛盾够厉害的!我们心理学界没有这种现象。大家都是互相帮助,相互提携的。记得1993年8月在北京召开中国心理学会第七届学术会议期间,卢家楣同志找到我,说起公共课心理学很重要,建议我向总会提出成立一个委员会来提升这方面的工作。我觉得很有道理便起草了一个报告建议总会建立心理学教学工作委员会。经总会批准,教学工作委员会成立后我们共同努力开展了许多工作。卢家楣、郭德俊、郭亨杰、刘华山、苏彦捷、许燕、张庆林、陈红等都是为心理学教学工作委员会作出重大贡献的,如果以后教学工作委员会主任要改选的话,我认为卢家楣同志是合适的人选。(鼓掌)心理学界同人的支持还可以举出很多例子。比如张厚粲先生对我们学校很支持,但是我就是没找到她到我们这里讲授认知心理学的照片。我们这里的心理学事业之所以能得到发展,与中国心理学界同人们的支持是分不开的,让我们大家一起鼓掌向心理学界的同人致谢(鼓掌)。

第四,我要感谢我们学校的领导。我们学校的领导对心理学事业非常支持。无论是前任领导或现任领导都很重视心理学事业的发展。记得1987年我想离开西师到其他学校发展,当时王长楷书记曾两次登门挽留,学校党委决定成立心理学研究所,这是我们学校心理学事业发展的一个里程碑。以后我们学校领导及学校各职能部门都给予我们大力支持。校长邱玉辉教授所在单位计算机系也很支持,这样我们才有了人工智能与认知研究方向。我校心理学事业的发展是在学校党委领导下我们心理人如张庆林、张进辅、张大均、秦启文、赵伶俐、陈红、郑涌、陈旭、李红等同志坚持不懈、长期努力的结果。这个平台是大家一起搞起来的，我只是个领衔人。现在西南大学的心理事业与我1961年刚到这里时确实很不相同了。但是，我们必须清醒地认识到，西南大学地处西南一隅，吸引优秀人才难度很大，我们必须加大力度培育、吸引优秀人才，使他们在这里落地生根。

第五，我要感谢我的学生，感谢他们对我的关爱和支持。我始终认为教学是相长的，学生们对我的帮助很多，他们的进步就是对我的鞭策，他们的成果使我无比高兴。举两个例子，秦启文教授是我指导过的博士生，他担任我校文化和社会发展学院院长以来，每年毕业学生的一次性就业率都是100%，而我们心理学院毕业生的就业率如何？最好的年份大概60%~70%，我觉得我们应向他学习，我们应当努力把学生的书本知识转化为实践技能、社交技能。又如赵伶俐教授的美学造诣颇深，我指导她做审美认知的博士论文也学到了许多美学知识。

第六，我要感谢我的父母，生我养我供我读书。我还要特别感谢我的夫人，没有她的关爱和辅佐我就没有办法全身心地投入到教学和科研中。我的智力平平，但是我很勤奋。张庆林讲的我大热天脚泡冷水中仍坚持学习写作是真的不是假的；早晨四五点起床就开始工作是真的不是假的，我到现在早上都五点半起床；我没有星期天没有节假日是真的不是假的。做人不能忘恩，不能忘夫妻同心之恩情，不能忘同事相助之恩情，不能忘师生切磋之恩情，都不能忘！还要感谢我的儿女，我几乎将所有的时间都用在教学和科研上，很少花时间在孩子身上，也没有时间陪伴妻子儿女上街逛公园，至今深感愧疚。科研是用时间泡出来的，时间太少太宝贵了，我想要做的事情又那么的多。

下面我讲讲我的心愿。

心理学是我的生命，我的一辈子就是在干这一件事。但是我对我们的心理学事业并不满意。我们生活在这样美好的时代，我们应怎样为我国的心理学事业添砖加瓦呢？我有两个心愿：第一个心愿是通过社区心理学尝试构建中国特色的社区心理学。我们的社区无论从自然地理环境看或是从社会文化环境看都与西方的社区不同。从某种意义上说，社区心理学就是小环境心理学，当然它与大的社会心理学是有联系的。我国的社区不同于西方社区，社会文化和历史、组织结构、理想信念、风俗习惯、价值感都不相同。因此，我们不能照搬西方的社区心理学。我们应当深入自己的社区，从中国的实际出发进行研究，从而发展出中国特色的社区心理学的概念、理论、体系和方法，同时又能为社会发展贡献一份力。我们并不排外，我们已组织翻译国外社区心理学的书籍。我们将吸收国外社区心理学的合理因素，但我们不模仿他们，我们要创造自己的社区心理学。

第二个心愿是开展创业创新心理学研究，国家需要我们去做，创业创新是我们国家走向强盛、走向富强很重要的一项工作。我鼓励在我国开展创业创新心理学研究，成立中国心理学创业创新研究中心。这项工作做好了，我们的功德无量。希望大家支持我这个倡议，把这项工作做起来。我们的心理学要为促进国家的繁荣富强服务。做好这项工作也不能用老方法做，需要前瞻性和开创性；也不是哪一个单位单独所能完成的，需要全国的同人大家一起做。

最后，我祝中国心理学事业兴旺发达，祝各位专家身体健康、事事如意，祝西南大学的心理事业越办越好，祝各位领导身体健康，请多多支持心理学事业，谢谢大家！

我的希望

（2016年10月23日下午在黄希庭先生从教55周年座谈会上的讲演）

各位同人，朋友们：

会开了整整一天，感谢大家的好评。会议快结束了，我想讲三点希望。

第一点希望是心理学界同人要珍爱改革开放以来的好时代。如果在“文化大革命”那个时期，心理学是伪科学、是“封资修”的东西，我们都是被打倒的角色。面对大好时代，我们心理学家要适应时代的要求，关注国计民生的重大问题，为我国的经济建设和社会发展服务，作出自己应有的贡献。

第二点希望我国心理学界要团结。我们心理学是一门小学科、软学科。不团结就没有出路。我们都是研究人的心理和行为的，相信幸福进取，点燃心灵真善美。要学以致用，首先要用在自己身上。宽以待人，严以律己；金无足赤，人无完人。多看看别人的优点，说说别人的长处，少说说别人的缺点。

第三点希望心理学界同人身体健康、家庭美满。养成良好的生活方式，合理的饮食习惯，坚持做适合自己的锻炼，会使我们获得健康，加上幸福美满的家庭生活，我们的事业就会得到更大的发展。最后祝各位同人身心健康，家庭幸福！

专题四　家庭情怀

我有一个温馨幸福的家。我们夫妻恩爱，对子女严格要求。“家和万事兴”，首先夫妻俩要和睦，以家为事业。以家为事业，就是从小就开始培养孩子爱家、爱祖国、爱人类的家国情怀。本专题由六篇短文组成。

我们的亲情

我有一个温馨幸福的家

（2014年2月22日在研究组上的讲话）

我想跟同学们谈谈我的家庭。大家知道，我有一个温馨幸福的家。我们夫妻恩爱。我们都爱怜并严格要求子女，他们的健康成长使我们十分欣慰。家里的日常生活充满着体贴和关心，许多事使我们感到开心、惬意和自豪，但有的事也会使人苦恼、揪心，甚至惊怕的复杂情绪至今难以释怀。家庭里牵动情感的事很多，有三件事值得说说。那时“文革”尚未结束，学校虽未开学，但政治学习多，开会多，家里无人照看孩子，我们商定当孩子两岁时，便送他上幼儿园。一天，我抱着巍儿，哄他说：“我们上街街的幼儿园，那里你的朋友多，玩具多，特好玩儿。”一路上孩子高高兴兴地来到幼儿园，但当我把孩子交给幼儿园老师，要离开幼儿园时，巍儿就哭了起来，我说会很快来接你的。其实我在马路上透过教室的后窗看到，这孩子一直在啼哭，一直在寻找我。真让人揪心！每次我送他上幼儿园，他都恳求：“我不上幼儿园，我不上幼儿园！”就这样折腾了五天，巍儿又咳嗽又发烧，那只有不去幼儿园。至今我仍不明白，孩子的这种依恋行为为什么如此强烈？好像与孩子的年龄有关。后来我们在大校门外面找到一户诚实、较清洁的工人家庭，把巍儿送去寄养。负责带孩子的罗阿姨家有四口人，她很会哄孩子，巍儿很快就与她的儿子双全哥哥混熟了。不久承惠被检查出患了肺结核，我送她到歌乐山结核病医院住院治疗。回来看到的家是空荡荡的，冷冷清清的，显得十分凄凉。我想让承惠早日出院回家，便设法借来背篼到草街子去买鸡，到中药店买黄芪、当归来炖鸡，经常把鸡汤送到山上去。有一天罗阿姨一家要到亲戚家做客，把巍儿送回家来。我很高兴，便领着孩子上街买水面。当时北碚街上只有在老电影院对门有一家卖水面的铺子，排了三个队，我牵着巍儿的小手排在中间一队，当轮到我购买时，我便放开巍儿的小手，拿出纸包里的钱和粮票，递给售货员，但当我接过售货员的面装入小布袋准备回家时，却不见了巍儿，这个人到哪里去了？这孩子到哪里去了？我到处寻找，在寻找的过程中还询问周围排队的人，问他们是否见到过这个孩子。我找了三遍，有一次还转过右街角寻找，都没有找到，这时心里十分慌，心想妻子承惠生病住院，我却把孩子弄丢了，怎么向她交代呀？我呆呆地站在人群后面，头脑不时闪现出承惠疼爱这孩子的各种画面……在惊恐和无助之际，我听到孩子喊：“爸爸，爸爸。”这时我喜出望外，惊喜地紧紧抱着孩子，抱着他往回家路上跑。后来我才知道,他走过街道去看挂画展了。这件事虽然过去快50年了,但我至今想起或看到电视中的寻亲节目时仍心有余悸。

我的女儿岚岚比她哥哥小七岁,喜欢读书、背诵古诗词。她不认识的字、不理解的典故及不了解的著名人物生平,经常来问我,其实我操浙江口音的普通话读音很不准确,典故和著名人物的生平一时也说不清楚。为了使她准确地识字,我教她如何查阅汉语词典;为了使她准确地了解一些典故和著名人物的生平,我教她如何用《辞海》查询。我夫人承惠在辅导女儿解数学题时,也要求她遇到问题先请教数学手册,如果实在有困难再来讨论。这样我们便可以从辅导中解脱出来,防止了以谬传谬,同时也培养了孩子独立思考的学习精神。

家庭教育是一门学问,也是一门艺术。我虽然写过《家庭教育艺术——论家庭教育思想和方法的改革》这样一本书,但缺乏深入实际的研究。希望有志者联系我国实际,深入开展家庭教育心理学的研究。这是一项功德无量的事业。

今天我要跟你们讲讲我人生中的一些事情。为什么我要跟你们讲这些呢?因为我觉得我事业上的成功、家庭的幸福、子女的成功,都跟我的妻子承惠的努力是分不开的。一个好的家庭,就会有好的情趣,好的子女教育。我们这个家庭曾于2004年6月被重庆市精神文明建设委员会评为"诚信文明模范家庭"。

"家和万事兴。"这里所说的"和",包含和睦、和美、和顺、和气、和悦、和洽、和善、和婉等意思。"家和万事兴",首先夫妻俩要和睦。"二人同心,其利断金。"家庭里夫妻同心,力量无穷,这是家庭事业兴旺发达、子女教育成功的根基。家里人的相处,小摩擦、小矛盾,甚至小冲突在所难免。要以和善的态度去处理,要互相体贴、互相谅解;不要纠缠于小的争执,互不相让,互相斗气,要设身处地地为对方着想,不要伤害对方的自尊心。发生争执时,那种争强好胜、假装冲突不存在,或用侮辱性的言语、暴力来反击对方,都是绝对错误的。这时你需要做的是冷静下来,仔细考虑一下怎样把争执引向建设性的方向。

"家和万事兴"就是以家为事业。以家为事业,必须坚持勤俭持家。"克勤于邦,克俭于家。"(《尚书·大禹谟》)勤能补拙,俭能防奢,这些优良品格有利于孩子的健康成长。以家为事业,必须坚持仁爱慈善。从一个家来看,行仁施爱,首先要从家长做起,只有家长有一颗仁爱慈善之心,关爱他人,家庭其他成员才会仿效,这个家才会弥漫温暖、关怀、体贴的仁爱的气氛。以家为事业,就是把家庭的幸福与国家的繁荣昌盛、人类福祉紧密联系在一起。家庭成员除了在家中负有责任外,对祖国的繁荣昌盛、人类的进步事业也负有同样的责任。"天下兴亡,匹夫有责。"要培养我们的下一代走出自我中心,为实现中华民族两个一百年奋斗目标而努力进取。以家为事业,就要从小开始培养孩子爱家、爱祖国、爱人类的家国情怀。

家和万事兴,包括我的两个子女有出息,都跟承惠的努力分不开。我特别痛恨那些不负责任的父亲和母亲。作为一个父亲、一个母亲,怎么可以随随便便不管自己的子女,不管自己的家庭呢?不能,绝对不能。正因为如此,我特别同情关爱在单亲家庭成长的孩子。明天就是孙老师两周年忌日。我向你们讲这些,就是想和自己亲近的学生谈谈怎么样对待人生,对待家庭,对待你的另一半,就是要让你珍爱你的另一半。

妈妈有台缝纫机

“吧嗒吧嗒。”妈妈坐在缝纫机前一边用脚踩着踏板，一边用手扶着布料，两块布在缝纫机针一起一落之间从妈妈的胸前推开，结合在一起。

妈妈又在做衣服。我轻轻走到她旁边，妈妈注意到我过来，看了我一下，继续专心用缝纫机缝衣服。

十岁的我对妈妈缝纫百看不厌。我在旁边坐下来，一边看书，一边看妈妈用缝纫机。

“啪！”线断了。

妈妈叹了口气，把断了的线拿起来拧了拧，从上面的针眼儿开始一个一个地穿过去。最后一个针眼儿又小又低，妈妈一下没穿进去。她把线拉出来，放到嘴里润湿，又拧紧线头，反复了好几次，终于穿了进去。

我在旁边帮妈妈松了口气，看着机器又有节奏地转动起来，布慢慢地快要变成衣服的样子了。我又拿起书来读。虽然旁边缝纫机“吧嗒吧嗒”地响，我仍然喜欢坐在妈妈旁边看书。

“砰啪！”又是不寻常的一响。

“哎呀！”妈妈也跟着叫了一声，“完了。针断了！只好再去买几根针。”

妈妈收拾好布料，合上缝纫机，盖上一块漂亮的布再放上压着照片的玻璃板，起身去买针了。

“没想到用机器做衣服也这么麻烦。”我心想。

缝纫机合上以后是妈妈早年的写字台，看不到缝纫的痕迹。许多个夜晚，我从被窝里往外偷看的时候，就看见爸爸坐在书桌前，妈妈坐在缝纫机前，昏暗的灯光下，他们在写字看书。妈妈不在的时候，我也喜欢趴在缝纫机上涂涂写写。

我印象中妈妈缝纫的过程并非都像这次那么麻烦，似乎妈妈在缝纫机前坐一会儿，衣服就出来了。小时候我们全家穿的衣服裤子都是妈妈这样“吧嗒吧嗒”一踩一踩做出来的。

虽然妈妈一直亲自缝纫，可是家里还是有请裁缝的经历。也许因为那时家境好些了，请人多做些更漂亮、更难做的衣服。裁缝是从远处来的，只有那几天能请到。他们每天就像上班一样来到家里。我不记得他们自带缝纫机，所以缝纫时一定用的我家的缝纫机。不知道自家有缝纫机是否是请裁缝上门的必要条件。

平时,妈妈总是说:“不要吵到爸爸工作。”我们在家都蹑手蹑脚的,家里很安静。

裁缝一来,可就不一样了。屋里的各种桌子都清理出来做工作台面。

妈妈拿出布料,和裁缝一起设计。重庆的冬天阴暗潮湿,窗外的竹林挡住了本来就少得可怜的阳光,裁缝们用画粉笔在布料上画出的线我只能依稀分辨。

“这几件浅色格子布料能做几件假衣领?”妈妈问。

“尽量多做几件吧!”

“要硬的衣领。撑起来好看。”妈妈说。

裁缝此刻拿出了统领千军的气概,说:“好!熬糨糊!”

我们一起跟着裁缝跑到厨房。

妈妈把面粉和锅拿出来,在锅里装上水,放在火上。裁缝把面粉放进水里,轻轻搅动。锅里渐渐升起蒸汽。

“嘿!冒泡泡了!”锅里的变化让我很兴奋。锅里继续咕嘟咕嘟一段时间之后,面粉变得黏稠。

“好了!”灶台边的“大厨”又回归为裁缝,端着热气腾腾的糨糊回到工作间。

我在旁边看得流口水,等到没人注意的时候还尝了一口。不过味道一定不好,因为现在记不住,当时也没有接连不断地把一锅糨糊吃完。

衣服做好以后我特别爱看那一排假衣领摆在一起的样子。印象中我们去照相馆拍照时妈妈爸爸还穿过。这些假衣领以假乱真的能力真强,现在已无法挑出照片中哪张是假的衣领露在外面的了。

我也不知道妈妈总共花了多少工钱,一定比买衣服方便、合身、便宜吧!

我听妈妈说过,缝纫机在当时是个大件,很不容易买到。要么没钱,要么没票,要么没货。缝纫机的购买时间也是一个谜。我隐约记得妈妈提起在梁平买缝纫机。小河姐姐也记得她1974年从梁平回到北碚以后,妈妈给她做了一件的确良的衬衫。而爸爸却坚持认为在梁平时本来工资就不多,还要给奶奶寄钱,不可能买缝纫机。他记得缝纫机是1977年左右买的,那时他在编写教材。

小河姐姐那件的确良的衬衫没有缝纫机是怎么做出来的呢?我们都很好奇。

爸爸说:“应该是借的朋友钟伯伯家的吧。”

如此艰辛才买到这台缝纫机,妈妈对于缝纫一定非常热爱,对于缝纫机也一定非常珍爱。

改革开放之初,爸爸的同事们开始进行各种形式的创收,其中一个就是做绒毛玩具。

“需要借家里的缝纫机去做绒毛玩具。”爸爸说。

“嗯。”我不记得妈妈多说了什么，她对爸爸的各种行动都是支持的。我只能想象妈妈心中会略有担忧和怀疑。

我们去参观过那间“绒毛玩具工厂”。妈妈的缝纫机和从其他人家里借来的缝纫机一起亲密地摆在一间不大的房间里，有几个我认识和不认识的阿姨正进行流水线作业。

不久以后缝纫机回到家里，还留下了一个可爱的绒毛猫。

“她们真能干啊！”妈妈夸奖道：“说做就做出来了！”

我摸着绒毛猫厚厚的皮毛，软软的尾巴，还有胖鼓鼓的身体，很好奇缝纫机怎么把这些元素都结合在一起的。猫猫亮亮的眼睛看着我，也好像在问：“你知道我如何长上去的吗？”

不得不说，后来我自己有了缝纫机以后，也研究过做绒毛玩具，可是始终没有开始，那些厚实的带着毛的布料总让我觉得无法驾驭。

这些同事最后赚了多少钱不得而知。不过妈妈觉得后来缝纫机不如以前好用，比较容易出故障，可能因为使用过度，有零件劳损。妈妈有个缝纫机油瓶：细长的口子，胖胖的肚皮，手指在瓶底上一压，“砰”的一声，油就滴进了机器里面，散发出淡淡的机油味儿。通常缝纫机加油以后，就能解决许多问题。但这次缝纫机被过度使用以后，缝纫机油也不管用了。妈妈说起来有些遗憾和伤感。

我上初中以后，妈妈也开始到街上给我们买衣服。那时流行穿一种萝卜裤，妈妈给我也买了一条。

“哎呀！我不要穿！”一穿上就不喜欢，我忍不住任性地说，“妈妈做的松紧带的裤子穿着宽松舒服，萝卜裤又硬又难看！”

妈妈无可奈何，亲自缝纫不得不继续下去。后来附近有了裁缝，她有时也会带我去街上买布再到裁缝店里量体裁衣。据说爸爸一直喜欢穿妈妈做的内裤，穿了几十年。我们在Costco买的四角宽松内裤勉强可以取代。

我在美国工作以后不费吹灰之力便买了一台缝纫机，用它做被子。我喜欢被子的图案感和几何形式。一度我把许多周末都消耗在缝纫机上。爸爸妈妈都对此很不赞同，觉得我在浪费生命。我浪费了一段时间的生命以后，几个新的生命进入我的生活。我不再有闲暇可以挥霍，所以我的缝纫机也收进箱子里没有打开。最小的孩子出生一年多一点儿之后，妈妈去世了。妈妈的缝纫机被搬到老屋陈列。至此，两代人的缝纫机都束之高阁。

在家庭影集里，找不到妈妈使用缝纫机的照片。然而我却能轻易地从记忆的阁楼里召唤出一幅幅的画面：从重庆阴雨绵绵的天空开始，镜头拉入一间既是卧室又是书房的屋子。窗外，水珠从竹叶上滴下。窗下，摆着一张书桌和一台缝纫机。一个小女孩在缝纫机旁来来往往。她有时趴在缝纫机上写字；有时猫在缝纫机的两条腿间玩儿踏板，看它怎样带动皮带；有时把手伸进缝纫机肚子上的小洞里，去掏里面的各种碎布、各种小零件。镜头翻开新的一幕，女孩的妈妈坐在缝纫机前，女孩趴在旁边看她缝纫，缝纫机的踏板在脚下有节奏地一摇一摇。镜头里的时光忽然加速，在快进模式中女孩瞬间长大，在时光加速器中被甩进异国他乡。而在缝纫机踏板发出的越来越慢的“吧嗒吧嗒”声中，镜头中的缝纫机与妈妈的身影渐行渐远，飞入重庆阴雨绵绵不见星光的夜空……

黄岚 随笔

我又见到了她

2012年2月23日是我的老伴孙老师去世的日子,明天是她离开我们整整两年的日子。这两年来,我非常哀伤,人也瘦了很多。我曾经梦到过她,也曾经见到过她,有四次。第一次,是去年四月一日,我至今还记得很清楚,大白天上午10点钟左右在学府小区前门的公路上我去中国银行西大支行的路上看到她在道路的对面走,向小区的大门走去,还对我笑,与生前模样一样面带笑容。我清楚地意识到承惠已经去世了,那么她怎么还在马路对面走呢?她好像是在招呼我,我急着向小区门口走去。但当我走到了小区门口却没有见到她。好奇怪呀!我看得很清楚,她怎么一会儿就不见了?

去年十月份,我梦见她。最近有两次又梦见她。这思念之情啊,难以隔断。

我是1961年来西南师院工作的,是我主动要求到祖国最艰苦、最需要的地方来工作的。1963年5月经唐令教老师介绍认识孙承惠。当时只觉得这位年轻女教师非常漂亮。也是缘分吧,我对她是一见钟情。后来我们慢慢就熟悉了。热恋中的我,甚至听到她的讲话都感觉特别甜美。我曾对承惠说:“我很喜欢听你说话,你讲话的声音很好听。”她却不喜欢我这样说她。

1963年,新学年开始时,学校动员年轻教师报考攻读研究生(那时学苏联,称为副博士研究生)。我也想报考读研究生,但系里依然安排我做许多的助教工作:除担任辅导课外还要带领学生到合川、市一师去指导教育实习。学校里考研的其他青年教师都有三个月脱产进修的机会,我只能在工作之余,挤时间复习功课,主要是学习Robert S. Woodworth & Harold Schlosberg著的《实验心理学》(英文版),这是北大心理专业指定考研的必读参考书。这本书当时没有中译本,我从永明兄那里借到此书。我中学时学的是英语,大学时学的是俄语,仅凭中学底子的英语,很难读懂这本书。承惠鼓励我考研。为了读懂这本书,我请教过叶麟和吴宓两位老先生。但要看懂这本书还得靠自己,其间承惠给我买来一本张道真著的《英语实用语法》。功夫不负有心人,1964年我考取了北大研究生。1965年6月21日我们登记结婚。短短两年,从认识到结婚,我们寒暑假也很少在一起。1963年至1965年的暑假期间,承惠又被借调到四川省高教局参加高校招生工作。

承惠的童年,家里十分贫穷。她父亲孙春泉1932年从农村去南京金陵兵工厂打工,当工人,日寇全面侵华时,1937年他随厂由南京迁到重庆南岸铜元局第20兵工厂。1941年8月13日日寇轰炸重庆,她父亲不幸被日寇飞机炸死,年仅39岁。承惠那时年仅3岁,孤儿寡母,生活非常困难。她哥哥孙振环15岁到她爸爸干过的兵工厂当童工。她母亲是小脚，除养育几个孩子外，还替人家倒尿罐，刷马桶，就是把别人家装屎尿的马桶收齐倒在大粪车里，再提着空马桶到长江边洗刷干净，然后再一家一家送回去。最近我听邵龙萍的妈妈说，承惠刚出生不久就被她妈妈抱去送给别人家了，以后她妈妈越想越心痛，便从别人家那里把她抱了回来，用米糊糊把她喂大。承惠出身贫苦人家，是真正的产业工人家庭出身，考入大学后她便成了入党的培养对象。而我虽出身中农家庭，从成分上看我与她可能勉强还相配，但我却从小喜欢读书，上大学后仍然“本性难移”，喜欢进图书馆，不喜欢参加政治活动，因而被“左派”视为走白专道路的典型。记得1965年6月中旬我从北大回到西南师院，我俩商量准备结婚。那个年代结婚必须要由单位领导批准。承惠到中共数学系党总支书记那边提出申请结婚，书记用一大堆党性原则来开导她、教育她，没有被批准。我到教育系找系主任签字，开始也没被批准。由于承惠的坚持，她顶着和一个白专道路的人结婚的大帽子，表示一定要和我结婚。最后这两个单位的领导才在我俩结婚申请书上签了字。我们在相悦中相识，在困扰中相知相爱。“不经一番寒彻骨，怎得梅花扑鼻香。”那时我俩的结婚既没有信誓旦旦的仪式，也没有亲朋好友的祝福宴请。但我心里有数：我们这个家，承惠是户主。我要为这个家争气，要对得起她，对得起她对我的信任，这是我内心的想法。做人啊，你一定要对得起心爱你的人。

有一件事值得说说。“文革”过后，1976年，西师教育系的几个“极左派”仍然不放过我这个白专典型，他们以肃清“四人帮”的流毒为名组织了一个会对我进行自早上八时至晚上十时的“批判、帮助”。他们的奇怪逻辑是，“黄希庭是北大的研究生，走白专道路典型，聂元梓是北大哲学系总支书记、是造反派头头，你黄希庭肯定是聂元梓的爪牙，必须彻底交代你与聂元梓的关系才有出路”。可是这些“极左派”哪里知道，我黄希庭在“文化大革命”的北大两派（新北大公社红卫兵和井冈山红卫兵）的争斗中都没有参加，还是喜欢看看书、做家务，还学会了做背心之类的衣服。这些“极左派”一个接一个地念着他们已经准备好的“大批判文章”，“帮助、批判”整整折腾了一天，批判我的白专道路，“白专道路必然是与聂元梓有密切联系的”，要我彻底交代与聂的关系。可我实在没有什么可交代的。挨批判后，我心灰意懒，无精打采地回到了家。承惠看出了我的心情，她若无其事还做鸡蛋炒饭给我吃。在当时这可是奢侈的待遇呀！但我心里总有个疙瘩，她极力劝导我：“不要把这件事放在心里，没有的事不要理会它。”说的话虽然在理，但我知道如果他们把我搞成政治上有问题的人，搞学问肯定是没有前途的。我们这个家该怎么办？那时我们已经有了两个孩子。为了应对这可怕的前景，我建议让承惠搞学问，我在家里做饭，做家务。她坚决不同意，说：“无中生有的事不要理会它，你还是去做你自己的事吧！”患难之际，她的开导和体贴关爱给了我坚持做学问的定力，使我最终走出了人生的低谷。

对我的第一本教材《普通心理学》出版，承惠付出了很多辛劳。1974年，我们搬到文化村88号2楼2-2房住，两间卧室一个厨房，没有厕所。1975年7月14日我们的女儿岚儿出生，家里请了一个保姆——蒲妈。蒲妈和岚儿住10平方米小屋，我们夫妻俩和7岁的儿子巍儿住15平方米的房子。1976年，我开始为地理系的工农兵学员讲授"自然辩证法课程"，1977年春季，我接受心理学教研室主任张增杰教授给我的任务——为78级教育系新生讲授普通心理学课程。这是教育系学生的一门专业基础课，领导十分重视，我也十分重视。自接受任务时起我便开始搜集资料，备课。"文革"中心理学被打成是"集封资修大成的伪科学"，遭到无情的批判，许多图书、实验仪器都被焚毁了。那时已很难找到心理学书，为了备课我把陈封多年的书箱打开，还从图书馆借来刚从国外购到的Mednick等人著的《心理学：行为和经验的探索》(1975年英文版)。那时白天大部分时间是政治学习，我备课写讲义主要是在夜晚进行。要等到儿子巍儿睡着后，用报纸遮住台灯一半的光，我蹑手蹑脚地在一张旧写字台上开始工作；承惠则在缝纫机台上备课或帮我誊抄书稿。我的这本《普通心理学》近40万字是承惠逐字逐句誊抄完成的，其中有些章节我改写过一两遍，甚至三遍，她都毫无怨言地重新誊抄。

承惠讲课很受学生欢迎，她讲授过高等数学、常微分方程和模糊数学等课程，还料理家务、养育两个子女，挤出时间帮我誊抄书稿。她誊抄后的废稿纸足足有30厘米高，她右手中指的第一个关节还抄出了老茧。在书稿即将付梓之时我想在后记中写几句感谢她的话却被拒绝了。她说："都是一家人，写这样的话太见外了！"以后我出版的书，她也都不同意写上我感谢她的话。在她看来这是她应该做的，没有感谢的必要。这就是她的人品。我俩风雨同舟、休戚与共。现在她离开了我们，物是人非，但思念之情反而更加深了。最近我在商务印书馆出版了两本书——《探究人格奥秘》和《探究心理时间》，在付梓之前我在这两本书的后记里都写上了对她的感谢，没有她的关爱，没有她的支持和帮助，我是不可能全身心投入教学与科研之中的，也就不会有这些成果。为什么我要和你们讲这些话呢？这也是我对你们的期盼：夫妻恩爱，互相尊重、互相体贴、互相帮助、互相促进，这很重要。爱人就是你的骨肉。一家人和睦，才有精力做好工作。

心理学的研究生应当具有一定的数学基础。1985年我们刚开始招收硕士研究生时，学生的数学基础较差，我希望承惠为我的硕士研究生讲授高等数学。经数学系领导同意，承惠还为我的硕士研究生讲授过高等数学和模糊数学。我们还合作写过几篇关于模糊数学在心理学研究中应用的论文，如《时间词义赋值特征的分析》(《心理学报》，1991年第3期)、《模糊偏序关系在心理学研究中的应用》(《心理学报》，1992年第2期)以及《过去时间的心理结构》(《心理科学》，1998年第1期)。这些论文中的公式及数据分析都是她做的，我只不过是将文中的前言和后头的讨论写好，使论文达到规范，像个心理学的论文。1986年我已经评上了教授。这些论文她出力最多，我希望她为第一作者，但她坚决不同意，说："我不是搞心理学的，署第一作者不被人家笑话呀！对我有什么用处呀！"她就是这样的一个老实人，不图虚名。她为了我，为了这个家，什么名利她都不去争。去世的时候她还是个副教授。实际上她是一位很优秀的教师：辅导过理论力学，讲授过常微分方程、复变函数、高等数学、模糊数学。这些课都很难讲，每次上课她都精心设计教案，认真备课，上好每一堂课，深受学生们的欢迎。我经常说她比我聪明，可她为了我，为了这个家牺牲了自己。这一件件甘苦与共、相濡以沫的情分和情境让我感触很深。在我看来，承惠就是我心中最伟大、最优秀的贵人！

1983年我收到了甘肃人民出版社寄来的《普通心理学》稿酬2500元，喜出望外，全部交由承惠处理。后来我们商量给我的老母亲和她哥哥各寄300元钱，然后购置一个意大利进口单门的电冰箱、一台12吋的黑白电视机，给两个孩子买几件衣服和玩具，给自己也置了衣服以及被褥之类的生活必需品。有了稿酬收入，家里的生活逐渐得到改善。虽然承惠是我们家的财务总管，但她很少为自己购买衣服，也不同意我给她买东西。有一次我到广州开会，给她买了一双袜子，结果她发现不能穿。此后她坚决不让我给她买东西，而我穿的用的都是她给我买的。她节俭持家，对自己的节省说起来都令人心疼。她在患癌症化疗时流很多汗，经常要换汗衫，可是她的汗衫只有四件根本不够换，并且都是些有洞洞的，破旧不堪。结果我只有和小王到街上的商店去寻找，那时已是冬季，很多商店都已下架，买不到了，只有胜利路商场才有，买了以后她才把衣服换下来。她就是这样一个人。而我的西装竟有八套，都是她买的啊。

她为了我，真的煞费苦心。我身体有一点儿不适，她就逼着我去看病。而她自己却很少去看过病，几乎没有感冒过，也很少看到她头上有白发。她很能忍痛。2010年7月间，我们的儿子儿媳及孙女回国看望我们，她还陪伴他们登长城、参观世博会。此后又过了两个月，有一天，她登阶梯上过公路的彩虹桥，发现右腿髋关节钻心地痛，脚提不起、走不上阶梯，满身出汗。这个时候她才去看病，经西南医院会诊是肺癌晚期。医生说最多存活半年，最后经我们共同努力和她的抗争，确诊后一年又五个多月，她走了！确诊为癌症后我们想尽了一切办法，都没有用。那么好的一个好人，活生生的，癌症把她毁了！她的癌症转移了，转移到胸、腰和髋关节，最后转移到脑膜。这种病是很痛苦的，但她在我面前只哭过两次，其中一次是她看我很焦虑，她规劝我时，我俩抱头痛哭，她确实是一个很坚强的人。

在弥留之际，有两天时间她都闭着眼睛，连稀饭和水都喂不进了，好像在等待什么。这时我儿子从美国回来看她，他走到病床边，俯下身子喊："妈妈，我来看你来了。"她一下子就睁开了眼睛。她是憋着那口气，等候她儿子来看她。我儿子巍巍说："妈妈我要带你到美国去，看看我们现在住的地方。"她微笑了，还点点头。人性中最无私的是母爱，最伟大的也是母爱。正因为她的这个表态，我才同意儿子把她的骨灰带到美国安葬，葬在美国西雅图，现在墓地都已经选好了。我儿子回国把他妈妈的骨灰带走前，我跟他说，我死了以后要去陪你妈妈，但我不可能把全部的骨灰都葬到美国，我的一半骨灰葬在中国，另一半葬在美国与你们的妈妈在一起。因为我爱承惠也爱我的事业和我的学生，如果都葬在美国，学生们可能没有机会来看我。这个我为什么要和你们讲呢，不是我自己不爱国啊，也不是我落叶不归根，我要去陪我的承惠嘛，她一个人在那边，孤零零的，会不开心的。我的好兄弟林崇德教授对我说，老哥哥你把你的全部骨灰拿到美国去安葬不合适，你毕竟是在国内有影响的学者。我觉得他说得有道理，我的骨灰一半葬在中国，和孙老师的衣冠冢在一起，让我的学生有机会来看看我。另一半就去陪承惠，我必须要去陪她，她一个人在那边，孤零零的啊。人总是要死的，有生便有死，但是死的意义不一样。死了以后的安葬我有我的想法，我不会和别人一样把骨灰随便扔，我还要去陪我的承惠，与她在一起。

我们生活在一起将近50年，难以隔断我对她的思念之情。我经常梦到她，甚至大白天都会看到她，每次见到她的样子还是不一样的，想想很奇怪，她不是走了吗，怎么会在这儿呢？就这个问题我曾请教一些人，只有尹德谟教授给出的解释比较靠谱。他也曾在伦敦大白天见到过去世的亲人。他曾专门请教过一位高僧大德"这是什么原因"，老和尚的解释是："你欠（牵挂）着她，她也欠（牵挂）着你，所以你才会看到她。"这句话前三分之一句确实如此，我思念着她；中间三分之一句虽无法证实，但从承惠生前对我的恩爱，推想起来她也是在牵挂着我的。看来，这高僧大德的解释是有道理的。"问世间情为何物，直叫生死相许。"我们搞心理学的，不相信灵魂，不相信鬼神，可是相信世间有恩情存在。西方有一些心理学家主张超个人心理学，这恩情是否能超个人传递交流呢？从搞学问的角度来说，我觉得不妨敞开一些想，不拘泥于某一种观点，思想解放一些，探究这种心理现象的原因是什么。

2014年2月22日录音　2014年5月28日修改

谚语曰：六月六，晒衣服。阴历六月六日，阳历7月14日是我女儿岚岚的生日。她想编写一本图文并茂的书——《我的母亲》，希望我能为她这本书写点回忆的短文。这几天重庆连晴高温，我在屋顶花园给花木浇水时发现桂花、黄桷兰和蜡梅都长势很好，发出了不少新枝芽。此情此景，正可谓"物是人非事事休，欲语泪先流"。永别后，忆相逢，几回魂梦与汝同——特写了此短文。

承惠喜爱的花

承惠是一家之主，既要教学授课又要操持家务。忙中偷闲，她也喜欢养花。1979年我们一家四口住西南师范学院文化村88号附6号两间卧室（一间$10m^2$，另一间$15m^2$），还有一个$4m^2$的厨房，门外有一个洗衣槽，两户人家共用。每天早晨起床后我做的第一件事是，等两个孩子大小便完了后，便提着装屎尿的罐子到附近的公共厕所去倾倒，然后把罐子洗刷干净提回家。那时我正在给教育系78级的学生讲授普通心理学。由于第一次讲授专业基础课，没有教材，备课、写讲义特别紧张。我除了洗饭碗、洗衣服外，家里的其他所有家务事，包括两个孩子的教养都落在承惠一人身上。大概是在1984年，有一天我发现公用的洗衣槽边上多了一个小花盆，里面种了一株芦荟，承惠说在厨房里做事像炒菜经常会烫伤手，剥开芦荟叶，其汁敷于烫伤处就不会起泡了。我妻子承惠的养花史可以追溯至住文化村时的种芦荟，出于实用。

1992年，我们家搬到四新村86舍附8号，后来大概在1995年搬至3楼附6号，住房面积增大了，并且还有一个阳台。我们住到三楼时经过重新装修，窗子外面都安装了不锈钢的花架子。逢年过节我的研究生们经常送一些花来。这些激发了承惠养花的兴趣。我们种过栀子花、杜鹃花、五针松、兰花、金橘等。但承惠最喜欢的是散发着香气的花，如茉莉、兰花、米兰、栀子花等。

这时候，出于爱花，她花了一些时间在养花上，留蓄淘米水发酵，后来还买来油菜籽饼让街上的摊贩打碎成粉面状，放在废旧的锑锅里发酵，作为肥料。施肥时，家里臭熏熏的。

后来，带动我也参加了家里养花的工作。开始时我们养花很不顺利。差不多年年种花，花年年死。她买来《养花大全》这本书后，我们就认真照着书上的要求去做。例如怎样把花种到花盆里？这里有不少学问：第一步，把花盆底部的洞眼用一块碎瓦片盖掉一半，再把另一块瓦片斜搭在上面，形成“盖而不堵，挡而不死”之状。第二步在碎瓦片上铺上一层煤渣碎粒。第三步，把花木放入盆的中央，扶正，再加细泥土压紧。花种好后，浇足水，然后放在阴凉处10天左右。最后便可移至见阳的地方，进入正常养护。

承惠喜爱茉莉，喜爱它的朴实无华、香溢四方。我现在凉台上那株茉莉花是我们住四新村时种在窗台花盆里的，2008年我们迁到学府小区4栋18-3时移栽了过来，承惠还在屋顶花园种了几株。凉台上那株茉莉花，现在开了许多小白花，香溢四方，令人喜爱。

承惠喜爱兰花，喜爱它的善良灵性，誉满人间。去年我给兰花换盆翻土，今年见效了：春兰开了30来枝，现在夏兰已发出18枝花卉，秋兰也会是叶茂花繁的，2013年我家还没有冬兰，2014年刘杰特地送来一盆冬兰。现在我家一年四季都可以欣赏到兰草的芬芳了！

承惠喜爱桂花，喜爱它的正直诚信，一诺千金。每年金秋时节，它都必然盛情开花。我们家屋顶花园开始时装修工种了六窝竹子，承惠怕竹子根系发达会钻穿楼层，提出把已种下去的竹子铲除，花园四周都种上了银桂。那时花园里的银桂长势很好，金秋时节，正直诚信之花香飘四邻，深受邻居们的赞赏！

承惠喜欢蜡梅，喜爱它的自强不息，坚毅沉着。任凭天寒地冻，每年严冬蜡梅盛开之时承惠上街都会买几束蜡梅回来，插在花瓶里，直到蜡梅花凋谢才舍弃那枝蜡梅。自从2010年9月10日承惠被检查出患了癌症后，她不再上街了。那年冬季秦启文送来一束很粗很长的蜡梅，她特别高兴，让我小心把它插入花瓶中。2011年春天我和岗岗、元元上街，在自由市场上碰巧买了一株相当大的蜡梅树。我们在屋顶花园种蜡梅树时承惠也在场，她看着，嘴角露出了久违的笑容。前年冬季这株蜡梅树开了几朵花，去年又长出了许多新枝芽。只是2014年屋顶花园漏雨，新安装了防雨篷，取消了屋顶花园，我才忍痛割爱把桂花、蜡梅送给别人了。

承惠走后，我一直想把屋顶花园里的花维护好，但天公不作美，2014年的梅雨季节下雨天特别多，屋顶花园防水质量差，漏雨特别严重，甚至漏水如柱，流落在钢琴上。迫于无奈，2014年11月11日请万师傅来解决屋顶花园的漏雨问题。经几次研究讨论最后确定，彻底解决屋顶漏水，最佳的办法是在屋顶花园上做屋顶防雨篷。于是工人们把屋顶花园的花草树木及泥土全部搬走。没有了屋顶花园，蜡梅和桂花只得送给他人。现在我们家的凉台上还有承惠喜爱的茉莉花、兰花和米兰。承惠最爱兰花，现在我家有春兰、夏兰、秋兰和冬兰，一年四季都能闻到兰花的清香。我想，她会经常回家来静静地欣赏她心爱的兰花，看到我现在安康的生活自然也会高兴的。

写于癸巳年六月六日即2013年7月13日，修改于2015年6月17日

方便的不方便

穿过漆黑的过道，一路都是绊脚的煤气炉、煤球、锅碗瓢盆，终于到了过道的尽头：厕所到了！可是厕所的地上都是水，肮脏得无地下脚。有些砖头铺出的小路与小岛，我想要跳来跳去找个可以用的位子，却摆不出合适的瑜伽姿势平衡在这些砖头上。在焦急中我惊醒了。原来是场梦。幸好是场梦！我起身来到卧室旁干净的卫生间，毫无困扰地找到了抽水马桶。奇怪，那样的梦境仍然不时出现，带我回到儿童时代。

在我上小学的时候，上学放学常路过的是文化村二舍和六舍两栋宿舍楼。这两栋宿舍楼的格局是三层的筒子楼，每层楼的两端分布着厕所。每层都要掩鼻而过。有时忍不住看一眼臭源，见到关不严又支离破碎的玻璃窗户内站着人。大部分时间我们从楼外走过，大概有五十米的道路。有时我们不知为何也从楼里过道穿过，先走上满是青苔的台阶，再穿过昏暗的过道。过道两旁的门都关着，头顶的灯要么不亮，要么极其昏暗，只有几十米外的过道尽头透出一些光。过道两旁各家的简易厨房参差不齐的，容易绊脚，小孩走路也要小心翼翼。刚才的梦境似乎就发生在这两栋楼里。

每次路过那两栋楼，我都很庆幸自己的家那栋楼干净整洁多了。虽然就在文化村二舍旁边，我们住的那栋文化村楼里没有厕所，所以没有一年四季挥之不去的臭味。楼的布局也不是一条长得没尽头的筒子，每层楼四家人，楼梯有窗户。我们住在二层，不像一层那么阴暗潮湿，也不像三层那样顶着烈日炎热，算是最佳楼层。一进大门面对的墙壁是各家的“信箱”：我们家是牛皮纸信封钉在墙上的口袋。邮差通常把信插进去一半，谁家来信了大家一目了然。每层楼有一个洗手台子，两个水龙头。哥哥在二楼家门口的台子旁用毛笔写了“节约用水”，字体清秀整齐。我每次站在那里洗脚的时候都端详那几个字，当作书法范文，印象深刻。二楼三楼之间的楼梯拐弯有个潲水桶，我们小孩也会帮忙去那里倒剩饭剩菜，附近的农民隔几天来收一次：那里算是楼里最臭的地方了。三楼下来的楼梯扶手是个斜坡，小孩子们都爱去那里从上到下趴着滑下来，落地之处正好是潲水桶旁边。因为每层楼之间的不同配置，三层楼之间的孩子们还闹过“战争”，以楼层为团队吵架。

我们的厕所，要么在家中的“罐子”里，要么是外面的一个独立厕所。像我那样的小孩，从家里走到厕所大概要花个三五分钟的时间。去的道路是个小上坡，着急的话要跑几步。厕所当然很臭，只要闻到味道绝不会迷路。厕所里人并不多，几乎没有碰到需要排队等的时候。但是有些位置积水,有些位置我感觉不太稳当,我喜欢的位置不多,如果有人占了,还是要等。

有时我和妈妈一起去,有时我自己去。有时找不到妈妈的时候,我也会跑到厕所外面大喊:“妈妈! 妈妈!”妈妈在里面极不好意思回答,却又不得不大声回应让我放心。有几次妈妈出来让我不要再在厕所外面叫她。可是事到临头我又情不自禁大喊“妈妈”。这样“难以管教”的真情也常常出现在我的孩子们身上。好在他们不是在很多人路过的公共厕所外面喊。

我自己上厕所的时候倒是很自在。踩在两块砖头上面保持平衡,观看蛆们的表演。我蹲得久的时候会揪下黄色草纸的边边角角揉成一小团投掷到它们身上。大部分时候它们岿然不动,有时也会失去平衡滚落下去。和苍蝇相比,蚊子叮咬屁股更加讨厌。听说有人带蚊香上厕所,我倒没有试过。当年我对于苍蝇和蛆的容忍对于现在的我和孩子们已经难以想象:现在家里有一只苍蝇或者蚊子,我们都会尽力驱赶。曾经和孩子们一起观看国家地理协会拍摄的纪录片《非洲》,其中采访一位老奶奶的时候,有一只苍蝇飞到老奶奶的眼睛前面,萦绕不去。老奶奶岿然不动,毫不为苍蝇所扰,电视前面的几位小观众却坐不住了,大喊:“苍蝇! 苍蝇!”他们被恶心得离开了电视屏幕。人生活的环境不同,对于身边事物的敏感度是多么不同。

有个晚上我独自蹲在那蛆虫成团的厕所里怡然自得,昏暗的灯光下来了两个女学生。她们小心翼翼地寻找着厕所里干燥的地面下脚,一间一间地找个干净的。她们走到我面前时忽然大惊失色,感叹道:“啊! 一个小孩自己在这里! 我小时候就不敢自己上厕所,总觉得会有血手从墙上伸出来!”

我本来从没有这样的想象,也不觉得害怕,听她们讲这些话以后,倒觉得不害怕有错。我努力去想象了一下血手,可是怎么都觉得是假的,所以仍然很大胆地去厕所。

现在不需要出门上厕所了,除了在露营的时候。露营时晚上上厕所困扰我的不是害怕,不是肮脏或者臭气,而是寒冷。而寒冷这个问题在重庆的冬季的夜晚也同样存在,那时大家就用家里的尿罐。上幼儿园的时候有一次我回家不停地打嗝,爸爸问我:“你什么东西忘在幼儿园了?”我就坐在尿罐上想了很久。那时我时常忘记东西,可是那天确实没有忘记什么。等我起来继续想,想不出来的时候,爸爸问我:“还打嗝吗?”

嘿! 打嗝真的被他治好了! 神奇的尿罐治疗打嗝法。

寒冷的夜晚尿罐大显神威。写到这里觉得露营时也该在帐篷里置办一个,不过要是洒出来就麻烦了。我一次睡觉前上完厕所忘记把痰盂放回床下面,哥哥进来问妈妈数学问题,一进门就把痰盂踢翻了,尿流了一地。他气得大吼,我吓得不行,妈妈赶快帮我们收拾。我后来很小心,这是家里放尿罐的弊端。

当然,尿罐与便桶里的东西也不能随便被浪费掉。每天早上,从温暖的被窝里醒来,耳边有邻居家的公鸡打鸣,有高音喇叭放着“新闻和豹子摘药(报纸摘要)”,还有卖早点的。每天必不可少的呼叫是:“倒罐子了!”这位老乡的到来解决了家家户户的问题,也给他积肥,绝对双赢!要是错过了倒罐子,就比较麻烦。倒罐子以后,大人们都在门口的小溪沟里洗洗罐子,再提回家。美好的一天就是这样开始的。我猜想,早上挑着扁担喊“倒罐子”这个职业已经消失了吧!这种处理废物的方法,倒是很符合现代的“绿色”观念:有效处理垃圾,合理利用能源。家附近的厕所也是有人积肥的:我们目睹过一台拖拉机从男厕与女厕的中间拉出一条管道,周围臭气熏天,我们都被熏跑了。

在我上小学高年级的时候,我们家搬到了当时的“教授楼”:一层楼两家,都是三室一厅带厨房和厕所。厕所里是抽水马桶:哗啦一声各种臭气污秽都随着水流消失了。洗衣机也放在厕所里,洗衣机里排出的水,爸爸妈妈正好用来擦地板。抽水马桶的水泵出现过各种问题,于是我们都撸起袖子,把马桶蓄水缸里的各个元件都研究过,用各种办法解决冲水的问题。家里有了这样的厕所,真是质的飞跃:不用依赖公共厕所了!

上大学时学生宿舍的公共水房出乎意料的干净。可能是有人每天打扫加上北京天气干燥,不容易生青苔发霉。一层楼两端各一个水房,每个水房有四个蹲坑厕所。冲水是用手拉的,一层楼上百名学生四个坑肯定不够。刷牙洗脸上厕所我们常常想办法避开高峰期。教学楼里的厕所也是手拉冲水,有人在厕所门上贴上了温馨提示:“举手之劳,何乐不为?”又有人把提示加了标点,变成:“举手之劳,何乐? 不为!”

但凡冲水进入地下排水管道的厕所,就比“积肥”型的厕所干净许多。不知道有多少人考虑过“举手之劳”以后的事情:冲厕所的水来自哪里? 它带着马桶里的污物去向何方? 在电影 *Finding Nemo* 里,小丑鱼被倒进厕所以后,跌宕几次流入大海回到家乡。现实生活中城市的地下管道要复杂很多,固体被冲入下水道多半会和管道中的某种突出物勾结,导致管道堵塞。在美国买了房子以后,家里的马桶就经历过各种堵塞,最严重的一次不得不请一位对装修很有经验的朋友来帮忙。她把马桶拆卸下来,用一条几十米的金属软管如长蛇一般伸入地下管道之中,一边要小心地听碰到的是管道还是堵塞的物品,一边要大胆用力往前推。我们汗流浃背、胆大心细地冲破阻力保护管道,终于感到令人欣喜的一震,有个什么东西掉下去了似的,管道通了。长蛇被卷了回来,马桶再次被安装回去。我们气喘吁吁相视而笑:前一次是掏出一辆玩具车,这次不知道孩子们又扔了什么东西进去,以后是不是要装个网子防止这类事件再次发生? 几十米的长蛇在地下走出了管道的路线,家里的水管接着街道的大水管,又接着更大的水管进入废水处理中心。如果我们让地下的管道都熠熠发光,让管道里流动的液体如霓虹灯闪耀,把路灯电灯统统关掉,黑夜里每一座城市仍然会有一幅繁忙亮丽、星罗棋布的图景。

1998年出国留学前夕,同校的同学们相约同坐一班飞机,一起租房子住,等等。那时网络并不普及,我们对于中美文化差异的种种好奇与担心都求助于未名空间的BBS、新东方的讲座和同学们之间的道听途说。旅途中厕所是重要去处,如果找人问路找厕所,到底怎样称呼,W.C.,bathroom, restroom?美国的通常叫法是restroom,直接理解是休息室。有些厕所里面的确摆着沙发椅子之类的供人休息。

我当时的未来室友,据说是天津的某才女,长发长裙一起飘飘,半边脸上总浮现出似笑非笑的表情。她的问题超越了简单的寻厕问路,她很紧张地问我:“到美国上厕所安全吗?会传染上艾滋病吗?”其实我也不太懂,恰巧有人在讲座里提了同样的问题,就依葫芦画瓢地讲解了一下艾滋病的传播途径,以及为何上厕所不会传染艾滋病。到美国留学住进了公寓,跟她共享一个厕所。没想到她每次如厕少则一小时,不知道是否在里面预防艾滋病。我和另外一位室友面面相觑焦灼不已。还好这位才女不久后搬走了,上厕所才变得轻松愉快。到了加州,这个传染的顾虑更加小了:每个公厕都配置有垫在马桶上的隔纸。薄薄的一层,用完冲进马桶里面,我没有研究过到底能隔绝多少病菌,但是它让我们都很放心。

2004年回国,妈妈带我们去看了一个中医,给我们开药“排毒养颜”,结果一服药喝下去肚子拉个不停。我们去北碚街上新华书店,正在看书,排毒的洪流忽然而至,肚子疼得到处找厕所。正巧外面街上有个厕所,跑过去一看要收费!还要排队!在臭气弥漫的门口等了一会儿,终于不支,跑到路边打的回家,喘了一口气了。有了冲水厕所和排水系统这样的城市硬件设备,如果公共厕所依然肮脏,那么就是管理和意识的软件问题了。最近几年前回国的时候,住家附近的厕所已经不太光顾,去的是宾馆、学校、商场、旅游点这类地方的公厕。臭味呈递减趋势,可喜可贺。但愿古老陈旧的厕所只用于文物保护,不要再大规模推广。

蹲还是坐,是中美厕所文化的另外一大差异。在中国的许多公共厕所和家庭厕所需要下蹲。在美国几乎全部是坐。我的瑜伽老师说,美国人的生活方式造成了许多关节僵硬的问题,比如下蹲这个动作,在印度是人们生活姿势中的常态,而在美国,却成了要专门上课练习才能逐渐达到的目标。到底该蹲还是该坐,仁者见仁智者见智。

对健康的人严格要求,多蹲一会儿无可厚非,但是如果有人膝关节髋关节有问题,或者身体有病蹲不下去就麻烦了。

妈妈病重住院的时候,跟我和护工说:“我来医院检查,去上厕所,一下摔倒在里面,半天都起不来。”

“你喊人帮忙噻！”旁边的护工老奶奶说。

“哪里喊得到人！”妈妈说，“我慢慢自己爬起来了，还好没摔坏。”

“你还得行哦！”护工奶奶说，“孩子多就好了，几个孩子一起抬进来就行了！”

我在旁边听得非常心酸。按妈妈凡事独立的性格，她一定不会愿意喊人到厕所里扶她。如果我陪着她，在身边帮她，她就不会摔倒。可是，医院里的厕所是下蹲的，像妈妈那样病重的人不止一个，有多少人会摔倒？

妈妈讲这个故事时，她住在医院里最好的单间，自带厕所，但厕所仍是下蹲的。细心的司机小王把他给老婆怀孕时买的坐便器拿来给妈妈用。妈妈十分感动，说：“小王很体贴，他的妻子一定很幸福。”那个坐便器也没能用多久，因为很快妈妈尽管非常努力但也难以起床上厕所了。病房里的厕所，只能方便家属和护工。拥有这个单间厕所，其实比医院里医生护士的集体厕所条件好很多。

也是同期因为探望妈妈，宝宝跟我第二次回到爸爸妈妈的新家。有一天，宝宝跑来跟我说：“外公的厕所好奇怪，上完以后有股水喷出来！”

“那是外公的智能厕所，自动洗屁股！”说完我俩都笑起来。

据爸爸介绍，这个智能厕所是2008年装修新房子时，妈妈坚持要给爸爸买的，花了八千多人民币。因为爸爸痔疮严重，智能冲水马桶很方便。其他卫生间没有装，只有这一间装了，宝宝之前都没用这个厕所，所以没注意到它的特别。妈妈生前很少用这个马桶，专门留给爸爸用。是舍不得用吗？我没有机会问妈妈了。

我在公司用的也是这样的卫洗丽(washlet)马桶。使用的感受如同产品介绍一般：是集便盖加热、温水洗净、暖风干燥、杀菌为一体，微电脑控制、舒适卫生、人性化的现代产品。因为水不是自动冲出来，而是通过按钮驱动，控制流速流量的，就不会和爸爸用的马桶那样直接冲出水来吓人一跳。厕所里马桶冲水是自动的，洗手池出水关水也是自动的。几乎不需要用手接触任何出水的地方，就能保证厕所干净。

马桶这个貌似不能登大雅之堂的话题，代表着资源的丰富和人类科技文明的进步。三个孩子在当今科技最先进的地方害怕着最自动化的厕所。他们害怕抽水马桶冲水的声音。如果是手动冲水，他们可以先捂住耳朵，再让我帮他们扳动把手。而自动冲水不受我们的控制，有时还没来得及捂住耳朵，巨响已经发生，他们忙得不知道该提裤子还是捂耳朵。

“你们实在太娇气了！”我们常常以忆苦思甜的方式教育孩子们，“你们知道爸爸妈妈小时候的生活有多艰难吗？你们知道世界上还有好多地方的人们吃不饱饭，没有衣服穿，因为没有厕所和消毒设施生蛔虫得霍乱吗？非洲还有好多儿童，每天都因此死去。厕所有点儿噪声，算啥啊！”

话虽如此，我也不得不承认，优越的生活同样让我也变得娇气和挑剔，不愿意回到那些阴暗潮湿、臭气熏天、蛆虫满地的厕所。如果出去旅行，我宁愿去野外没有厕所的隐蔽之处，也不愿去人多肮脏拥挤的厕所。在这个被寻厕噩梦惊醒的夜晚，我凝望窗外漆黑的夜空，寻思那里是否真有神灵。他们万能的目光是否能注意到茫茫宇宙中这颗蓝色星球，看到球体飞速转动间有些小小的生命在努力留下痕迹。

黄岚 随笔

拾遗

爸爸讲他小时候上的厕所

爸爸说：“我小时候在浙江见过的厕所才怪呢！”那是20世纪四五十年代的事情。厕所都是朝着马路，一个大缸子，上面搭个架子，人们坐在上面大小便，排泄物直接进入大缸子。这样的设置适合积肥，浙江的大缸子上的架子面对马路，男女不分，男女直接大便小便进入这个大缸，男的女的都可以挨着坐，想起来真不文明。

后来，在20世纪五六十年代，爸爸在北京郊区见到的厕所是挖两三个坑，四周用萝苇围绕中央隔开分为男女不同的厕所。茅厕坑长宽30cm×70cm，深50cm左右，农民一周左右掏一次粪，绝对不会浪费了的！如果村子里有人养狗，有些老农民还会背着粪筐拿着粪铲在村子里转悠，拣粪积肥。这些情景现在北京郊区已经看不到了。

这样的厕所现在想起来非常可笑，不过我觉得也有些值得思考的地方。现代的厕所虽然干净了，但是的确非常浪费能源。肥料没有了，还要专门使用能源处理废水。现代的环境保护不能简单倒退，但是也存在优化能源使用的机会和挑战。

黄岚 随笔

风暴中的安憩

贝贝躺在牙医诊所蓝绿色的躺椅上，身体占据了小半个椅子。刚刚打麻药时的挣扎和呻吟已经过去了。她的胸前放着平整的浅蓝色纸巾，上半身在灯光下明亮而镇静。

医生摸摸她的右边脸，问她："是不是觉得这里疼，胖胖的？"

贝贝点点头。不爱说话的贝贝在牙医这里很自在：基本上嘴巴是被堵住的，医生也不期待听到她的声音。

牙医对贝贝说："等会儿拔牙，会有点儿不舒服，但是不会疼。贝贝很勇敢的，以前补牙都很乖。"

贝贝又点点头。

这位牙医曾经跟我说过："上了这么多年医学院，牙医其实是个蓝领工作。每天又是钳子又是钻头，又拔又拉是力气活儿。"

当医生请贝贝张开嘴时，她的蓝领时光开始了。医生把大钳子伸进了贝贝的嘴里，拉住了那颗烂空了引起发炎的大牙开始使劲。

一边拔，我们一边鼓励贝贝："贝贝好乖！"

我握着贝贝的手，感觉她非常努力要提起来。

拔了大概半分钟，出乎意料，贝贝哭了起来！一开始我以为她只是皱皱眉头，很快我确认她是在哭。她的眼睛几乎已经闭在一起，看不见她的眼神。眉头嘴角都皱出了皱纹，眼泪从眼睛的各个小缝隙里流出不规则的几滴。我听见一点点呜咽的声音从她嘴里发出来，但是她嘴巴里面都是工具，声音几乎都被屏蔽了。

医生说："打了麻药，不会疼。但肯定还是不舒服。"

她两只小手在用力挣扎。我怕她动手影响医生拔牙，紧紧地按住。过了一会儿，我心里不忍，松了一下手，发现她并非要影响医生，只是抬高了手，再次拉住我的手。

"这颗大牙的根是好的。"医生说，"所以比较难拔。"

贝贝的小脸扭曲得皱皱巴巴的，眼泪挂在下眼皮上。我无法继续看她的脸，我也想哭。我无法清楚地描述内心的感受，不是伤心，不是害怕，不是紧张，但确实有种痛在扎着我的眼睛。

我恨不得跟医生喊："快点儿拔下来啊！"然而理智却让我默默地拉住贝贝的手，把头扭到一边。我失神地望着眼前的蓝色柜子，身体仿佛掉进了时光棋盘的下滑隧道里，哧溜一下落入几十年前重庆的家中，我躺在家里的大床上，身下铺着凉席，妈妈俯身站在床边看着我。我在哭。妈妈问我:“岚岚,你为什么哭?是不是觉得生病了不能上学?”

我听见妈妈的声音里有点儿鼻子堵住的回音,我看见妈妈的眼睛有一点点红色的潮湿。

我赶紧不哭了,点点头。

那是我小学五年级的春夏之交,不知为何总是不断地发烧咳嗽。去上一天学又回到家里休息。那天爸爸带我到区医院看病回来,我不知道为何自己躺在床上哭起来,不知道是害怕病好不了,还是生病不舒服,或者更多的是因为妈妈说的,不能去上学了而伤心起来。

我记不清后来病是怎么好的,但是妈妈注视着我也快要哭起来的目光深深地留在记忆里。

“我不能让妈妈哭。”那时的我心里这样想。

我转回头再看贝贝,她眼睛几乎闭着。她眯缝着眼睛能看见我吗?能看出我因为她的眼泪几乎要哭的秘密吗?

医生的钳工任务基本结束,牙医助手帮她吸出嘴里的液体,往她牙床上的大洞里塞进一块纱布。

贝贝身体刚获得自由,就坐起来紧紧地抱住我,温暖的小身体贴着我,脑袋趴在我的肩膀上。这会儿她一定睁开了眼睛,因为她看见了旁边的小礼物盒子,她伸手去够。

医生问她要什么礼物,把盒子送到她的面前,她挑了一个 sticky frog。眼泪停下来了,脸上的肌肉也舒缓开一些。我抱着贝贝来到等候室,给她看喜欢的录像,全家又一起到旁边烘焙坊买了面包、饼干。贝贝看上了一个小小的白色彩虹蛋糕。通常逛烘焙店,我们也不会有求必应,这次例外,贝贝想要的蛋糕,我们当即就买了下来。

糖吃多了长的龋齿,却买蛋糕来安慰,似乎背道而驰。可是管它的,先要抚慰一下战战兢兢的心。

这让我想起我大概初中的时候,还是咳嗽很久都不好。有一天咳嗽稍好一些,我和爸爸妈妈散步路过果园,看见瓜子想吃。那时我们也不是看见什么想吃就买,大家花钱都很克制。可是这次因为我咳嗽好些了,妈妈给我买了一袋一毛三分钱的三花牌瓜子作为奖励。哪知道晚上咳嗽又重了,第二天又去看医生,医生说:“咳嗽不能吃瓜子!瓜子燥热,咳嗽会加重!”

哎,后来咳嗽再也不敢吃炒货,不管医学对此是否有合理的解释。

瓜子导致咳嗽,酸梅汤引起痢疾,能相信吗?我出生的那个夏天,妈妈爸爸给哥哥花五分钱买冰棍儿,五分钱可以买到一根豆沙冰棍。他听了朋友的建议,用四分钱买了白冰棍儿,剩下一分钱买了酸梅汤喝。之后他得了痢疾,我们归罪于酸梅汤。病从口入，有理有据。

因为我刚刚出生，妈妈带着我在月子里。爸爸在医院日夜陪着他，我没有亲身经历这样的父子相守。我只能以现在做了母亲的经历想象妈妈在家中照看我心里还要惦记着哥哥的纠结，还有爸爸在医院的床边凝视一个病到有生命危险的七岁孩子，他该有多焦虑、疲惫和心疼。

我小学二年级的夏天，经历人生中唯一一次与爸爸单独过暑假。那年夏天妈妈去桂林出差，哥哥和妈妈的同事唐叔叔一行人去北京舅妈家。我和爸爸在一起本来一切都好，但有一天从西师游泳池游完泳回来，我发烧了。晚上烧得很厉害，现在孩子们发烧，我们知道通常是病毒，定时吃退烧药控制体温，坚持几天慢慢就过去了，那时尚无退烧药，需要自己挺过去。

爸爸有个同事阿姨介绍西瓜皮可以退烧，爸爸把西瓜皮收集起来，煮了一锅汤。我喝了。中午午睡起来，出了一身汗。爸爸一摸我的头，说："不烧了！"他把我从床上抱起来，朝着天花板抛。一次，两次……还一边欢呼："不烧了！不烧了！"

抛得我感觉做了件了不起的事，其实只是睡午觉而已。我猜爸爸在没有妈妈在身边的时候，对我生病一定感到紧张无助。一旦好了，当然欣喜若狂，可惜好景不长，晚上我又烧起来，这是病毒性发烧的特征。可这种成功后的失败直接敲碎了我们的信心，那是一个医疗知识不健全也不普及的年代，那也是一个缺乏内力与外力对抗病痛的年代，得了这种无药可治的小病，只好求助于用处也不是很大的医生。

第二天爸爸带我去西师校医院，我们走出文化村的住处，走上旁边的台阶，走到半山腰，爸爸问我："要不要我背你。"

其实我并没喊累，努力也能走得动，但爸爸问，我就说："要。"

爸爸蹲下来，我趴到爸爸背上。他站起来，双手伸到背后托起我的屁股，我双手勾着爸爸的肩膀，感觉他开始走路。一步，一步，爸爸走上台阶，我的身体感觉到他身体的震动。上了坡，我从爸爸背上下来，再下坡去看医生。后来怎么好的，我记不清了，大概是医生说病毒性发烧通常要七天。我也是烧了大概七天，然后就好了。但是爸爸背着我一步一步慢慢上台阶的震动，是那个暑假难忘的记忆。

哥哥上初中以后，得了一次中耳炎，不得不到重庆三院住院。有个周末，我和妈妈去医院看他。他住院的病房像个大厅，很高的房顶，屋里平行着摆了很多床，住了好少人。哥哥的病友见了我们，都夸奖哥哥，说他每天晚上都在学习。哥哥带我们到医院的食堂买午餐，我忘了吃的什么，但是觉得特别好吃。哥哥出院以后，爸爸妈妈决定让哥哥休学一年，重复上了一年的课。后来父母都认为这是哥哥在学业上的转折点，是个正确的决定。也可以说，是在正确的时间生了正确的病导致一个正确的转折。

因为身体多学一年的事情也发生在我身上。我上的六年制的小学，在我五年级的时候，父母的朋友李叔叔在西师附中做校长。他认为没必要上那么多年小学，跟妈妈说西师附中有一次提前考试，考上了就可以直接上。妈妈爸爸找了黎明老师给我补习语文，又找了些题目练习数学。那年考试前的春季我不断地生病，咳嗽请假不能去学校，等我回去上学的时候，一个朋友问我："老师跟我们说，你们知道黄岚去哪里了吗？现在不能告诉你们！你到底要去哪里？"

父母到学校跟校长交流过我可能要跳级的事情，也跟我交代过，跳级的事情不能跟别人说。我请假在家大半因为生病，不过生病的业余也在准备考试。正式考试那天我还在发烧，稀里糊涂地考了一通。最后成绩不是最好的，但也上了录取线，然而妈妈果断决定不让我跳级。她说："看着我发烧的样子太心疼了。"那感觉可能就像我抱着贝贝的小身体，舍不得医生再碰她一样。于是我上了六年的小学。回头看，这也是正确的时间生了正确的病导致了正确的决定。这些貌似偶然的决定其实反映出我们的父母顺应孩子成长节奏的人生智慧。

离开父母以后，也病过，也康复过。爸爸曾说："一个人在外生病时最想念母亲。"我经历过，理解他的意思。我做母亲以后，又角色转换能理解当年父母的焦虑，抱着生病的孩子感觉比自己生病还焦急难过。面对各种病痛，有时也会想：病痛到底意味着什么？提醒我们生命的脆弱？唤醒我们对亲人的爱护？激励我们提高医疗水平？磨炼我们坚强的意志？可能都是。病痛和欢乐一样，是生命中的必然。像少年在大海中漂流时每天面对的那只老虎，亦敌亦友。

所有这些病痛，都比不过妈妈那一场终极的生命抗争。2010年秋，妈妈被诊断出肺癌第四期。那时我正孕育老三，没法回去。虽然不在一起，但心也和全家人一起都提到了脖子口，妈妈每一个身体的变化，每次检查的指标数字都牵动我们，心情在希望与焦虑不安中起伏跌宕。

天天出生后三个月左右，我回去探望妈妈。妈妈那时身体状况相对稳定，虽然不像以前那样每天走来走去做家务，生活质量也还基本没受影响。我们每天聊聊天、休息，在屋顶花园走走。妈妈说："老年人，不要过度治疗，多活几年，等你那三个孩子长大点儿，带回来看看，特别是那个天天，胖嘟嘟的好可爱哦！"

"哈！他们小时候都是胖嘟嘟的。"我说。

"也是哈！"妈妈说，"他长大点儿可能就不是胖嘟嘟的了。"

天天十一个月的时候，我正好换工作。我问妈妈："去新公司之前要不要先去看看您，陪您一段时间，回来再上班。"

妈妈在电话里说："我现在很好，你先去上班吧。"

然而十一月底我加入谷歌，跟老板第一次一对一的会面，就不得不提到妈妈的身体不行了，必须请假。老板说："把工作从你考虑的因素里去掉，该回去就回去。"

十二月圣诞节假期，我回到重庆。2011年12月26日，司机小王带我到西南医院。还是那间西南医院九楼的病房，一进去就见到妈妈躺在床上，我们的声音吵醒了妈妈。她一见我就问："你回来好久了？"

我说："昨晚刚到。"

妈妈立刻哭了起来，我抱着她的头，亲她，她哭得更凶，我以前从来没有见过妈妈这样哭。以前她哭，要么是默默地眼睛红一下，或者说话是带点儿啜泣声，从不曾像个孩子一样喘着气失声大哭泪流满面。我在床边一直抱着她，就像抱着痛哭的孩子，努力压着心里的翻江倒海，不让自己也痛哭流涕。

她中途换气的时候望着我的身后，问："妹妹呢？"

我说："妹妹和哥哥还没有回来，圣诞节放假我先回来，宝宝也想来看你，可能天气好点儿再回来。"

妈妈又哭了一会儿。

我说："过几天你好了我们就带你回家。"

妈妈说："没有那么快。"

我给妈妈喂饭，她就像小婴儿一样，张开嘴让我喂。我说："就像喂天天一样。"她笑了一下。可是妈妈只吃了一点点，就说胸口痛。

我给妈妈按摩了一下腿，她又流泪了。我问她舒服不舒服，她点点头。

下午护工和我推着妈妈去做脑电图。路上那个年轻王护工跟我说，妈妈曾让她帮忙买点儿卫生巾。"我晓得她肯定是糊涂了嘛！"

我点点头，没说什么，却想起我十岁出头时有一天妈妈身体不舒服躺在床上，让我帮她买卫生巾。我拿了钱飞快跑到小卖部买了回来，难道妈妈是想我了，才梦中冒出这样的话？

那段时间妈妈常常努力尝试坐起来，可是坐起来就倒下去，很危险。

她反复说："等我能站起来就可以回家了。"

妈妈有点儿力气的时候，我坐在床边跟她聊了几句。

她问我："新工作好吗？"

我说："好。"

又聊聊几个孩子，吃些水果。妈妈脸上有些微笑，伸手摸摸头发，又摸摸我的羊绒衫，说："是上次回来买的羊绒衫。"

妈妈本来就话不多，病床上就更少，我们常常问妈妈感觉怎样，却得不到答案。

回到家，爸爸反复聊起和妈妈1965年6月21日结婚，快要50年了，马上就要金婚，可能等不到了。我以前也没见过爸爸哭，可是这回爸爸一聊起来就哭，我也哭。

我们心里都知道和妈妈再见的时候一天天近了，却不知道这段分手的路途还有多远，一路是何种状况。我在医院陪妈妈哭，回到家，陪着爸爸难过。走到哪里，都是和亲人一起受苦。

2011年12月29日做静脉穿刺，我握着妈妈的手，妈妈哭了，很快穿刺引了积水出来，清亮的脑液接了5管。

我问妈妈："痛不痛？"

她说："不痛。"

正在医生办公室忙着各种签字，护工出来说鲜护士长来了，请我过去。

我回到病房的时候鲜护士长在和妈妈说话，说她就算住在自己妈妈附近也是只有周末才能回家看看。原来妈妈昨晚没有吃，早上也不想吃。她没说为什么，我们猜想可能因为想孩子了，或者觉得自己快不行了，早上护士来做了工作才吃饭。

我说："以前我们生孩子，妈妈一下就过去帮我们，现在妈妈病得这么重，我们还不能早点儿来。"我说到一半就哭了，妈妈也哭。

鲜护士长说："想哭就哭一会儿吧。有时候哭出来还好些。"

她说得对，妈妈这辈子忍住眼泪和哭声，走之前都是要还的。

鲜护士长又和妈妈说了些话，然后和王护工一起出去了。鲜护士长再回来的时候，就开始向我了解护工的情况。因为我昨天给爸爸提到护工不太好的行为，早上爸爸给她打了电话，说担心这个护工。

我跟她说了护工不让妈妈上厕所，妈妈尿床，还有她推药，妈妈的脚肿了这些事情。鲜护士长建议我们多跟她交流，有任何问题要向她汇报，还提出一些交流的方法。她说："护工之间是会互相交流的，她们回去说这家人很难处，以后也不好找护工。"

鲜护士长出门以后，护工一时没有回来，大概她去教育王护工了。

妈妈去枕平卧要到下午四点半结束，深静脉注射在此之后开始。这天中午我中学时的好朋友桑果荔来了，我们一边聊一边陪妈妈。静脉注射在下午四点左右，我和桑果荔扶着妈妈。我很害怕看打针，喊着："哎呀，哎呀，我不敢看！"那情形和听说贝贝拔牙时差不多。贝贝的牙医教育我要镇定，不然病人更紧张。

我猜想我的紧张也影响了妈妈，好在桑果荔说："你都生了三个孩子了还害怕。"

我说："是啊，三个孩子的眼睛一个比一个大。"

妈妈在床上躺着也笑了，生病之后妈妈不知道挨了多少针，受了多少痛。她能在打针前笑一笑，或许能痛得少些。

给妈妈喂了晚饭，我和桑果荔去吃饭。大概九点回到病房。妈妈见了我就指着柜子，让我拿包出来。我拿了包，她说："我的身份证，拿我的身份证才取得了钱，存折在柜子里……"

我不明白她为何病成这样住院还要操心柜子里的包，我说："好，我带回去。"

妈妈说话的时候身体侧了过来，我问妈妈怎么还不睡。

“睡不着。”妈妈忽然问，“爸爸哪个还没来？”

我说：“明天才来。”

妈妈依次问：“黄勇哪个还没来？哥哥和妹妹怎么还没有来？”

我说：“哥哥他们在飞机上，明天就来了。”

妈妈说：“死都死了。”

我一怔，问：“哪个死了嘛？”

妈妈说：“我。”

“不得死。”我说。

“还怕不得死。”

我说：“人都要死，但是你还有好久才得死，还有天天要回来看你。”

她平静了一点儿，似乎昏睡过去，又问：“天天回来了吗？”

我说：“我陪你睡吧，今晚我不走了。”

妈妈有些犹豫，我给爸爸打电话说我留下来睡。爸爸劝我回家，说在那里坐一晚上不行。

我跟妈妈说：“那我晚点儿回去。”

妈妈说：“十一点。”

我说：“十二点。”

正好这天我带了牙刷，刷完牙看见妈妈病床上有点儿空，我说干脆挤着睡。妈妈同意了，把身体挪了一下。我陪着妈妈，搂着她。她似乎很安心，很快就打呼噜了。这一夜妈妈睡得很香，每次起来都有原因，第一次她忽然开始脱衣服，挠身体。

我问她：“是不是痒？”

她说：“是。”

我想起宝宝今年夏天睡觉痒、热，就问妈妈：“是不是热？”

妈妈说是，她坚持要脱衣服，我给她换了一件棉毛衫，身上擦了些润肤油。妈妈又睡了。一会儿护士小姐来，我问有没有薄被子。

她们说：“没有。”

我问有没有被套，她们说：“有。”

我们盖了一床被套，又睡了。

大概十点钟，司机小王来给哥哥拿药。

我说：“今晚我不回去了，明天你们拿一床薄被子来。”

妈妈听了并没有反对，很安心地睡了。

晚上她醒了，我说：“好像住旅馆。”

妈妈很严肃地用手指了指天花板，说："这里是病房！"

妈妈之后起来喝水一次、小便三次，其他时间都睡得很安心。

王护工第二天要回家放假，早上六点她就起床梳洗好等着代替她的新护工。七点不到新的护工陈阿姨就打电话来接班，王护工吩咐买稀饭和咸鸭蛋。陈护工来了，开启新的一天。

早上妈妈不停地念，哥哥他们哪个还没有来。

我去给妈妈按摩，叫陈护工也来。陈护工把妈妈全身都按了一遍，一边按一边讲病房里的事情，妈妈听得常常笑，还说她去做CEA的时候摔倒了。

十点左右哥哥他们来了，我们都以为妈妈要哭，哪知道妈妈的眼睛似乎潮湿了一下，接着就笑了。她马上转身对我说："你走吧！"

我吃了一惊，问："去哪儿？"

"回美国。"妈妈惦记着我家里的孩子们，哥哥一到，就让我快点儿回家。

我说："过完元旦我们团聚一下再回去。"

我们在病房里随便聊了聊。我带哥哥去见医生，刚说了说情况，旁边的一位医生就说CEA的结果出来了：26！很高，癌症扩散到脑了。希望的过山车冲进谷底，却也从黑暗的隧道里冲出来：不再抱希望是脑炎，也知道以后的路是条单行道，病情的发展不可挽回，妈妈的时间不多了。

周主任先前跟我说过，脑里有了癌，如果积极治疗可以有一年的，如果保守治疗可以几个月，有的也很短，比如一个月。这比我想象的要长，又有了一点儿希望。周主任说要会诊，考虑给妈妈吃微量的化疗药，或者全中枢放疗。我和哥哥心情都很沉重，妈妈反而从这天开始慢慢好了起来。可能是穿刺放出了脑脊液，也可能是降脑压的药起了作用，还可能是哥哥他们回来了，或者护工好了，妈妈从12月30日以后渐渐清醒起来，说话慢慢有劲儿了。

12月31日，陈护工家里出事，下午请假，罗护工来顶了大半天的班。陪伴完妈妈，晚上我和桑果荔的女儿见面，又出去吃饭，回来看到妈妈很有精神。她见了我就说："阿姨很好。"

我问："这个好还是昨天那个好？"

妈妈说："这个还好些。"

我问："好在哪里？"

妈妈说："不说了，这个是顶班的，说了不好，昨天那个也好。"

妈妈让我回家，回家时全家都睡了，我也很快就睡了。2011年就这样过去了，妈妈熬到了2012年。

新年第一天我离开医院时握着妈妈的手，跟她说："明天我要走了。"

妈妈点点头,没有哭,但是把头歪到另外一边。

我说:“那几个娃儿哪个走得了我就带回来给你看。”

妈妈说:“带宝宝回来。”

我舍不得走,又亲了妈妈两下。

妈妈有点儿不好意思,还是让我们走了。

我舍不得走,不放心走。可是家里那三个那么小的孩子又让我不得不走。

桑果荔说:“我晚上送点儿青菜来,我住得近,帮你看看,你不要担心。”

下午回去我和爸爸去永辉超市买了些卤菜,保姆做了鲍鱼和青菜,感觉像是过新年了。到处都很热闹,想到妈妈一个人在医院里,我心里有点儿难过。吃完晚饭给妈妈打了个电话,妈妈说话声音很大,说她吃得很好,让我放心。

一周时间见到妈妈从痛苦不安的状态又平稳下来,找到好的护工,因此感到安慰。爸爸也从一直哭到可以讨论怎么给妈妈开追悼会,骨灰放在哪里等。我们都做着心理准备,也常常提醒自己:妈妈过了幸福的一生,现在很满足,没有什么遗憾。2012年的元旦,是爸爸妈妈哥哥和我四个人在一起过的最后一个元旦节。

几周以后我带着宝宝回去看妈妈时,妈妈的情况又差了很多。除了第一眼看见宝宝很激动,后面越来越没有反应,昏迷的时候很多,也出现癫痫。妈妈那双灵动充满活力的眼睛,也越来越多地闭着,睁开时也越来越少灵气。

妈妈去世的时候,我没有回去,是哥哥在身边送她。妈妈得肺癌以后,尤其是住院以后身体急转直下这段旅程,应该说我们尽力让她走得少一些痛苦,多一些尊严。有一点点小的遗憾,就是在妈妈清醒的时候,我们没能多跟妈妈谈谈,她对最后这段时间想做出什么样的选择。但是说实话,我们那时并不清楚最后那段时间会发生什么,只能摸着石头过河,商量着来。这样看来,倒是符合“探险”一词的定义。

2015年7月3日,妈妈去世三年多,我们“探险”中的提心吊胆已经平复,后事也尘埃落定。家里最小的天天已经四岁,我因需要出差而鼓起勇气带着三个孩子去西雅图探望哥哥一家,去看妈妈。从出门就一直跟孩子们说“去看外婆”。孩子们中间恐怕只有刚八岁的宝宝明白怎么回事,她一直说很想念外婆。

到了墓地,青山一片,喷泉喷着水。贝贝和天天都以为到了公园,撒腿跑开玩儿起来。有很多墓地的墓碑躺在地上,像一块普通砖头,天天贝贝跑过,从墓碑上面跑过。

宝宝在旁边喊:“小心!不要踩到墓碑!”她回头对我说,“我觉得踩到墓碑是对死者的不敬,希望天天贝贝小心一些。”

我同意,她在外婆的墓碑旁边待了一会儿。我拿出爸爸电子邮件寄来的两篇文章,“读给”妈妈听。

一会儿天天跑回来,看到墓碑,他很生气,对我喊道:“这不是真的外婆!She’s

dead! Who killed her?"

我说："没有人杀死外婆，外婆生病去世了。"

"生病？什么病？"

"肺癌。是一些坏的细胞破坏了外婆的身体。"

"我见不到外婆了！"天天仍然怒气冲冲，不知道是觉得受骗，还是因为不能见到外婆而恼怒。

我说："外婆在天上，我们见不到她，但她一直能看到我们，照顾我们。"

几个月前，贝贝去艺术学校上课，老师说要画云。她拍拍我，把我的肩膀拉到她的身边，小嘴凑到我的耳边轻轻说："妈妈，外婆在云里。"

小小的孩子们如此开始理解"死"这件事。病痛与死亡，是我们终其一生要学习的课题。这几十年的医药科技进步，极大地延长了人的寿命，也消除和有效地控制了很多致命的疾病。就算人类攻克了癌症，病痛与死亡，仍然无法从人类的字典里消除。

最近自学的历史课上，听到老师讲五千多年前古埃及人对待死亡的态度。我们见到古埃及人花大功夫做木乃伊、造坟墓，把种种物品都搬进坟墓里，迷恋死亡。实际上，他们太享受"生"的过程，舍不得也过不够"生"，才想把生延续到死后。我们不知不觉间走进人类历史上难得的黄金时代：艺术科技繁荣，人们安居乐业，相比于古埃及，幸福生活有过之而无不及，我们当然会比古埃及人更加爱生恨死。爱生，必须承受生这个过程中的种种困难与病痛，活出每个人短短生命中的精彩与价值，活出人间的关爱与支持，活出人类作为整体的进步与传承。不能不说，向死而生是人类知其不可而为之的美好与悲壮。

病痛，让我们的身体无助地躺下。亲人温馨的目光、温存的抚慰，又让我们的精神站起来，迎向病痛。最近，读到穆旦的《诗八首》。很多人讲解说这是一系列的情诗，我却因之七那首诗想起病痛和在亲人的怀中得到的安宁。引用在此作为本文的结尾：

《诗八首(之七)》节选

穆旦

风暴，远路，寂寞的夜晚，
丢失，记忆，永续的时间，
所有科学不能祛除的恐惧
让我在你的怀里得到安憩——

黄岚随笔

附录

各届学生名单

硕士生(166人)

2021级:施广权

2019级:徐颖、潘思存

2018级:刘海琴、李明阳

2016级:李庆庆、黄顺航、马越

2015级:潘莉、杨国良、孟凡斐、田中赛

2014级:江竹、高锋剑、陈媛婷、史嘉鑫

2013级:曲孝原、章邦武、冯彦添

2012级:高媛媛、江宜霖、邱俊杰、王彤、于晓琳

2011级:雷振、李宝林、刘孟超

2010级:刘静怡、岳童、黄越、金泓、杨雨焯、高科、张颖

2009级:何垚、王花春、高姗姗、袁祥勇、刘军军、孙志鹏、叶盈(少数民族骨干计划)

2008级:罗扬眉、普彬、舒首立、李继波、马娟、毕翠华、刘霞

2007级:尹天子、刘晓、冻素芳、孟景、潘伟刚、路晓宁、鲁小周、杨兵

2006级:周钦江、廖翌凯、张子霁、岳彩镇、江伟、赵婷婷、吴小勇、程蕾

2005级:宋晋、王琳、杜李琴、李怀虎、张强、陆文春、邱成平、陈煦海、许海燕、张莹

2004级:张甜、陈有国、李丹、董薇、王晓刚、江雅、柳春香、蒋灿、廖婷婷、谢钰涵、苏丹

2003级:邓凌、杨珍、万黎、杨勋、程科、陈本友、苏缇、唐利平、蒋洪波、张锋、尧国靖、王蕾

2002级:陈幼平、周春燕、罗敏、阮昆良、张富洪、罗春明、龚艺华

2001级:谭小宏、尹华站、狄敏、古玉、陈莹、蔡治

2000级:陈侠、钟慧、夏凌翔、张永红、范丰慧

1999级:刘凤娥、邓麟、凤四海、程岭虹、梁秀清

1998级:杨红升、曾向、余华

1997级:吕厚超、叶海燕、李彦章

1996级:张志杰、刘勇、李红梅

1995级:赵崇莲、杨家忠、王亚琴、吴薇莉

1994级:刘瑞光、杨雄、覃义贵、张焰

1993级:李宏翰、肖崇好、李林仙

1992级:王振勇、徐光国、郭召良、刘丹福

1991级:王建、杨莉

1990级:杜建政、李树、郑云

1989级:柳学智、张蜀林、杨渝川、李国军、黄利

1988级:肖锋、王敏、宁维卫、胡湘明

1987级:莫伦、徐井万、谢华均

1986级:李怀良、杨波、梅传强

1985级:张庆林、罗鸿飞

在职硕士研究生(10人)

1999-2001年获硕士学位:郑桂芳

1998-2000年获硕士学位:袁华滨、赵福菓

1995-1997年获硕士学位:陈永进、于海霞、符明秋、尹可丽、王卫红

1995-1998年获硕士学位:胡维芳、瞿玮

博士生(102人)

2021级:吴澜婷

2020级:吴娜、陈梦妍

2019级:杜刚

2018级:潘莉、李树杰

2017级:林冰心、郭云飞、薛黎明

2016级:杨莲莲、袁书、田宇

2015级:邱俊杰、于晓琳、王彤

2014级:李宝林、杨庆

2013级:岳童、程翠萍、尹杰

2012级:何垚、袁祥勇、刘培朵、李林、苏缇

2011级:罗扬眉、李继波、毕翠华、刘杰、彭文会

2010级:尹天子、李琼、杨帅、王晓刚、苏丹

2009级：程蕾、吴小勇、岳彩镇、阮昆良、薛婧
2008级：吴波、窦运来、尹可丽、张爱莲、付艳芬
2007级：陈有国、何嘉梅、柳春香、袁宏、罗鸣春
2006级：陈本友、张锋、杨红升、徐华春、叶海燕、程科
2005级：陈幼贞、尹华站、赵崇莲、廖全明
2004级：刘邦惠、陈莹、陈燕、窦刚、邹枝玲、汪宏
2003级：夏凌翔、张永红、毕重增、李祚山、凌辉、陈永进、范丰慧
2002级：凤四海、吕厚超、刘瑞光、翟群
2001级：石伟、宋其争、郑剑虹、符明秋
2000级：刘电芝、陈红、胡志、谈加林
1999级：张志杰、秦启文、车丽萍、李媛
1998级：李伯约、陈建文、张灵聪、赵伶俐
1997级：周榕、陈传锋
1996级：廖伯琴、陈高山、梁建春
1995级：杨波、李宏翰
1994级：郑涌、王振勇

博士后（19人）

2015级：黄梅
2009级：肖崇好、王恩界、赵剑
2008级：滕丽新、吴继霞
2005级：郭淑斌、唐智松、梁红
2006级：赵彩花、胡金生
2004级：杨晓萍、李珊泽
2003级：杨炳钧、胡继明
2002级：郭秀艳
2001级：杨玉辉
2000级：蒋登科
1999级：范蔚

国内高访学者（15人）

2003级：董圣鸿

2002级：杨晓玲、魏俊彪

2001级：凌晓云

2000级：卢秀琼

1999级：李朝霞

1998级：黄曼娜、李媛、李锐

1997级：何华敏、肖莉

1996级：邓铸

1995级：胡维芳

1994级：李志军

1993级：张进辅